지역사회복지론

| 이경은 · 장덕희 · 김휘연 · 문도원 · 이마리아 공저 |

Community
Welfare

학지사

머리말

　급속한 경제발전을 이룩한 우리 사회는 '성공의 위기'를 경험하고 있다. 표면적인 물질생활의 수준은 엄청나게 개선되었지만 인간의 존엄성과 이웃에 대한 존경 및 배려는 상실된 사회라는 비판이 많다. 한국보건사회연구원 조사에 따르면, 한국의 사회갈등지수는 34개 OECD 가입국 중 5위로 매우 심각한 수준이다. 즉, 사회적 신뢰가 매우 낮아 서로에 대한 불신과 분노의 수준이 높고, 집단 간 갈등의 수준도 해결이 어려운 정도라는 것이다. UN 세계행복보고서의 낮은 순위 역시 결국 우리 사회 구성원 사이에 공존의 기쁨을 사라지게 할 것임을 극명하게 보여 주고 있다.

　이를 치유하지 않으면 경제성장이 우리 사회에 무엇을 가져다주는지에 대한 심각한 의문이 제기될 것이다. 구성원 간의 신뢰, 애착과 소속감을 높이는 공동체의 회복만이 우리 사회가 추구해야 하는 전략이다. 공동체가 가지는 회복력은 매우 놀랍지만, 우리 사회가 자생적으로 공동체를 회복하기를 기대하기는 어려운 현실이다. 거대한 도시화와 농촌의 피폐화 등이 여러 가지 장애를 가져다주고 있기 때문이다. 따라서 전문가의 개입이 필요하며, 의도적인 노력과 지역사회복지의 적극적인 추진이 요구된다.

　우리 사회는 세계화와 지방화의 소용돌이 안에서 흔들리고 있다. 사실 이 두 가지 흐름은 다소 모순되지만 동시적으로 진행되고 있는데, 지역사회복지는 지방화의 주요 축을 수행한다. 우리나라의 사회복지도 그동안 국가에 의한 지도·감독이 강화되어 있던 관습에서 벗어나 지방의 자율성을 인정하게 되었다. 즉, 지역사회공동체가 지역의 자율성을 회복하고 증대시켜 나가는 과정 또는 결과인 것이다. 이에 따라 최근 지역사회복지환경은 급변하고 있다. 1990년대 초반부터 지역사회보호와 생산적 복지가 강조되면서 자원봉사센터, 지역사회정신보건센터, 지역자활센터 등이 건립되고 네트워킹을 위한 사회복지협의회, 공동모금회 등이 재조명되기 시작하였다. 2010년대에는 우리 마을 만들기, 지역사회복지협의체, 생활협동조합 등이 본격적으로 논의되고 실천되는 상황이다.

우리나라에서 지역사회복지 분야는 여타 사회복지 분야에 비해 적용과 실천이 더디게 진행되어 왔다. 그래서인지 학생들은 항상 지역사회복지가 무엇인가에 대한 구체적인 대답을 하기 어려워했고, 장래에 자신이 이 분야에서 무엇을 실천해야 하는가에 대한 의문을 제기해 왔다. 한편, 지역사회복지는 다른 사회복지 분야에 비하여 국가정책이나 환경의 변화에 더욱 민감하다. 이 책을 교정하는 중에도 지역사회보장계획이 발표되었는데, 지역사회복지계획과의 정체성 문제가 정리되지 않아 고민을 담아내는 수준으로 마무리하였다.

새로운 세대의 사회복지사가 지역사회복지에 쉽게 다가갈 수 있는 길잡이 역할을 했으면 하는 마음으로 이 책을 집필하였다. 그리고 이 책은 현장 전문가들이 자신의 꿈을 창대하게 꿀 수 있도록 현실감 있는 사례를 많이 제시하였으며, 학생들이 관심을 표출할 영역을 중심으로 서술하였다.

이 책은 총 4부 14개 장으로 구성되었다. 제1부인 제1장~제3장에서는 개관을 다루었는데, 제1장에서는 지역사회와 지역사회복지의 개념을, 제2장에서는 지역사회복지의 역사를 그리고 제3장에서는 지역사회복지 이론을 소개하였다. 지역사회복지의 과정과 전문적인 실천방법은 제2부와 제3부에서 살펴보았다. 제4장에서는 지역사회복지 모델을, 제5장에서는 지역사회복지 실천과정을, 제6장에서는 지역사회조직화를, 제7장에서는 지역사회자원개발을, 제8장에서는 지역사회복지계획과 지역사회보장계획을, 제9장에서는 지역사회복지교육을, 제10장에서는 지역사회복지운동을 그리고 제11장에서는 사례관리를 서술하였다. 제4부인 제12장~제14장에서는 지역사회복지 실천영역을 성격이 유사한 영역끼리 통합하여 제시하였다. 제12장 실천영역 1에서는 지역사회보장협의체, 사회복지협의회, 사회복지사협회를 기술하였고, 제13장 실천영역 2에서는 지역사회복지관과 지역자활센터를 설명하였으며, 제14장 실천영역 3에서는 사회복지공동모금회, 자원봉사센터, 새로운 지역사회복지 실천을 중심으로 서술하였다.

이 책의 특징은 기존의 지역사회복지 개론서와는 달리 지역사회복지 실천방법에 중점을 두고 기술하고자 한 점과 실천영역에 대한 설명은 최소한으로 줄이면서 지역사회복지를 실천할 때 새롭게 요구되는 사회적 기업이나 생활협동조합과 같은 경제 공동체에 대한 부분을 추가한 점이다.

지역사회복지 교재를 집필하기로 마음먹고 무엇이 우리나라의 지역사회복지인가에 대한 고민부터 시작하여 많이 노력하였지만 여전히 부족한 부분이 적지 않다. 앞으로 좀 더 나은 내용으로 보완하도록 노력하겠다. 마지막으로, 이 책의 출판에 협조해 주신 학지사 김진환 사장님과 직원 여러분께 감사의 말씀을 드린다.

2016년 1월
저자 일동

차 례

제3부　지역사회복지 실천방법

제4부 지역사회복지 실천영역

제1부
지역사회복지 개관

제1장
지역사회복지 개념

1. 지역사회의 개념

지역사회(community)가 구성원들이 생활하는 공간이라 한다면 전통적인 농경사회에서는 일상생활에서 정한 지리적 범위 내에서 끊임없이 마주치며 지속적으로 상호작용을 하고 지내는 '마을'을 지역사회로 볼 수 있을 것이다. 그러나 옆집에 살면서도 거의 마주치지 못하고 인사도 제대로 건네지 않으며, 오히려 멀리 떨어진 지역에 있는 사람들과 '일촌'을 맺고 살아가는 현대의 지역사회에서는 이러한 정의가 부적절해 보인다. 이처럼 지역사회의 본질은 다양하고 복합적이기 때문에 하나의 정의로 표현하기 어렵다. 많은 학자가 다양한 관점에서 정의하려고 노력하였지만 아직 합의에 이르지 못하였다.

1) 공동사회와 이익사회

지역사회의 개념과 연관된 가장 고전적인 개념은 퇴니스(Tonnies)의 개념으로, 그는 인간의 유대(human associations)를 기준으로 지역사회를 공동사회와 이익사회로 나누었다.

게마인샤프트(Gemeinschaft)로 일컫는 공동사회는 자연스럽고 인격적이며 직접적인 만남이 전제된 사회관계를 기반으로 하고 있다. 게마인샤프트에서는 기능적 측면을 강조하는 개인들이 무엇을 했는가보다는 인격체로서 그들이 누구인가에 중점을 둔다. 이러한 관계는 정서와 감정에 기초를 두며 사람들의 선천적인 속성들이 인정되는 전인격적인 특성을 갖는다. 관습이 중요한 사회통제의 기반으로 작동되고, 개인의 목적이나 열망보다는 집단적인 관계가 더 중요하게 생각된다. 퇴니스는 게마인샤프트가 가족과 소집단 그리고 전통적 공동체 내의 인간관계(Tonnies, 1957)로 나타난다고 보았다.

반면, 게젤샤프트(Gesellschaft)로 일컬어지는 이익사회는 합리적 자기 이해관계(self-interests)가 특징이다. 게젤샤프트에서는 의도된 관계가 주요하다. 집단의 이해관계가 개인의 이해관계보다 우선하며, 개인들 간의 상호작용은 계약에 기초한 실용적 목적을 가진다. 사회적 응집력은 정교하게 된 노동의 분화로부터 시작되고 사회적 통제는 공식적인 법과 규칙에 기초(Tonnies, 1957)하여 이루어진다.

퇴니스의 이러한 개념은 19세기 말 서구의 산업자본주의 발달로 인한 지역사회의 변화에서 착안되었다. 전통적인 가족중심의 농업 공동체가 해체되어 가고 산업사회의 계약과 교환에 기초한 새로운 인간관계가 나타남을 보고 게마인샤프트와 게젤샤프트를 비교하여 개념화한 것이다. 그는 이 두 유형을 인간유대의 다른 형태라고 보았고, 이익사회가 공동사회를 대체하는 것이 아닌 두 유형 모두 현대사회에서 존재할 것(Streeter, 2008)으로 예측하였다.

따라서 두 가지 유형의 지역사회를 상호작용 연속선의 양극단으로 보면 지역사회에 대한 이해가 용이하다. 즉, 지역사회는 비공식적이고 개인적인 관계부터 공식적이고 제도적인 구조(Streeter, 2008)까지 포괄하는 개념인 것이다. 퇴니스의 개념에 따르면, [그림 1-1]과 같이 지역사회는 두 특성의 연속선상 어느 한 점에 있다고 정의될 수 있다.

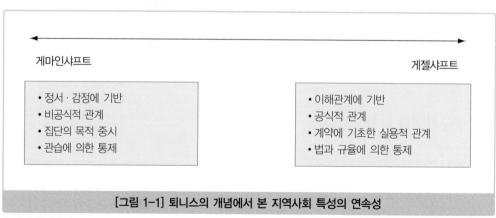

게마인샤프트

- 정서 · 감정에 기반
- 비공식적 관계
- 집단의 목적 중시
- 관습에 의한 통제

게젤샤프트

- 이해관계에 기반
- 공식적 관계
- 계약에 기초한 실용적 관계
- 법과 규율에 의한 통제

[그림 1-1] 퇴니스의 개념에서 본 지역사회 특성의 연속성

출처: 홍현미라 외, 2010.

현대 지역사회의 정의에 대한 논쟁이 분분한데, 지역사회는 보다 제도적이고 공식적이며 실용적인 인간관계의 특성을 가진 개념으로 정의될 수 있다. 하지만 인간의 욕구는 이익사회적 공동체를 통해서 해결되기 어려우며, 본질적으로 공동사회의 특성을 갈망한다는 현대의 지역사회도 비공식적 관계, 문화적 고유성 그리고 공동체의 경험 및 정서 등을 중시하는 것으로 보아야 한다.

2) 지리적 공동체와 기능적 공동체

지역사회는 두 가지 내용으로 나누어 볼 수 있는데, 물리적 지리성 및 지역적 경계를 가진다는 것과 사회적·문화적 동질성이 있으며 집단행위와 상호작용이 이루어진다는 것이다(최일섭·이현주, 2006). 전자는 장소적(place) 혹은 영토적(territorial) 측면의 지역사회라는 용어로 일컬어지고, 후자는 비장소적(non-place) 혹은 기능적 측면의 공동체로 불린다(Anderson & Carter, 1990).

우선 지역사회를 지리적 공동체로 보는 견해다. 파크(Park)와 버제스(Burgess)는 지역사회란 "공동체를 구성하는 사람들과 조직들이 지리적 관점에서 고려될 수 있는 사회(사회집단)"라고 말하며, 모든 지역사회는 사회이지만 모든 사회가 지역사회는 아니라고 강조한다(최일섭·이현주, 2006). 워렌(Warren, 1963) 역시 지역사회란 "지리적 관련성을 기반으로 하여 주요한 사회 기능을 수행하는 사회단위 및 사회체계들의 결합"이라고 보았다. 이들이 정의하고 있는 지역사회는 영토적 특성, 즉 지리적 경계가 명확히 구분되는 특징에 의해 정의된 것이다. 보통 중앙정부나 지방정부 등과 같은 행정체계가 이러한 경계를 수립하는 것이 일반적이다(Brueggemann, 2006). 즉, 시·군·구·동이 전형적인 예라고 볼 수 있다. 그러나 지리적 경계가 항상 행정의 경계와 일치한다고 보기는 어렵다. 따라서 앞서 설명한 지역사회에 대한 정의는 동일한 지리적 공간에서 그 공간을 기준으로 사회적·문화적·심리적 연계와 이해관계를 가지는 사회단위 또는 사회체계로 그 의미를 정의할 수 있다.

다음은 지역사회를 기능적 공동체로 보는 견해다. 기능 또는 이해관계나 정체성을 공유하는 집단을 의미하는 지역사회 개념은 지리적 경계와 상관없는 멤버십(membership) 공동체 개념을 말한다(Streeter, 2008). 이 개념은 구성원 간의 일체감, 합의, 공통적인 관심과 가치 또는 공동생활양식 그리고 공동노력을 강조하며, 그 공동체와 다른 공동체를 구별할 수 있는 독특성을 강조한다. 현대사회는 전통사회와 달리 지리적 공간을 뛰어넘어 비영토적·기능적 측면이 강조된 다양한 공동체가 존재한다. 직업, 종교, 사회계층, 인종적 특성, 질병 등에 의하여 공동의 가치와 이해관계를 공유하는 다양한 기능적 공동체를 가정할 수 있다. 예를 들면, 조선족 이주노동자 공동체, 에이즈 환자 공동체 등이 그것이다. 하지만 이러한 공동체가 지리적 경계를 가지는 지리적 공동체와 중첩될 수도 있다. 공동의 정체감과 문화를 가지고 서로 의지하며 살아가는 조선족 이주노동자들이 ㄱ시에서 상당한 인구 비율을 차지한다면 이것은 기능적 공동체가 지리적 영역 내에 중첩된 것이라고 볼 수 있다.

한편, 지역성과 기능성 두 가지 모두에 기초하여 지역사회를 설명하기도 한다. 힐러리 (Netting et al., 1998 재인용)는 기존의 지역사회의 정의들을 분석한 결과, 지리적 영역, 사회적 상호작용, 공동의 연대감을 공통의 요소로 도출하였고, 이 세 가지 요소를 포함시켜서 지역사회는 "일정한 지리적 영역 내에서 사회적 상호작용을 통해 공동의 연대감을 가진 인간 집단"이라고 정의하였다. 펠린(Fellin, 1995)은 지역사회란 "공동의 장소, 이해관계, 정체감, 문화 그리고 활동에 기초한 사람들이 구성한 사회 단일체(a social unit)"라고 정의하였고(박태영·채현탁, 2014), 매티시치와 먼시(Mattessich & Monsey, 1997)는 "일정한 지리적 공간 안에서 서로 사회적·심리적 유대를 가지고 있는 사람들"이라고 보았다.

현실에서 대부분의 사람은 지리적 경계를 갖는 지리적 공동체의 주민이면서 동시에 다양한 이해관계에 따른 하나 이상의 기능적 공동체와 연관을 맺고 있으며 이는 개인의 지역사회 네트워크라고 볼 수 있다. 워렌(Warren)은 지역사회를 "지역적인 수준에서 사람들의 욕구를 만족시키기에 적합한 주요 사회 기능들을 실행하는 사회적인 단위(units)와 체계의 연합"으로 보고 근린, 자발적인 연합체 그리고 더 광범위한 지역에 이르는 사회적인 단위들을 포괄하였다(Netting et al., 1998).

뒤르켐(Durkheim, 1960)에 따르면, 국가는 개인으로부터 매우 분리되어 있기 때문에 지역사회와 같은 매개단위의 도움 없이는 사회화 기능의 성공적 수행이 어렵고 개인의 의식에 영향을 미칠 수 없다. 이는 지역사회가 개인과 사회를 연결하고 사회화시킬 수 있는 매개구조라고 보는 것이다. 따라서 지역사회는 정치적 실체로 볼 수 있으며 지역, 도시, 읍·면, 근린지역 등으로 조직된다. 즉, 지역사회란 지리적 영역에 기초하며 집합적 동질성을 가진 구성원들이 상호행동하여 공동의 욕구를 충족시키고 공동의 목적을 성취해 나가는 사회적 단위다.

3) 가상공동체

많은 사람은 21세기 공동체를 건설할 무대가 사이버스페이스(cyberspace)라는 점을 믿고 있으며, 하루에도 여러 개의 새로운 가상공동체가 자신들의 게시판을 개설하고 있다. 이와 같은 가상공동체는 컴퓨터 매개 커뮤니케이션을 기본으로 하는 CMC(Computer Mediated Community)로, 그 구성원이 지구상의 어느 곳에 거주하든 공동체의 일원이 되는 데 제약이 없다. 최근에는 이러한 가상공동체들이 시청각뿐 아니라 후각과 촉각까지 현실과 구분될 수 없을 정도로 묘사하게 되면서 현실과 가상현실 사이의 경계가 모호해지고 가상공동체가 더욱 확대될 것으로 예견한다.

하지만 가상공동체가 고전적 의미의 지역사회 기능을 수행할 수 있을까 하는 것에 대해서는 논란이 많으며 본질적으로 새로운 유형의 지역사회 개념으로 볼 것인지에 대해서도 아직 합의되지 않았다(Memmi, 2006). 가상공동체를 현대적 의미의 지역사회로 보고 발전시켜 나가야 한다고 주장하는 이들(Rheingold, 2000)은 가상공동체 안에서 사람들은 실제생활에서 누리는 거의 모든 것을 아주 편안한 상태에서 누리고 있다고 말한다. 더욱이 가상공동체 안에서는 직장이나 학교에서보다 훨씬 더 많은 종류의 일들이 빠르고 빈번하게 일어난다. 하룻밤의 채팅으로 연애 감정을 가질 수도 있고, 나의 의견에 붙는 수십 개의 뤼(re)는 뜨거운 논쟁이 될 수도 있다. 이렇듯 가상공동체 안에서 모든 일은 빠르게 또 격렬하게 이루어질 수 있고 구성원으로 하여금 시공간을 뛰어넘게 만드는 역동성을 가진다. 이에 많은 사람이 역동성에 감명받고 그 어떠한 공동체보다 정체성이 분명하다고 주장하는 것이다.

반면에, 스톨(Stoll)은 가상공동체는 공동체의 가장 중요한 특성인 대면 커뮤니케이션이 결여되어 있어 공동체로 인정하기에 한계가 있다고 선을 분명히 긋고 있다(Stoll, 1996). 사람과 사람이 직접 만나서 얻어질 수 있는 친밀감과 신뢰감이 공동체 규정의 핵심이라면 가상공동체는 진짜가 아닌 유사공동체 개념으로 보아야 한다는 것이다. 사실상 가상공동체가 자신의 이해와 관심을 정확하게 만족시켜 줄 때 그 구성원은 활발히 참여하지만, 가상공동체가 책임과 의무를 요구하기 시작하면 그들은 쉽게 잠수하거나 사라져 버리고 만다(김도현, 2000). 또한 가상공동체는 물리적 거리나 접근성, 낙인으로 인해 쉽게 만나지 못했던 사람들이 그러한 한계를 넘어 함께할 수 있어 사회적으로 배제되어 왔거나 목소리를 내기 어려웠던 소수자들이 보다 쉽게 연대할 수 있는 방법이 될 수도 있으며, 정책의 토론이나 지역사회 의사결정 과정에 보다 넓은 범위의 직접적인 시민참여를 가능하게 할 수도 있다. 그러나 가상공동체야말로 자본이나 권력의 이해를 대변하는 방향으로 움직일 수밖에 없는 숙명적인 한계를 가지고 있다(Aronowitz, 1988). 왜냐하면 사이버스페이스 안에서 일어나는 디지털 불평등(digital divide)은 확산될 것이고 검열의 문제도 간과할 수 없기 때문이다.

따라서 가상공동체는 기존 지역사회와는 다른 느슨한 연대감을 가진 공동체로 보는 것이 적절하다. 때때로 가상공동체는 최근 진행되는 낙천·낙선운동의 예와 같이 대단히 강력한 힘을 발휘하곤 한다. 이런 경우는 대체로 공고한 유대감을 가지고 있는 현실공동체가 존재하는 경우다. 실체가 있는 운동이 가상공동체를 통해 지지자를 확보한다면 그 힘은 급격히 증가하게 된다. 특히 우리나라는 정보통신 강국이기에 IT 인프라의 구축수준이 매우 높고, 젊은 세대에게 있어서 가상공간에서의 활동이 날로 확대되는 점을 감안한다면 가상공동체가 가지는 사회적 의미는 현재보다 더욱 확대될 것으로 보인다.

2. 지역사회복지의 개념

지역사회에서 이루어지는 많은 활동은 사회복지라는 개념을 가장 효과적으로 실천할 수 있는 좋은 매개체이기에 훨씬 매력적으로 다가올 수 있다. 따라서 지역사회복지실천이란 개념은 지속적으로 정치적 · 정책적 맥락의 변화를 이해해야 한다.

1) 지역사회복지의 정의

지역사회복지의 개념은 지역사회의 개념과 마찬가지로 다양하게 정의되고 있다.

우선, 목적 중심으로 지역사회의 변화에 방점을 두고 개념을 정의한 학자들이 있다. 로스(Ross, 1967)는 "지역사회가 자신의 욕구와 목표들을 정의하고 우선순위를 정하여 그것을 이루겠다는 의지와 자신감을 개발하고, 필요한 자원을 찾아내 대처함으로써 지역사회 내에 협동적이고 협력적인 태도와 실천을 확대하는 과정"이라고 보고 있다. 호먼(Homan, 1994)은 "지역사회 구성원들의 욕구를 충족시키는 방식, 즉 지역사회의 정책, 서비스, 사람들의 행동과 태도 등에서 지역사회가 지닌 문제를 제거하거나 개선시킴으로써 지역사회를 변화시키는 것"이라고 정의한다. 류기형(2004)은 지역사회복지를 "지역사회 단위에서 지역사회문제를 해결하고 주민들의 복지욕구를 충족시키며 복지를 증진시키기 위한 전문적 또는 비전문적인 그리고 공적 또는 사적인 다양한 사회복지활동"으로 보고, 지역사회복지는 사회복지의 한 분야임과 동시에 주민들의 복지 증진을 위한 하나의 실천방법이면서 목적인 개념으로 정의한다.

반면에, 지역사회를 대상으로 하는 원조 혹은 지원에 초점을 두고 정의하기도 한다. 트웰브트리스(Twelvetrees, 2002)는 지역사회복지를 "집합적 행동을 취함으로써 지역을 개선시키기 위해 그 지역 사람들을 원조하는 과정"으로 정의한다. 하드캐슬 등(Hardcastle et al., 2004)에 따르면 지역사회복지실천은 "지역사회 내부의 집단, 조직, 제도의 행동양식을 변화시키기 위해, 또는 지역사회 구성원 간의 관계성이나 상호작용에 변화를 가져오기 위해 응용하는 사회복지실천기술"이다. 웨일과 갬블(Weil & Gamble, 1995)은 "첫째, 민주적 과정으로의 참여를 촉진시키기 위해, 둘째, 사회정의를 위해 조직화하고 집단이나 지역의 욕구를 지원하기 위해, 셋째, 인간 서비스 체계의 책임 또는 효과를 증진시키기 위해 지역과 지역주민들의 역량을 강화시키는 것을 기본으로 하는 실천개입방법"이라고 본다. 최일섭과 이현주(2006)에 따르면 지역사회복지란 "전문 혹은 비전문 인력이 지역사회 수준에 개입하여 지역사회에 존재하는 각종 제도에 영향을 주고, 지역사회의 문제를 예방하고 해결하고자 하는 일체의 사회적 노력"이다. 지은구와 조성숙(2010)은 지역사회복지를 "지역주민의 삶의 질을 개선시키고 지역사회의 문제를 해결하기 위한 사회복지 전문적 개입방법"으로 보았다. 박태영과 채현탁(2014)에 따르면 지역사회복지는 "일정한 지역사회 내에서 주민의 생활과제를 사회복지사와 주민이 함께 공식적 · 비공식적 자원을 활용 · 개발하여 해결하거나 예방하는 다양한 노력"이다.

따라서 지역사회복지의 개념은 목적과 방법이라는 측면에서 설명될 수 있다.

먼저, 목적으로서의 지역사회복지는 지역사회(공동체) 수준에서 주민 스스로가 자신들의 문제를 해결함으로써 안녕과 복지가 바람직하게 이루어진 상태 또는 이러한 상태를 지향하는 개념으로 제시될 수 있다. 이러한 측면의 개념은 특정 사회복지 영역뿐만 아니라 지역사회 차원에서 복지를 추구하는 다른 영역에서의 광범위한 노력도 포괄하는 개념으로 이해될 수 있다. 사회복지 영역에서는 여기에 수단으로 활용되는 사회복지의 전문적 실천이 더해져서 강조된다. 즉, 사회복지 영역에서의 지역사회복지 개념은 지역사회(공동체) 수준에서 지역사회(공동체)의 문제를 해결하며 그 구성원의 안녕과 복지를 이루기 위해 행해지는 일련의 전문적인 사회복지적 개입이 강조된다.

그런데 지역사회복지를 실현하기 위해 활용되는 전문적 사회복지 개입이 어떠한가에 따라 지역사회복지는 협의의 개념과 광의의 개념으로 나눌 수 있다. 협의의 지역사회복지는 사례관리와 같이 지역사회를 활용하기는 하나 지역사회 구성원 개개인의 욕구나 문제해결에 그 초점을 두고 이루어지는 휴먼서비스를 말한다. 그러나 광의의 지역사회복지는 지역사회 자체를 대상(표적)으로 한 개입을 의미한다. 즉, 광의의 개념에서는 개인에 대한 직접서비스의 제공보다는 거시적 측면의 개입인 지역사회의 체계와 환경 변화, 제도의 개선 등이 중요하게 된다.

한국에서는 협의의 지역사회복지와 광의의 지역사회복지가 모두 사용되고 있다. 그러나 사회복지 실천현장에서는 지역사회 전달체계를 활용한 서비스 제공이라는 협의의 개념이 보다 일반적으로 받아들여지는 것으로 보이며, 지역사회의 체계나 제도의 개선과 같은 광의의 개념을 지역사회복지의 의미로 생각하여 실천하는 경우는 아직 일부에 불과한 것으로 보인다. 그러나 지역사회주민의 안녕과 복지는 직접적인 휴먼서비스뿐만 아니라 제도의 변화 등 지역사회 조건 자체가 변화될 때 그 효과가 광범위하게 지속될 수 있기에(지은구 · 조성숙, 2010) 지역사회 복지 실천현장에서 광의의 지역사회복지실천이 강화되고 활성화될 필요가 있다.

2) 지역사회복지의 구성

지역사회복지의 하위 차원을 구분해 주려는 노력은 미국을 중심으로 1960년대부터 두드러지게 나타났다. 가장 간단하고 또한 널리 쓰여 온 방법은 지역사회실천을 서비스 전달(service delivery)과 지역사회조직화로 분류하는 방법이다. 흔히 이 모델에서 조금 더 확장된 모델은 서비스 전달과 지역사회조직화(organizing)에 지역사회개발과 전문적 옹호(professional advocacy)를 추가하여 네 가지의 실천유형으로 나타난다(Douglas, 1999: 김종일, 2003: 66 재인용). 이 가운데 서비스 전달과 지역사회개발 그리고 전문적 옹호 모델은 외부의 인력과 자원을 동원하여 지역 주민의 구체적인 욕구와 문제를 해결하는 데 도움을 주는 것을 목적으로 삼는다. 이와 대조적으로, 지역사회조직화는 주민 스스로 자신들의 권력 기반을 넓히고 제도를 개혁하는 일체의 노력을 가리킨다. 이것은 결국 전통적 유형화 작업이 주민을 위한 실천활동(doing for people)과 주민에 의한 실천활동(doing by people)의 이분법으로 정리되어 왔다.

루빈과 루빈(Rubin & Rubin, 2001)이 제시한 사회적 동원(social mobilization) 모델과 사회적 생산(social production) 모델의 이분법도 기본적으로 전통적 유형화 작업과 같은 맥락이다(Rubin & Rubin, 2001: 김종일, 2003: 66 재인용). 사회적 동원 모델의 기본 목표는 흔히 지역사회조직화로 불리는 실천모델의 목표와 동일하다. 반면에 사회적 생산 모델의 목표는 지역주민의 실제적 서비스 욕구를 충족시키는 것으로 서비스 전달이나 전문적 옹호 활동 등과 별다른 차이점이 없다(김종일, 2003: 66).

한편, 로스먼(Rothman)의 모델은 가장 널리 알려진 지역사회 실천모델이다. 그의 모델인 지역사회개발(locality development), 사회계획(social planning), 사회행동(social action) 중 어느 것이 지역사회조직화라고 볼 수 있을지에 대해 언급한 연구자는 없다. 그러나 그가 말한 세 모델 간의 차별성을 보여 주기 위해 12개의 실천 변인을 기준으로 제시한 내용과 혼합 유형을 살펴보면 개발/행동(development) 모델이 앞서 언급한 주민에 의한 활동이라는 관점에서 지역사회 조직화와 가장 유사함(이마리아, 2007)을 알 수 있다.

이러한 정의들을 살펴볼 때, 〈표 1-1〉과 같이 지역사회실천의 공통적인 하위 영역으로서의 지역사회조직화가 나타난다. 지역사회실천이 전문가에 의해서 이루어지지만 그 하위 영역을

〈표 1-1〉 지역사회복지의 개념

학자(연도)	지역사회복지＝지역사회실천			
Douglas, 1999	서비스 전달	지역사회 개발	전문적 옹호	지역사회조직화
김종일, 2003	주민을 위한 실천활동			주민에 의한 실천활동
Rubin & Rubin, 2001	사회적 생산			사회적 동원
Rothman, 1995	개발/계획		계획/행동	행동/개발
Weil & Gamble, 1996	계획	개발	사회정의를 위한 사회변화	조직사업
홍현미라 외, 2010	지역사회보호 지역사회사업	지역사회개발, 지역사회구축		지역사회조직

출처: 이마리아, 2007; 홍현미라 외, 2010 참조하여 재구성.

살펴보았을 때 지역사회주민이 주체가 되는 활동인 지역사회조직화가 있다는 점은 지역사회실천의 전통적인 사회복지 가치가 인간의 존엄성 존중과 자기결정에서 한발 더 나아간 임파워먼트(empowerment)에까지 이르러야 한다는 점을 시사한다. 즉, 사회복지사라는 전문가가 처음에 주창자의 역할을 하지만, 궁극적으로는 주민들 스스로가 지역사회의 문제를 해결해 나갈 수 있는 역량을 가지게 되어야 한다는 것을 의미한다.

3) 여타 관련 개념들

지역사회복지와 지역사회복지실천은 가장 유사한 용어로 사용되고 가장 빈번하게 등장하는 용어이며, 이외에도 유사한 개념으로 자주 등장하는 용어로는 지역사회조직(Community Organization: CO), 지역사회사업, 지역사회개입, 지역사회보호(community care) 등이 있다.

(1) 지역사회조직

지역사회조직이라는 용어는 미국을 중심으로 사회사업의 세 가지 대표적인 실천, 즉 개별사회사업, 집단사회사업과 함께 지역사회복지실천을 가리키는 용어로 널리 사용되어 왔다. 'Community Organization'의 첫 글자를 따서 CO라고도 일컫는 이 용어는 본래 지역사회복지를 실천하는 지역사회조직들을 지칭하는 말이었다. 이러한 지역사회조직이라는 용어가 지역사회복지실천을 일컫는 용어가 된 것은 1960년대부터 1970년대 초반까지 미국 지역사회조직들의 활발했던 활동을 역사적 배경으로 하고 있다. 1960년대에 미 연방정부는 빈곤과의 전쟁(War on Poverty)을 선포하면서 이를 실행할 주체로 풀뿌리 조직 등 지역사회의 다양한 조직을 지원하였다. 이에 따라 수많은 지역사회조직이 발달하게 되었고 지역사회복지 실천활동을 전담하였던 이들 조직을 가리키는 지역사회조직이 지역사회복지실천과 치환되어 부르게 된 것이다(김종일, 2006).

지역사회조직이 사회복지실천의 한 분야로 자리매김하게 된 것은 1939년 레인위원회의 보고서에서 제시되면서부터다. 이 보고서로 지역사회조직가는 사회복지전문직으로 인정받았으며 지역사회조직은 사회사업실천방법의 하나로 공식화되었다. 또한 1940년대와 1950년대의 지역사회조직연구협회(Association for the Study of Community Organization)가 설립되었으며, 이것이 후에 전문사회복지사협회로 통합되었다(오정수 · 류진석, 2012). 이 당시 전문가주의의 성장으로 1980년대와 1990년대의 지역사회복지실천은 풀뿌리 지역조직을 중심으로 한 사회행동의 특성에서 정부에 대한 민간조직의 협력, 체계적이고 더 많은 지역사회 서비스의 제공 등으로 대체되어 갔고 지역사회개발(community development)과 지역사회 만들기(community building) 등이 사회행동을 대신하는 중요한 실천전략의 자리를 차지하게 되었다(홍현미라 외, 2010).

(2) 지역사회사업, 지역사회개입

지역사회사업, 지역사회개입은 지역사회복지실천과 거의 동일한 의미로 지칭되는 용어다. 다만 지역사회사업은 보다 미시적인 접근방법을 의미하는데, 지역사회를 대상으로 하여 사회사업적 가치, 지식 그리고 기술을 적용할 때 일컬어지는 경향이 있다(김종일, 2006).

(3) 지역사회보호

지역사회보호는 지역사회복지의 실천방법 중 하나로 볼 수 있다. 본래 지역사회보호는 시설보호의 대안으로 등장하여 영국을 중심으로 1950년대 말 이후에 발전하면서 전 세계로 확산된 것이다.

지역사회보호는 사회적 보호를 필요로 하는 아동, 노인, 장애인과 같은 사회적 취약계층이 시설이 아닌 지역사회 내에서 생활하면서 서비스를 제공받도록 하는 것을 말한다. 지역사회보호의 특징은 다음과 같다(김종일, 2006; 오정수 · 류진석, 2012; 홍현미라 외, 2010). 첫째, 가정 또는 그룹홈과 같이 가정과 유사한 환경이 우선적인 보호의 장으로 전제된다. 둘째, 상주 직원보다는 자원봉사자의 활동이 서비스 제공에 있어 더 선호된다. 셋째, 일상생활의 결정에서 개인의 자율적 판단이 존중된다. 넷째, 가정에서 보호되거나 가정 외부의 지역사회 서비스를 받는다.

3. 지역사회복지와 지역사회에 대한 관점

개인이 새로운 지역사회에 적응하는 과정에 영향을 미치는 요인으로는 개인 특성, 정착과정, 정착 후의 생활환경, 친구, 이웃으로부터의 도움정보와 관계정도(농림부, 2000; 박병일, 1998; Moore, 1971), 이전 유사공동체에서 생활경험(이동하, 1998; Carlson et al., 1998), 현재 자신의 공동체와의 괴리감(Melville, 1978), 개인이 공동체에 대해 알고 있는 사전 정보와 지식(강대구 외, 2006; 신윤철 외, 1998; 이동하, 1998; Carlson et al., 1998) 등이 제시되고 있다. 개인은 지역사회로 합류하기 위해 노력해야 하고, 마을 구성원들도 개인을 그 지역사회의 구성원으로 받아들일 때 공동체 의식이 생겨나기 때문이다. 이러한 과정 속에서 그 지역에 특별한 애정을 갖고 헌신하게 되며, 결국 그 지역에 뿌리를 내려 성공적으로 적응할 수 있다.

지역사회복지실천이 무엇인가에 대한 물음은 누가 지역사회복지 실천가인가, 지역사회복지실천에서의 권력과 통제, 지역사회복지실천의 목적에 대한 검토를 통해 해결될 수 있기에 이에 대해 살펴보도록 하겠다.

1) 누가 지역사회복지 실천가인가

다음은 일반적으로 지역사회복지실천에 관여하는 특정한 역할을 하는 사람들의 목록(Banks et al., 2013)이다.

(1) 스스로 운영하는 지역사회 행동집단 및 협의체의 구성원들

지역 내 근린지역이나 그들이 속한 지역사회의 정체성 및 관심사를 변화시키기 위한 다양한 단체가 있다. 이 단체의 구성원들은 공유된 문제와 관심사를 염두에 두고 함께 자발적으로 일할지도 모른다. 이러한 구성원들은 육아공동체와 거주자 협의체에서부터 도로 안전 정비 조치 (특히 보행자·자전거 이용자의 안전을 위해 자동차 과속 방지턱 따위를 만드는 작업) 캠페인(Willians et al., 2004; Banks et al., 2013 재인용)에 이르기까지 다양하다.

(2) 지역사회복지 실천가들

자선 기업, 지방 정부, 신뢰를 기반으로 한 사회적 기업에 의해 지역사회복지실천을 담당하기 위해 고용된 지역사회복지 실천가가 상당히 많다. 예를 들면, 지역사회주민들에 의해 규정된 이슈에 초점을 맞추기 위해 고용된 실천가들과 마찬가지로 지역사회 개발 실천가들, 지역사회 교육가들 그리고 지역사회 조직가들도 지역사회복지 실천가로 볼 수 있다. 이 같은 실천가들은 지역사회 발전이나 관련 현장에 관한 전문가일 수도 있고 아닐 수도 있다. 또한 일반적으로 근린지역 거주자여서 고용되거나 임차인 참여, 환경운동, 사회적 포함과 응집이나 건강 증진과 같은 특정 영역의 전문가여서 고용될 수도 있다(Clen et al., 2004: Banks et al., 2013 재인용). 영국의 경우, 이러한 실천가들을 특정 직업군 종사자들로 인정해 주며, 지역사회 발전 실천에 대한 특정 직업적 기준—이러한 실천에서 중심이 되는 목적, 지식, 가치 그리고 기술들을 개괄적으로 다룬—도 있다(Lifelong Learning UK, 2009: Banks et al., 2013 재인용).

(3) 지역사회에 초점 둔 다른 영역 전문가들

이 카테고리에는 지역사회복지를 주요 역할로 하고 있지는 않으나 지역사회의 발전을 위해 지역사회복지 실천방법과 접근을 이용하는 전문가들이 포함된다. 이 전문가들에는 지역사회 관련 업무를 하는 종사자, 근린지역 재건 관리자, 임상 영역 사회복지사, 경찰관, 건축가, 계획가 등이 포함된다.

(4) 지역사회실천 임무를 하는 조직관리자

관리자들은 지역사회실천을 촉진시키고 지원하는 간단한 활동을 한다. 예를 들면, 지역사회 재건이나 지역사회 개발 프로그램 관리자들이 그들이다. 청소년복지 분야 혹은 정신보건 영역에서 일하는 관리자들은 그들의 넓은 임무 영역 내 지역사회참여에 대한 책임감을 가질 수 있다. 지역사회에 어떻게든 관련된 조직에 의해 고용된 이러한 관리자들은 조직적 의사결정, 훈련, 다른 자원에 접근하는 그들의 능력에 의해 지역사회복지실천을 촉진시키고 자원을 개발하는 위치에 있게 된다. 즉, 이러한 관리자들이 지역사회실천을 진행시킬 잠재력을 가지기에 꼭 필요한 존재들이라는 것이다.

(5) 정치가들과 정책실행가들

지방 및 중앙 정부나 다른 공적·자발적·사적 기관에 속해 있는 최고 경영자, 정책실행가 그리고 정치가들은 지역사회정책의 발전과 관련된 파트너십—조직들과 더 나아가 지역사회를 만드는 문화적 변화를 실천하고 격려하는 것—에 관련될지도 모른다. 즉, 그들은 지역사회를 중심으로 한 실천의 넓은 범위를 촉진시키는 잠재력을 가진다. 영국의 경우, 싱크 탱크(think tank)인, 즉 공공정책 연구원, 지역사회 발전 재단, 조셉 로우트리 재단 등을 예로 들 수 있다. 이러한 기관들은 근거와 아이디어의 제공을 통해 활발한 시민의식, 이웃관계의 발전, 지역사회 회복탄력성(resilience)을 장려한다.

　지역사회복지실천을 할 때 목록에 있는 다양한 사람을 고려한다면, 그들은 다양한 직업에 종사하고 있고 가지고 있는 권력이 다르며 그들 스스로가 가지는 지역사회복지실천의 목표도 다를 것이다. 지역사회를 하나의 지도로 그린다면, 권력과 통제가 이루어지는 곳 그리고 실천이 이루어지는 곳으로 나눌 수 있을 것이다.

2) 지역사회복지실천에서의 권력과 통제

　권력이란 개념을 이해하는 것은 아주 복잡한 일이다. 왜냐하면 권력이란 것 자체가 다양한 측면을 가지고 있기 때문이다(Luke, 2004: Banks et al., 2013 재인용). 따라서 권력을 분석하기 위해서는 누가 전체적인 흐름을 통제하고, 누가 의안을 세우고, 어떤 사람이 의사결정과 활동을 통제하는지 알아봐야 한다. 권력은 때때로 숨겨져 있으며, 다양한 방법을 통해 전달된다. 가벤타(Gaventa, 2006)는 권력에 대한 분석을 하는 과정에서, 어떻게 권력이 형성되고 또한 어떻게 사용되고 있는지 세 가지 종류의 장소로 나누었다(가까운, 초대된 것과 주장된 것/창조된 것). '초대된 장소(invited space, 지역사회로부터 초대받은 지역사회주민이 아닌 다른 사람에 의해 통제되는 장소)' 그리고 '주장된 장소(claimed space, 지역사회주민이 주체인 장소)'의 구분은 지역사회복지실천에서 어떻게 권력과 통제가 사용되고 있는지 이해하는 데 중요한 요소다.

　지역사회 안에서 작동하는 권력의 근본적인 다양한 특성을 이해할 수 있다면, 정책결정과 서비스를 전달함에 있어 지역사회의 실천가들과 그 지역사회에 속해 있지 않은 다른 기관과의 권력의 균형을 이룰 수 있게 된다. 좀 더 설명하자면, 실제로는 지역사회 내에서 이루어지는 일들은 절대로 간단하지 않다. 정책이 만들어지고 서비스가 전달되는 방법을 구상하는 대단히 중요한 어젠다(agenda)와 토론은 중앙정부, 기업 이익이나 전 세계적 유행에 의해 영향을 받고 종종 통제된다. 또한 어떤 '지역사회 실천가들'은 기관과 조직에서의 전문가인 반면에, 다른 이들은 지역사회 실천가이면서 선출된 지방당국의 구성원이나 더 큰 조직체의 구성원 둘 다일지도 모른다. 따라서 '지역사회'와 '외부 기관' 간의 명확한 구분은 불가능하다. 이에 관하여 길크리스트(Gilchrist)는 많은 사람이 '바운더리 스패너(boundary-spanner)'[1]의 중요한 역할을 한다고 제시한다(Banks et al., 2013). 다음에 간략하게 분류된 세 가지의 '이상적인 유형'(Banks et al., 2013)은 앞서 언급한 내용을 이해하는 데 유용하다.

(1) 지역사회의 통제

정책가 및 활동가들이 어떤 행동을 취할지에 대한 의제를 설정하고 자원봉사자들과 함께 자조적이고 조직화된 운동과 다른 계획들을 조직하고 전달한다. 활동들은 지역사회 집단에 의해 자치적으로 시작되고 '관리된다'. 때때로 지역사회 집단들은 실천가들을 고용하며, 전문가에게 자문을 구하기도 하고, 후원금을 모으기도 한다. 따라서 어떻게 '자치적인' 집단이 될 수 있는 가에 대한 이슈는 항상 존재한다. 그리고 그것이 지역사회 집단이 놓여 있는 통제의 균형과 함께 상대적인 자치라는 용어를 생각하게 할 수도 있다. 즉, 지역사회 집단은 자치권과 통제를 균형 있게 사용할 것인지에 대해 논의하게 된다. 그러나 활동과 결정을 수행하는 것은 언제까지나 지역주민들의 몫이다.

(2) 공동의 통제

공동의 통제는 지역사회주민들, 공공 혹은 더 큰 개념의 자원봉사자 및 개인 사유 기관이 정책 실행과 서비스 전달을 함에 있어 협력하여 전체적인 운영을 함께하는 파트너십을 의미한다. '공동활동'이 장려되고 이야기되며 이것이 이상적인 활동이라고 보지만, 실제로 진정한 권력의 '평등'은 거의 이루어지기 어렵다. 따라서 이것이 잘 실현되기 위해서는 활동과 의사결정을 위한 공간이 이상적으로 연대감을 가지고 만들어져야 한다.

(3) 외부 기관 통제

지역사회와 관련된 정책 및 활동 등은 공공 및 더 큰 개념의 자원봉사 혹은 개인 사유의 기관에 의해 시작되고 관리된다. 외부 통제는 상황에 따라 강하거나 약하며, 결과적으로 외부 세력들이 지역주민들을 독려하여 지역 활동을 하게끔 장려하는 것이 전반적인 모습이다.

---

1) 지역사회 내부와 지역사회 외부의 경계를 조여 주는 역할, 즉 그 둘을 이어 주는 역할이라고 보는 것이 적당하다.

3) 지역사회복지실천 목적

목적은 지역사회 활동을 하는 이유다. 지역사회라는 개념이 개개인을 포함하는 것인 만큼, 다양한 목적을 추구하게 될 것으로 결과적으로 모든 활동이 원래의 목적대로 이루어지고 있다고 말하기는 어려울 것이다. 다음의 항목(Banks et al., 2013)은 절대적이진 않지만 전반적으로 가장 많이 추구되고 있는 목적들이다.

- 권력과 자원의 분배과정에서의 극단적 변화: 이러한 목적은 대체로 시위를 하거나, 특정 이슈들을 겨냥한 지역사회 단체들에 의해 추구되며, 현재 체제를 바꾸기 위해 지역사회 실천가들은 협동하고 노력하게 된다.
- 지역사회의 발전: 이러한 목적은 자주 지역사회의 발전 접근방법으로 이해되며, 지역사회 정신, 협동, 기술 및 다양한 자치적 활동을 장려·추구하고, 미래적 계획·정책들을 세우는 것을 목표로 한다.
- 지역사회 기반 정책, 기획, 서비스 전달의 개선: 이러한 목적은 지역사회 기획, 서비스 전달 시스템의 발전 접근방법으로 이해되며, 지역사회 기관들, 정책 실행 기관 및 서비스 전달 기관이 함께 협동하여 정책을 정하는 데 있어 자신들의 가치가 좀 더 관심을 받는 것을 목적으로 한다. 이 같은 접근방법은 상담, 자원 분배 및 공동체 프로젝트 활동을 통해 이루어질 수 있다. 또한 이 같은 과정은 결과적으로 시민들의 참가를 요구하기 때문에 민주주의의 발전에 큰 기여를 할 수 있다.

사례 ▎ 주민지도자의 지역사회복지실천

마을신문·라디오 '하하' …… 문화활동 '호호'

[지역문화공동체] 경기 광주시 퇴촌남종생활문화네트워크 위클리공감 2013. 7. 19. 요약

▶ 경기 광주시 퇴촌남종 생활문화 네트워크

– 경기도 광주시 퇴촌면·남종면은 생활문화공동체 만들기 사업을 3년째 이어 가고 있는 곳이다. 100명의 지역주민들의 자발적 참여로 조직-운영하고 있는 풀뿌리 생활협동조합인 너른고을생협이 이 사업을 이끌어 가고 있다.

1. 달팽이신문, 달팽이라디오

경기 광주시 퇴촌남종생활문화네트워크는 한국문화예술교육진흥원이 주관하는 생활문화공동체 마을만들기사업에 선정되면서 '달팽이신문' '달팽이라디오'를 제작해 지역의 소식을 전하기 시작했다. 달팽이신문과 라디오는 중·장년층이 대부분인 마을 주민들 간에 소통의 장이 되고 있다. 달팽이신문은 주민 누구나 기자로 활동할 수 있다. 매월 10월까지 홈페이지를 통해 기사를 써서 올리면 지면이 허락되는 한 주민들의 기사를 최대한 싣고 있다. 달팽이라디오는 마을 주민인 정준오 씨가 독학으로 터득해 PD, 작가, DJ, 1인 3역을 맡아 해내고 있다. 지역과 주민들의 이야기를 다루고 있는 이 라디오는 팟캐스트 방식의 방송을 도입하여 새로 생긴 가게를 소개하거나 지역의 유명인을 만나 인터뷰하기도 하고, 마을 행사 등을 소개하며 참여를 이끌어 내기도 한다. 또한 이장님이 나와 인터뷰를 하거나 동네에 사는 인터넷 육아카페 운영자가 출연해 엄마들의 고민을 나누기도 한다. 퇴촌의 경우 전원생활이나 귀농을 원하는 사람이 많아지면서 많은 사람이 이사를 오고 있는데, 그들이 달팽이신문과 라디오 덕분에 지역 소식을 접할 수 있고, 공동체에 더 빨리 적응하고 참여할 수 있다.

2. 문화공동체 활동

인구가 2만 명이 채 안 되는 퇴촌면의 문화공동체는 학부모 모임에서부터 출발했다. 서울에서 떨어진 시골 마을에 인구 절반 이상이 타지에서 온 탓에 주민들 사이에 갈등을 겪기도 했다. 이에 학부모 모임은 청소년들이 문화적으로 즐길거리가 부족하다는 생각에 힘을 합쳐 청소년 문화 활동을 시작했다. 2010년 '청소년 어울 마당'을 처음 개최하면서 아이들이 음악 밴드와 노래 공연 등을 직접 기획하고 연습하면서 교우관계가 넓어지는 것을 본 학부모들은 행사 후 큰 성취감을 맛보았다. 학부모를 중심으로 한 활동이 활발해지면서 장년층 주민들의 반응도 달라졌다. 청소년 위주로 시작된 문화 활동은 지역주민 전반으로 확대되었다. 이제 퇴촌에는 이주민과 원주민을 구분하는 분위기가 사라졌다. 이것이 문화공동체 활동의 가장 큰 효과라고 퇴촌의 주민들을 말하고 있다.

3. 달팽이 생활 문화 장터

달팽이 생활 문화 장터는 한국문화예술교육원, 너른고을생협, 퇴촌남종주민자치위원회에서 주최하여 2013년 5월 11일에 처음 열렸다. 지역민이 자발적으로 참여하고 스스로 운영하는 자립형 장터이며, 청소년들도 벼룩시장과 공연을 통해 참여하고 소통하는 세대공감형 장터, 다양한 작가의 작품과 체험을 즐길 수 있는 문화장터, 농가 생산물을 직접 판매하는 믿음직한 신토불이장터, 쓰던 물건, 재활용상품, 업사이클 상품을 판매하는 녹색공감장터를 지향한다. 장터에서는 '팽'이라는 지역 화폐를 사용한다.

이 외에도 마을학교, 청소년 축제 등 많은 활동을 통해 '흥과 웃음이 넘치는 동네, 부모-자식-손자 3대가 화기애애하게 살기 좋은 동네'를 꿈꾸고 있다.

※ 퇴촌남종 생활문화 네트워크 카페 http://cafe.naver.com/namjongtoechon

출처: 위클리공감(http://m.korea.kr/newsWeb/m/policyView.do?newsDataId=148764668)

| 사례 | 사회복지사의 지역사회복지실천 |

만들기 하나. 만남과 기다림(봉사단)

재가복지서비스를 제공할 때 보면 주민들이 스스로 할 수 있는 역할들이 많은데, 그 부분에서 이 사람들은 받는 데만 집중합니다. 그러니까 이들의 자립은 멀어져 가는 거지요. 그래서 의존관계가 변하기 전에는 지역사회의 변화가 힘들다는 생각이 듭니다. 처음에는 구체적으로 이 문제를 해결하기 위해 뭘 해야겠다는 정확한 프로그램은 없었어요. 하지만 하나씩 계속 시도해 보고 주민들을 개별적으로 만나다 보니까 처음으로 봉사단을 조직할 수 있었던 것 같습니다.

처음에는 아침부터 오후까지 봉사하셨던 분이 두 명(한 분은 정신질환을 앓았고, 다른 한 분은 정신지체에 손을 못쓰는 지체장애인)이었습니다. 이 분들은 급식소 봉사에 열심이었지만 도중에 적지 않은 문제가 나타났지요. 옷도 지저분하게 입었지, 어르신들과 의사소통이나 대인관계 등이 잘 안 되고, 정신장애인 같은 경우 잘못하면 어르신과도 싸우고, 아무튼 저도 욕을 많이 먹었더라고요. 그런데 그런 사람이 하나둘씩 생기다 보니 열 명으로 늘더라고요. 그 열 명을 봉사단이라고 하면서 그 사람들과 회의도 하고, 그것을 통해 봉사활동 소감을 나누거나 자신의 의견을 주장하기도 하고, 야유회도 한 번씩 다녀오고, 이러면서 조금씩 인원이 늘어났습니다. 이 중에는 시간이 지나면서 취업하신 분, 취로사업에 나가시는 분도 있었습니다.

주로 참여했던 봉사활동은 지역주변청소와 무료급식소 활동이었어요. 매일 아침 일찍부터 조리, 상차리기, 설거지 등도 도와주시고, 점심식사도 배달합니다. 또 혼자 사는 어르신을 방문하여 말벗을 해 드리고, 가사를 돕거나 이발을 못하시는 분들에게 이 · 미용 서비스도 하시고, 운전이 가능하신 분들에게는 운전을 부탁합니다. 밖에 나가는 일이 있을 때는 자주 부탁하고 있어요. 그러면 호의적인 주민들이 많이 도와줍니다. 이렇게 지속적으로 되는 것을 복지관 주민들이 보면서 모두 관심을 갖게 되었습니다.

봉사단을 만들면서 저는 물품이나 현금을 후원할 때 나름대로 기준을 적용하고 있습니다. 원래 기준은 가장 어려운 사람에게 주는 것이지만 저는 여기에 덧붙여 활동이 가능하거나 활동하려고 노력하는 분들께 전해지도록 노력하고 있습니다. 제 업무 중 하나로 물품·현금 후원이 있는데, 저는 매번 받아 의존이 강한 사람들보다 의지가 있고 뭔가 노력하고자 하는 사람들에게 전해지도록 의도적으로 계획하고 있습니다. 이런 식으로 참여하는 경우도 있지만 그들 스스로가 두 분의 활동을 보고 '나도 할 수 있지 않을까?' 하는 용기를 얻게 되어 참여하기도 했던 것 같습니다. 그래서 조금씩 인원이 모이게 되었고, 이들과 끊임없이 개별접촉을 통해 봉사활동을 유도하고 주민의 특성에 맞는 봉사활동거리를 마련해 주려고 애를 씁니다.

출처: 최옥채 외, 2009.

참고문헌

강대구·김경남·김민수·이웅·변규식(2006). 최근 귀농실태와 지원대책방안연구. 농림부.

김도현(2000). 가상 '공동체' 인가 '가상' 공동체인가: 21세기 한반도와 새로운 공동체. 창작과 비평, 107, 67-79.

김종일(2003). 지역사회복지론. 서울: 현학사.

김종일(2006). 지역사회복지론. 서울: 청목출판사.

농림부(2000). 귀농자들의 농촌정착지원을 위한 프로그램 개발. 농림부.

류기형(2004). 지역사회복지와 상황적 발전전략. 한국지역사회복지학회 편. 한국의 지역사회복지실천. 서울: 현학사.

박병일(1998). 성공적인 귀농을 위한 연구: 귀농사례 중심으로. 중앙대학교 대학원 석사학위논문.

박태영·채현탁(2014). 지역사회복지론(제3판). 경기: 정민사.

신윤철·김동섭·배성의·유준상(1998). 귀농자의 귀농동기 및 배경특성 분석. 공주대학교 산업개발연구소 산업개발연구, 59-70.

오정수·류진석(2012). 지역사회복지론(제4판). 서울: 학지사.

이동하(1998). 귀농자의 농촌적응과 관련변인. 서울대학교 대학원 석사학위논문.

이마리아(2007). 사회복지관의 지역사회조직화에 영향을 미치는 변인에 관한 연구. 서울여자대학교 일반대학원 석사학위논문.

지은구·조성숙(2010). 지역사회복지론. 서울: 학지사.

최옥채·권혁철·정성원·문철표·김지연·김도묵·이정호·안정선·김현미·최낭숙·이현수·박

재호(2009). 좋은 지역사회 만들기. 경기: 학현사.

최일섭 · 이현주(2006). 지역사회복지론(제2개정판). 서울: 서울대학교 출판부.

한경훈 역(1996). 허풍떠는 인터넷[*Silicon Snake Oil*]. Stoll, C. 저. 서울: 세종서적. (원저는 1995년에 출판).

홍현미라 · 김가율 · 민소영 · 이은정 · 심선경 · 이민영 · 윤민화(2010). 지역사회복지론. 서울: 학지사.

Anderson, S. R., & Carter, I. (1990). *Human Behavior in the Social Environment: a social systems Approach*. New York: Aldin De Gruyter.

Aronowitz, S. (1988). *Science as Power: Discourse and Ideology in Modern Society*. University of Minnesota Press.

Banks, S., Butcher, H., Orton, A., & Robertson, J. (Eds.). (2013). *Managing Community Practice: Principles, Policies and Programmes* (2nd ed.). The Policy Press.

Brueggemann, W. G. (2006). *The practice of macro social work* (3rd ed.). Belmont, CA: Thomson Brooks/Cole.

Carlson, J. E., Junk, V. W., Fox, L. K., Rudzitis, G., & Cann, S. E. (1998). Factors affecting retirement migration to Idaho: an adaptation of the amenity retirement migration model. *The Gerontology, 38*(1), 18–24.

Durkheim, E. (1960). *The division of labor in society*. Glencoe, IL: Free Press. (Original work published 1893).

Hardcastle, D. A., Powers, P. R., & Wenocur, S. (2011). *Community Practice: Theories and Skills for Social Workers* (3rd ed.). New York: Oxford University Press.

Homan, M. S. (1994). *Promoting community change: making it happen in the real world*. Pacific Grove, CA: Brooks/Cole Publishing Company.

Kollock, P., & Smith, M. (Eds.). (1999). *Community in cyber space*. London: Routledge Press.

Martinesz–Brawley, E. (1990). *Perspecives on the small community: Humanistic views for practitioners*. Silver Spring, MD: NASW Press.

Mattessich, P. W., & Monsey, B. R. (1997). *Community Building: What Makes It Work a Review of Factors Influencing Successful Community Building*. Amherst H. Wilder Foundation.

Memmi, D. (2006). The nature of virtual communities. *AI & Society, 20*, 288–300.

Melville, M. B. (1978). Mexico women adapt to migration. *International Migration Review, 12*.

Moore, J. (1971). Mexican Americans and cities: A study in migration and the Case of Informal Resources. *International Migration Review, 5*, 293–294.

Netting, F. E., Kettner, P. M., & McMurtry, S. L. (1998). *Social work macro practice*. New York: Longman.

Rheingold, H. (2000). *The Virtual Community: Homesteading on the Electronic Frontier*. Mit Press.

Ross, M. G. (1967). *Community Organization: Theory and Principles and Practice* (2nd ed.). New York: Harper and Brothers.

Streeter, C. L. (2008). *Community, Encyclopedia of Social Work* (20th ed.). Washington, D.C.: NASW.

Twelvetrees, A. (2002). *Community work* (3rd ed.). New York: Palgrave.

Tonnies, F. (1957). *Community and society* (Gemeinschaft and Gesellschaft) (C. P. Loomis, Trans., Ed.). East Lansing: Michigan State University Press. (Original work published 1887).

Weil, M., & Gamble, D. N. (1995). Community Practice Models. In R. L. Edward (Ed.), *Encyclopedia of Social Work* (19th ed.). Washington, D.C.: NASW.

참고 사이트

위클리공감(2013). [지역문화공동체] 경기 광주시 퇴촌남종생활문화네트워크(2013. 7. 19. 기사). http://m.korea.kr/ newsWeb/m/policyView.do?newsDataId=148764668

제2장
지역사회복지 역사

1. 한국의 지역사회복지 역사

한국에서 우리 정부에 의한 공식화된 지역사회복지가 시작된 것은 해방 이후라고 볼 수 있으나 해방 이전에도 지역사회 내에 지역사회복지의 주요 정신으로 볼 수 있는 공동체의식을 기반으로 한 다양한 활동이 이루어지고 있었다. 이에 이 절에서는 한국의 지역사회복지 역사를 해방 이전부터 지역사회복지 태동기, 지역사회복지 형성기, 지역사회복지 발전기로 나누어 살펴보고자 한다.

1) 지역사회복지의 기원

해방 이전의 지역사회복지는 크게 일제 강점기 이전과 일제 강점기로 나누어 발달과정을 살펴볼 수 있다. 일제 강점기 이전에는 주로 전통적인 인보상조의 관행들이 주류를 이루었으나, 국가에서 공적으로 이루어지는 지역사회복지 지원도 일부 존재하여 지역사회 내 연대의식을 고취시켰다.

(1) 일제 강점기 이전

일제 강점기 이전의 지역사회복지 활동은 촌락 단위의 자발적 · 자생적인 전통 인보상조 관행과 국가에 의한 공식적 인보제도로 구분할 수 있다.

① 전통 인보상조 관행(촌락 단위의 복지활동)

전통 인보상조 관행으로는 다음과 같은 다양한 활동이 있었다.

우선 상부상조의 민간 협동체로서의 '계'다. 계는 한국 사회만의 독특한 조합적 특징을 갖는 조직으로 특히 각종 지출에 대비하기 위한 경제적 성격을 띤 계가 활발하였다(구자헌, 1970). 이는 현재도 친목모임 등에서 지속적으로 경제적인 연대의식을 고취시키고 있다.

두 번째는 '두레'다. 두레는 농사일을 협력하기 위해 만들어진 공동노력 풍습으로, 상호부조 · 공동오락 · 협동노동 등을 목적으로 마을 단위로 조직하였다(구자헌, 1970). 산업화 · 도시화되면서 두레는 대부분 사라졌으나 여전히 농촌 지역에서는 협동노동의 방식이 남아 있다.

세 번째는 '품앗이'다. 품앗이는 노동력을 상시적으로 차용 또는 교환하는 조직으로 농촌에서 농번기에 빈번히 이루어졌다(구자헌, 1970). 오늘날에는 품앗이의 정신이 육아에서 발현되고 있는데, 공동육아로 모이는 공동체에서 나타나는 모습이 그것이다.

네 번째는 '향약'이다. 향약은 향촌의 자치규약이면서 지식인들 간의 자치적인 협동조직이다. 향약은 지역사회나 그것이 시행되는 시기에 따라 내용이 조금씩 달라졌으나 기본적으로는 유교적 예를 보급하는 데에 그 목적이 있었다(구자헌, 1970). 오늘날 사회에서는 각 지방자치단체별로 존재하는 조례가 향약과 유사한 성격을 가진다고 볼 수 있다.

다섯 번째는 '사창'이다. 사창은 재앙이나 흉년에 대비하여 미리 향민에게 곡식을 징수 또는 기증받아 저장해 두는 촌락 단위의 구휼제도로 의창, 상평창과 더불어 삼창의 하나다. 민간의 자발적인 구빈기구이나 국가의 지도와 감독을 받은 것이 특징이다(원석조, 2008).

이 외에도 궁굴, 부근, 향도, 고지, 부조 등이 있다.

② 국가에 의한 공식적 인보제도

해방 이전의 국가에 의한 인보제도는 성문법으로 규정되거나 관습적인 규범으로, 강제성이 아니라 당위성을 띤 재량권적인 시책이었다. 이는 크게 세 가지로 나누어 살펴볼 수 있다.

첫 번째는 애민육조(愛民六條)로 표현되고 있는 여섯 가지 복지시책이다. 이것은 『목민심서』에 기록된 것으로 양로(養老), 자유(慈幼), 진궁(賑窮), 애상(哀喪), 관질(寬疾), 구재(救災)를 말한다. 양로(養老)는 어른을 공경하라는 의미로 노인을 대상으로 하는 복지시책이며, 자유(慈幼)는 고아를 대상으로 한 복지시책으로 어린이를 사랑하라는 의미다. 진궁(賑窮)은 가난한 사람들을 구제하라는 의미로 다른 사람의 힘에 의존하지 않고서는 살 수 없는 사람들을 대상으로 하며, 애상(哀喪)은 지극히 가난하여 상을 치를 수 없는 사람들을 대상으로 하는 복지시책으로 상을 애도하라는 의미다. 관질(寬疾)은 환자를 구호하라는 의미로 불치의 환자나 위독한 병자를 대상으로 하며, 구재(救災)는 수재 · 화재 · 기근 등 재앙을 당한 사람들을 대상으로 하는 복지시책으로 재난을 구제하라는 의미다(김승훈, 2010).

두 번째는 오가작통법이다. 다섯 가구를 1통으로 편성하고 다섯 가구 중에서 나이가 많거나 지위가 높은 사람이 대표인 통수를 담당한 조선시대 인보제도(구자헌, 1970)다. 즉, 각 하급 지방 행정 구획을 일정 수의 호수로 세분화하여 그 구역 내에 거주하는 모든 성원이 인보상조와 연대책임으로 서로 돕는 일종의 지방자치 제도를 말한다.

세 번째는 국가단위의 상설 복지기구다. 의창, 상평창, 진휼청, 동서대비원, 혜민국 등 크게 다섯 가지로 나누어 볼 수 있다. 의창은 고려시대와 조선시대, 흉년이 든 해에 기민을 구제하기 위하여 양곡을 저장 · 보관해 두는 제도로 빈민에 대해 무상의 구제를 했다는 점에서 오늘날의 국민기초생활보장제도와 그 기본성격이 유사하다. 상평창은 고려시대와 조선시대 빈민에 대해 곡물을 대여하고 상환하도록 한 제도다. 진휼청은 조선시대 흉년에 빈민을 구제하는 국가 기관을 말하며, 동서대비원은 치료를 목적으로 하는 의료구호기관이고, 혜민국은 의약, 의복을 제공하는 기관(원석조, 2008)이다.

(2) 일제 강점기

일제 강점기 지역사회복지 활동의 이해를 돕기 위해서는 그 배경을 먼저 살펴보고 구체적인 내용을 확인해야 한다.

① 배경

일제 강점기는 근대적 의미의 지역사회복지 사업이 싹트기 시작한 시기다. 일본이 자국의 이익을 위해 한국 농업을 식민지적 구조로 변경하여 토지조사 사업, 산미증산 계획 등을 실시함으로써 전통적인 자생 복지활동이 위축되고 해체되었다.

일부 매판지주들과 결탁한 관제협동조합들로 인해 재래적 민간협동단체는 자연 붕괴되었으며, 부락의 자치단체였던 동리계는 읍면제도 등 새로운 행정제도의 실시와 행정기구의 정비로 해체되었다. 학교교육 제도의 실시로 학계 및 향계 등도 서당 폐지와 함께 소멸되었고, 은행과 금융기관의 발달로 이자계와 같이 금융을 목적으로 했던 각종 협동체는 도태되거나 위축되었다. 혈족단체인 종계와 화수계는 개인주의 사상의 침투로 붕괴되었으며, 산업을 목적으로 하는 계는 농회, 수리조합 등 새로운 산업단체의 발달로 소멸되었다. 이 시기의 사회복지는 근대적인 복지이념에 의해 시행되었다기보다는 일제 식민정책의 일부인 시혜 또는 자선으로 우리 민족의 충성을 얻으려는 정치적인 의미(최일섭·류진석, 2003)가 컸다.

② 일제 강점기 지역사회복지의 주요 내용

조선사회사업협회, 조선구호령, 사회복지시설과 사업으로 크게 나누어 일제 강점기 지역사회복지의 내용을 살펴볼 수 있다.

우선 조선사회사업협회는 1929년에 설립되었고 사회사업단체 간의 상호 연락, 조사연구, 강습·강연회, 지식교환 등의 활동을 하였다. 현대적 의미의 사회복지사협회와 유사한 기능을 가진 조직이나, 이 협회는 관의 통제를 받았다(김광희, 2011).

두 번째, 조선구호령은 1944년에 제정·실시되었고 해방 후 1961년 「생활보호법」 제정으로 폐지되었다. 그 배경을 자세히 살펴보면 다음과 같다. 일제 강점기에 들어와 일본 본토에서는 1874년에 제정된 구휼규칙을 1929년에 폐지하고 구호법(救護法)을 새로 제정하여 보다 향상된 현대적 구빈행정을 시행하였으나, 한국에서는 이 법을 시행하지 않고 유사시에 은전을 베푸는 형태로 극히 한정된 범위의 요구호자에 대한 구빈사업을 실시하였다. 그러던 중 1944년 3월 군사적 목적을 위하여 한국민에게 징병과 노무징용을 강요하게 되면서 비로소 일본의 구호법을 기초로 하고 모자보호법과 의료보호법을 부분적으로 추가해서 종합한 법인 조선구호령을 제정하였다. 대상은 65세 이상의 노쇠자, 13세 이하의 유아, 임산부, 불구·폐질·질병·상이 및 기타 정신 또는 신체의 장애로 인하여 노동을 하기에 지장이 있는 자이며, 급여내용은 생활부조, 의료, 조산, 생업부조, 장제부조로 이루어져 있다. 구호는 자산조사 및 신청주의에 의해 실시되었고 거택보호를 원칙으로 하였다. 거택보호가 불가능하다고 인정되는 경우에는 구호시설수용, 위탁수용 또는 개인의 가정 혹은 적당한 시설에 위탁수용을 할 수 있도록 규정하였다(원석조, 2008). 조선구호령은 근대적 의미의 공적부조의 출발이라 할 수 있으며, 해방 이후 전개된 「생활보호법」의 모태가 되었다.

세 번째, 사회복지시설과 사업이다. 일제 강점기에는 육아시설(전국 22개소, 이후 숫자만 표시), 임산부상담소(5), 탁아시설(4), 영아건강상담소(5), 빈궁아교육기관(9), 불량아감화시설(5), 맹아보호시설(2), 육아협회 등 어린이 보호시설이 많이 세워졌다. 또한 요보호자를 보호하는 제도로는 1927년에 서울에 설치되었던 방면위원제도가 있는데, 이를 통해 요보호자에 대한 보호, 구제, 직업알선 등 사례관리를 시도하였다. 방면위원제도를 효과적으로 수행하기 위하여 인보관을 설치하였는데, 최초의 인보관은 동부인보관이었다. 그 후 북부인보관, 마포인보관, 서부인보관, 용강인보관, 성동인보관, 영등포인보관 등이 개설되었다. 이처럼 서울에 인보관이 개설된 것은 당시 일본의 빈민구제제도인 방면위원사업과 인보사업을 병행하여 보다 효과적으로 사업을 수행하기 위함이었는데 당시 사회적 상황으로 미루어 보아 질서유지나 지배강화를 이루기 위한 통치의 목적도 있었으리라 볼 수 있다(김범수 · 신원우, 2014).

/tip/ **한국 최초의 인보관**

> 사회복지관의 모체로 볼 수 있는 인보관은 외국 선교사들이 설립하였다. 한국 최초의 인보관은 1906년 미국 감리교 여선교사였던 메리 놀스(Miss Mary Knowles)가 원산의 6평 초가집에서 시작한 반열방(남경현, 1978: 김범수, 신원우, 2014 재인용)으로 알려져 있다. 반열방에서는 여성들을 위한 교육이나 보건 등의 사업을 시작하였다.

2) 지역사회복지 태동기: 해방 이후~1980년대 전반

해방 이후 한국전쟁을 거치면서 외국의 원조기관들이 전쟁고아들을 위한 시설보호와 빈민구호 활동에 주력하면서 지역사회복지의 기초적인 틀이 마련되었다.

(1) 사회복지공동모금운동

해방 후 빈민과 빈곤아동에 대한 구호활동에 있어 열악한 국가재정으로 인한 어려움을 타개하고자 민간자원을 동원하기 위한 모금회가 설립되었다. 1951년 「기부금품모집금지법」으로 시작하여 1971년 민간주도의 공동모금 운동이 전개되었으나 관심과 여건 부족으로 정체되었다. 그러나 지역사회 전체를 주 대상으로 모금하고, 이를 지역사회를 위한 활동에 배분하여 집행하도록 했다는 점에서 지역사회복지 활동에 대한 자발적 참여 기회를 확대했다는 의의를 가진다(김종일, 2004).

(2) 외국민간원조기관의 활동

외국민간원조단체 한국연합회(Korean Association of Voluntary Agencies: KAVA)는 외국에 있는 본부의 지원으로 우리나라에 보건사업, 교육사업, 생활보호, 재해구호 또는 지역사회개발 등의 사회복지사업을 진행한 비영리적 사회사업기관으로서, 그 사업자원이 외국에서 마련되고 외국인에 의해 운영된 기관이었다. 1952년에 7개 기관이 모여 조직하였던 것이 1955년 사무국 설치로 연합회로서의 기능을 갖추게 되었고 1964년 70여 개로 증가하였다. 이후 1970년대 후반부터 철수하거나 철수계획을 세우기 시작하였다.

KAVA는 전쟁 난민 및 고아를 돕기 위한 시설보호사업으로 시작되어 보건사업, 교육, 지역개발사업, 전문 사회복지사업을 전개하였다. 특히 KAVA는 사업추진에 있어서 정부기관과 유대를 가지고 효과적으로 협조한 점이 두드러진다.

이러한 KAVA가 우리나라 사회복지사업에 미친 영향은 다음과 같다. 우선 소속된 기관들이 상호 정보교환을 함으로써 원조의 중복을 피하도록 함과 동시에 상호 간에 전문지식을 얻을 수 있는 기회를 제공하였다. 한때 우리나라 민간 복지사업의 주축을 이루었으며, 우리나라에 사회사업(복지)이라는 새로운 학문이 도입되는 자극제도 되었다. 또한 미국식 전문사회사업의 실천방법과 관련된 이론을 국내에 소개하는 데 중요한 역할을 하였다(카바40년사편찬위원회, 1995).

(3) 지역사회개발 사업

우리나라의 지역사회개발 사업은 1955년 UN에 의해서 후진국의 경제 · 사회발전을 위해 주창되었다. 그 후 1958년 지역사회개발위원회 규정이 공포되면서 지역사회개발 사업이 본격적인 체제를 갖추고 시작되었다. 지역사회개발 사업은 1970년대 새마을운동 사업으로 전환되어 지역사회복지실천을 위한 기반이 되었다는 점에 의의가 있다. 그러나 관주도의 반강제적 운동이라는 점에서 지역사회복지의 자발성 원칙에는 다소 위배되는 측면이 있다.

새마을운동은 앞서 언급한 대로 지역사회개발위원회 규정이 공포된 이후 1970년대부터 시작된 우리나라의 지역사회개발 사업이다. 기본이념은 근면 · 자조 · 협동이며 농한기 농촌마을 가꾸기 시범사업 형태로 시작되었다. 농촌의 생활환경개선 사업에서 시작해 소득증대 사업으로 확대되었고, 도시에서는 의식개선운동으로 전개되기도 하였다. 1980년대에 들어서 새마을운동은 민간주도로 전환되어 '새마을운동중앙본부'가 창립되었고 1988년 제6공화국이 들어서면서 원래 추구했던 이념 목표와는 달리 정치적 목적과 연관되거나 관변운동이라는 비판을 받으면서 위축되고 퇴색하기 시작하였다(최일섭, 1981).

새마을운동은 1970년대 산업화와 근대화 과정에 지대한 기여를 하였으나 초기의 지나친 관주도 경향과 1980년대 이후 정치적 영향 등으로 동시에 부작용도 많았다. 또한 농촌의 수입이 많아진 가운데 이루어진 것이 아니기 때문에 현재까지도 많은 농가는 빚에 허덕이는 실정이며, 생산량 증가를 위해 농약을 많이 뿌린 것이 환경을 오염시키는 주범이 되었다.

무엇보다도 중앙정부가 주도하는 상의하달의 하향식 운동에서 오는 문제점이 가장 크게 제기되었다. 관에 의한 하향식 지원은 새마을운동 일선 조직의 자생력을 현저하게 떨어뜨려 농민이나 농촌마을이 정부의 지원, 외부의 지원에 더욱 의존하게 하는 의타심과 수동적 자세를 심어 주었다. 또한 형식에 있어서도 비민주적이었고, 다양한 현상과 지방의 특성을 반영하는 데에는 한계가 있었다. 즉, 정부의 권고 혹은 지시로 1인 혹은 소수의 지도자에 의해 주도됨에 따라 반드시 지역주민 전체의 이익과 일치되는 것이라고 볼 수 없었으며, 지도자가 지역을 떠나거나 지도자로서의 책임을 포기할 경우 사업 자체의 추진이 위태롭게 되기도 하였다.

획일적 · 물량위주적 · 전시효과적인 사업수행으로 인해 생산성이 떨어지고 시대의 변화에 따른 새마을운동의 새로운 모습을 보여 주지 못했다는 점도 문제로 제기된다. 즉, '근면 · 자조 · 협동'을 강조함으로써 주민들의 의식변화라는 과정중심의 목표를 중시하는 모습을 보이기도 하였으나, 실제로는 과업중심적인 목표를 달성하는 데 치중하였다. 지역주민의 태도와 행동에 있어서의 내면적인 변화보다 가시적인 실제효과에 더 치중하여 물량적 효과로 성과를 평가한 것이다. 이로 인해 농촌마을 공동체의 자율성을 약화시켰고, 전통적인 농촌공동체의 지혜와 전통도 단절시키는 결과를 초래하였다(김종일, 2004).

3) 지역사회복지 형성기: 1980년대 후반~1990년대

1990년대는 재가복지서비스가 확대되고 지역사회복지실천 주체가 전문화 · 다양화되었다. 또한 지역사회 중심의 자활사업이 전개되었고 지방자치제도(1995년)가 실시되었다는 특징이 있다. 이 시기의 지역사회복지 측면의 주요 흐름을 구체적으로 살펴보면 다음과 같다.

(1) 사회복지관의 발전

사회복지관은 1983년 「사회복지사업법」 개정으로 가, 나, 다형 사회복지관으로 나뉘면서 국가보조를 받기 시작한 이후 1980년대 후반에 영구임대아파트단지 내에 사회복지관 건립이 법으로 제정되었으며, 1989년 사회복지관 운영 · 건립 국고보조사업지침이 마련되면서 사회복지관이 국가보조금을 받고 운영되기 시작하였다. 이렇게 국가가 공식적으로 사회복지관을 지원한 데에는 1980년대 당시 제5공화국이 도시화 · 산업화 과정 중에 대두하게 된 빈곤문제를 공공 전달체계 도입보다는 민간 전달체계인 사회복지관을 통하여 해결하는 정책을 선택하였기 때문이다. 이로 인해 공공 전달체계 개편이 늦추어지게 되고(오정수 · 류진석, 2014) 현재 공공 전달체계인 희망복지지원단 등과 민간 전달체계인 사회복지관의 역할 정립 등의 문제가 발생(채현탁, 2014)되는 한계도 있었다.

그 후 사회복지관은 매우 큰 양적 팽창을 하였는데, 1990년의 58개소에서 2015년 현재 전국에 446개소가 설치·운영되고 있다. 1995년 지방자치제의 실시로 민간영역에서 사회복지관을 건립하면 이를 지방자치단체에서 위탁하는 형태가 증가하였고, 재정구조도 국고보조금, 지방비, 법인 자부담으로 이루어지게 되었다. 즉, 민간법인에서 운영하고 정부의 지도감독이 이루어지는 형태가 되었다. 한편, 1997년 「사회복지사업법」이 개정됨에 따라 사회복지시설 평가제도가 도입되고 1999년에는 사회복지 시설평가가 시작됨으로써 사회복지기관의 전문성 향상을 도모하는 계기가 되었다. 또한 2004년부터 대상별 6대 사업분류에서 기능별 5대 사업분류로 변화되고(이마리아, 2007), 2012년 기능별 3대 사업분류[1]로 사례관리사업과 지역사회조직화사업이 강조되는 등 지역사회복지실천이 보다 강화되어 갔다.

(2) 재가복지봉사센터의 설립

탈시설화의 흐름이 나타나면서 지역사회 내에서 사회적 취약계층에게 서비스를 제공하는 재가복지가 관심을 받기 시작한 1980년대 후반, 한국노인복지회, 은천노인복지회, 북부노인종합복지관, 남부노인종합복지관 등 민간단체들을 중심으로 본격적인 재가복지서비스가 시작되었다(김범수·신원우, 2014). 그러다가 1992년에 재가복지봉사센터 설치, 운영 지침이 제정되면서 본격적으로 정부 차원의 재가복지가 이루어지기 시작하였다. 재가복지봉사센터는 지역사회에서 일정한 시설과 전문인력 및 자원봉사자를 갖추고 필요한 재가복지서비스를 제공하는 사회복지시설(보건복지부, 2008)을 말하는데, 이는 기존의 사회복지관에 전담인력, 장비 등 사업비를 추가 지원하여 사회복지관의 부설 형태로 설치·운영되었다(보건복지가족부, 2010b; 보건복지부, 2001a; 보건복지부, 2001b; 보건복지부, 2008).[2] 재가복지봉사센터는 사업 운영에 있어 자원봉사자

---

1) 대상별 6대 사업분류는 가족복지사업, 아동복지사업, 청소년복지사업, 노인복지사업, 장애인복지사업, 지역복지사업을 포함하고 있고, 기능별 5대 사업분류는 가족복지사업, 지역사회보호사업, 지역사회조직사업, 교육문화사업, 자활사업으로 구성되어 있으며, 기능별 3대 사업분류는 서비스제공기능, 사례관리기능, 지역조직화기능(한국사회복지관협회 홈페이지, 2005)으로 나뉘어 있다.

2) 기존 몇몇 지역사회복지론 교재에는 재가복지봉사센터가 사회복지관, 노인복지관, 장애인복지관에 장비와 인력을 추가해 운영된다고 나와 있다. 그러나 재가복지봉사센터 설치대상은 "설치·운영 중인 사회복지관 부설로 설치하여 기존 복지관의 시설, 인력, 장비를 공동 활용하되, 재가복지서비스의 효율성 제고를 위하여 별도의 전담인력 및 장비를 추가 지원하여 설치·운영한다."(보건복지부, 2008)고 명시되어 있으며, 노인보건복지사업 안내에 "1992년에 정부가 사회복지관 부설 재가복지봉사센터를 설치하는 사업에 예산을 지원하였다."(보건복지가족부, 2010a)고 언급되어 있다. 따라서 재가복지봉사센터는 노인복지관이나 장애인복지관이 아닌 사회복지관에만 부설로 설치·운영한다고 보아야 한다. 다만 노인복지관, 장애인복지관에서도 사례관리와 같은 서비스를 지원하기에 재가복지서비스는 지원하고 있다고 볼 수 있다.

등 지역사회 내에서 동원·활용 가능한 자원 등을 고려할 것을 명시(보건복지부, 2008)하고 있다는 점이 특징인데, 이는 전문인력이 다수의 서비스 이용자에게 직접 서비스를 제공하기에는 부족한 현실을 타개하려는 의지가 반영된 것이고, 이러한 점은 추후 장기요양보험제도에서 요양보호사 양성을 적극적으로 하게 된 계기가 되었다.

(3) 지역사회 중심의 공공부문 전달체계 개편 논의의 시작

공공부문 전달체계에서는 1987년부터 사회복지전담공무원이 기초자치단체에까지 배치되는 질적인 향상이 있었다. 그러나 광역자치단체에서 기초자치단체를 거쳐 클라이언트로 연결되는 일방적·수직적 전달체계상 지역주민의 복지욕구에 대한 능동적 대처의 곤란, 보건과 복지서비스의 대상자 일치를 근거로 한 서비스 공급조직 통합으로 보건복지의 포괄적 서비스 제공의 필요, 보건복지 서비스 환경의 변화와 통합적 서비스 공급요구의 증대라는 필요성(이현송, 1997)이 대두되면서 공공부문 전달체계의 개편 논의가 활발하게 일어났다. 이로 인해 1995년 7월부터 전국 5개 지역(서울 관악구, 대구 달서구, 경기 안산시, 강원 홍천군, 전북 완주군)의 보건소 내에 복지사업담당부서를 신설한 '보건복지사무소'를 시범사업으로 운영하였다.

그러나 복지업무담당부서가 시·군·구청의 사회복지과와 보건복지사무소로 이원화됨에 따라 업무분장이 불명확한 경우 업무협조가 원활치 못했고, 농촌지역의 경우 도시지역에 비해 대중교통수단 이용 등의 불편으로 주민접근성 저하문제가 여전히 해소되지 못하고 있다는 지적이 나왔다. 또한 시범사업 추진업무 중 보건복지 연계서비스의 비중이 낮아 당초 목적인 보건과 복지조직의 통합효과는 아직 미미하다고 평가되었다. 이에 시·군·구청의 복지업무를 점차적으로 이관하여 복지업무추진체계의 일원화를 꾀하고 수요자 중심의 포괄적·효율적인 서비스를 제공할 수 있는 정보체계를 구축하며 프로그램을 지속적으로 개발(보건복지부, 1998a)해 나가려 하였으나, 효과적으로 이루어지지 못하였고 결국 보건복지사무소 시범사업은 1999년 12월 종료되었다. 그리고 지역사회 중심의 민관 협력을 꾀하기 위해 2001년 사회복지협의체 시범사업이 운영되었다.

(4) 지역사회행동 모델로의 확산

1980년대는 빈부 격차와 상대적 빈곤 문제가 새로운 쟁점으로 떠올라 역동적인 지역사회조직화가 펼쳐진 시기다. 첫 번째는 센터 중심의 활동으로 탁아소, 공부방, 민중교회 등을 거점으로 하여 주민들의 생활 욕구를 일정 부분 채워 주면서 주민 의식화 프로그램을 전개하였다. 지역사회탁아소연합회는 이 시기에 시작된 지역 간 네트워킹의 대표적인 사례다. 두 번째는 주로 빈민지역의 철거반대 투쟁이다. 이는 센터 중심의 지역사회조직화와는 달리 해당 지역의 주민들이 직접 주도하였다. 대표적인 철거 반대 투쟁은 목동에서 시작되었는데, 목동 주민들은 알린스키 방식[3]의 대결 전술을 사용하면서 3년간에 걸쳐 정부의 강제 철거에 맞섰다.[4]

　1980년대 후반 이후 각 민간단체들을 중심으로 '바른 삶 실천운동(YMCA)' '공해추방운동' '경제정의실천운동' '복지권실천운동(참여연대)' 등의 복지 이슈와 관련된 사회운동이 이루어졌으나, 이슈 중심적 접근으로 지역사회와 구체적으로 연계된 측면은 약했다. 그러나 저소득층 지역사회의 재개발반대운동, 핵발전소설치반대운동 등의 주민운동은 지역적 근거를 배경으로 한 사회행동의 일환으로 볼 수 있다. 이처럼 복지와 관련된 이슈 또는 지역사회의 문제해결을 위해 사회행동 모델로 점차 변화되는 추세다.

(5) 그 밖의 지역사회정책과 활동

　민간이 주도해 온 과거의 빈민운동을 제도권으로 흡수하여 정책적으로 지원하기 위해 1996년에는 자활지원센터 시범사업이 실시되었고 이는 추후 자활후견기관[5]의 지정 및 지원근거 마련에 뒷받침이 되었다(보건복지부, 1998b).

　한편, 1994년 보건사회부는 공동모금회를 단독 법인화하고 별도의 사무국을 규정하는 특별법을 성안하여 정기국회에 상정하였다. 그러나 국회사정으로 심의조차 이루어지지 못하고 동법안이 폐기되었다. 1995년 재상정되어 논의를 거듭하다가 1997년 3월 27일에 이르러 의결되어 「사회복지공동모금법」이 제정되었다. 동법이 1998년 7월 1일부터 시행됨에 따라 「사회복지사업기금법」은 폐지되었다. 이후 1999년 3월에는 국민이 공동모금한 재원을 효율적으로 관리 운용하고, 공동모금의 적용범위를 사회복지사업과 기타 사회복지활동으로 확대하는 등 현행규정의 운영상 나타난 일부 미비점을 개선·보완하기 위해 「사회복지공동모금회법」으로 법명

---

3) 알린스키 방식은 이 장의 60쪽 '(3) 지역사회조직화'를 참조하기 바란다.

4) 1983년 정부가 목동 신시가지 조성 계획을 발표하였다. 그 당시 목동 주민들은 1970년대의 서울시 판자촌 정리 사업에 따라 강제 철거를 당하고 목동에 이주해 살던 사람들이었다. 정부는 이들에게 공영개발방식으로 저렴한 주택을 제공하겠다고 약속했으나 목동 재개발 사업은 부동산 투기장으로 변하여 현지 주민의 입주를 사실상 불가능하게 만들어 버렸다. 목동 주민들은 3년 동안 100회 이상의 가두시위, 4차례의 고속도로 점거, 야당 당사 점거 농성, 15회의 시청진입 투쟁 등의 격렬한 저항을 하였다. 한편, 내부적으로는 공권력의 진입을 막기 위해 철야 경비조와 지역 대기조를 구성하여 투쟁하였다. 결국 대규모 공권력 투입으로 목동개발저지투쟁은 끝나 버렸지만 이는 그 이후의 다른 투쟁의 조직화 작업을 촉진시켰다. 이러한 끈질긴 싸움의 결과로 서울시는 드디어 1989년에 세입자를 위한 영구 임대주택 건설 계획을 발표하게 된다(김종일, 2004).

5) '자활후견기관'은 저소득층의 자활을 돕기 위하여 저소득층 밀집지역에서 자활공동체 등의 공동작업장 운영을 지원하거나 창업 및 그에 대한 상담활동 등을 수행하는 기관을 일컫는다(보건복지부, 1998b).

을 변경, 전면개정하였다(김용하, 2006).

4) 지역사회복지 발전기: 2000년대

2000년대 이후에는 지역사회복지 측면에서 다양한 제도가 체계적으로 수립되고 시행되었다.

(1) 자활지원사업의 확대

2000년 10월에 「국민기초생활보장법」이 시행되면서 지역사회 중심의 자활지원사업이 본격적으로 시작되었다. 자활지원사업에는 지역사회 내에서 빈곤문제를 해결하기 위한 사례관리와 같은 전문적인 실천활동도 함께 요구되고 있다. 지역사회에서 자활지원을 담당하였던 많은 조직이 지역자활센터로 지정되었고(오정수 · 류진석, 2014), 2015년 7월 현재 전국적으로 14개소의 광역자활센터와 247개소의 지역자활센터가 운영되고 있다.

자활지원사업 프로그램은 크게 취업지원, 창업지원, 유통지원, 자산형성지원으로 나뉜다. 이 중 취업지원 프로그램으로 고용-복지연계사업인 희망리본 프로젝트가 2009년에 시범사업이 실시된 이래 전국적으로 확대되어 진행 중이고, 자산형성지원 프로그램인 희망키움통장 사업은 2010년부터 실시되었다.

(2) 재가복지서비스 통합

1992년에 설치된 재가복지봉사센터가 지속되다가 민간복지서비스 전달체계 개선계획의 일환으로 2010년 1월 1일부터 종합사회복지관 부설 재가복지봉사센터가 종합사회복지관의 '재가복지봉사서비스'로 흡수 · 통합되었다(보건복지부, 2010b). 현재 별도의 재가복지봉사센터는 운영되고 있지 않으나 2008년 7월부터 실시된 장기요양센터의 노인장기요양보험제도로 인해 재가복지가 확대된 양상을 보이고 있다.

(3) 공공 전달체계 재편

보건복지사무소 사업 중단 이후 복지전문인력 활용의 미흡, 복지행정의 일관성 및 전문적 집행 미흡, 수요자 위주의 복지서비스 제공 미흡이라는 문제점(김기남, 2003; 한국보건사회연구원 · 보건복지부, 2003)이 드러나 지역사회 중심의 공공부문 전달체계로의 개편을 꾀하게 되었다. 결국 그 결과로 사회복지사무소 시범사업이 2004년 7월부터 2006년 6월까지 실시되었고 2006년

7월 이후에는 시·군·구에 주민생활지원국을 설치하여 운영하였다.

그러나 저출산, 고령화, 여성의 경제활동 참여 확대, 근로빈곤층 증가 등 복지수요에 대응하여 복지제도, 예산이 크게 확대되어 사회안전망은 발전하였음에도 불구하고 복지체감도는 낮은 것으로 나타났다(강제상·김예승·이영만, 2013; 총리실·관계부처합동, 2011). 그리하여 기존의 분절적 지원에서 벗어나 복지, 보건, 고용, 교육 등 다양한 서비스를 통합적, 맞춤형으로 연계, 제공함으로써 대상 가구의 복합적 욕구에 효과적으로 대응하여 복지체감도를 향상하고자 2010년 1월부터 사회복지통합관리망인 '행복e음'을 통해 시스템을 구축하고, 희망복지지원단을 신설하여 지역사회 수요자 중심의 통합사례관리가 시행되고 있다(강혜규 외, 2010).

2013년에는 사회보장정보시스템이 개통되어 각 부처의 복지사업 정보가 연계되었다. 그럼에도 여전히 복지사각지대가 존재하고 그로 인한 자살 등이 이슈화되면서 2014년 12월에는 이른바 '송파 세모녀법'으로 불리는 「국민기초생활보장법」 「긴급복지지원법」 개정안과 「사회보장급여의 이용·제공 및 수급권자 발굴에 관한 법률」 제정안이 통과되어 2015년 7월부터 시행되었다. 법률시행에 따른 정책 변화의 골자는 전국 읍·면·동별 지역사회보장협의체의 구성이다. 이 조직은 먼저 지자체 단위로 구성되어 있는 지역사회복지협의체의 기능을 더욱 세분화한다. 나아가 복지 단위를 읍·면·동 중심으로 재구성하는 동시에, 복지사각지대 발굴·해소, 공동체 회복을 통한 지역보호체계 구축 등의 사업도 주도한다.

(4) 복지재정의 지방 이양 및 중앙으로의 환원

2004년 7월 국고보조사업을 지방으로 이양하는 국고보조금 정비방안이 확정되었고 같은 해 12월에는 사회복지사업비의 지방 이양을 위한 한시적 분권교부세가 도입되어 5년간 운영되었다. 분권교부세[6] 도입으로 인한 여러 가지 부작용이 나타났으나 2009년에 다시 5년 연장되어

---

6) 분권교부세란 중앙정부가 149개 국고보조사업을 지방자치단체로 이관하면서 여기에 드는 재원을 보전하기 위해 2005년 도입한 것으로, 5년간 한시적으로 운영한 뒤 2010년부터 보통교부세에 통합, 폐지될 예정이었다(서정섭·조기현, 2006). 그러나 분권교부세가 없어지면 사회복지 관련 지방이양사업의 안정적인 추진이 어려워질 수 있다는 우려, 즉 사회복지사업의 수요 급증 등으로 국고보조 때보다 지방의 재정부담이 커지는 결과가 발생함에 따라 정부는 분권교부세 대상사업을 구조조정하기로 하고 운영기한을 5년간 연장(행정안전부, 2009)했다. 「지방교부세법」 개정안은 계획대로 2015년부터 분권교부세가 보통교부세에 통합된다고 규정하고, 보통교부세를 받지 않고 분권교부세만 받아 온 지자체 등의 재정 충격을 완화하는 방안을 담았다. 2013년 당시 분권교부세만 받는 지자체는 서울시 본청과 경기도 용인, 성남, 과천, 수원, 화성, 고양의 6곳이었다. 이들 지자체에는 2015년에 전년도에 받은 분권교부세액만큼 보통교부세가 지원된 뒤 해마다 20%씩 줄어 2020년에는 지원이 중단된다(안전행정부, 2010). 또한 2015년부터 분권교부세 3개 사업(정신, 장애인, 노인양로시설)을 국고보조사업으로 환원하였다(안전행정부, 2014).

진행함으로써 복지재정의 지방분권화를 도모하였고, 2015년 분권교부세를 보통교부세에 통합하게 되었다. 분권교부세가 폐지되면 지방의 재정 자율권이 다소 높아질 것으로 전망된다. 그러나 분권교부세가 용도가 특정되지 않은 보통교부세로 통합될 경우 지자체 간 복지에 대한 투자 격차가 커질 수 있는 우려도 제기된다.

(5) 지역사회복지계획 수립

2003년 7월에는 「사회복지사업법」이 개정되어 시·도지사 또는 시·군·구청장이 4년마다 각 지역사회의 욕구에 맞는 지역사회복지계획과 연차별 시행계획을 수립하도록 의무화되었다. 2005년 7월에는 이를 주체적으로 수행할 지역사회복지협의체가 설치, 운영되어 2006년에 제1기 지역사회복지계획을 수립하였다. 현재 제1기 지역사회복지계획(2007~2010년)과 제2기 지역사회복지계획(2011~2014년)은 완료되었고 제3기 지역사회복지계획(2015~2018년)이 진행 중이다. 지자체 차원에서 복지계획을 민과 관이 협력하여 수립하고 이를 연차적으로 실천함으로써 지역사회복지 발전에 획기적인 전환점을 마련하였다. 즉, 지역의 다양한 복지관계자와 주민들이 계획 수립에 참여함으로써 주민의 복지체감도를 높일 수 있게 되었다는 점에 그 의의가 있다(이마리아·이경은, 2015). 한편, 「사회보장급여의 이용·제공 및 수급권자 발굴에 관한 법률」 시행으로 2015년 7월부터 지역사회복지협의체가 지역사회보장협의체로 명칭이 변경되고 그 역할이 확대되었다.

(6) 지역사회 중심의 정책 수립

2004년 1월에는 「아동복지법」이 개정되어 지역아동센터가 법제화되었다. 2006년 정부는 '사회투자국가'를 선언하면서 기존의 사회복지정책을 재조명하고 보완하였는데 사회투자와 관련하여 4대 역점과제가 선정되었고 그중 희망스타트프로젝트, 아동발달지원계좌사업이 포함되었다(김미숙, 2007). 2007년 아동발달지원계좌인 디딤씨앗통장사업과 아동보호 통합서비스인 희망스타트 시범사업이 실시되고 2008년에는 희망스타트 사업이 드림스타트 사업으로 변경되어 실시되고 있다.

2006년에는 「자원봉사활동기본법」이 시행되었다. 이 법은 자원봉사를 통한 공동체의식 함양 및 국가경쟁력 향상을 표방하고 자원봉사활동에 대한 체계적 지원과 자원봉사자에 대한 보호 등을 그 주된 내용으로 하고 있다. 이에 자원봉사활동에 대한 국가 및 지방자치단체의 책무를 명시하였고, 그간 법령에 의한 설치근거를 갖고 있지 못하여 사실상의 운영에 어려움이 있던 자원봉사센터와 자원봉사협의회에 법적 지위를 부여함으로써 자원봉사 인프라 구축의 기반을 마련하였다는 점에서 의의가 있다(김준목, 2006).

또한 2007년에는 사회서비스 전자바우처사업이 실시되었다. 기존 사회복지서비스는 공급자 지원방식으로 이루어져 수요자의 선택권이 제한된 한계를 가져 수요자 중심의 직접 지원방식으로 바우처(서비스 이용권) 제도를 도입하게 되었다. 2012년에는 「사회서비스이용 및 이용권 관리에 관한 법률」이 시행되어 사회서비스 사업에 대한 법적 구속력이 강화되었다. 2015년 현재 노인돌봄서비스, 장애인사업, 지역자율형 사회서비스 투자사업, 장애아동 가족지원, 임신출산 진료비지원, 청소년산모 임신출산 진료비지원(보건복지부 사회서비스 전자바우처 홈페이지, 2015)이 바우처 방식으로 진행되고 있다. 이로 인해 지역사회주민들이 자신의 욕구에 부합한 사회서비스를 보다 손쉽게 이용할 수 있게 되었다.

2012년 12월에는 자주적 · 자립적 · 자치적인 협동조합 활동을 촉진하고, 사회통합과 국민경제의 균형 있는 발전에 기여함을 목적으로 한 「협동조합 기본법」이 제정되었다. 이로 인해 5인 이상이 결사하면 협동조합을 설립할 수 있게 되어 협동조합 설립이 용이해졌다. 특히 지역주민들의 권익 · 복리 증진과 관련된 사업을 수행하거나 취약계층에게 사회서비스 또는 일자리를 제공하는 등 영리를 목적으로 하지 아니하는 협동조합인 사회적협동조합(법제처 국가법령정보센터 홈페이지, 2015)을 이 법에서 명시하고 있어 사회적 경제를 보다 활성화시키는 토대가 될 것으로 보인다.

〈표 2-1〉 한국의 지역사회복지 발달과정

구분	시기	사회상황	지역사회복지 발달
지역사회복지의 기원	일제 강점기 이전	• 고려시대 • 조선시대	• 전통 인보상조 관행 • 정부에 의한 인보제도(애민육조, 오가작통법, 상설복지기구: 의창, 상평창, 진휼청, 동서대비원, 혜민국)
	일제 강점기 (1910~1945년)	• 토지조사 사업 • 산미증산 계획	• 조선사회사업협회 • 조선구호령(1944) • 사회복지시설 건립(어린이보호시설, 인보관 설립) • 방면위원제도
지역사회복지 태동기	1945~1980년대 전반	• 6 · 25전쟁 • 미군정 시대 • 경제적 부흥과 자본주의 발달 • 정치민주화 운동 • 인권에 대한 사회운동 • 여성운동	• 민간주도공동모금운동(1971) • 외국민간원조단체 한국연합회(KAVA) 활동(1955) • 지역사회개발위원회 규정(1958) • 새마을운동(1970년대) • 지역사회행동모델 확산(1980년대)

구분	시기	사회상황	지역사회복지 발달
지역사회복지 형성기	1980년대 후반 ~ 1990년대	• 지방자치제도 실시 • IMF 경제위기	• 재가복지봉사센터 설립 시행(1992) • 보건복지사무소 시범사업(1995~1999) • 자활지원센터 시범사업(1996) • 「사회복지공동모금법」 시행(1998) • 사회복지 시설평가(1999) • 「사회복지공동모금회법」 시행(1999)
지역사회복지 발전기	2000년대~현재	• 인구의 고령화와 저출산 • 활발한 시민단체의 활동 • 기업의 사회적 참여 강조	• 국민기초생활보장제도 시행(2000) • 지역사회복지계획 수립 의무화(2003) • 국고보조금정비방안 확정(2004) • 사회복지사무소 시범사업(2004~2006) • 분권교부세 도입(2004) • 지역사회복지협의체 설치(2005) • 「자원봉사활동기본법」 시행(2006) • 주민생활서비스 전달체계 도입(2006) • 지역사회복지계획 수립(2007) • 희망스타트 시범사업, 사회서비스전자바우처 실시(2007) • 드림스타트 사업 실시(2008) • 노인장기요양보험제도 시행(2008) • 희망리본프로젝트 시범사업(2009) • 사회복지통합관리망 '행복e음' 개통, 희망키움통장 사업 실시(2010) • 희망복지지원단 운영으로 통합사례관리 시행(2012) • 「협동조합기본법」 제정(2012) • 사회보장정보시스템 개통(2013) • 「국민기초생활보장법」 개정 시행(2015) • 「긴급복지지원법」 개정 시행(2015) • 「사회보장급여의 이용·제공 및 수급권자 발굴에 관한 법률」 시행으로 지역사회복지협의체가 지역사회보장협의체로 명칭 변경, 역할 확대됨(2015)

2. 영국의 지역사회복지 역사

영국에서의 지역사회복지는 주로 지역사회보호가 발전된 흐름을 중심으로 살펴볼 수 있으나 지역사회복지의 맹아는 자선조직협회와 인보관운동에서 찾을 수 있다. 이에 이 절에서는 영국의 지역사회복지 역사를 근대 지역사회복지가 시작된 1800년대 후반부터 시작된 것으로 보고 근대 지역사회복지의 기원, 지역사회복지의 태동기, 지역사회복지의 형성기, 지역사회복지의 발전기로 나누어 살펴보고자 한다.

1) 지역사회복지의 기원: 1800년대 후반~1940년대

영국은 1601년 이후 구빈법 체제하에서 시설수용과 구제 중심의 지역사회복지를 시행하였다. 그 후 1800년대 말 사회적 격동기에 자선조직협회와 인보관운동이 등장하여 새로운 활동이 이루어지게 되었다. 특히 영국에서는 시설보호에 반하는 지역사회보호(community care)가 지역사회복지의 기본 틀로 자리 잡았다.

(1) 자선조직협회

자선조직협회(Charity Organization Society: COS)는 19세기 말 성행하였던 자선조직의 무분별한 활동과 비효율의 문제가 지속되자 이들을 지역단위로 조직화하고 체계적 자선을 시행하고자 하는 노력으로 시작되었다. 1869년 런던에 최초로 설립되었고 자선단체 활동을 하는 중산층 이상의 사람들이 주도하였다. 적자생존의 논리에 기반을 둔 사회진화론의 영향을 받았고 빈곤을 개인의 도덕적 결함이나 나태와 같은 행태에서 기인한 것으로 보았다. 또한 자선의 오용과 남용을 막고 빈민들의 의존문화를 근절하려고 하였다. 이는 우애방문원[7]들을 역할모델로 활용하여 빈민들의 삶을 변화시키겠다는 의도를 가진 것이었다. 특히 구호를 받을 만한 자격이 있는 빈민인가의 여부를 조사하고 가난한 사람들을 가치 있는 사람과 가치 없는 사람으로 구분하여 자격이 있는 빈자에 대해서만 전문적 사회복지서비스를 제공하였다(감정기·백종만·김찬우,

---

[7] 우애방문원은 빈곤자에 대한 개별방문지도 활동을 수행하였다. 처음에는 무보수로 활동하다가 이후 유급 사회사업가로서 활동하였으며, 오늘날 사회복지사의 모태라고 할 수 있다. 이들의 활동은 이후 개별사회사업(case work)으로 발전하였다.

2011). 빈곤의 원인에 대해 개인에게만 그 책임을 물었다는 점에서 한계를 가진다.

(2) 인보관운동

인보관운동(Settlement House Movement)은 1884년 바네트(Barnett) 목사가 최초의 인보관인 토인비홀(Toynbee Hall)을 설립하면서 시작하였다. 빈곤을 개인적 문제가 아닌, 산업화 · 도시화로 인해 나타나는 각종 사회문제의 결과물로 인식하여 대학생, 성직자, 지식인들이 빈곤주민의 거주지역에 직접 인보관을 세우고 함께 생활하였다. 주민들에게 빈곤 등 사회문제에 대한 의식화 교육활동을 진행하여 사회적 원인과 빈곤의 메커니즘을 깨닫게 하는 데 주력하였고(감정기 외, 2011), 아동위생, 보건, 기술, 문맹퇴치 등 다양한 교육활동 및 문화활동을 진행하여 주민들의 잠재력을 이끌어 내고자 하였다. 또한 빈곤문제, 주택문제, 노동착취문제, 공공위생문제 등 각종 사회문제에 관심을 두고 이를 해결하기 위한 사회개혁활동 및 입법활동을 펼쳤다.

2) 지역사회복지의 태동기: 1950년대~1960년대 전반

구빈법 체계에 따라 고아, 장애인, 부랑자, 빈민 등 요보호계층을 지방정부의 책임하에 시설에 수용하여 보호하던 것이 한계에 봉착하게 되었다. 시설의 폐쇄성에 따른 인권문제가 제기되었고, 지방정부의 재정적 부담이 문제가 되면서 시설이 아닌 지역사회가 새로운 보호의 장으로 대두되었다. 1954년 정신병과 정신장애에 관한 왕립위원회(The Royal Commission on Mental Illness and Mental Deficiency)가 설치되고 시설보호의 실정을 조사하여 이에 대한 근거를 제시하였다. 1957년에 제출된 이 위원회의 보고서에 따라 1959년 「정신보건법(Mental Health Act)」이 제정되어(김치영, 1999) 지역사회보호라는 새로운 지역사회실천이 시도되기 시작하였다. 지역사회는 지역사회 '내'에서라는 장소적 의미와 함께 지역사회에 '의해'라는 케어의 수단적 의미를 내포한다.

3) 지역사회복지의 형성기: 1960년대 후반~1980년대 전반

이 시기에는 지역사회보호와 관련된 여러 보고서가 제출되었다. 특히 시봄 보고서(Seebohm Report)는 지역사회보호로의 실질적인 전환이 일어난 계기가 되었다. 이 시기에는 지역주민들의 다양한 욕구충족을 위한 비공식 보호서비스가 강조되었다.

시봄 보고서는 1968년에 제출된 보고서로 지역사회를 기반으로 한 사회서비스 제공에 초점을 둔 행정개편의 필요성(김치영, 1999)을 언급하였다. 즉, 여러 부서에 산재되어 있는 서비스의 통합과 지역의 전담 부서 설치가 피력되었다. 또한 시봄 보고서는 공공과 민간의 다양한 조직에 의한 공식 서비스(formal service)뿐만 아니라, 가족, 이웃 등에 의한 비공식 서비스(informal service) 및 지역사회주민의 참여(오정수 · 류진석, 2014)를 통한 지역사회보호의 실현을 강조하였다는 점에 그 의의가 있다. 한편, 1979년에 집권한 신보수주의 대처 정부는 사회보장비 삭감과 지역사회보호를 강조하는 정책방향에도 불구하고 민간시설 입소비용 지원을 통한 국가에 의한 사회보장 지출의 증가와 시설보호에 편중하는 정책(석재은, 2000)을 펴서 지역사회보호에서 시설보호로 회귀하는 양상을 보였다는 비판을 받았다.

하버트 보고서(Harbert Report)는 1971년 '지역사회에 기초한 사회적 보호(Community-Based Social Care)'라는 제목으로 출간되었는데 공공서비스와 민간서비스 외에 가족체계와 지역사회의 근린에 초점을 둔 비공식 서비스의 중요성을 강조한 것이 특징이다. 즉, 공공과 민간 서비스의 주요한 과업은 이웃과 친척이 제공하는 비공식 보호를 지원함으로써 클라이언트의 긴급한 욕구를 충족시켜 주는 것이라고 보았다(오정수 · 류진석, 2014).

바클레이 보고서(Barclay Report)는 1982년에 바클레이 위원회(Barclay Committee)가 제출한 보고서로, 대부분의 지역사회보호가 공공 또는 민간의 공식 서비스에 의하여 제공되는 것이 아니라 지역주민들의 인간관계에서 비롯된 비공식 돌봄망에 의해 제공됨을 인식하였다. 또한 비공식 보호서비스와 공식 보호서비스 간의 파트너십 개발을 강조하였다(Rhodes & Broad, 2011).

/tip/ 영국의 지역사회복지 관련 보고서

시봄 보고서

시봄 보고서(Seebohm Report)는 1968년에 발간된 영국 사회복지제도의 개혁을 지향한 '지방자치단체 및 관련 대인사회서비스' 위원회의 보고서이며, 이 위원회의 위원장인 시봄(Seebohm)의 이름을 따서 명명하게 되었다. 제2차 세계대전 이후 시봄위원회는 잉글랜드와 웨일스 지역 지방행정당국 대인사회서비스의 조직과 책임을 검토하고 효과적인 가족서비스에 대해 조사(서상목 외, 1988)하였다. 이 당시 사회사업 업무들은 여러 지방행정부서와 중앙 정부부서에 산재해 있었는데, 시봄위원회는 지역사회에 근거를 두고 가족 중심 서비스를 제공할 수 있는 지방자치단체의 새로운 부서 설치를 제안하였다. 이 권고에 따라 지방행정당국에 아동, 가족 및 성인을 위한 서비스를 통합하는 사회서비스부(Social Service Department)가 설치되었다(석재은, 2000).

시봄 보고서는 다음과 같은 사항을 제안하였다(Glasby, 2005: 지은구·조성숙, 2010 재인용). 첫째, 아동 및 성인 복지를 통합적으로 담당하는 부서의 설치를 권고하였다. 둘째, 주택, 보건의료, 교육 등과 같이 다른 서비스와의 긴밀한 협력을 제안하였다. 셋째, 사회적 빈곤의 위험을 경감시키고, 변화의 시기에 있는 가족을 지원하며, 위험에 처한 특정 지역에 집중하는 등 예방적 접근의 필요성을 강조하였다.

이 보고서는 이러한 조치를 취할 때, 보다 포괄적이고 통합된 서비스가 제공되고, 보다 많은 자원이 동원될 수 있으며, 한 지역의 사회적 욕구를 보다 효과적으로 파악하여 미리 계획할 수 있게 된다고 주장하였다. 이러한 논의의 맥락에서 시봄 보고서는 지역사회의 위험상황을 보다 구체적으로 파악할 수 있는 연구와 지역사회개발의 중요성을 강조하였다. 이에 따라 지방행정당국의 사회서비스부들은 특별한 욕구가 있는 지역에 자원을 집중하며, 서비스 기획·조직·제공과정에서 시민참여와 자발적 활동을 장려하고, 비공식적 이웃관계를 촉진하여 지역팀을 중심으로 서비스를 조직하는 등 지역사회개발을 시도하였다(Glasby, 2005: 지은구·조성숙, 2010 재인용).

하버트 보고서

하버트 보고서(Harbert Report)는 하버트(Harbert)가 1971년 지방정부에서의 사회서비스 행정경험에 기초하여 작성한 보고서로 '지역사회 기반의 사회적 보호(Community Based Social Care)'라는 제목으로 발표되었다. 이 보고서는, 공공서비스가 지역사회주민의 복잡하고 다양한 욕구를 모두 충족시킬 수 없으며, 자조집단의 서비스에도 한계가 있어 재정적인 원조와 지원이 필요하다고 언급하였다. 이 보고서에서는 공공서비스와 민간 서비스 외에도, 가족체계와 지역사회의 가까운 이웃에 초점을 둔 비공식 서비스의 중요성이 크다고 하였다. 달리 말하면, 공공과 민간 서비스는 가족, 친구, 친척에 의하여 주어지는 비공식 보호를 지원함으로써 클라이언트의 시급한 욕구를 충족시켜 주는 역할을 하여야 한다고 보았다. 이 보고서에서 지역사회보호란 "지역사회에서 요보호 대상 인구를 지원하기 위하여 다양한 형태로 제공되는 공공서비스, 민간 서비스 및 비공식 서비스"라고 정의되고 있다. 이 보고서는 다양한 방법으로 제공되는 서비스가 상호 보완적이어야 하며, 각각의 서비스는 적절한 재정적 지원을 받을 필요성이 있다고 언급하였다. 특히 자원봉사서비스가 공공의 법정서비스에 대한 대체 서비스가 아닐 뿐만 아니라, 지방행정당국의 사회서비스 예산을 감소시키기 위한 수단도 아님(오정수·류진석, 2014)을 피력하였다.

바클레이 보고서

바클레이 보고서(Barclay Report)는 1982년 시봄 보고서 이후 지속적으로 논의되어 온 사회사업가의 직무와 역할에 대하여 포괄적인 제안을 하였다(오정수·류진석, 2014). 이 보고서는, 사회사업가가 지역사회의 끝없는 욕구와 그 욕구를 충족시키기에는 불충분한 자원 사이에서 힘들어하고 있다(Glasby, 2005: 지은구 · 조성숙, 2010 재인용)고 지적하였다.

이 보고서에 따르면 사회사업가들은 다음과 같은 기능을 수행해야 한다(Glasby, 2005: 지은구 · 조성숙, 2010 재인용). 우선, 사람들 및 그들의 욕구를 전체로 보고, 서비스가 필요하다면 어떤 서비스가 제공되어야 할지에 대한 그들의 의사를 확인해야 한다. 두 번째, 개인의 가치를 존중하고 자기결정에 대한 그들의 권리를 지각하여야 한다. 세 번째, 지역사회 연계망을 촉진시키고 지역사회보호계획에 참여하여야 한다. 즉, 지역주민의 욕구에 부응하여 계획하고, 다른 기관과 협력하며, 자원봉사단체들(voluntary organizations)을 강화시킴으로써 현재와 미래의 사회문제를 감소시키기 위해 노력한다. 네 번째, 지역사회자원에 대한 지식을 가지고 중재자(broker)와 협상자(negotiator)의 역할을 하여야 한다. 다섯 번째, 클라이언트를 대신하여 협상하고 옹호하면서 다른 서비스들과 협력하여야 한다. 여섯 번째, 부족한 자원을 배분하고, 배분된 자원에 대해 모니터링하는 역할을 한다.

그 밖에 '바클레이 보고서'는 공식 서비스가 가족의 역할을 대신할 수 없음을 인식하면서 비공식 보호가 중요함을 피력하였다. 또한 개인, 가족, 지역사회, 포괄적인 서비스 등 주요 이해 관련자 연계망과 협조적 관계를 발전시키면서, 사회서비스가 다른 서비스들과 긴밀히 협력할 필요성을 강조하였다. 무엇보다도 바클레이 보고서는 지역사회 기반의 사회서비스를 강조하는 동시에, 지역사회공동체의 역량을 개발하고 지역사회공동체가 보호과정에 참여(Glasby, 2005: 지은구 · 조성숙, 2010 재인용)할 수 있도록 해야 한다고 하였다.

〈표 2-2〉 영국 지역사회보호 형성기의 보고서

	시봄 보고서	하버트 보고서	바클레이 보고서
작성자	지방자치단체 및 관련 대인사회서비스 위원회 (위원장: Seebohm)	에이번(Avon) 지방정부 사회서비스부 책임자 하버트 (Harbert)	바클레이 위원회 (Barclay Committee)
연도	1968년	1971년	1982년
주요 내용	• 지역사회보호로의 전환 계기 • 지역사회를 사회서비스의 수혜자이자 서비스 제공자로 인식함 • 사회서비스의 행정적인 조직을 재편함	• 공공서비스와 민간서비스 외 비공식 서비스의 역할을 인식하게 됨 • 지역사회에 기초한 사회적 보호를 강조함	• 사회사업가의 직무와 역할에 대한 포괄적인 제안을 함 • 비공식 보호서비스와 공식적 보호서비스 간에 파트너십을 개발해야 할 필요성을 강조함

4) 지역사회복지의 발전기: 1980년대 후반~현재

1980년대 복지재정의 압박으로 지역사회보호에 소요되는 공공재정에 대한 재검토가 이루어졌다. 집권 중이던 보수당 정부에 의해 그리피스 보고서(Griffiths Report)가 작성되어 지역사회보호와 서비스분야에 대한 복지국가 개혁에 대한 내용이 마련되었다. 이는 신보수주의 정권에 맞춰 사회복지서비스에 경쟁원리를 도입하여 복지의 혼합경제(mixed economy of care) 혹은 복지다원주의(welfare pluralism) 논리를 따랐으며, 이후 1990년 「국민보건서비스 및 지역사회보호법(National Health Services and Community Care Act)」으로 제정, 공포되었다.

그리피스 보고서에 대해 조금 더 자세히 살펴보면 다음과 같다. 1988년에 제출된 보고서로 정부나 지방당국 외에 민간부문, 자원부문(voluntary sector)의 역할을 강조하였고 서비스 소비자의 선택권을 증진시켜야 한다고 주장하였다. 또한 돌봄계획을 수립하고 욕구를 판단하며 민간서비스 간의 경쟁을 유도하고 서비스에 대한 감독을 강화하는 등의 사례관리방식을 도입해야 함을 피력하였다(석재은, 2000). 이에 정부는 서비스의 공급자가 아닌, 서비스의 구매ㆍ조정자로서 그 역할에 변화가 일어났다는 특징을 가진다(김치영, 1999).

최근 영국 지역사회보호의 흐름은 서비스 이용자 중심의 욕구주도(needs-led) 서비스를 추구하고 돌봄 서비스의 질을 향상시키기 위해 민간부문이 관리ㆍ감독에 참여할 수 있도록 '지역참여 네트워크(Local Involvement Network: LINk)' 법적 근거를 마련(오정수ㆍ류진석, 2014)하였다. 또한 돌봄 서비스 제공기관의 개인과 자원조직에 의한 모니터링을 확대하였다.

/tip/ 그리피스 보고서(Griffiths Report)

'그리피스 보고서'는 복지다원주의 또는 복지 주체의 다원화에 그 핵심이 있다. 복지다원주의(welfare pluralism)는 복지 제공의 책임을 정부는 물론이고 비정부 부문, 즉 비공식 부문, 민간 부문으로 확대시킨다는 개념이다. 영국의 경우 19~20세기 초까지는 민간 부문이 사회복지의 주요 제공자였으나, 대규모 국가 사회복지제도 및 관료구조 그리고 복지국가가 대두됨으로써 민간 부문의 역할은 급격히 약화되거나 불필요하거나 국가복지의 장애물로 전락하였다(원석조, 2008). 이런 점에서 복지다원주의는 복지 영역에서 축소되었던 민간 부문의 역할을 강화시켰다.

'그리피스 보고서'는 다음과 같이 권고하였다. 우선, 활용 가능한 충분한 자원과 지역사회보호에 대한 명확한 정책이 있어야 하며, 이 목표의 달성을 책임질 수 있는 장관을 지명해야 한다. 두 번째, 효과적이고 포괄적인 서비스가 되기 위해서는 단편적인 방법보다는 통합적인 방법의 서비스가 개발되어야 한다. 세 번째, 모든 보호체계가 개인의 욕구를 충족시킬 수 있도록 맞춤형으로 보호 패키지가 개발되어야 한다. 예를 들면, 서비스 전달 시, 장애인이 스스로 서비스를 찾아내고 활용하는 것은 어려우므로 서비스를 패키지화하여야 한다는 것이다. 네 번째, 지역사회보호 프로그램은 개인의 폭넓은 욕구를 충족시킬 수 있도록 수립되어야 한다. 다섯 번째, 개인 프로그램을 계획할 때에는 클라이언트의 견해가 우선적으로 고려되어야 한다. 여섯 번째, 모든 서비스는 물리적 환경과 보호 측면 모두를 고려하여 설계된 최소기준에 따라야 한다(지은구·조성숙, 2010).

이 보고서에 따르면, 개인 서비스 이용자와 수발자에 초점을 두어 욕구 충족, 선택향상 그리고 자기결정 촉진이라는 새로운 지역사회보호정책을 위한 세 가지 핵심 목표와 당시 팽배하였던 소비자 제일주의(consumerism)는 지역사회보호에 대한 다양한 논점을 제시하였다. 달리 말하면, 개인이 자신의 가정에 머물 수 있도록 가정과 지역사회 환경에서 제공될 수 있는 탈시설 지원서비스를 강화시키고, 곤궁에 처한 대부분의 사람이 서비스를 받으며, 자원의 비효율성과 낭비를 방지하기 위해서 자원을 효과적으로 표적화해야 한다(Powell, 2001: 지은구·조성숙, 2010 재인용)는 것이다.

이 보고서는 지방자치단체의 역할이 변화해야 한다고 피력하면서, 지자체의 지역사회보호에 대한 감독과 책임의 역할을 제시하였다. 달리 말하면, 지자체는 서비스를 직접 제공하는 역할 대신, 복지의 혼합경제에서 다른 대리인들에 의해 서비스가 제공될 수 있도록 서비스를 계획 및 감독하고, 서비스가 용이하게 제공되도록 촉진 및 조정하는 역할을 하여야 한다는 것이다(김치영, 1999). 공공서비스의 주요 기능은 개인의 욕구에 맞추어 보호와 지원의 제공을 설계하고 조정하는 것이며, 보호와 지원은 다양한 제공자로부터 전달될 수 있음을 강조하였다. 이러한 그리피스 보고서의 권고에 따라 1990년에 제정된 「지역사회보호법」은 '돌봄(care) 시장의 도입'과 지자체 사회서비스 당국의 서비스 제공자에서 구매자 및 조정자로서의 역할 변화와 함께 '사례관리의 도입'을 담고 있다. 그러나 '그리피스 보고서'가 제안하였던 보건복지서비스의 재정통합을 위한 기존의 보건, 복지제도와 별개의 지역사회보호를 위한 특별기금(지자체 재정 이양)은 재무부의 반발로 「지역사회보호법」에 반영되지 못하였다(석재은, 2000).

한편, 1979년부터 1997년 초까지 장기간의 보수당의 집권과 신자유주의 복지국가 개편이 끝나고 토니 블레어의 노동당 정부가 집권하면서 '제3의 길' 사회정책을 추진하고 있다. 그러나 보수당 집권기에 시작된 복지혼합경제라는 공공과 민간, 자원영역(voluntary sector) 간의 파트너십 강화가 지속되고 있어 21세기 영국 지역사회복지의 주류를 형성할 것으로 전망된다(오정수, 2000).

〈표 2-3〉 영국의 지역사회복지 발달과정

구분	시기	사회상황	지역사회복지 발달
근대 지역사회 복지의 기원	1800년대 후반 ~1940년대	• 도시화로 인한 각종 문제 발생 (빈곤문제, 주택문제, 노동착취 문제, 공공위생문제)	• 최초 자선조직협회 설립(1869) • 최초 인보관 설립(1884)
지역사회복지의 태동기	1950년대~ 1960년대 전반	• 한국전과 월남전으로 경제 호황	• 요보호계층 시설 수용에 대한 한 계 제기로 지역사회보호 필요성 대두
지역사회복지의 형성기	1960년대 후반 ~ 1980년대 전반	• 석유파동(1973, 1979) • 보수당 대처 집권(1979)	• 시봄 보고서 제출(1968) • 하버트 보고서 제출(1971) • 바클레이 보고서 제출(1982)
지역사회복지의 발전기	1980년대 후반~현재	• 신보수주의 • 혼합경제(복지다원주의)	• 그리피스 보고서 제출(1988) • 「국민보건서비스 및 지역사회보 호법」 제정(1990) • 이용자 중심의 욕구주도서비스 • 민간부문 관리 감독 및 참여 가 능 법적 근거 마련

3. 미국의 지역사회복지 역사

미국에서의 지역사회복지는 산업화 이후 도시 집중 현상으로 발한 지역사회문제를 해결하려는 것에서부터 시작하여 제1차 세계대전, 대공황, 제2차 세계대전, 빈곤과의 전쟁, 신보수주의 시기를 거치면서 발전해 왔다. 이를 지역사회복지의 태동기, 지역사회복지의 형성기, 지역사회복지의 정착기로 나누어 살펴보고자 한다.

1) 지역사회복지의 태동기: 1860년대 후반~1910년대

당시 미국은 산업화에 따른 농촌 인구의 도시화나 이민자들로 인한 도시빈곤, 남북전쟁 후의 흑인문제, 주택문제, 질병 등의 사회문제를 개선하려는 지역단위의 노력이 필요한 상황이었다. 이념적으로는 사회진화론,[8] 실용주의,[9] 자유주의[10] 등의 영향이 크게 작용하였고, 국가의 역할은 국민의 재산권 보호와 자유 수호, 인권의 보장에 한정되어야 한다는 주장이 제기되었다. 동시에 사회적으로 불이익을 받는 사람에 대한 권익 보호와 옹호를 위한 급진주의[11]적 사상도 영향을 주었다. 사회적 문제해결을 위한 활동으로 영국의 영향을 받아 자선조직협회와 인보관운동이 활발하게 추진되었다.

(1) 자선조직협회운동

자선조직협회(COS)운동은 1877년 버펄로 시에서 영국 성공회 소속인 거틴(Gurteen) 목사에 의해 자선의 중복을 예방하고 빈자를 구호하기 위해 존재했던 수많은 민간단체의 업무를 조정하기 위한 목적으로 설립되었다.

주요 활동은 자선기관들의 협력을 모색하고, 조사를 통해 도와줄 가치가 있는 가구와 그렇지 않은 가구를 면밀히 가려 도와줄 가치가 있는 가구에게는 서비스를 직접 제공하는 것이었다. 이것은 추후 사회조사 기술의 발전을 도모하게 된다(오정수 · 류진석, 2014).

이러한 자선조직협회운동은 지역사회계획 전문기관이 탄생했다는 점에 그 의의를 찾아볼 수 있다. 이들의 활동으로 사회조사 기술이 발전하여 1907년에서 1908년에 걸쳐 피츠버그 서베이가 실시되었다. 이들은 사회복지기관협의회를 설립하여 조사에서 건의된 사항을 실천에 옮기고, 지속적인 연구와 개혁을 행하는 책임을 수행하였다(김승훈, 2010).

(2) 인보관 활동

자선조직협회운동보다 늦게 시작한 인보관(Settlement House) 활동은 1886년 코이트(Stanton Coit)가 영국의 토인비홀을 방문한 후 뉴욕에 설립한 뉴욕시 근린길드(Neighborhood Guild of

---

8) '사회진화론'은 환경에 잘 적응하는 자만이 생존할 수 있고 그렇지 못한 자는 도태되는 것(적자생존의 원리)이 자연의 법칙이며 합리적이라는 사상이다. 즉, 개인이 사회에 적응하지 못하고 실패하는 것은 그 사람의 열등한 능력 때문이며, 그로 인해 사회에서 도태되는 것은 어쩔 수 없는 자연스러운 현상이라는 견해를 갖고 있다. 따라서 이러한 사람들에게 도움을 주는 것은 자연질서에 반(反)하는 것으로 여겨지기도 하였다(감정기 외, 2011). 이는 자선조직협회의 기본이념 중 하나로, 개인의 자유와 권리를 보장하는 동시에 개인에게 자신의 삶을 책임지도록 하고 타인에 대한 간섭을 최소화하며 정부 역시 최소한의 역할만 할 것(김성이, 2002)을 주장하였다.

9) '실용주의'는 사회의 고정된 원리와 형식주의를 배제하면서 사회개선에 초점을 두는 사상이다. 당시 루스벨트 대통령은 실용주의의 바탕에서 개인의 성장을 이루고 사회적 약자들의 권리를 보장하고 균등한 혜택을 주면서(김성이, 2002) 지역사회복지를 실천하고자 하였다.

10) '자유주의'는 인간의 본성을 합리적이고 유연한 것으로 생각하며, 재산권보다 인권을 목표로 삼고, 이를 달성하는 수단으로 사회복지 제도를 강조한다. 시장의 중요성을 강조하며 사람들의 생활수준에 있어서는 최저 수준의 보장에 대한 정부의 책임을 인정한다(박형신 외 역, 2004).

11) '급진주의'는 인보관의 기본이념 중 하나다. 사회적으로 불이익을 받는 사람들의 권익을 보호하고자 하는 사상이다. 이러한 사상은 노동운동과 인권운동 등 사회적 약자의 생존권 투쟁과 지역사회복지에도 많은 영향을 끼쳤다(정회욱 · 이혜연, 1994).

New York, 현재 University Settlement)에 의해 미국에서는 최초로 시작(오정수·류진석, 2014)되었다. 1889년 제인 애덤스(Jane Addams)와 엘런 게이츠 스타(Ellen Gates Starr)가 시카고에 설립한 헐하우스(Hull House)가 대표적이다. 인보관은 빈곤의 문제를 사회구조적 문제로 바라보고, 공동체적이고 옹호적인 접근을 모색하였다.

인보관 활동은 산업화와 도시화 등 여러 근대적 사회문제에 대처하며 사회봉사를 통한 사회개혁을 추구하였다. 다양한 계층, 계급 간의 거리 좁히기 차원에서 빈궁한 사람들이라는 생각보다는 이웃이라는 생각으로 접근하였다는 점이 특징이다. 즉, 빈민과의 동등한 관계형성을 강조하면서, 자선이 어떠한 대상을 상정하고 행하는 활동이라면, 인보활동은 그 대상과 함께 하는 사회사업이라고 주장하였다(오정수·류진석, 2014). 또한 자선사업이 빈곤에 처한 개인을 돕는, 즉 그 개인에게 대처방안을 마련해 주는 데 초점을 맞춘다면, 인보사업은 공공의 영역에서 사람들을 아우르고, 개인보다는 사회개혁에 초점을 맞춘다. 그리고 인보관 활동은 외부세력에 의해 희생물이 된 사람들을 자신의 삶에 책임을 질 수 있는 사회참여자로 변화시켰다. 인보관 활동은 개인보다는 가족과 근린 중심의 활동을 옹호하였고 이후 집단사회사업(Group Work)으로 발전하였다.

2) 지역사회복지의 형성기: 1920년대~1950년대

이 시기는 제1차 세계대전, 대공황을 거치면서 공동모금회 및 지역사회복지기관 간의 협의회 등이 형성되었고 지역사회조직화의 움직임이 일었으며, 다양한 공공 복지사업이 마련되기 시작한 시기다. 경제적 성장과 풍요에 따른 낙관론에도 불구하고 빈곤문제의 지속과 도덕성·사회성 퇴보에 따른 비판론이 제기되었다. 한편, 정신분석의 발달로 사회가 충분한 기회를 제공함에도 불구하고 개인이 실패하는 것은 결국 개인의 잘못이라는 관점이 강조되었다.

(1) 지역공동모금 제도

19세기 후반 미국은 급속한 산업화·도시화로 빈곤 등의 사회문제가 등장하자 민간 사회복지기관도 늘어났으며 이로 인해 민간 사회복지기관들이 상호 경쟁적으로 보다 더 많은 액수의 모금을 자선가로부터 얻어 내려 경쟁하였다. 이러한 상황이 발생하자 민간 사회복지기관들에 기부를 하는 자선가들은 좀 더 효율적인 모금과 배분에 관심을 가지게 되었다. 그래서 복지기관들이 모여서 공동으로 모금을 한다든지, 복지기관 연합단체에서 모금을 하는 사례가 발생하게 되었다. 즉, 자선보증기구를 통해 사회복지기관의 기준을 설정하고 활동 평가에 따라 일정

요건을 충족한 기관에만 지원하는 지역공동모금제를 시행하였다. 이후 기금 집행에 있어 사회복지관의 독립성을 침해한다는 논란이 일면서 1913년 클리블랜드 상공회의소에서 기부자, 모금활동자 그리고 기금을 배분받는 기관의 자원봉사자로 구성된 자선박애연맹을 구성하고 모금캠페인을 전개(박태영·채현탁, 2014)한 것이 오늘날과 같은 공동모금의 본격적인 시작이라고 할 수 있다.

(2) 사회복지기관협의회

사회복지기관협의회(Community Welfare Councils)는 자선조직협회 활동을 근간으로 하여 지역사회의 문제와 욕구를 충족시키기 위해 복지사업을 계획, 조정하는 것을 목적으로 설립되었다. 초기에는 공동모금에 의해 지원받는 복지기관의 연합체 성격을 가졌고, 점차 전문화됨에 따라 참여대상이 전문가, 시민 등으로 확대되어 현대의 협의회 형태를 가지게 되었다(강철희·정무성, 2012).

(3) 지역사회조직화

지역사회조직화(Community Organization: CO)는 사회문제나 빈곤의 해결방법을 개인이 아닌 지역사회조직화로부터 찾고자 하는 노력으로, 인보관 활동에서 그 뿌리를 찾을 수 있다. 특히 지역사회문제에 초점을 두고 비이데올로기적인 지역주민조직에 초점을 맞춘 지역사회조직을 형성하고 지역사회 구성원 스스로의 조직을 통한 문제해결에 초점을 두는 알린스키(Alinsky)의 지역사회조직 활동(Hardcastle et al., 2011)이 시도되었다.

알린스키의 지역사회조직화는 1930년대 말부터 시카고의 노동자 거주 지역에서 시작되었다. 기존 조직들과 지도자들을 중심으로 지역사회를 조직해 나가는 방식을 취하였다. 이러한 지역사회조직화의 핵심 전략은 ① 조직체는 민주적 의사결정과 토착적 지도력을 소중히 여길 것, ② 조직체는 모든 구성원에게 개방되어야 함, ③ 조직가는 그 지역의 전통적 지도자와 조직체들로부터 지지를 확보해야 함, ④ 싸우지 않고는 권력층을 움직일 수 없고, 대결전략을 사용할 때 가장 큰 것을 취할 수 있음, ⑤ 가시적인 승리를 위해 싸울 것 등(감정기 외, 2011: 59)이다. 이러한 지역사회조직화활동의 확대는 1939년 레인위원회 보고서로 알려진 지역사회조직의 실천분야(The Field of Community Organization) 보고서를 통해 지역사회조직화가 사회복지실천의 방법으로 공식화(Weil, 1996)되게 하는 데에 영향을 미쳤다.

1940년대에서 1950년대에는 지역사회복지에 대한 실천방법이 보다 전문화되어 보건과 복지협의회의 발전, 지역사회계획, 풀뿌리조직의 개발 등이 나타났다. 1946년에는 지역사회조직연구협회(Association for the Study of Community Organization)가 설립되었고, 1955년에 전국사회복지사협회(NASW)로 통합되었다(오정수 · 류진석, 2014).

(4) 공공 복지사업의 마련

대공황 등으로 인한 복지수요 급증으로 기존의 민간 복지서비스로는 이를 담당하기 부족하여 연방정부의 개입이 확산됨에 따라 지역사회의 사업들도 정부기관으로 이양되거나 연방정부 단위의 사업으로 확대되었다. 즉, 사회보장법, 노동법이 제정되고 공공부조제도와 뉴딜정책이 시행되었다. 이로써 지역사회복지에 대한 민간과 정부 간 상호협력의 필요성이 대두되었다.

3) 지역사회복지의 정착기: 1960년대 이후

이 당시 미국의 지역사회복지 상황은 크게 네 가지로 나누어 살펴볼 수 있다.

첫째, 사회개혁을 위한 연방정부사업이 활성화되었다. 빈곤문제가 인종문제와 결합되면서 사회적 쟁점으로 부각되었다. 1960년대 '빈곤과의 전쟁(war on poverty)'으로 사회복지 문제에 대한 연방정부의 책임은 더욱 확대되었다. 특히 빈곤문제 해결을 위한 각종 프로그램은 많은 지역사회조직가의 관심을 불러일으켰다. 1965년에는 헤드스타트 프로그램(Head Start Program)[12]이 도입되었다. 또한 로스먼의 세 가지 모델(지역사회개발, 사회계획, 사회행동)에 대한 논의가 있었고, 지역주민의 참여를 통한 지역사회 결속력 강화와 통합 추구, 지역사회 자원의 합리적 배분과 지역사회 변화에 관심을 가졌다(오정수 · 류진석, 2014). 그리고 지역사회주민들을 조직화하여 자신들이 당면한 문제를 직접 해결하도록 유도하는 지역사회행동프로그램(Community Action Program: CAP)이 제시되었으며 시민권 운동이 성장하였다.

둘째, 1970~1980년대에는 사회복지에 대한 정부지원이 축소되는 경향을 보였다. 심한 인플

---

12) 헤드스타트 프로그램은 미국 정부가 1965년 대도시 빈민가의 유아에게 조기교육 기회를 제공해 빈곤의 대물림을 막겠다는 취지로 도입한 프로그램이다. 이는 사회적으로 혜택받지 못한 계층의 유아에게 개입하여 조기에 풍부한 교육경험을 제공해 줌으로써 모든 유아가 자신의 환경적 요인에 상관없이 균등한 교육기회를 보장받을 수 있게 하였으며, 교육을 통해 빈부의 차이를 최소화하고 빈곤의 세대 세습을 막고자 하였다. 헤드스타트 프로그램은 출범 당시에는 일부 도시지역 저소득층 자녀를 대상으로 한 여름철 프로그램에 불과하였지만, 지금은 미국 전역에서 저소득층 3, 4세 유아교육, 보육뿐 아니라 외국 출신 부모 대상 영어교육 등 다양한 지원활동을 벌이고 있다. 이 프로그램의 수혜자는 부모의 연간 소득과 가구 구성원 수에 따라 정해진다(천희영, 2001).

레이션과 석유파동 등으로 각종 복지프로그램이 축소되는 양상을 보였다. 반복지주의적 물결, 즉 레이거노믹스로 불리는 신보수주의 세력화 과정에서 사회복지에 대한 정부지원이 축소되었다. 특히 신보수주의 이념의 확산에 따라 복지국가에 대한 도전이 일었던 시기로 사회개혁과 지역사회개입을 위한 전문 사회복지방법은 위축되었고, 지역사회복지실천에 있어서도 자조를 기반으로 하는 모델들이 강조되었다. '작은 정부'를 지향하고 연방정부의 책임하에서 지방·민간기업·가족에 중심을 두는 방향으로 변화하였다. 그러나 축소된 예산 가운데에서도 양질의 사회복지서비스를 제공하기 위해 사회복지기관은 자조집단을 만들고 자원봉사집단을 조직화하였다(정무성, 1997).

셋째, 1990년대 및 2000년대에도 복지재정 삭감 압력과 사회복지서비스의 민영화와 같은 보수주의적인 흐름이 계속되었다. 이와 같은 사회적 상황과 이념의 변화로 인하여 지역사회복지에서는 평가 등 외부 영향력이 증대되고 사회복지기관의 행정, 계획, 조직발전에 초점을 두게 되었다. 또한 지역사회복지에 있어서 개인의 적응력 증대보다는 사회변화를 추구하였고 지역사회복지실천모델의 접근방식, 프로그램, 목표 등이 다양화·세분화되었으며 민간 비영리기관이 활성화되었다. 1996년 시행되었던 복지개혁(welfare reform)은 효과에 대한 의구심에도 불구하고 지역사회복지에 대한 새로운 활동을 전개해 나가고 사회복지서비스의 효율성 등을 평가하는 계기가 되었다(오정수·류진석, 2014).

넷째, 미국은 2008년 금융위기[13]로 새로운 전기를 맞이하였다. 금융위기의 책임을 지지 않는 금융계에 대해 '월가를 점거하라(Occupy Wall Street)' 이름으로 시위가 퍼져 전 세계적으로 확산되었다. 이로 인해 부의 불평등 문제가 대두되면서 2010년 3월 23일 제정된 「환자 보호 및 건강보험료 적정 부담법(Patient Protection and Affordable Care Act: PPACA)」[14]의 시행도 탄력을 받을 수 있었다. 이는 지역사회복지 차원의 사회행동이 시대적 흐름과 함께 복지확대를 이룬 것으로 볼 수 있다.

---

13) 2007년에 시작된 서브프라임 모기지(subprime mortgage) 사태는 미국의 초대형 대부업체가 파산하면서 시작되었고 국제금융시장에서 신용경색이 일어나 연쇄적인 경제위기를 일으켰다.

14) 이 법은 줄여서 적정부담보험법(ACA) 또는 오바마케어로 불린다. 오바마케어는 건강하고 소득이 많은 사람이 돈을 더 내서 몸이 아프고 소득이 적은 사람의 고통을 분담하는 제도다. 이는 저소득층·장애인을 위한 '메디케이드'와 65세 이상 노인을 위한 '메디케어'를 도입한 이래 이루어진 사실상 최초의 대규모 의료제도 개혁이다. 공화당·고용주 등은 연방정부의 역할 확대를 막으려 저항하였고, 기업은 보험료 부담이 커진다며 반발한다. 그러나 오바마케어 일부 시행 이후 의료비 증가율은 4%로 떨어져(한겨레, 2013. 12. 5. 보도) 사실상 복지확대에 기여하고 있으며 2014년부터는 전면 시행되고 있다.

〈표 2-4〉 미국의 지역사회복지 발달과정

구분	시기	사회상황	지역사회복지 발달
지역사회복지의 태동기	1860년대 후 반~1910년대	• 도시빈곤 • 남북전쟁 • 사회진화론, 실용주의, 자유주의 영향	• 최초 자선조직협회 설립(1877) • 최초 인보관 설립(1886)
지역사회복지의 형성기	1920년대~ 1950년대	• 제1차 세계대전 참전 • 대공황과 뉴딜정책 • 제2차 세계대전 참전 • 미국주도의 UN 창립	• 자선박애연맹 구성(1913) • 사회복지기관협의회 설립 • 지역사회조직화 활동 • 사회보장법 제정(1935)
지역사회복지의 정착기	1960년대 이후	• 한국전과 월남전으로 경제 호황 • 항의와 변화의 시기: 반전운동, 소수인종문제 • 석유파동 • 레이거노믹스 • 신자유주의 • 경제위기(2008) • 월가를 점거하라 시위(2011)	• 헤드스타트 프로그램 도입(1965) • 로스먼의 세 가지 모델(지역사회 개발, 사회계획, 사회행동) 논의 • 지역사회행동프로그램 제시 • 복지프로그램 축소 • 복지개혁(1996) • 민간비영리기관 활성화 • 오바마케어(2010 제정, 2014 전 면 시행)

참고문헌

감정기 · 백종만 · 김찬우(2011). 지역사회복지론(이론 · 기술 · 현장). 경기: 나남.

강제상 · 김예승 · 이영안(2013). 맞춤형 복지서비스 희망복지지원단 정책사례. 중앙공무원교육원.

강철희 · 정무성(2012). 지역사회복지실천론. 경기: 나남.

강혜규 · 최현수 · 안혜영 · 원종욱 · 정영철 · 박세경 · 박소현 · 정세정(2010). 사회복지통합관리망 운
　　영 성과 연구, 보건복지가족부 정책보고서 2010-76, 한국보건사회연구원.

구자헌(1970). 한국사회복지사. 서울: 한국사회복지연구소.

김광희(2011). 지역사회복지론. 경기: 공동체.

김기남(2003). 사회복지전달체계 개편 방향과 사회복지사무소 시범사업 계획. 복지동향, 62, 41-43.

김미숙(2007). '아동투자정책' 현황과 효과성 검토. 복지동향, 104, 45-48.

김범수 · 신원우(2014). 지역사회복지론(제3판). 경기: 공동체.

김성이(2002). 사회복지의 발달과 사상. 서울: 이화여자대학교출판부.

김승훈(2010). 사회복지발달사. 서울: 나눔의 집.

김종일(2004). 지역사회복지론. 서울: 현학사.

김준목(2006). 자원봉사활동기본법 시행과 자원봉사 발전방향. 대구자원봉사포럼, 5.

김치영(1999). 영국의 지역사회보호 정책 전환에 관한 연구. 사회복지연구, 9, 133-163.

박태영 · 채현탁(2014). 지역사회복지론(제3판). 경기: 정민사.

박형신 · 송영민 · 박보영 역(2004). 사회이론과 사회정책[Social Policy in Changing Society]. Mullard, M., & Spicker, P. 저. 서울: (주)일신사. (원저는 1998년에 출판).

보건복지가족부(2010a). 2010 노인보건복지사업안내.

보건복지가족부(2010b). 2010년도 사회복지관 운영관련 업무처리 요령안내.

보건복지부(1998a). 시범보건복지사무소의 운영평가 및 개선방안. 보건복지부 보도자료(1998. 3. 13.).

보건복지부(1998b). 생활보호법 시행령 개정안 국무회의 의결. 보건복지부 참고자료(1998. 7. 15.).

보건복지부(2001a). 보건복지부사무분장규정, 1999. 9. 16. 보건복지부훈령 제90호, 개정 2000. 6. 13. 훈령 제103호.

보건복지부(2001b). 사회복지관 설치, 운영규정, 1989. 6. 29. 보사부훈령 제568호, 개정 1998. 7. 27. 제68호.

보건복지부(2008). 2008년도 사회복지관 및 재가복지봉사센터 운영관련 업무처리 요령안내.

서상목 · 최일섭 · 김상균(1988). 사회복지전달체계의 개선과 전문인력 활용방안. 한국개발연구원.

서정섭 · 조기현(2006). 분권교부세의 운영실태와 개선방안. 한국지방행정연구원.

석재은(2000). 영국의 지역사회보호와 사례관리를 통한 보건 · 복지서비스 통합. 보건복지포럼, 48, 51-62.

안전행정부(2010). 지방교부세법 개정안 입법예고. 안전행정부 보도자료(2010. 10. 28.).

안전행정부(2014). 2013년 안전행정부 '성숙한 자치' 정책 추진성과. 안전행정부 보도자료(2014. 2. 7.).

오정수(2000). 영국의 공공사회복지실천-변화와 쟁점-. 한국사회복지학회 춘계학술대회 자료집, 113-130.

오정수 · 류진석(2014). 지역사회복지론(4판). 서울: 학지사.

원석조(2008). 사회복지발달사. 경기: 공동체.

이마리아(2007). 사회복지관의 지역사회조직화에 영향을 미치는 변인에 관한 연구. 서울여자대학교 일반대학원 석사학위논문.

이마리아 · 이경은(2015). 지역사회복지계획과 주민참여 수행 경험에 관한 질적 연구. 지역사회연구, 23(1), 55-75.

이현송(1997). 보건복지사무소 시범사업의 실시 및 추진배경. 제22회 보건학종합학술대회 자료집, 15-17.

정무성(1997). 지역사회복지실천모델에 관한 이론적 고찰. 한국사회복지 추계학술대회 자료집, 21-37.

정회욱 · 이혜연(1994). 지역사회봉사활동. 한국청소년개발원.

지은구 · 조성숙(2010). 지역사회복지론. 서울: 학지사.

채현탁(2014). 지역사회복지 거버넌스를 위한 지방정부의 대응전략에 관한 연구. 한국지역사회복지학회 춘계학술대회 자료집, 131-153.

천희영(2001). 포괄적 보육 서비스의 원형, 헤드 스타트. 아동연구, 10, 16-31.

총리실·관계부처합동(2011). 맞춤형 복지실현을 위한 복지전달체계 개선대책. 보도자료(2011. 7. 13.).

최일섭(1981). 새마을운동의 사회사업적 접근. 서울대학교 새마을운동종합연구소 편. 새마을운동의 이념과 실제. 교육인적자원부.

최일섭·류진석(2003). 지역사회복지론. 서울: 서울대학교 출판부.

카바40년사 편찬위원회(1995). 외원사회사업기관활동사: 외국민간원조기관한국연합회 40년사. 서울: 홍익재.

한국보건사회연구원·보건복지부(2003). 「사회복지사무소 시범사업 운영방안」 공청회자료. 2003-16.

행정안전부(2009). 10년부터 지방소비세, 지방소득세 도입. 행정안전부 보도자료(2009. 9. 16.).

Hardcastle, D. A., Powers, P. R., & Wenocur, S. (2011). *Community Practice: Theories and skills for social workers* (3rd ed.). New York: Oxford University Press.

Weil, M. (1996). Model development in community practice: An historical perspective. *Journal of Community Practice, 3*(3/4), 5-67.

참고 사이트

김용하(2006). 사회복지공동모금회법. 국가기록원 국정분야별 검색(사회복지). http://www. archives. go. kr/next/search/listSubjectDescription. do?id=000362&pageFlag=

보건복지부 사회서비스전자바우처 홈페이지(2015). "전자바우처 사업현황 및 성과". http://www. socialservice. or. kr/user/htmlEditor/view. do?p_sn=2

한겨레(2013). "오바마케어는 왜 '재앙' 으로 불리게 됐나"(2013. 12. 5. 기사)

한국사회복지관협회 홈페이지(2015). www. kaswc. or. kr

협동조합기본법, 2015. 7. 1. 시행[법률 제12866호, 2014. 12. 30. 일부개정], 2012. 12. 1. 시행[법률 제11211호, 2012. 1. 26. 제정], 법제처 국가법령정보센터. http://www. law. go. kr/lsSc. do?menuId=0&subMenu=1&query=%ED%98%91%EB%8F%99%EC%A1%B0%ED%95%A9#liBgcolor26

Rhodes, B., & Broad, R. (2011). "Revisiting Barclay". The Centre for Welfare Reform. http:// www. centreforwelfarereform. org/library/by-az/revisiting-barclay. html

제**3**장
지역사회복지 이론

1. 이론의 유용성

지역사회복지를 연구하기 위해서는 지역사회에 대한 올바른 이해가 선행되어야 한다. 이를 위해서 지역사회를 바라보는 관점과 문제를 인식하는 이론적 배경에 대한 지식이 요구된다. 이런 측면에서 사회과학이론은 사회현상을 조망하는 패러다임으로서, 어떤 관점에서 사회문제를 조망하는가에 따라 사회문제의 진단과 해결의 과정 그리고 사회복지의 역할이 달라질 수 있다. 지역사회복지실천 또한 전문적 가치와 함께 사회과학이론이 전문적 실천을 이끌어 준다는 점에서 이론의 유용성이 있다. 전문적 사회복지사는 이론적 틀을 이용하여 문제 상황을 분석하고 결과를 예측한다. 물론 현실은 이론보다 복잡하고 인간을 둘러싼 사회환경은 끊임없이 변화하기에 이론을 기반으로 한 사회복지실천을 단순하게 적용하기는 어렵다. 그럼에도 이론은 사회복지사들에게 현상을 이해하고 개입할 수 있는 방법을 제시하기 때문에 매우 유용하다. 변화하는 사회환경과 복잡한 사회문제로 인해 인간행동이나 사회복지실천에 대하여 단일한 거대이론은 존재하지 않으며 매우 다양한 이론이 존재한다. 따라서 사회복지사는 실천현장에서 다양한 이론을 이해하고 이를 상황에 맞춰 유연하게 활용해야 한다.

리드(Reed, 2005)는 지역사회복지실천에서 사회정의를 촉진하고 사회변화를 실행하는 유용한 도구로서 이론의 유용성을 다음과 같이 제시한다. 첫째, 이론은 효과적인 실천에 대한 중요한 도구를 제공한다. 즉, 이론은 지역사회복지실천에서 사정, 분석, 계획, 실행, 평가를 수행하는 데 도움을 주며, 정보와 인간 사고를 조직화하는 데도 도움을 제공한다. 둘째, 이론은 사회복지사로 하여금 효과적인 실천과 지식을 배우고 향상시키는 데도 도움을 준다. 즉, 변화하는 지식체계와 정보 속에서 이론을 통하여 더 많은 지식과 기술을 확장하거나 변화시키도록 도움을 준다는 것이다. 셋째, 이론은 사회정의라는 지역사회복지실천의 목적을 이루는 데 있어서 필수적이다. 즉, 이론은 사회정의와 관련한 이론을 통하여 지역사회 내에서 사회 부정의와 권력 불균형을 만드는 환경에 대항하고 좀 더 정의로운 사회와 사회적 과정들로 변화하도록 촉진하는 힘을 강화한다. 다시 말하면, 이론은 실천가로 하여금 바람직한 지역사회를 만들고, 강화하고, 변화시키는 데 필요한 요소들을 결정하고 실천하는 것에 도움을 준다.

이 장에서는 지역사회문제를 이해하고, 지역사회복지실천과 관련된 다양한 이론을 살펴보고자 한다. 이러한 이론들은 사회학, 정치학, 경제학, 심리학 등 인접한 사회과학에서 나온 이론들을 포함하고 있다. 이에 따라 지역사회복지와 연관성이 높은 이론들을 중심으로 각 이론의 기본적 내용을 소개하고 논의하고자 한다.

/tip/ **거시적 접근방법과 미시적 접근방법(Macro and Micro Approaches)**

사회학적 접근방법은 크게 거시적 접근방법과 미시적 접근방법으로 나눌 수 있다. 거시와 미시는 사회적 관계의 수준이며, 상대적인 개념으로 둘 사이에는 다양한 수준이 존재할 수 있다. 사회학자 콜린스(R. Collins)는 분석 수준이 대규모적이고 장기적인 사회적 과정, 즉 한 사회나 국가 차원에서 공적·사적 제도와 규범 등에 대해 분석하는 것을 거시적이라고 하고, 분석 수준을 조직이나 공동체보다 인간 개개인의 언행과 사고하는 것에 대한 심층적인 분석으로 두는 것을 미시적이라고 규정했다. 이러한 미시적 접근은 범위를 조금 넓혀 공동체나 지역 수준의 대인 네트워크 연결고리를 분석대상으로 삼기도 한다.

• 거시적 접근방법의 사회학적 근원을 제공한 학자로는 뒤르켐(Emile Durkheim)을 들 수 있는데, 그는 구성원이 개인들의 합을 초월한 하나의 실체(reality)라고 말하며 사회의 성격이 개인의 행동과 사고에 영향을 주므로 개인은 사회의 피동적인 존재라고 주장했다. 즉, 사회를 실체로 보는 견해를 '사회실재론(social realism)'이라고 하며, 이 견해를 가지고 사회를 사회 그 자체로 파악하는 접근법을 '거시적 접근법(macro approach)'이라고 하거나 '구조적 접근법'이라고 한다.

- 거시적 이론: 구조적 이론으로 분류되는 구조기능주의, 체계이론, 마르크스주의(갈등론) 등은 상대적으로 거시적인 대상에 관심을 가지고 있는 이론들이다.
- 미시적 접근 방법의 사회학적 근원을 제공한 학자는 베버(Weber)로, 그는 개인들의 사회적 행동이 사회의 기초를 이룬다고 보고, 사회는 개인과 따로 구별된 것이 아니라 개인들의 합에 불과하다고 보았다. 즉, 사회를 명목으로 보는 견해를 '사회명목론(social nominalism)'이라고 한다. 이 견해를 기초로 사회는 개인의 합에 불과한 것이므로 사회를 이해하기 위해서는 일단 개인부터 파악해야 된다는 접근법을 '미시적 접근법(micro approach)'이라고 부르거나 '심리학적 접근법'이라고 일컫는다.
  - 미시적 이론: 해석적 사회학, 교환이론, 상징적 상호작용론 등 상대적으로 미시적인 대상에 관심을 가지면서 부분적, 맥락적 문제 틀을 구성하고자 하는 이론들이다.

/tip/ 패러다임, 이론적 관점/시각, 이론, 모델, 방법, 실천지혜/직관 등의 형태로 구분·기능적 분류

- 다양한 분야의 내용으로 구성된 지식은 현실에 적용하는 구체성의 정도에 따라 패러다임, 관점/시각, 이론, 모델, 방법, 직관 등의 형태로 구분된다.
- 기능적으로 분류된 이들 지식은 세계관이나 사회문제에 대한 인식의 틀을 구성하는 것으로부터 구체적인 실천기술의 선택에 이르기까지 각기 다른 수준에서 실천에 영향을 미치고 있다.

패러다임(paradigm)

패러다임(paradigm)은 가장 추상적인 개념적 틀로서 세계관을 지배하고 현실에 대한 인식의 방향을 결정하는 역할을 한다.

- 사회복지학에서는 이론과 실천적 경향을 포함하는 추상적인 수준의 패러다임을 이해하기 위해 학문의 인식론적 변화와 함께 역사적 흐름을 파악하는 것이 중요하다. 아울러, 학문의 외적 환경인 사회의 분위기, 사상적 조류, 정치적 사건 등을 통해 사회의 주도적인 패러다임을 전체적으로 조망할 필요도 있다.

이론적 관점/시각(theoretical perspectives)

패러다임의 하위 수준에 있는 관점/시각(perspective)은 개념적 준거틀(conceptual framework)로서 패러다임보다 조금 더 구체적인 수준에서 관심영역과 가치, 대상들을 규정하는 사고체계다.

- 사회복지학의 관점은 사회복지의 다양한 이데올로기적인 스펙트럼을 반영하면서 보수주의적인 관점으로부터 급진적 관점까지 다양하게 구성된다. 가치개입적인 사회복지실천의 특성을 고려한다면, 관점을 이분법적으로 단순히 나누어 볼 수는 없으나 개인과 사회에 대한 기본적인 생각과 가치의 차이를 반영하고 있기 때문에 관점들 간에 상호 배타적인 경우가 대부분이다.

이론(theory)

  이론이란 '사회현상을 설명하고 예측하기 위한 일련의 명제(proposition)'다. 명제란 상호 연관된 개념(concept) 간의 관계를 의미한다. 즉, 이론은 특정 현상을 설명하기 위한 가설이나 개념, 의미의 집합체로서, 예측력(prediction power)뿐만 아니라 설명력(explanatory power)을 지녀야 한다.
- 이론은 가치나 의미, 사고 등을 보다 객관적으로 규명하고 이를 일반화시키는 과정 속에서 받아들여지기 때문에, 이론적 관점/시각에서 다루는 내용을 조작화시키고 경험적으로 검증하는 작업을 요구한다.

모델(model)

  이론을 적용할 활동 패턴과 원칙을 구조화하고 조직화한 형태로, 대개 상당한 시험과 추가 작업이 아직 이루어져야 하는 과학적 과정의 예비 단계에 주로 적용된다.

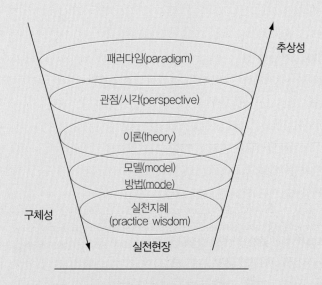

[그림 3-1] 사회복지 학문적 지식의 구성 수준

출처: 홍선미, 2004.

- 일관된 실천활동의 원칙과 방식을 구조화시킨 것으로서 실천과정에 직접적으로 필요한 기술적 적용방법을 제시한다.
- 모델은 이론을 기반으로 해서 도출되기도 하고(정신분석이론과 정신분석모델, 행동주의이론과 행동수정모델 등), 다양한 이론이 절충되어 하나의 모델이 만들어지기도 하며(심리사회모델), 이론적 기반과 무관하게 적용할 수 있는 모델(과제중심모델; Reid, 1992)도 있다.

방법(mode)

실천과정에 직접적으로 필요한 기술적 적용방법이다(a way or manner in which something occurs or is experienced, expressed, or done). 다시 말하면, 실천현장에서 사례별(case work)로 조건, 상황에 따라 개별적으로 다 이루어야 할 부분을 고려하여 그 적용에 도움을 줄 수 있는 일련의 기술적 적용 방법이다.

실천지혜(practice wisdom)/직관(intuition)

실천지혜나 직관, 암묵적 지식은 실천현장에서 귀납적으로 만들어진 지식의 종류다. 이들은 의식적으로 표현되거나 구체화될 수 없는 지식으로서 개인의 포괄적 가치체계와 개인적 경험으로부터 도출된다.

- 사회복지사의 직관에 의존하는 비구조화된 지식이라는 한계에도 불구하고 실천과 경험을 통해서 얻어진 지식이라는 점에서 사회복지실천에 큰 영향을 미친다. 그러나 실천지혜와 같이 사회복지사의 직관에 기초한 비공식적인 지식은 행동과 사회현상을 일관성 있게 설명하는 틀을 갖추지 못함으로써 유용성을 입증받을 수 없다.

/tip/ **패러다임(Paradigm) vs 이데올로기(Ideology)**

- 패러다임(paradigm)은 그리스어로 패턴, 예시, 표본 등을 의미하는 어떤 한 시대 사람들의 견해나 사고를 지배하고 있는 이론적 틀이나 인식의 체계를 의미하는 개념이다. 이 용어는 토머스 쿤(Thomas Kuhn)의 저서 『과학혁명의 구조(The Structure of Scientific Revolution)』(1962)에서 처음 사용되었다. 과학 활동에서의 새로운 개념은 객관적 관찰을 통해 형성되는 것이 아니라, 연구자 집단이 받아들이는 과정에서 형성된다는 것이다. 쿤은 패러다임을 한 시대를 지배하는 과학적 인식 · 이론 · 관습 · 사고 · 관념 · 가치관 등이 결합된 총체적인 틀 또는 개념의 집합체로 정의하였다. 그래서 '패러다임'에 대해서 한마디로 정의하기는 쉽지 않다. 크게 분류하면 '형이상학적 패러다임' '사회학적 패러다임' '구조물 패러다임'의 세 가지로 정리한다. 사회학적 패러다임은 '어느 주어진 과학자 사회의 구성원에 의

해 공유되는 신념, 가치, 기술 등을 망라한 총체적 집합'을 말하는 '집단 공약의 집합으로서의 패러다임'이다. 패러다임은 자연과학에서 출발하여 모든 학문 분야로 파급되어 오늘날에는 거의 모든 사회현상을 정의하는 개념으로까지 확대되어 사용되고 있다.

• 이데올로기(영 Ideology, 독 Ideologie)라는 말은 원래는 프랑스 혁명에 뒤이어 나타난 관념학에서 유래했지만, 오늘날에는 마르크스주의의 용어로 이해되고 있다. 정치적·사회적인 교의, 세계관, 신념(이념)체계라는 일반적인 의미에서 사용되는 경우가 많다. 또한 이데올로기는 사회의 경제적 관계를 관념상으로 반영한 상부구조다. 그러나 허위의식 비판이나 의식의 존재 피구속성의 폭로, 의식의 존재초월적인 힘의 주제화라는 다양한 의도와 전략이 이 말에 포함되어 사용되는 경우도 적지 않다. 즉, 관념의 형태로 종교, 철학, 예술, 도덕, 정치, 법률, 경제상의 여러 견해를 뜻하는 말이다.

이데올로기도 일종의 패러다임이라고 할 수 있다. 반대로 패러다임도 일종의 이데올로기라고 할 수는 있을 것이다. 그러나 패러다임이 자연과학에서 출발한 용어임에 반하여 이데올로기는 인문과학이나 사회과학적인(철학이나 정치적) 용어다. 패러다임이 자연과학에서 출발하여 각종 학문으로 파급되었으나 이데올로기는 자연과학까지의 파급은 아직 이루어지지 않고 있다.

2. 사회학의 고전이론

사회문제를 어떤 이론적 관점에서 접근하는가에 따라 사회 현상과 문제에 대한 인식이 달라지며, 그 해결 방법과 접근이 다르게 모색될 것이다. 이러한 측면에서 이론은 사회를 바라보는 관점과 문제를 인식하는 이론적 배경에 대한 분명한 안목을 제공하므로 사회복지에서 반드시 필요하다고 할 수 있다. 이 절에서는 미국의 사회학자 콜린스(Randall Collins)의 이론 분류에 따라 사회학의 고전이론(Classical Theory in Sociology)인 기능주의(Functionalism), 갈등주의 이론(Conflict Theory), 상징적 상호작용주의(Symbolic Interactionism), 공리주의(Utilitarianism)의 네 가지 주요 관점을 소개하고자 한다(Barkan, 2010).

1) 기능주의

현대 사회학에서 사회적 현상을 거시적 관점으로 접근하는 가장 오래된 전통을 가진 관점 중 하나는 기능주의(Functionalism)다. 이 관점은 다윈(Charles Robert Darwin)의 진화론에 영향을 받아, 콩트(Conte)와 스펜서(Spencer)의 사회유기체설에 의해 기초가 형성되었고, 이후 뒤르켐 (Durkheim)의 사회실재론 등을 통하여 다양하게 발전하였다.

1910년대부터 1930년대까지 B. K. 말리노프스키(Bronislaw Kasper Malinowski)와 래드클리프 브라운(Alfred Reginald Radcliff-Brown)이라는 영국의 두 인류학자에 의해 두 가지의 접근이 이루어졌다. 하나는 말리노프스키의 기능주의(biocultural functionalism) 접근이고, 다른 하나는 생물학적 문제보다 사회구조적 문제에 역점을 둔 래드클리프 브라운의 구조기능주의다. 이들은 20세기 초 주류를 이루고 있었던 문화진화론(cultural evolution)이나 전파론(diffusionism)[1]이 문화 전체를 보지 못하고 개개의 문화요소로만 분리하여 취급하고 있다는 점을 비판하며, 한 사회 속의 문화요소는 상호 밀접한 관계를 가지며 유기적으로 결합되어 있다고 주장하였다. 따라서 개개의 관습이나 제도를 이해하기 위해서는 이것들이 전체의 문화 속에서 어떻게 기능하고 있는가를 규명하지 않으면 안 된다고 하였다. 이처럼 기능주의는 관습, 제도, 가치 등의 사회적 현상을 그들이 전체 사회 속에서 수행하는 기능에 의해서 구조적으로 설명하려고 하는 관점이다.

20세기 중반 미국의 사회학자인 파슨스(Talcott Parsons)[2]와 머튼(Robert K. Merton)에 의하여 매우 체계적이고 포괄적인 사회학 이론으로 구조기능주의 이론(structural functionalism theory)이 정립되었다. 특히 머튼(Merton, 1949)은 그의 주저인 『사회이론과 사회구조(*Social Theory and Social Structure*)』에서 기능주의 이론의 세 가지 가정을 비판적으로 검토함으로써 기능주의 분석에 대한 훨씬 더 정교한 설명을 제공하고 있다. 그는 사회에 대한 전통적 구조기능주의 이론의 세 가지 기본입장을 다음과 같이 제시하고 있다.

첫째, 사회의 각 부분은 서로 조화롭게 작용한다.

둘째, 사회의 모든 부분은 개인과 사회에 이익이 될 수 있어야 한다.

셋째, 사회는 기존의 부분 가운데 일부만 없어도 제대로 기능할 수 없다.

이와 같이 기능주의자들은 모든 사회적 현상을 조화를 이루며 유익한 것으로 본다. 따라서 구조기능주의 이론에서 사회문제를 볼 때 가장 중요한 개념은 '기능적(functional)'이라는 용어다.

구조기능주의 이론의 핵심은 사회는 유기적인 체계로 구성되어 있고 체계(system)를 구성하고 있는 부분은 상호 연관되어 있으며 각각의 체계는 생존을 위하여 만족되어야 할 욕구(기능적

---

1) 문화의 발생과 발전에 있어서 다른 요소보다 역사적 접촉을 통한 전파의 역할을 강조하는 이론
2) 파슨스(Talcott Parsons, 1902~1979)의 requisite theory functionalism에서 모든 체계를 위해 필요한 네 가지 기능적인 요건: 적응(adjustment), 목표달성(goal attainment), 통합(integration), 잠재성(latency)

선결요건)[3]가 있다는 것이다. 이러한 체계는 성장하고 발전하면서 정상적 상태와 병리적 상태를 가지고 있어 균형(equilibrium)과 항상성을 지니고 있으며 균형과 항상성이 깨지거나 위협받으면 원래대로 돌아가려는 경향이 있다(최성재 · 남기민, 2002). 다시 말하면, 사회는 여러 부분으로 구성되어 있고, 각 부분은 사회적 가치와 규범에 따라 변화한다. 사회구성의 모든 요소는 균형 또는 안정 지향적이며, 사회는 정치, 경제, 종교, 가족 등과 같이 다양한 하부체계로 구성되어 있고, 각 부분은 전체가 성공적인 기능을 발휘할 수 있도록 기여하며, 각 요소는 상호 의존적이고 통합적인 기능을 한다. 또한 점진적이고 누적적으로 사회변화가 진행되며, 사회체제 유지를 위해 사회구성원들의 공동체 의식을 강조한다.

자원과 권력의 배분은 대체로 사회적으로 정당화되고, 일과 보상은 평등하게 할당되어 있으며, 경제적 차원은 사회의 다른 차원에 종속되고, 계층체계는 대개 진화과정을 통해 변한다고 본다. 따라서 부분은 전체를 위해 존재하고 개인에 대한 보상은 개인의 사회에 대한 기여도에 비례한다는 전제를 가지고 있다. 본질적으로 사회는 잘 통합되어 있으며 질서정연한 것으로 파악하고, 모든 사회문제를 사회구조적인 문제로 보지 않고 개인적인 문제 또는 사회구성원의 체제적응 문제로 본다. 예를 들어, 노인문제의 경우 개인이 나이가 들어 사회적으로 은퇴할 때, 신속히 취미 활동 등을 통해 은퇴 이후 변화된 사회적 역할에 적응하는 것이 원만한 노후 생활방식이라고 주장한다. 따라서 노후의 역할 변화에 대한 개인적 적응을 강조함으로써 노인이 은퇴 이후 겪는 고독감이나 소외감 등은 노인의 사회적 부적응의 결과라고 보는 것이다(서상철, 2003).

구조기능주의 이론에서 지역사회는 정부, 경제, 사회, 종교, 가족 등과 같은 다양한 하위체계로 구성되어 있는 하나의 사회체계로 간주된다. 지역사회는 생산 · 분배 · 소비의 기능, 사회화의 기능, 사회통제의 기능, 사회통합의 기능, 상부상조의 기능을 하며, 각각의 기능을 담당하는 체계가 자신의 기능을 충실히 발휘하는 것이 바람직한 지역사회 발전의 핵심요인이다. 하위체계들 간의 상호관련성이 있다 하더라도 각각의 하위체계 역시 하나의 분리된 실체를 이루며 사회체계는 심리적 · 사회적 · 지리적 경계를 가지게 된다. 지역사회를 포함한 모든 사회체계는 균형 상태를 향해 움직이며 그 결과 다양한 부분 간에 통합, 조정, 결속 등이 이루어지면서 균형 상태를 유지한다.

구조기능주의에 입각한 지역사회복지는 지역사회의 대상자들이 균형 유지에 필요하고 충분

---

3) 생물 유기체의 삶에 기본적인 요건들이 충족되어야 하듯이, 사회가 존속하기 위한 선결요건들이 충족되어야 한다.

한 자원을 공급받는지, 지역사회의 균형이 위협받을 때 균형의 회복에 초점을 두고 이들이 어떤 통로로 자원을 공급받는지 등을 확인하기 위해서 운영된다. 즉, 이 구조기능주의 이론은 사회의 유지, 균형에 중점을 두기 때문에, 지역사회의 변화나 자원, 권력을 둘러싼 집단 간의 갈등을 설명하는 데 한계를 보일 수밖에 없다.

2) 갈등주의 이론

갈등주의 이론(Conflict Theory)은 기능주의 관점에 대항하는 이론으로 사회 내 집단들 간의 상호작용에 초점을 맞추고 있으며, 특히 사회계층화(social stratification)의 과정을 통하여 형성되는 집단에 관심을 가지고 있다. 갈등주의의 이론적 기초는 마르크스(Karl Marx), 짐멜(George Simmel), 베버(Max Weber)와 같은 사회학자들의 영향을 받았다. 특히 마르크스는 변증법적 갈등주의(dialectical conflict theory), 짐멜은 갈등기능주의(social conflict theory), 베버는 교환갈등주의(exchange conflict theory)와 비판이론(critical functionalism)의 기초를 제공하였다.

갈등주의 이론의 기본 가정은 다음과 같다. 첫째, 사회체계는 갈등을 일으키며, 갈등은 사회의 일반적 특징이다. 둘째, 갈등은 사회구조의 부분 간에 상반되는 이익에 의해 발생된다. 셋째, 상반된 이익은 지배집단과 피지배집단 간에 제한된 자원과 권력의 불평등한 분배로부터 생겨나며 모든 사회는 다른 집단으로부터 억압을 받는다. 넷째, 상반된 이익은 두 개의 갈등집단으로 양극화된다. 다섯째, 갈등은 변증법적이다. 하나의 갈등 해결은 새로운 상반된 이익을 만들어 내고 이는 어떤 조건하에서 또 다른 갈등을 일으킨다. 여섯째, 계속되는 갈등의 결과로서 사회가 변화하고 발전하는데, 이는 사회의 일반적 특징이 된다.

신갈등론자 다렌도르프(Ralf Dahrendorf, 1959)는 인간을 불평등에 대한 투쟁적 존재로 보면서 모든 사회적 갈등은 경제적 분배관계에서 일어난다고 설명하고 있다. 그러나 그의 저서 『산업사회에서 계급과 계급투쟁(*Class and Class Conflict in Industrial Society*)』(1959)에서 생산수단의 소유 여부로만 계급을 규정한 것은 마르크스가 역사적 특정 시기에 너무 협소하게 계급을 정의한 것이라고 비판하였다. 그는 생산수단의 물질적 소유보다는 권위구조에 초점을 맞추고, 사회적 가치라는 개념을 권위라는 말로 대치하여 사회의 본질은 권위를 둘러싼 갈등이라고 주장하였다. 그는 사회갈등이 정상적인 것이며 오히려 평화와 질서의 상태가 비정상적인 것이라고 주장했다. 그의 말을 극단적으로 표현하면 전쟁은 정상적인 것이며 평화는 다음 전쟁을 위한 잠정적인 과도기에 불과한 것이다. 사회에서 현실적으로 나타나는 질서는 사회의 본질적인 모습이 아니며 이것은 강제적으로 조정된 결합에 불과할 뿐이다. 따라서 다렌도르프는 사회질서가 사회 내부의 조화로운 균형에 의해 이루어진다고 믿는 것은 환상에 지나지 않는다고 주장하였다. 그는 갈등을 파괴적인 것으로 보지 않고 건설적인 사회조직의 새로운 패턴을 형성하는 에너지원으로 간주했던 것이다.

이러한 갈등주의 이론의 주장을 토대로 지역사회복지를 바라보는 견해를 두 가지 측면에서 검토할 수 있다. 마르크스와 같이 폭력갈등을 통한 혁명이 지역사회복지를 성취할 수 있다고 보는 견해와 다렌도르프(Ralph Dahrendorf)처럼 갈등은 변화의 잠재력을 내포하고 있으므로 오히려 지역사회 갈등의 제도화를 통하여 폭력을 예방하고 지역사회복지를 추구할 수 있다는 견해다.

오늘날 갈등주의 이론을 지역사회복지에 적용하면 후자의 견해가 우선시된다. 지역사회 문제의 갈등근원은 크게 경제적 문제에 대한 갈등, 권력과 권위를 둘러싼 갈등, 가치나 신념의 차이로 인한 갈등의 세 가지로 분류할 수 있다. 갈등주의 이론은 지역사회의 이익집단 간에 대립갈등이 발생하면 점진적 제도의 개선을 통해 자원과 권위 배분을 재조직하고 주민의 이익을 보장하기 위한 문제해결 방안이 필요하다고 본다. 즉, 지역사회가 갖는 갈등문제를 자본주의 사회의 구조적 시각에서 접근할 수도 있지만, 지역사회 구성원 서로가 수용할 수 있는 갈등해소 방안을 가지고 상호 간 이해를 통해 문제를 해결하는 보다 실제적인 방안을 찾는 데도 기여할 수 있는 것이다.

갈등주의라고 하면 부정적 측면만 내포하고 있다고 오해하기 쉬우나 지역사회 내 결속력을 강화시키며 사회변화를 초래하는 원동력이라는 순기능도 있음에 유념해야 한다. 그러나 이러한 관점은 아직까지 사회복지학에서는 사회문제를 인식하는 분석기준이나 지역사회복지론의 지역사회조직과 사회행동 등의 이론에서 어느 정도 원용되는 수준이며 전반적인 사회복지 실천기법으로는 크게 다루어지지 않고 있다.

한편, 갈등주의 이론은 사회구조를 경제적 이해관계의 대립이라는 일원론적 시각에서만 접근하기 때문에, 경제 외적인 다원적인 측면에서 구성원들이 상호 협력하면서 조화를 이루어 가는 지역사회의 실제적 모습은 다루지 못한다는 한계를 가진다.

3) 상징적 상호작용주의

상징적 상호작용주의(Symbolic Interactionism)는 인간행위의 특징에 착안한 미국 사회학 및 사회심리학의 새로운 흐름 속에서 이론화된 것으로, 시카고 학파의 사회학자 미드(George Herbert Mead)가 체계화하였고 그의 제자인 블루머(Herbert Blumer, 1969)가 자신의 연구에서 상징적 상호작용주의라는 용어를 처음 사용하였다. 상징적 상호작용주의는 기존의 기능주의 시각과 갈등주의 시각이 사회현상을 거시적인(grand theory/macro theory) 차원에서 분석하는 경향과는 달리, 사회구성원인 개인이 일상생활에서 경험하는 상호관계에 관심을 갖고 이들의 행동이 갖는 주관적인 의미를 중요시하며 이를 분석하는 데 초점을 두는 미시적인 해석적 이론(micro-interpretative theory)이다.

상징적 상호작용주의는 제임스(James)의 '자아(self)' 개념, 쿨리(Cooley)의 '영상자아(looking glass self)' 개념, 듀이(Dewy)의 '실용주의' 개념, 미드(G. Mead)의 '정신, 자아, 사회' 개념, 린턴(Linton)의 역할이론, 짐멜(Simmel)의 '사회화(sociation)' 개념, 베버(Weber)의 '사회적 행위(social action)' 개념 등이 합성된 것이라고 볼 수 있다. 이러한 측면에서 상징적 상호작용주의 이론은 단지 미시적인 상호작용의 방식에 대한 설명에 국한되는 것이 아니고, 상징과 의미 그리고 상호작용이라는 개념을 토대로 개인의 자아개념의 형성 및 사회와 사회현상에 대한 설명까지 포함하는 포괄적이고도 일관성 있는 이론체계다.

상징적 상호작용주의 이론에 따르면, 진리는 절대적인 것이 아니고 유기체(organism)의 관심과 필요에 따라 상대적인 것이 되며, 앎과 행동은 직접적으로 연결되어야 한다. 여기서 말하는 유기체는 특정 환경하에서 창조되어 환경을 변화시키는 요인으로 작용할 수 있다. 따라서 유기체인 인간이 사용하는 모든 기호에는 의미가 있고, 또 인간은 생활환경을 구성하는 모든 사물에 주관적으로 의미를 부여한다. 인간에게 있어 모든 대상은 주관적으로 해석된 의미를 지니고 있으며 모든 것에 상징성이 있다는 것이다. 바꾸어 말하면, 인간의 모든 행위는 대상과 의미를 주고받는 것일 뿐이다. 인간의 행위 중에서 압도적으로 많은 것이 사회적 행위, 즉 인간관계적 행위라고 한다면 결국 인간의 행위란 상징(의미)을 매개로 하는 상호작용이다. 따라서 상징적 상호작용주의 이론은 상징을 매개로 한 의미적 행위인 인간의 사회적 행위를 포착하여 자아와 사회의 관계형식 간의 접근을 시도하는 이론이다.

미드 이론의 주요 내용을 요약하면 첫째, 개인의 자아 개념은 사회적 상호작용의 결과로서 형성된다. 즉, 각 개인은 일상의 다양한 상황에서 접하는 타인의 눈을 통해 사회화된 자아를 형성해 간다. 이 자아형성 과정은 주체로서의 나와 객관화된 나 사이의 변증법적 상호작용의 과정이다. 둘째, 우리는 타인과의 상호작용을 통해 의미를 이해하고, 사회적으로 주어진 의미를 중심으로 우리의 생활을 조직하게 된다. 셋째, 상호작용 관계에 있는 사람들은 각각 자신의 행동에 대해 상대방이 어떻게 반응할 것인가를 예견하고, 상호 수용할 수 있는 방식으로 상황을 정의하며 행동의 한계를 설정한다. 넷째, 사회를 사람들 간의 상호작용 관계를 통해 파악함으로써 불변하는 정태적인 구조 속에서가 아니라, 역동적인 과정 속에서 사회현상들을 이해하게 된다. 다섯째, 사회적 상황이 상호작용을 통해 끊임없이 재정의됨을 의미하며, 사회란 결국 다양한 상징에 대한 해석을 이해하는 사람들 간의 상호작용의 집합 혹은 개인 간의 조절된 상호작용으로부터 구성된 현상으로 볼 수 있다는 것이다.

상징적 상호작용주의 관점과 이론에 따라 지역사회문제를 적용해 보면, 한 지역사회 내에 있는 다수의 집단 중에 특정한 집단이 타 집단과의 상호작용에서 자신들에게 의미 있는 행위를 하여 특정한 현상이 발생했을 때 타 집단들이 잘못된 것으로 규정하거나 낙인[4]을 찍는 경우를 상징의 차이로 간주할 수 있는 것이다. 즉, 지역사회문제는 그 원인이 되는 특정 행위나 현상을 진단하는 전문가나 대표자의 판단에 따라 지역사회문제가 될 수도 있고 되지 않을 수도 있는 주관적인 것이 된다.

4) 공리주의

공리주의(Utilitarianism)는 19세기 영국을 중심으로 발달한 사상으로 제러미 벤덤(Jeremy Bentham), 존 스튜어트 밀(John Stuart Mill) 등이 대표적 공리주의자들이다. 이 사상은 인간 행위의 윤리적 기초를 개인의 이익과 쾌락의 추구에 두고 무엇이 이익인가를 결정하는 것은 개인의 행복이라고 하며, "도덕은 최대 다수의 최대 행복을 목적으로 한다."[5]고 주장한다. 개인을 먼저 언급하고 개인의 집합체가 전체라는 측면에서 공리주의는 집단주의 사상이 아닌 개인주의 사상이 출발점이다. 차후 이 사상은 영국 고전경제학의 사상적 기초와 자본주의 질서 구축의 토대가 되었다.

공리주의적 경제학자들과 인류학자들은 초기의 교환이론을 구성하였다. 제임스 프레이저 경은 호주 원주민들의 혼인 풍습을 연구하면서 '경제적 동기'의 법칙을 주장하였다. 이에 반해 말리노프스키는 트로브리안드섬의 쿨라 관행의 연구를 통해 경제적 동기보다 심리적 동기를 강조했다. 더 나아가 모스는 증여론에서 뒤르켐의 견해와 같이 교환에서 답례를 하도록 하는 힘인 규범을 이야기하였고, 레비스트로스는 구조주의 관점에서 프레이저의 공리주의적 해석에 이의를 제기하였다. 레비스트로스는 호혜성과 같이 규범과 가치를 강조함으로써 사회의 통합

---

4) 상징적 상호작용주의의 대표적인 이론인 낙인이론은 일탈행동에 관한 이론이며, 1960년대에 시카고 학파에 속한 베커(Howard S. Becker)가 제창한 것이다. 지금까지 일탈행동을 단순한 사회병리 현상으로 다뤄 온 방식과는 구별을 분명히 함으로써 일탈이란 행위자의 내적 특성이 아니라 주위로부터의 낙인에 의해 만들어지는 것이라고 보는 관점이다.

5) 최대 행복의 원리(Greatest Happiness Principle)

과 연대성에 관한 잠정적 이론을 제공하였다.

현대 사회학에서 공리주의는 단지 교환이론 또는 합리적인 선택이론으로 불린다(Coleman, 1990; Homans, 1961). 현대 교환이론은 호먼스(George Homans)의 교환행동주의(exchange behaviorism), 블라우(Peter Blau)의 구조적 교환주의 이론(structural exchange theory), 에머슨 (Richard Emerson)의 교환행태주의(exchange behavioralism)의 세 가지 주류로 분류할 수 있다.

호먼스의 교환행동주의는 주로 미시적 차원에서 인간과 소집단 간의 교환관계에 중점을 둔다. 그는 고전파 경제이론의 '합리적 경제 주체'의 가정에서 영향을 받아 개인들이 행위의 선택을 합리적으로 한다고 생각했고, 사람들이 교환과정에서 돌아올 보상과 지불해야 될 비용을 면밀히 검토하여 최소의 비용으로 최대의 보상을 얻을 수 있는 길을 선택한다고 여겼다. 여기서 보상이나 이익은 심리적 안정, 사회적 지위, 만족감, 사람에게서 받는 인정이나 동정과 같은 심리 결과물을 비롯하여 경제적 · 물질적 이득까지 포함한다.

블라우의 교환구조주의는 거시적 차원에서 사회조직 간의 교환관계에 중점을 둔다. 이 이론에서는 교환이라는 사회적 행동이 어떠한 경로를 통해 사회적 유대 혹은 차별적 지위구조를 만들어 내는지에 관심을 가진다. 교환이 평등한 관계로 이어질지 불평등한 관계로 이어질지는 교환에서 얻는 호혜성(reciprocity) 여부에 달려 있는데, 호혜적 교환은 사람 사이의 신뢰와 유대를 강화시키게 된다고 보았다. 그리고 교환의 어느 단계에서 성원들이 불충분한 보상을 받고 있다고 느끼거나 성원들이 인정한 것 이상으로 권력이 행사될 때에는 갈등과 불만이 폭발해서 결국에 조직은 불균형 상태에 빠지게 되고 구조적 변화를 일으킬 수 있다고 본다.

에머슨의 교환행태주의는 미시적 입장과 거시적 입장의 통합적 접근으로서 교환의 형태와 과정에 중점을 둔다. 그의 이론은 사회적 행위에 대한 경제학적 모델이며 학습이론을 출발점으로 한다. 이 이론에서는 어떤 행위를 함으로써 얻는 보상의 정도에 따라 미래에 행위를 반복할지 여부가 결정된다고 설명한다. 에머슨 이론의 기본적 가정은 첫째, 사람들은 행동으로부터 얻는 이득과 손실에 기초하여 합리적인 계산을 한다. 둘째, 사람들은 서로 보상과 처벌을 제공한다는 중요한 사실을 고려한다. 이는 인간에 대한 경제학적 모델과 상호작용을 포괄하는, 학습이론보다는 더욱 정교하고 보다 사회적인 이론임을 보여 준다.

교환이론의 기본 개념에는 보상, 교환자원, 대가 등이 있다. 보상은 개인에게 주는 만족감이나 기쁨 등 가치 있다고 생각하는 모든 것을 말하며, 심리적 · 사회적 · 신체적인 것을 포함한다. 교환자원은 교환관계에서 상대방의 욕구나 목표달성을 위해 제공하는 것으로 상대방의 필요에 부응하며 상대방이 이용 가능한 물질 및 비물질적 보상을 말한다. 대가는 특정 상황을 선택함으로써 잃게 되는 시간, 노력, 돈, 지위관계, 심리적 보상 등을 의미한다.

이상과 같은 교환이론의 여러 가지의 관점은 주로 사회문제를 접근하는 시각에서 다루어지고, 지역사회는 전체 '사회'라는 체계에서 볼 때 하위체계에 속하므로, 지역사회복지 실천현장은 중요한 교환관계가 성립된다. 이는 지역사회 차원에서 중요한 교환자원인 상담, 기부금, 재정지원, 정보, 정치권력 등의 교환이 이루어지는 장을 의미한다. 일단 교환이 발생하면 거래상태에 있는 양자는 비용에 대한 이익이나 보상이 극대화될 수 있는 교환을 선택하려고 할 것이며, 이로 인해 교환관계의 단절이나 불균형이 발생할 때는 지역사회 문제가 발생될 것이다. 실제로 사회적 교환에서 거래주체들이 모두 다 만족할 수 있는 교환관계가 성립되기는 어렵다. 따라서 지역사회문제가 교환관계의 단절이나 불균형 때문에 생기며, 교환자원이 부족, 고갈 상태에 빠지거나 가치저하 현상을 보일 때 발생할 수 있다고 본다.

> **/tip/ 교환이론 vs 상징적 상호작용론**
>
> 교환이론은 인간행위에 자아통제와 같은 것이 작용한다고 암묵적으로 보지만 그것이 어떻게 창조되고 작용하는지를 설명하지 못함으로써 자아에 대한 정교한 이론을 갖지 못한다. 상징적 상호작용론은 경제적 모델에 집착한 교환이론과는 달리 인간의 동기에 있어서 이타적 행위, 협동적 행위 등과 같은 보다 다양하고 사회적인 측면에 주목한다. 그들은 인간행위를 설명하는 데 있어서 동기에 대한 가정에 기초하기보다는 사람들이 동기에 관해 무엇을 말하는가를 설명하고 행동이 형성되게 된 상호작용의 맥락에 관심을 둔다.

3. 체계이론

기능주의 관점의 대표적인 이론인 체계이론(Systems Theory)은 일반체계이론(General Systems Theory), 사회체계이론(Social Systems Theory) 그리고 일반체계이론에 생태학이론(Ecological Theory)을 결합한 생태체계이론(Eco-Systems Theory)으로 구분할 수 있다. 일반체계이론은 유기체와 환경 간의 체계적인 상호작용을 전체성, 상호성, 개방성의 개념으로 분석하고, 사회체계이론은 인간행동에 영향을 미치는 다양한 체계수준, 즉 개인, 가족, 조직을 포함하는 소집단 그리고 지역사회와 같은 보다 넓은 사회체계에 관점을 두고 있다. 한편, 생태체계이론은 유기체가 환경 속에서 어떻게 역학적 평형을 유지하고 성장하는지에 관심을 두고 있는데 이 세 가지 이론 모두 다양한 체계에 관심을 갖고 있다. 체계이론의 기본 가정은 전체와 부분이 서로 상호

의존적이며 부분은 전체에 영향을 미치고 다시 전체는 모든 부분에 영향을 미쳐 전체는 모든 부분 간의 상호작용과정에 의해 구성된다는 것이다. 따라서 이 세 가지 이론은 모두 체계의 특성을 응용한 체계적 사고방법이라 할 수 있다. 이 이론들은 체계특성을 중심 개념으로 일반체계이론을 원용하여 구체적인 내용은 차이가 있으나 이론들의 구조적인 면에서는 동질적이다.

1) 일반체계이론과 사회체계이론

(1) 일반체계이론

일반체계이론(General Systems Theory)은 오스트리아 출신의 생물학자 버틀란피(Luding von Bertalanffy)가 제시하였다. 버틀란피의 이론은 현상을 설명하고 예측하고 통제할 수 있는 이론적 모델을 제시해 주는 기능을 하였다. 이 이론은 현실을 관찰하고 구성요소 간의 관련성을 파악하여 조직화할 수 있는 방법을 제시해 주며, 생물 세포에서부터 사회, 더 나아가 모든 형태의 사회조직체에 적용될 수 있다(Durkin, 1981; Kearney, 1986).

체계분석이라고도 불리는 일반체계이론에서는 모든 유기체가 각각 하나의 체계이며 상호작용하는 여러 가지 요인으로 구성된 하나의 복합체라고 본다. 즉, 유기적 조직체는 상부체계와 이의 부분들인 하부체계로 구성되어 있다는 것을 제안하는 이론이다. 인간은 사회의 일부이고 순환체계와 세포로 구성되어 있으며 다시 이것들은 원자로 구성되어 있다는 것이다.

일반체계이론은 처음에는 인간 신체 내부의 골격체계, 근육체계, 순환기체계, 내분비선체계 등의 연관된 기능을 설명하는 이론으로 출발하였으나, 신체가 아닌 인간사회의 심리적·사회적 구조와의 관계를 설명하는 데 적용하였다.

체계이론의 주요한 개념들을 정리하면 다음과 같다(이 개념들은 다음 절에서 기술하는 사회체계나 생태체계 현상을 설명하는 이론으로 확장되었다).

첫째, 체계 각 부분의 상호관계는 체계 내 상호교류의 기능이라는 특성을 갖는다. 체계(system)는 잘 정리되고 서로 연결된, 기능적으로 전체를 형성하는 일련의 요소다(Kirst-Ashman & Hull, 1999). 따라서 체계는 부분들 간에 관계를 맺고 있는 일련의 단위로 정의할 수 있고, 상호작용하는 요소들의 집합이다. 다시 정의하면, 체계는 상호 의존적이며 상호작용하는 부분들로 구성된 전체다. 체계가 기능적으로 완전체가 되기 위해서는 구성요소 전체가 질서 있게 상호연관성이 있어야 한다. 또한 전체체계는 하위체계의 합보다 더 큰 능력과 효과가 있는데 이를 시너지(synergy) 효과라고 한다.

둘째, 체계는 위계적 질서의 속성을 가진다. 모든 체계가 질서를 가지며 상위체계와 하위체계[6]의 위계가 있다. 즉, 특정한 체계는 그보다 작은 체계에서 보면 전체체계가 되지만 더 큰 체계에서 보면 부분체계가 된다. 따라서 체계는 보는 시각에 따라 달라지는 상대적 개념이다.

셋째, 체계는 경계(boundary)의 속성을 가진다. 경계는 대상체계를 규정함으로써 체계를 구성하는 하위체계 사이에서 이루어지는 적절한 역할을 규정한다. 경계의 목적은 피부처럼 기능적으로 외부의 부정적인 영향을 받지 않도록 체계를 보호한다(Chess & Norlin, 1991). 즉, 경계는 체계와 다른 체계를 구분 짓는 지점을 말하는데, 물리적인 것보다는 관념적인 것이다. 반복적으로 일어나는 행동양식으로 체계 내 관계를 특징짓고 특정 정체감을 체계에 제공한다. 또한 경계는 외부체계로부터 에너지가 들어오고 나가는 흐름을 규제하는 여과기전의 역할을 한다. 개방체계는 어느 정도 투과성이 높은 경계를 갖고 있는 체계이며, 폐쇄체계는 상호교류가 없는 체계다. 그러므로 경계는 명확성(clarity), 투과성(permeability), 유연성(flexibility) 등의 속성을 가지고 있다.

넷째, 체계는 자기통제의 속성을 가진다. 개방체계는 환류기전과 체계 내의 요인을 통해 환경에 적응하기 위한 정보(information)를 입수하고 균형을 유지하는 항상성(homeostasis)이 있다. 항상성이란 비교적 안정적이며 지속적인 균형상태(dynamic equilibrium)를 유지하기 위한 체계의 경향을 말한다. 균형을 깨려는 것이 있다면, 체계는 적응하기 이전의 안정성을 회복하려고 할 것이다. 그러나 때때로 현상유지는 비효과적이거나 비효율적이며 심각한 문제일 수도 있다. 즉, 항상성은 정적인 상태를 의미하는 것이 아니라 안정의 틀 속에서 점진적으로 변화하는 것을 말한다.

다섯째, 체계는 환류의 속성을 가진다. 환류는 투입(input)[7]의 특수한 형태로서, 체계가 자신이 수행한 것에 관한 정보를 받는 것이다. 부정적 환류는 체계가 제 방향을 찾고 실수를 수정하여 항상성 상태로 돌아갈 수 있게 하고, 긍정적 환류는 체계가 존재와 성장에 알맞게 실행한 것에 관한 정보를 얻는 것이다. 따라서 한 체계의 산출(output)[8]이 환경을 통해 평가되고 이것이 다시 체계 내로 투입(input)되어 영향을 미친다. 그러므로 환류는 원인-결과의 관계가 아닌 상호연결이 된 관계(reciprocal relationships)로 보는 것이다.

여섯째, 체계는 에너지 교환의 속성을 가진다. 체계는 물질적 또는 정신적 에너지가 교환되는 경계(boundary)를 가지고 있고, 에너지는 체계의 생존에 중요한 요소다. 모든 생물체는 체계의 질서를 증진시키는 에너지인 역엔트로피(negentropy)와 체계 내의 조직구성 및 기능을 쇠퇴하게

---

6) 하위체계는 체계로서 독립적으로 존재하면서도 유기적으로 상호작용을 하는 부분이다.
7) 투입(input)은 에너지, 정보, 의사소통이 다른 체계에서 유입하는 것을 의미한다.
8) 산출(output)은 투입한 것이 체계의 과정을 거친 후 얻는 것을 의미한다.

만드는 엔트로피(entropy)를 가진다. 엔트로피(entropy)는 특정 체계가 자신을 유지하기 위하여 자신의 에너지를 사용하려는 체계의 경향성을 말한다. 즉, 이는 체계의 '쇠약해지는 경향성'을 나타내는데, 모든 체계는 에너지의 유입 없이는 해체나 죽음으로 향한다는 자연의 보편법칙이라 할 수 있다. 이와는 반대로 역엔트로피(negentropy)는 체계가 자기가 쓰는 것보다 많은 에너지를 유입한 후 정교하고 세분화되며 성장하고 발달하는 방향으로 진행하는 과정을 말한다.

이와 같이 사회, 지역사회도 같은 맥락에서 체계로 볼 수 있으며, 앞에서 서술한 체계이론을 구성하는 여섯 가지 개념(특성)을 중심으로 사회, 지역사회 문제를 설명하고 예측할 수 있다.

(2) 사회체계이론

사회체계이론(Social Systems Theory)은 일반체계이론에 바탕을 두고 있으며 현재까지 정립된 현대 사회학에서 가장 많이 활용되는 분석 틀이다. 사회체계이론은 독일의 대표적 사회학자 니콜라스 루만(Niklas Luhmann)이 정립한 이론이다. 체계란 상호 의존적이며 상호작용을 하는 부분들로 구성되는 전체 또는 부분들 간에 관계를 맺고 있는 일련의 단위를 의미한다.

사회체계(social system)란 우리가 살고 있는 사회적 환경 안에 존재하는 다양한 형태의 인간 공동체에 적용할 수 있는 사회조직의 모형으로 인간행동에 영향을 미치는 다양한 체계 수준, 즉 개인, 가족, 조직과 같은 소집단 그리고 지역사회와 같은 넓은 사회체계들을 포함한다. 또한 문화, 종교, 신분제도와 같은 추상적 요소와 앞에서 서술한 구체적인 요소를 함께 갖는 체계도 존재한다. 따라서 사회체계이론은 가족, 소집단, 조직, 지역사회 그리고 사회 등의 여러 사회체계가 구성된 방법과 그 체계들의 유지와 변화과정을 연구대상으로 한다.

사회체계론적 관점의 특성은 사회를 구성하는 크고 작은 모든 체계가 서로 연결되어 상호작용을 이룬다고 보는 데 있다. 상호작용 중인 부분들이 전체 환경을 만들어 가며, 그렇게 만들어진 전체 환경은 다시 부분들에 영향을 미침으로써 부분과 전체는 하나의 공동체로 공존하고 있는 것이다.

지역사회도 같은 맥락에서 볼 수 있다. 포플린(Poplin, 1985)은 지역사회를 연구할 경우 워렌 (R. Warren)의 수평적 축 및 수직적 축의 개념을 보완하는 것이 유용하다고 말했다. 지역사회의 수평적 축은 〈표 3-1〉의 다양한 하위체계 사이에서 발전되는 유대를 말하며, 지역사회의 하위체계들은 지역사회 내부에서 상호작용을 한다. 수직적 축은 이들 하위체계와 지역사회 밖의 체계들 사이에 존재하는 유대를 의미하며, 지역사회 하위체계들이 외부와의 관계에서는 수직적 관계 속에서 상호작용한다. 즉, 지역사회 내부 구성체들은 서로 수평적으로 연결되어 있으며 동시에 지역사회 외부와는 수직적으로 연결되어 있는 것이다. 사회제도는 생산-분배-소비, 사회

〈표 3-1〉 지역사회 하위체계와 기능

기능	하위체계
생산-분배-소비	경제적 하위체계(기업과 노동자를 포함)
사회화	가족, 학교, 종교단체, 동료집단
사회통제	정부, 사법체계, 종교제도
사회참여	비공식적 집단, 공식적 조직
상호 원조	정부 사회복지 프로그램, 비영리조직, 비공식적 원조 네트워크

출처: Warren, 1978: Hardina, 2002 재인용.

화, 사회통제, 사회참여, 상호 원조의 기능을 수행하는 지역사회의 하위체계들이다.

하디나(Donna Hardina, 2002)는 저서에서 효과적인 지역사회복지실천을 위하여 다음과 같은 사회체계 이론적 기초를 제시했다.

첫째, 상위체계의 변화는 지역사회 변화를 유도한다. 예를 들어, 미국 정부의 사회복지개혁 입법은 저소득층 지역사회 거주민들의 소득과 구직에 영향을 미치게 된다.

둘째, 지역사회 하위체계의 행동은 그 체계의 요소뿐만 아니라 전체 지역사회에 영향을 미친다.

셋째, 지역사회는 워렌(Warren, 1978)이 제시한 기능을 수행한다. 지역에 따라 정도의 차이는 있지만 지역사회는 생산-분배-소비, 사회화, 사회통제, 사회참여, 상호 원조와 같은 기능을 수행한다(〈표 3-1〉 참조).

넷째, 조직화의 목표는 모든 주민이 지역사회의 삶에 동참할 수 있는 안정적인 상태로 지역사회를 바꾸어 가는 것이다.

지역사회복지실천을 위해 사회체계이론을 적용하면, 첫째, 지역사회가 어떻게 구성되는지, 둘째, 지역사회구성체 사이의 관계는 어떠한지, 셋째, 지역사회와 외부환경은 어떻게 상호작용하는지의 세 가지 측면에서 지역사회를 이해하고 나아가 지역사회가 갖는 욕구와 문제를 설명하고 해결하는 데 유용하다.

반면, 사회체계이론이 지역사회를 유기적으로 잘 짜여 있는 시스템으로 보고 있으나 실제로 현실의 지역사회가 그렇지는 않기 때문에 이 이론을 지역사회복지실천의 모든 문제에 적용하는 데는 어려움이 있다. 또한 구조기능주의 이론과 같이 지역사회의 균형과 유지에 초점을 맞추고 있어 지역사회의 변화 및 갈등을 설명하기에는 한계가 있다.

2) 생태학이론과 생태체계이론

(1) 생태학이론

생태학(Ecology)은 유기체와 환경 간의 관계를 연구하는 생물과학을 말한다. 생태학에서는 유기체를 환경과 분리할 수 없으며 상호작용(interaction)하는 것으로 보기 때문에, 인간과 환경을 이분화하는 것을 방지할 수 있으며, 양자 간의 상호작용에 초점을 둘 수 있게 해 준다(Grmain, 1973). 그러므로 생태학적 이론은 환경과 유기체가 역동적인 평형상태를 유지하면서 성장하는 과정에 관심을 두는 것이다.

생태학이론(Ecological Theory)의 개념은 상호교류(transaction), 적합성(fitness), 적응(adaptation), 유능성(ability), 긴장(stress), 대처(coping)의 여섯 가지로 정리할 수 있는데, 사회문제도 같은 맥락에서 분석될 수 있다. 이것을 인간이라는 유기체에 적용하면 인간과 주변의 사회환경 간의 상호작용이나 상호의존성 등의 교류에 관심을 두게 된다. 즉, 인간은 사회환경에 적응(adaptation)될 것이며 그렇지 않을 경우에는 긴장(stress)이 발생되고 이를 해소하기 위한 대처행동이 필요하다는 관점의 이론을 의미한다.

생태학이론은 생태학의 주요 개념을 사회학에 도입함으로써 통합적이고 전체적이며 역동적인 인간과 환경 관계에 대한 시각에서 사회를 분석하고 설명하고자 한다. 즉, 환경의 요소들과 끊임없이 상호 교류하는 인간의 적응적이고 진화적인 모습을 통해서, 인간과 환경 간의 상호영향과 변화 관계를 설명하려는 시각을 가지고 있다. 생태학이론은 가족, 지역사회, 문화 등 인간이 몸담고 있는 생태환경을 보다 체계적으로 구조화하고 이들 환경과 개인의 발달 사이의 관계를 '환경 속의 인간(Person in Environment: PIE)'으로 이해하고자 한다.

/tip/ 사회체계이론, 생태학이론의 비교

- 사회체계이론이 사회를 구성하고 있는 기능적 주체인 하위체계들의 역할과 상호작용 등 시스템의 구성과 관계에 관심을 갖고 있다면, 생태학이론은 사회 내의 물리적(혹은 지리적), 사회적 환경의 분포와 그들 사이의 관계에 더 관심을 가지고 있다.
- 기능주의 관점의 사회체계이론, 생태학이론은 사회와 지역사회를 거시적 관점에서 바라볼 수 있도록 하고 이를 기반으로 사회복지실천을 가능하게 하는 중요한 이론적 토대를 제공해 준다. 이러한 이론을 적용하여 지역사회 내에 존재하는 문제, 인구집단, 지역사회 내의 조직체, 지역사회를 둘러싼 정치적 상황 등을 설명하고 예측할 수 있다.

(2) 생태체계이론[9]

생태체계이론(Ecosystems Theory)은 루츠(Lutz, 1958)와 헌(Hearn, 1969)이 논문을 발표하면서 학문적 관심영역이 되었고, 컬럼비아 대학교에서 바틀렛(Bartlett)과 고든(Gordon)의 연구를 통해 발달하였다. 생태체계이론은 일반체계이론의 주요 개념들을 그대로 받아들이면서, 생태학 이론을 결합하여 일반체계이론의 한계점을 극복한 통합적 이론이다. 따라서 하나의 이론이라기보다는 다양한 이론과 결합할 수 있는 '시각' 혹은 '관점'의 개념으로 이해할 수 있다. 생태체계이론은 사회문제를 다룰 때 개인, 환경, 개인과 환경 간의 상호적 이해관계 모두에 초점을 둔다. 이는 생태학과 일반체계이론으로부터 도출된 개념들의 강점들을 통합한 것이며, 사물들이 어떻게 상호작용하면서 상호 적응상태를 이루는가에 초점을 둔다. 이 이론의 핵심은 인간과 환경은 지속적인 상호작용을 통해 서로에게 영향을 미친다는 것이다. 즉, 인간과 환경은 서로 분리되는 것이 아니며, 인간 혹은 환경을 이해하기 위해서는 인간과 환경에 대해 각각 이해할 수 있는 것이 아니라 인간과 환경의 상호작용을 이해해야 한다는 것이다. 이에 더 나아가 생태체계이론은 환경이 인간에게 어떻게 영향을 미치며, 인간은 환경에게 어떻게 영향을 미치는지에 대해 구체적으로 설명한다.

따라서 생태체계이론에서는 인간을 둘러싼 환경을 이해하는 것이 중요한데, 이는 개인이 자신의 환경, (지역)사회환경, 자연환경, 더 나아가 생태환경과 상호작용하는 관계에 있기 때문이다. 콤프턴과 갤러웨이(Compton & Gallaway, 1999)가 구분한 환경의 수준을 정리하면 다음과 같다.

첫째, 개인이 최근접의 상황에서 경험하는 부분적 환경으로서 '개별상황'이 있다.

둘째, 개인이 일상생활 속에서 경험하는 가족, 학교, 직장, 여가생활에서 다루는 '미시 수준 (micro level) 환경'이 있다.

셋째, 전체 환경 중에서 미시 수준 환경에 영향을 주어 그 성격과 기능을 결정하는 '중간 수준(mezzo level) 환경'이 있다.

넷째, 전체 사회구성원에게 공통적으로 해당되는 물리적 · 사회적 · 문화적 · 경제적 · 정치적 수준의 '거시 수준(macro level) 환경'이 있다.

생태체계이론은 사회복지실천에서 다음과 같은 다양한 시각을 제공한다(Miley et al., 1998). 첫째, 인간을 맥락 속에서 상호작용하는 체계로 이해하는 역동적 시각을 제시한다. 둘째, 인간과 체계 간 상호작용의 중요성을 강조한다. 셋째, 인간행동과 상호작용을 내부 혹은 외부 요인

---

9) 생태학적 체계론(ecological systems), 생태체계론(ecosystems), 생태학적 관점(ecological perspective)으로도 불린다.

들에 대한 반응으로서 발전한 것으로 이해한다. 넷째, 인간의 현재 행동을 인간과 상황의 상호 이익을 유지하는 최적성으로 설명한다. 다섯째, 모든 상호작용을 맥락 속에서 적응적 혹은 논리적인 반응으로 이해한다. 여섯째, 개인 혹은 집단과 환경의 변화를 위한 다양한 가능성과 체계의 변화표적을 설정하고, 개입하기 위한 시각을 제공한다.

이와 같이 생태체계이론이 사회복지학에서 갖는 의미는 인간과 상호작용에 관한 관점을 중시한다는 것이다. 이러한 관점에 따라 사회복지실천에 적용하면 사람과 사회환경 간에 질서 있고 건설적인 방식으로 변화가 일어나며 지역사회의 역량이 커지고 지역주민들을 위해 필요한 자원을 원활히 제공할 수 있게 된다.

생태체계이론은 사회환경의 변천과정을 역동적으로 설명하는 데에 유용한 이론으로, 사회 속에서의 경쟁, 지배, 집중화, 계승, 분리 등의 개념을 다루기에 용이하며, 환경과의 적응정도, 상호교류 등을 지지하거나 방해하는 요소를 중요하게 여긴다. 즉, 하나의 사회체계 내에서 어떠한 인구집단들이 어떠한 자원의 쟁취를 위해 경쟁하는지, 공간적인 점유나 분포는 어떻게 이루어져 있는지, 상품과 서비스가 어떻게 분배되고 있는지, 인구의 분포와 이동은 어떤 변화과정을 겪는지 등을 파악할 수 있는 유용한 이론이다.

그럼에도 생태체계이론이 갖는 한계와 문제점은 이론이 중요하게 다루는 개념인 환경에 대한 '적응'이 기본적으로 '체계의 안정성'을 지향한다는 것이다. 따라서 문제적 환경에 대한 저항이나 변화를 적극적으로 추구하지 않아 문제해결을 위한 대안 제시에 한계가 있다.

4. 정치과정이론: 정책은 누가 주도하는가

1) 엘리트주의

엘리트이론(Elite Theory)은 사회가 기본적으로 엘리트(elite)와 대중(mass)으로 나누어 설명된다는 관점을 토대로, 공공정책이 그 사회의 소수 엘리트의 가치를 반영하여 결정된다는 사회권력구조에 대한 연구의 결과로 탄생한 이론이라고 볼 수 있다. 다시 말해서, 사회는 권력을 가진 엘리트와 이를 가지지 못한 대중으로 분류되며, 엘리트가 중심에 서서 대중을 지배하며 살게 되어 있다는 것이다. 엘리트이론은 국가나 사회의 주요 정책을 소수관료나 저명인사 등 사회지배계급(엘리트)들이 일방적으로 채택한다는 것으로, 다양한 사회집단의 역할을 강조하는 다원주의와는 상반되는 관점이다. 또한 엘리트이론에서는 정치적으로 무능한 대중을 지배하는 엘리트 중심의 계층적·하향적 통치 질서를 전제로 사회를 바라본다.

고전적 엘리트 이론가들인 파레토(Vilfredo Pareto), 모스카(Gaetano Mosca), 미헬스(Robert Michels) 등은 사회가 권력을 가진 소수 엘리트와 가지지 못한 일반대중으로 구별된다고 보면서, 소수의 동질적이고 폐쇄적인 정치지도자(엘리트)가 다수의 일반대중을 지배한다고 하였다. 이 엘리트들은 자율적이고, 다른 계층에 대해서는 전혀 책임을 지지 않으며, 사회 전체나 일반대중의 이익보다는 자신들의 이해관계를 고려하여 정책을 결정하는 계층이다.

파레토는 능력이 우월한 사람들이 자신의 사회적 위치를 강화하기 위해 적극적으로 노력하기 때문에 사회계급이 생기는 것이라고 주장했다. 하층계급의 특권층이 상층 엘리트로 상승하려는 과정에서 스스로의 능력을 개발하게 되는 반면에, 엘리트 내부에서는 정반대의 경향이 나타난다. 그 결과 하층계급에서 가장 유능한 사람들이 상층 엘리트의 지위에 도전하면, '엘리트의 순환'이 발생하게 된다는 것이다. '엘리트 순환론'에 의해 파레토는 역사를 '귀족들의 무덤'이라고 표현하였다.

모스카는 사회구성원을 소수의 지배계급과 다수의 피지배계급으로 나누고, 사회는 필연적으로 군대, 성직자, 세습귀족, 재산가와 같은 소수 엘리트의 지배를 받을 수밖에 없다고 단언했다. 여기서 엘리트가 되는 결정요인은 개인들의 능력에서 기인한다고 하여 경제적 생산수단의 소유를 지배계급의 근거로 삼은 마르크스주의와 차별화된다.

미헬스 역시 경험적 연구를 바탕으로 '과두제의 철칙'을 주장하였다. 어떤 민주적인 조직이라도, 조직 관리의 기술적 전문성, 효율성을 달성하기 위해 탁월한 능력을 가진 '직업적 지도자'를 두게 되는데, 이 직업적 지도자에게 내재한 자연적 지배욕구와 문화적 우위가 어떤 민주적 조직이라도 과두제로 이행하게 되는 열쇠라고 설명한다.

엘리트이론에 따르면 모든 사회와 지역사회 수준에서 서로 결탁하여 권력을 독점적으로 행사하는 소수의 기업인, 관료, 정치가 등이 존재하는데, 바로 이들에 의해 지역사회가 지배되는 경향이 있다. 실제 사회복지를 포함하는 주요 지역사회 기능 역시 일부 엘리트 집단의 지향점을 반영하여, 그들의 지향점과 일치하는 방향으로 지역사회복지 시스템의 활동과 내용이 결정된다.

지역사회 삶의 질 향상이라는 취지로 헌터(Hunter, 1963)가 지역사회에서 삶의 질에 큰 영향을 미치는 지역사회 주요 정책들이 어떤 과정을 거쳐 형성되는지를 연구 분석한 결과는 다음과 같다.

첫째, 지역사회 권력구조의 양상이 일부 집단에 집중되고 이러한 지배가 지역사회에서 지속되는 경향이 있다.

둘째, 지역사회에서 자신들의 이익을 위해 경제적 수단을 사용하면서 자신들의 지향에 따라 지역의 문화, 정치, 가치 등을 구조화하여 지역사회 삶의 질에 지대한 영향을 미치는 권력집단이 있다는 것을 보여 주고 있다.

위 연구결과에서도 보이듯이 엘리트이론이 지적하는 문제점은, 소수의 기업인, 관료, 정치가 등 사회엘리트 집단들이 존재하며 지역사회 수준에서 또는 전국적인 수준에서 서로 결탁하여 권력을 독점적으로 행사하고 이들에 의해 지역사회가 지배된다는 것이다. 또한 지역사회 내 다양한 집단과 직접 소통하지 않아 지역주민의 기본 욕구를 의사결정에 충분히 반영할 수 없고, 지역사회복지 시스템의 활동 방향과 내용은 결국 엘리트 집단의 지향점과 일치하는 방향으로 진행된다는 것이다.

지역사회마다 엘리트 지배의 영향력 정도는 다를 수 있다. 따라서 엘리트이론은 사회복지사로 하여금 지역사회 수준에서 소수의 기업인, 관료, 정치인 등의 권력 구성 및 권력관계 그리고 그 영향력을 평가하여 지역사회 문제해결을 위한 의제 선정과 정책결정 과정을 준비하는 데 도움을 줄 수 있다.

2) 다원주의

다원주의이론(Pluralist Theory)은 현대국가의 민주정부론으로, 정책이란 집단 간의 이익갈등을 정부가 공정하고 중립적으로 조정한 결과라는 입장이며 정책의 점진적인 변화를 강조한다. 다원주의이론에서는 이익 집단론을 중시하는데 한 집단이 정부를 지배하는 것이 아니라 이슈와 상황에 따라 균형(equilibrium)을 이루려 하기 때문에 민주적일 수밖에 없다고 본다. 이 이론은 민주화된 현대사회에서 개개인은 특정 목표를 중심으로 여러 집단과 조직을 구성하면서 이익을 표출하는 것을 통해 정책과정에 영향을 끼칠 수 있다고 주장한다.

다원주의이론에 따르면, 사회를 이끄는 집단은 소수의 엘리트집단이 아닌 다수의 이익집단이다. 여기에서 이익집단이란 '공통의 목적을 가지고 공공정책에 영향을 미치기 위해 노력하는 개인들의 조직체'를 말한다. 다원주의이론은 사회복지정책을 이러한 이익집단들 간의 갈등과 타협의 산물로 간주한다. 다원주의자들은 사회에서의 권력이 단일집단 또는 한 형태의 집단에 집중되지 않고 민주주의 체제 내에서 이익집단들의 협상의 결과라고 본다. 따라서 다원주의이론에서는 서로 경쟁하는 이익집단 또는 지역사회조직을 민주주의의 안정에 꼭 필요한 것으로 보고 있다.

다원주의이론의 관점은 사회가 국가의 중심이라는 전제하에 시민사회(이익집단)의 내부구조나 변동을 설명의 중심에 둔다. 국가는 시민사회 내에서 경쟁하면서 권력을 평등하게 소유하고 있는 다수 이익집단의 이익 대표 체계라고 보는 것이다.

다원주의이론에서는 지역사회권력이 집중되는 형태를 갖기보다는 전문성 등에 기본을 둔 다양한 사람의 참여와 함께 다원화되는 경향이 크다고 본다. 지역사회에서는 지역사회복지에 대한 영향력을 행사할 수 있는 집단들이 다원화될 수 있으며 시민이 실제로 큰 권력을 가지고 정책결정 과정에 영향력을 행사할 수 있다. 지역사회문제에 대해 시민집단이 갖는 이해관계와 영향력 등의 정확한 인식 그리고 관련 전문가들의 영향력 등에 대한 정확한 판단은 지역사회의 현실을 보다 정확히 이해하고 지역사회복지 실천과정을 보다 효과적이고 효율적으로 발전시키는 데 기여할 수 있다. 이 이론에 따르면, 사회복지정책은 개개인과 집단의 이익 대결과 갈등을 정부가 공정하고 종합적인 입장에서 조정한 결과로서 균형을 의미한다(현외성, 2001).

일반적으로 초기 다원주의이론으로서 벤틀리(Arthur Bentley)와 트루먼(David Truman)의 이익집단이론을 들 수 있다. 벤틀리는 『정부의 과정(The Process of Government)』(1908)이라는 저서에서 정부과정은 집단과정이라는 명제를 세우고, 정치과정을 다양한 '이익집단'이라는 탈역사적인 단위의 '행위(activities)'를 분석대상으로 삼아 다원주의이론의 일반화에 공헌하였다. 그가 주장한 이익집단이론에 따르면 정치는 다양한 이익집단이 상호작용하면서 정책결정 과정에 다양한 자원을 동원하여 영향력을 행사해 나가는 '과정(process)'이다.

트루먼은 이를 뒷받침하는 논증을 제시한 바 있다. 이들의 이익집단론은 이익집단의 요구에 따라 정책을 결정하고 집행하는 것이 가장 민주적이라고 주장하면서 미국의 정치체계는 다음과 같은 두 가지 메커니즘에 의해 소수의 이익, 즉 특수이익에 좌우되지 않고 다양한 이익집단의 주장과 요구에 부응할 수 있다고 하였다. 첫 번째는 잠재이익집단(potential group)이다. 정책결정자는 잠재집단을 염두에 두기 때문에 소수의 특수이익이 정책을 지나치게 좌우하지는 못한다는 것이다. 두 번째는 중복회원론으로 이익집단의 구성원은 하나의 집단에만 소속되는 것이 아니라 여러 집단에 소속되므로 일정집단의 특수이익을 극대화하기 위하여 다른 집단의 이익을 크게 손상시키지는 못한다는 것이다.

달(Robert Dahl)은 『누가 지배하는가?(Who Governs?)』라는 저서에서, 미국 사회의 한편에는 불균등한 자원의 분배가 존재하고 다른 한편에서는 1인 1표의 선거적 평등으로 정의된 민주의 체제가 존재하는데 과연 누가 미국 사회를 지배하는가라는 질문을 핵심연구로 삼았다.[10] 이에 대하여 달은 엘리트가 지배하고 있다고 명쾌하게 대답하고, 사회적 조건의 불평등은 정부의

---

10) 달(Robert Dahl)은 미국의 뉴 헤븐 시를 대상으로 1780년대부터 1950년대까지 약 170년간에 걸쳐 이 도시의 역사적인 변화를 분석하면서 정치적 자원이 서로 다른 방식으로 배분된 과정이 이 지역의 역사적 체제 변화(historical regime change)의 핵심이라고 파악하였다.

정책결정 과정을 통제하는 권력에 있어서의 불평등으로 전이된다고 보았다. 그러면 어떻게 엘리트들을 통제할 것인가에 대해 정치 지도자들은 선거의 메커니즘을 통해서 유권자들이 통제하고 있다고 보았다. 다시 말하면 축적된 불평등(cumulative inequalities)으로부터 분산된 불평등(dispersed inequalities)으로의 전환이라는 자원 배분의 역사적 변화로 인해 과두적인 사회로부터 다원주의적 사회로 변화해 오는 것이 결정된다고 주장하였다.

달은 지역사회의 정책결정에 초점을 맞춰 가장 중요한 지역사회 현안이라고 생각되는 공공교육 문제, 정치지도자 선정 문제, 지역개발 문제 등과 관련한 정책결정을 분석하였다. 달은 첫째, 지역사회에서 다원화된 권력구조의 가능성을 제시하면서 민주주의 대표성이 지역사회에서 실천되는 경향이 있음을 제시하였다. 둘째, 다원화된 현대사회에서 개개인은 특정 목표를 중심으로 여러 집단과 조직을 구성하면서 이익을 추구하여 정책과정에 영향을 끼칠 수 있고, 동시에 다양한 이해관계를 대표하는 지도자들을 의회나 정부에 보냄으로써 자신들의 이해관계를 정책결정에 반영시킬 수 있다. 달은 후반기 연구에서, 지역사회 권력분포의 다원화가 상이한 이익집단들이 지니고 행사하는 영향력의 불균형과 경제적 대기업체의 과다한 영향력 행사 등 여러 문제점이 있으나 기본적으로 사회 권력이 소수의 엘리트 집단에 의해서 독점되는 것만은 아니라는 주장을 다원주의이론을 통해서 제시하고 있다.

5. 현대 사회학 이론

1) 사회구성론

사회구성론(Social Constructionism)은 포스트모더니즘(postmodernism)[11]과 상징적 상호작용주의의 영향을 받아 기존의 사회분석이나 문제해결에 사용되었던 이론들이 주류계층 중심의 시각을 기반으로 발전해 왔다는 문제의식에서 출발한다. 이 이론은 사회를 지배하는 주류 이데

---

11) 이성중심주의에 대해 근본적인 회의를 내포하고 있는 사상적 경향의 총칭이다. 1980년대 이전까지는 일련의 관련 사상가들이 그냥 후기 구조주의(post-structuralism)로 통칭하여 구분하였으나 1979년 장 프랑수아 리오타르(Jean François Lyotard)가 『포스트모던의 조건(The Postmodern Condition)』에서 포스트모더니즘이라는 용어를 명시적으로 사용함으로써 하나의 사상적 사조로 분류되기 시작했다. 탈중심적 다원적 사고, 탈이성적 사고가 포스트모더니즘의 가장 큰 특징으로 리오타르, 보드리야르(Baudrillard) 등이 대표적인 포스트모더니즘 철학자다.

올로기(종교적 · 정치적 · 문화적 · 개인적)가 어떻게 만들어지고 유지되며 내재화되는지에 초점을 맞추고 있다. 또한 이러한 것들이 현존하는 사회 및 권력 조정에 대해 어떻게 설명하고 정당화하는지를 알려 준다(Reed, 2005).

사회구성론은 포스트모더니즘과 연관되어 있는데, 이는 소외된 집단구성원의 삶과 경험에 대한 새로운 지식을 구성함으로써 억압을 극복하고자 하는 지식 접근이기 때문이다. 이러한 접근은 개인과 집단이 사회제도, 관습, 일상생활과 연관된 의미들을 확인하는 대화의 과정에 참여해야 한다는 것을 요구하고 있다. 또한 사회구성론은 '상징적 상호작용주의(symbolic interactionism)'에서 출발하였다. 이는 사람들이 문화적 규범, 가치, 언어의 사용과 관련한 의미로 일상생활의 행동을 구성한다는 생각을 기반으로 하고 있다. 이 이론의 주요한 가정은 지식은 객관적인 것이 아니며 유일한 '진리'는 없다는 것이다. 대신 지식은 문화적 맥락, 정치구조, 경제, 역사적 영향 안에서 사회적 상호작용과 이야기를 통하여 구성된다고 본다.

따라서 사회구성론에서는 어떠한 것을 문제로 보는 집단에 의해 사회문제가 제기되는 것이지 처음부터 객관적 현상으로서 문제가 존재하는 것은 아니라고 주장한다. 이러한 관점에서 볼 때, 지역사회문제는 지역사회의 한 집단이 다른 집단이 설정한 의미에 동의하지 않아서 그 집단의 의미대로 행동하지 않는 현상이다(감정기 외, 2005). 대체로 현실의 주류적 시각에서 소외된 집단의 독특한 문화와 행동은 '비정상적'인 것 또는 '반사회적'인 문제로 해석되기 쉽다. 이 이론은 기존 지식이 이러한 사회현실에 관해 지배집단 이익을 대변하는 경향에 대해 비판적이다.

사회구성론은 전문가 중심의 전통적 사회복지실천에 대해 비판적 시각을 가지고 있다. 사회복지사의 활동은 개인의 행동을 규제하고 통제하려는 사회의 욕구에 대한 반응으로서 사회적으로 구성된다고 본다. 클라이언트와의 관계 속에서 사회복지사가 가지고 있는 관습적인 지식에는 선입견과 편견이 내재되어 있을 가능성이 높기 때문이다. 사회구성론은 사회복지사에게 공동체적 집단이 개인 대상자의 변화에 미칠 수 있는 힘을 명확히 알려 주며 대상자와의 관계에 있어서 새로운 현실을 건설하기 위해 의사소통과 협력이 필수적이라는 사실을 알려 준다. 사회복지사는 클라이언트들의 주체성을 인정하고 그들이 자신의 권익에 주도자로 서도록 도와야 하며 사회복지사와의 교류에 있어서 새로운 의미부여를 통해 사회적 현실을 창조하는 데 참여할 기회를 제공해야 한다(고미영 외 역, 2004). 이를 위해 사회복지사는 클라이언트의 세계를 이해하고 그들에 합류하기 위한 의사소통 기술을 배워야 하며 클라이언트의 문제를 좀 더 민감하게 사정할 수 있어야 한다. 또한 틀에 박히고 부적절한 진단적 용어의 사용을 지양해야 한다. 거시적 관점에서도 사회복지사는 클라이언트가 권력 지배세력의 억압적 영향을 이해할 수 있도록 도와야 한다. 그리고 사회복지사 자신이 지역사회 내에서 활용 가능한 대안들을 잘 알고 있어야 한다(Hardcastle et al., 2004).

하디나(Hardina)는 구체적으로 사회구성주의 관점에서 지역사회복지실천에 참여하는 사회복지사에게 다음과 같은 원칙이 요구된다고 제시하였다.

첫째, 사회적·경제적·정치적 구조가 개인행동과 문화적 가치 및 규범과 관련한 의미들을 어떻게 형성하는지를 이해해야 한다.

둘째, 실천에 영향을 미치는 문화적 상징과 의미를 결정하기 위하여 다른 전문가와 의견교류를 해야 한다.

셋째, 지역사회가 현실을 어떻게 해석하는지 그리고 지배문화에 의한 억압을 어떻게 내재화하는지에 대한 통찰력을 얻기 위하여 주변화된 지역사회에 대한 공동연구에 참여해야 한다.

넷째, 사회적 힘과 권력이 주변화된 집단의 구성원에게 어떻게 영향을 미치는지에 대한 새로운 지식과 이론을 개발해야 한다.

사회구성론적 실천에서는 사회복지사와 클라이언트가 함께 있는 '지금 여기'의 현실을 중요시하므로 이때 지역사회 구성원이나 클라이언트와 공유하는 언어, 몸짓 등 상징의 의미를 파악해야 한다. 사회복지사는 클라이언트의 행동에 영향을 끼치는 사회, 경제 및 정치적 구조에 대한 이해를 통해 클라이언트의 문화적 가치와 규범에 대한 의미를 해석해야 한다. 또한 다양한 문화를 가진 클라이언트와의 지속적이고 집중적인 대화과정을 중요시해야 하며 주관적 경험에 따라 해석이 달라질 수 있으므로 소수자에 대한 억압구조를 해석해 나가는 연구를 지속적으로

/tip/ 상징적 상호작용주의, 포스트모더니즘, 사회구성론

- 상징적 상호작용주의에 따르면 인간이 사용하는 모든 기호(언어, 문자, 표식)에는 의미가 있고, 인간은 생활환경을 구성하는 모든 사물에 주관적 의미를 부여한다. 즉, 모든 사물은 주관적으로 해석된 의미를 가지고 있다. 따라서 인간의 모든 행위는 대상과 의미를 주고받는 것이며, 결국은 인간의 행위란 상징을 매개로 하는 상호작용이다.
- 포스트모더니즘(postmodernism)은 이성중심주의에 대해 근본적인 회의를 내포한 사상적 기류로 탈중심적 사고와 탈이성적 사고가 큰 특징이며 1960년대 미국과 프랑스를 중심으로 발전하였다.
- 사회구성론은 포스트모더니즘과 상징적 상호작용주의의 영향을 받아, 지식의 객관성을 부정하고 지식은 특정한 역사적·사회적 맥락 속에서 다양한 상호작용과 대화를 통해 만들어진다고 보았다. 개인이 처한 사회나 문화 속 맥락에 따라 현실의 문제나 상황을 구성 또는 재구성할 수 있다고 본다.

수행하여 지식의 축적과 이론적 발달에 힘써야 한다. 예를 들어, 사회구성론적 실천에서는, 현재 이슈가 되고 있는 북한이탈주민문제, 퀴어문화축제(queer culture festival)나 동성결혼재판 등에 대한 관심과 연구도 필요할 것이다.

2) 권력의존이론

권력의존이론(Power Dependence Theory)[12)]에 따르면 어떤 집단 또는 조직이 희소자원을 통제할 수 있는 능력이 있으면 다른 집단이나 조직보다 더 권력을 갖게 된다. 권력의존이론은 지역주민이나 집단 또는 조직의 물리적·정치적 그리고 경제적 힘의 소유여부가 지역사회의 발전에 중대한 영향을 미친다는 것을 강조한다. 이 이론은 지역사회 안에 존재하는 조직들이 어떻게 힘을 얻고 또 분산시키는지를 이해하는 데 사용될 수 있다. 권력은 자원을 가진 개인이나 집단과 자원을 가지지 못한 개인이나 집단 간의 관계에서 형성된다. 로즈(Rhodes, 1981)의 정부구조의 변화양상에 대한 연구에 따르면 중앙정부와 지방정부의 권력관계는 소유한 자원의 크기에 따라 지방정부가 중앙정부에 의존적일 수밖에 없다.

권력의존이론은 지역사회복지조직들이 생존을 위한 자원을 외부의 재정적 지원에 의존할 수밖에 없다는 전제에서 출발한다. 즉, 조직의 생존을 위해서는 외부 기부자의 기부금이나 정부의 보조금에 의존해야만 한다는 것이다. 낙후된 지역에서 활동하는 지역사회복지조직들이 활동지역 내에서 재원 마련을 못할 경우 이 문제는 매우 중요해진다(Hardina, 2002). 결국 지역사회 내의 조직들이 스스로 권력을 가지든지 아니면 외부의 권력에 의존함으로써 지역사회복지가 가능하다는 것을 강조하는 것이다.

클라이언트에게 서비스를 제공하는 데 사용되는 재원을 외부에 의존할 경우 지역사회복지조직은 재정 지원자의 요구에 충실할 수밖에 없는 구조를 가지게 되며 조직이 가진 고유 목적과 지원자의 요구가 불일치하는 경우도 생기게 된다. 예를 들어, 그 외부자원이 중앙정부 자금일 경우 정부의 정책에 대한 찬성 또는 반대의 목소리를 제대로 내기 어려워지게 되는 것이다. 대부분의 사회복지기관은 정부의 보조금에 의존하고 있으며, 지역사회 대부분의 서비스조직도 사실상 정부 재원에 의해 조직을 운영할 수밖에 없는 현실이므로 조직의 목적상실, 자율성 제한, 사회정의에 입각한 사회옹호 노력의 한계 등이 발생하게 된다.

---

12) 권력의존이론은 블라우(P. Blau), 호먼스(G. Homans), 티보트(J. Thibaut)와 켈리(H. Kelley)의 초기 교환이론이 출발점이다.

권력의존이론을 민과 관의 조직에 적용한다면 현 지역복지실천 현장에서 정부조직은 경제적·정치적 힘을 가지고 있으며 민간 사회복지조직들은 이러한 힘을 가지고 있는 정부 조직에 의존하고 있어 조직 상호 간에 힘의 불균형이 존재한다고 볼 수 있다. 정부로부터 자원을 제공받는 민간조직들은 정부조직에 의존하게 되고 정부조직의 문제점이나 서비스 또는 프로그램에 대한 비판을 자제하게 된다. 따라서 정부의 지원금을 받은 조직은 정부의 요구를 수용할 수밖에 없으며, 결국 클라이언트와의 상호작용에 있어서 정부의 정책이 강화되는 결과를 낳는다. 정부재원에의 과도한 의존은 지역사회 조직 본래의 목적을 수행하고 조직 기능을 원활하게 하는 데 부정적인 영향을 가져다줄 수 있으므로 지역사회복지조직은 힘의 균형적인 배분을 위한 지역사회 자원개발을 위해 노력하여야 한다.

3) 자원동원이론

자원동원이론(Resource Mobilization Theory)은 사회운동조직이 사회적 약자계층의 권리를 옹호하고 이들을 대변하기 위한 사회운동을 전개할 때 동원할 수 있는 자원의 정도와 범위에 따라 활동의 역할과 한계가 규정된다는 이론이다. 사회운동조직의 성패는 조직원의 충원과 자금조달 그리고 적절한 조직구조를 개발할 수 있는 능력에 달려 있으므로 지역사회에서 인적·물적 자원들을 이끌어 낼 수 있는 환경은 매우 중요하다. 따라서 사회운동조직들은 필요한 모금활동을 하고, 조직구성원을 확보할 때 자신들의 정체성과 정당성을 알리고 인정받는 데 주력하게 된다. 사회운동이 성공하기 위해서는 조직원들의 집합적 정체성 형성을 돕고, 이것을 토대로 조직구성원들이 조직 발전을 위한 행동에 참여할 수 있는 환경을 조성해야 한다. 집합적 동질감은 집단구성원들이 함께 소속되어 있다는 구성원들의 인식을 의미하는데, 하이드(Hyde)에 따르면 집합적 동질감의 인식은 구성원들 사이의 연대성과 응집력을 증가시킨다. 조직구성원들의 연대성이 높으면 조직 활동에 대한 참여는 함께 증대된다. 자원동원이론은 사회운동의 역할과 한계에 주목하여, 사회운동의 활성화를 위해서 사회운동의 목적과 방법에 대한 정당성이 포함된 정치적·경제적·인적·물적 자원 등 '자원의 확보'가 중요한 과제라고 본다.

이러한 자원동원이론의 특성은 다음과 같이 정리된다(김종일, 2005).

첫째, 사회적 행동은 사회운동조직이 대중의 인지와 정당성을 획득하기 위해 사용하는 일차적 방법의 하나다.

둘째, 사회운동의 성패는 조직구성원의 충원과 자금조달, 적절한 조직구조를 개발할 수 있는 능력에 달려 있다.

셋째, 사회운동이 성공하기 위해서는 조직구성원들의 집합적 정체성 형성을 돕고, 이것을 토대로 조직원들의 헌신을 이끌어 내는 환경조성이 필요하다.

넷째, 자원동원을 위해 외부 자원에 의존하다 보면, 조직의 자율성과 역동성이 약해질 수 있다.

지역사회는 그 지역에 거주하는 주민으로 구성되어 있고, 지역주민이 납부하는 세금에 의해 유지·발전된다. 지역사회에서 자원동원은 지역사회복지조직의 성장과 생존의 문제와 관련되고, 클라이언트를 위한 서비스 제공과도 관련된다. 지역사회에서 사회복지사가 자원동원을 하고자 할 경우, 새로운 자원을 창조하기보다는 기존의 자원을 확인해서 이용하거나 잠재적 자원을 재구성해 이용하는 것이 효율적이다. 이를 위해서는 지역사회에 활용 가능한 자원을 확인하고 자원을 이용할 수 있도록 노력해야 하며, 다른 자원들과의 연결도 시도해야 한다. 더불어 기존 자원이 부족한 경우에는 조직형성이나 자원봉사자 등을 활용해 지역사회의 새로운 자원을 개발해야 한다(황철수 외, 2011).

/tip/ **자원동원이론과 권력의존이론의 차이점**

- 자원동원이론과 권력의존이론 모두 자원을 중요시한다는 측면에서는 유사점을 가지고 있으나, 자원의 역할과 각 이론에서 강조하는 것에는 차이점이 있다.
  - 자원동원이론은 사회운동의 역할과 한계에 주목하며, 사회운동의 활성화를 위해서 정치적·경제적·인적·물적 자원 등 '자원의 확보'가 중요한 과제다.
  - 반면, 권력의존이론은 사회는 자원의 희소성으로 인해 모두가 충분한 자원을 확보할 수 없는 상황이어서 자원이나 권력을 많이 가진 개인(조직)과 그렇지 않은 개인(조직)이 존재하며, 이 결과 후자들은 전자들의 영향력이나 지배를 받고 그들에게 의존할 수밖에 없다는 이론이다. 즉, 권력관계에서 '자원의 크기'에 의해 '불균형이 발생'한다는 것이다.

참고문헌

감정기·백종만·김찬우(2005). 지역사회복지론: 이론·기술·현장. 경기: 나남.
고미영·최경원·황숙연 역(2004). 사회복지실천의 가치와 윤리[*Social work values and ethics*].
    Reamer, F. G. 저. 경기: 사회복지실천연구소. (원저는 1995년에 출판).

김종일(2005). 지역사회복지론. 서울: 현학사.

서상철(2003). 지역사회복지론. 서울: 홍익재.

최성재 · 남기민(2002). 사회복지행정론. 경기: 나남.

현외성(2001). 한국사회복지법제론. 경기: 양서원.

홍선미(2004). 사회복지 실천의 지식기반과 학문적 특성에 관한 연구. 한국사회복지학, 56(4).

황철수 · 류기덕 · 류성봉(2011). 지역사회복지론. 서울: 정민사.

Barkan, S. E. (2010). *Sociology: Understanding and Changing the Social World*, Brief Edition, vol 1. Flat World Knowledge LLC.

Bertalanffy, L. V. (1968). *General System theory: Foundations, Development, Applications*. New York: George Braziller Inc.

Br J Philos Sci. (1950). An Outline for General Systems Theory. *the British Journal for the Philosophy of Science, 1*(2), 134-165.

Chess, W. A., & Norlin, J. M. (1991). Human Behavior and the Social Environment. *Social Systems Theory* (3rd ed.). Allyn & Bacon.

Compton, B., & Gallaway, B. (1999). *Social Work Processes* (6th ed.). Pacific Grove, CA: Brooks/Cole.

Cragun, R. & Cragun, D., & Konieczny, P. (2010). *Introduction to Sociology*. Blacksleet River: University Press of Florida.

Durkin, J. E. (1981). *The technical implication of general system theory for group therapy*. New York: International Universities Press.

Dahrendorf, R. (1959). *Class and Class Conflict in Industrial Socity*. Stanford: Stanford University Press.

Hardcastle, D. A. (Author), Power, P. R. (Author), Wenocur, S. (Contributor) (2004). *Community Practice: Theories and Skills for Social Workers* (2nd ed.). New York: Oxford University Press, Inc.

Hardina, D. (2002). *Analytical Skills for Community Organization Practice*. New York: Columbia University Press.

Homans, G. (1961). *Social Behavior: Its elementary forms*. New York: Harcout Brace Jovanovich.

Hunter, F. (1963). *Community Power Structure: A Study of Decision makers*. Anchor Book edition. The University of North Carolina Press.

Kearney, M. (1986). From the Invisible Hand to Visible Feet, Anthropological Studies of migration and Development. *Annual Review of Antropology, 15*, 331-361.

Kirst-Ashman & Hull, G. (1999). *Understanding Generalist Practice* (2nd ed.). Chicago: Nekson-Hall.

Merton, R. K. (1949). *Social Theory and Social Structure*. Glencoe, IL: Free Press.

Meyer, D. S. (2004). Protest and Political Opportunities. *Annual Review of Sociology, 30*, 125-145.

Miley, K. K., O'Melia, M., & Dubois, B. L. (1998). *Generalist Social Work Practice An Empowering Approach*. London: Pearson.

Reed, B. G. (2005). Theorizing in Community Practice: Essential Tools for Building Community, Promoting Social Justice, and Implementing Social Change. In M. Weil (Ed.), *The Handbook of Community Practice* (pp. 84-102). Thousand Oaks, Calif: Sage Publications.

Rhodes, R. A. W. (1981). *Control and Power in Central-Local Government*. Ashgate, Business & Economics.

Warren, R. (1978). *The community in America* (3rd ed.). Chicago: Rand McNally.

제2부

지역사회복지 과정

제**4**장
지역사회복지 모델

지역사회 구성원의 삶의 질을 향상시키는 목적과 방법으로서의 지역사회복지실천은 주로 지역사회조직 활동(activity)이나 사업(work)의 형태로 나타나며, 다양한 시대적 배경, 국가상황과 사회환경에 따른 다양한 실천목적과 추진체계로 인해 여러 가지의 모델이 생성된다는 견해가 일반적이다.

지역사회복지실천의 모델로는 미국의 경우 로스먼(Jack Rothman, 1974)의 세 가지 모델과 여기에서 파생된 혼합모델, 테일러와 로버츠(Taylor & Roberts, 1985)의 모델, 웨일과 갬블(Weil & Gamble, 1995)의 모델 등이 있다. 그리고 영국의 경우는 1996년에 포플(Keith Popple)이 영국의 경험을 바탕으로 제시한 여덟 가지 모델이 후속 모델에 속한다. 특히 1980년대 이후 신보수주의 이념의 영향으로 미국과 영국의 지역사회복지 실천모델들은 효율성을 중시하게 되었으며 목표와 접근방식이 세분화 · 다양화 · 구체화된 것이 특징이다.

1. 지역사회복지 실천모델의 목표

지역사회복지실천은 사회복지실천의 기초로서 지역사회의 문제를 해결하기 위한 전문기술을 도입하여 계획, 입안, 운영, 관리 등의 원조활동 과정을 수행하는 포괄적인 지역원조 기술이다. 지역사회가 당면한 문제는 지역사회의 맥락과 상황, 가치관 등에 따라 차이가 있으며, 그 문제의 추진 기관이 공공기관인지 민간기관인지에 따라서도 차이가 난다. 따라서 지역사회의 문제를 해결하는 데 있어서는 지역사회의 수준에서 체계적으로 접근하고 실천할 수 있는 다양한 개입방법이 존재한다(강철희 · 정무성, 2007). 지역사회복지 실천현장의 실천가는 지역사회의 환경 개선뿐만 아니라 역량강화를 촉진하고 지역주민들을 자원서비스에 연결시켜 궁극적으로는 지역사회 구성원들의 복지를 향상시키려는 목적(objective)을 가져야 한다.

이러한 목적을 달성하기 위한 지역사회복지 실천모델의 기본적인 목표(goal)[1]는 다음과 같이 세 가지로 분류할 수 있다. 첫째, 지역사회에 개입하는 노력에 따른 목적과 성과에 초점을 맞추는 과업중심 목표, 둘째, 지역사회의 개입활동을 수행하기 위해 사용되는 구체적인 수단과 방법들에 초점을 맞추는 과정중심 목표, 셋째, 지역사회 구성요소 간의 상호작용에 의해 의식적인 변화를 추구하는 관계중심 목표가 그것이다.

지역사회복지의 대표적인 학자 로스먼(Jack Rothman)은 지역사회복지 실천모델의 목표를 크게 과업중심 목표와 과정중심 목표로 구분하였다.

● 과업중심의 목표

과업중심의 목표는 문제해결 자체에 관심을 가지고 개입에 따른 성과(혹은 결과)에 초점을 맞춘다. 지역사회의 문제나 욕구를 해결하기 위하여 구체적인 사업을 완성하거나 지역사회의 기능과 관련된 문제해결에 관심을 갖는다. 이를 위해 기존의 서비스를 제공하거나 혹은 새로운 서비스를 강구하여 입법 활동을 통해 문제해결의 토대를 마련한다.

● 과정중심의 목표

과정중심의 목표는 지역사회 개입을 위한 구체적 수단과 방법에 초점을 맞춘다. 과정중심의 목표는 체제의 유지와 기능을 강화하려는 것으로 구체적인 목표는 지역주민의 참여, 자조, 협동 능력을 향상시켜 문제에 보다 효과적으로 대처하는 역량기반을 향상시키는 데 있다.

던햄(Dunham)은 지역사회복지실천이 지역사회 구성요소 간의 상호작용에 의해 의식적인 변화를 추구하는 과정이며, 사회복지실천의 한 방법으로 세 가지 목표를 달성하려고 한다고 보고

---

1) 목표는 단순한 기준이기 때문에 주로 측정하기 쉬운 숫자로 표시할 수 있는 것들이다. 즉, 계측이 가능하다. 반면, 목적은 궁극적으로 지향하는 대상을 말한다. 따라서 목적이 목표보다 훨씬 더 큰 개념이다.

위의 두 가지 목표에 관계중심 목표를 추가하여 세 가지로 구분하였다.

● 관계중심의 목표

관계중심의 목표는 지역사회와 집단들 간의 관계와 의사결정권의 분배에 있어 변화를 추구하고, 지역사회 구성요소 간의 사회관계에 있어서 변화를 시도하는 데 역점을 두는 것을 강조하였다.

웨일(Weil)과 갬블(Gamble)은 지역사회복지실천의 목표가 사회적 약자들과 지역사회의 사회적·경제적 삶의 질을 향상시키기 위한 다양한 개입 모델과 방법을 포함하는 것이라고 하였다(Weil & Gamble, 1995). 즉, 시민과 시민집단의 조직화된 기술과 능력을 개발하면서 더불어 지역사회 내에서의 사회계획이 더 접근하기 용이하고 포괄적인 것이 되도록 하며 지역주민과 지역사회 조직체 간의 사회적·경제적 투자를 연결시키고 지역사회문제를 해결하는 데 있어 폭넓은 연대를 옹호하고 사회정의의 관점에서 사회계획 과정을 고취하는 것이라고 보았다(김광희, 2013).

2. 지역사회복지 실천모델의 유형

1) 로스먼의 모델

지역사회복지활동을 체계적으로 분류했을 때, 가장 전형적인 지역사회복지 실천모델로 인식되고 있는 로스먼(Jack Rothman)의 지역사회복지 모델[2]은 기본적으로 지역사회개발(community development), 사회계획 및 정책(social planning/policy), 사회행동(social action)의 세 가지 유형으로 구성된다. 이 모델들은 분석적 측면에서는 상호 구분이 되지만 실제 적용에 있어서는 혼용된 형태로 나타나기도 한다.

1967년 로스먼은 사회계획을 첫 번째 모델로 제시하였는데 그 이유는 당시 빈곤퇴치사업 등

[2) 로스먼은 1967년에 사회계획의 첫 번째 모델에 이어 1974년 지역사회조직 실천(community organization practice)의 세 가지 모델을 발표하였고, 1987년에는 '사회개혁' 모델을 추가하여 네 가지 모형으로 제시하였다가 1995년 「지역사회 개입에 대한 접근(Approaches to Community Intervention)」이라는 논문에서 새로이 사회계획 모델에 정책을 연계하여 지역사회개발(community development), 사회계획/정책(social planning/policy), 사회행동(social action)의 세 가지 모델로 다시 제시하였다.

전문 사회복지기관이 중심이 되는 지역사회복지 사업이 활발했기 때문인 것으로 보인다. 이어 1974년 「지역사회조직 실천의 세 가지 모델」이라는 논문에서 세 가지의 지역사회조직 실천모델로 지역사회개발, 사회계획, 사회행동을 제시하였다. 1995년에 이르러 사회계획 모델에 정책을 연계하여 지역사회개발 모델, 사회계획/정책 모델, 사회행동 모델의 세 가지 모델[3]을 제시하였는데, 계획과 정책을 연계시킨 것은 양자가 모두 사회문제의 해결을 위한 처방을 내리기 위해 자료를 수집하고 분석하는 과정을 포함하고 있기 때문이다.

(1) 지역사회개발 모델

지역사회개발(local/community development)[4]이란 용어는 UN에서 제2차 세계대전 이후 유럽의 전후복구사업에서 사용되기 시작하였다. UN의 정의에 따르면 "지역사회개발은 지역사회주민들이 적극적으로 참여하여 가능한 한 지역주도권(initiative)을 갖고 전 지역사회의 경제적 · 사회적 조건을 향상시키려고 하는 과정"[5]이다. 이런 의미에서 지역사회개발 모델은 지역사회의 발전적 변화를 이룩하기 위한 사회조직사업이나 지역사회 개입의 전형으로 지역사회복지실천을 위해서는 필수적인 것으로 인식되어 실천모델의 하나로 자리매김하게 되었다.

지역사회개발 모델은 지역사회의 변화를 효과적으로 이룩하기 위해서는 보다 많은 주민을 변화시켜야 하고 목표결정과 실천행동에 참여시켜야 한다는 전제에서 나온 지역사회복지사업의 한 형태다. 이 모델에서는 자조기반을 근거로 지역사회문제를 해결하기 위한 지역사회능력과 사회통합이라는 과정목표를 통해 지역사회를 새롭게 만드는 데 초점을 둔다. 궁극적으로는 지역사회의 문제나 욕구 해결을 위하여 주민들의 광범위한 참여를 권장하며 주민들의 자조(self-help)정신을 강조하고 자립을 위한 토대를 마련하는 것이다.

지역사회의 구조와 문제상황에 대한 전제는 지역사회가 상실이나 아노미 현상에 처해 있어 사회적 관계나 문제해결 능력이 결여되어 있는 것으로 본다. 지역사회 구성원 간의 이해관계에

---

3) 로스먼은 1967년과 1974년에 '모델(model)'이라는 용어를 사용했으나 1995년의 논문에서는 '방법(mode)'이라는 완화된 용어를 사용하였다. 그리고 논문의 제목도 「지역사회개입에 대한 접근(Approaches to Community Intervention)」으로 수정하였고 지역사회조직 모델보다는 지역사회개입과 지역사회 실천방법(mode)이라는 말을 사용하였다.

4) 로스먼은 지역사회개발 모델을 모델 A(Mode A)라고 불렀다.

5) 1955년 1월 31일 유엔경제사회이사회(United Nations Economic and Social Council) 제10차 회의, 개발도상국에 대한 개발계획의 일환으로서 지역사회개발의 원칙(the principle of community development)결의: 출판 United Nations, Social Progress through Community Development, New York: United Nations, 1955, IV 18, p. 5.

관한 전제는 공통성이 있는 이해관계 또는 조정 가능한 상이 정도로 보며, 클라이언트 집단을 지역주민, 즉 완전히 개발되지 않은 상당한 잠재력을 지닌 문제해결 과정의 참여자로 보고 있다. 이러한 점에서 이 모델은 정태적이고 전통적인 지역사회에 보다 잘 맞을 것이다. 지역사회 변화를 위한 기본전략은 '함께 모여서 이야기해 보자' 는 것으로, 이는 모여서 자신들의 욕구를 정리하고 해결해 나가는 과정 중심적인 것이다. 주된 전술은 대화, 타협, 합의이며, 지역사회 내의 여러 집단 간의 상호교류나 토의를 통해 과제를 도출해 가고자 한다.

　　지역사회개발 모델에서 사회복지사는 안내자(guide), 조력자(enabler), 전문가(expert), 치료자(therapist), 교육자(educator)의 역할을 수행하게 되며, 변화 매개체는 과제 지향적인 소집단들의 조직과 지도를 활용하게 된다. 그리고 클라이언트 집단이 전체 지역사회라고 보고 있다. 지역주민들의 자발적 참여와 민주적인 절차, 자발적 협동, 토착적인 지도자의 개발, 교육을 강조하고 있는 지역사회개발 모델의 좋은 예로는 지역사회복지관의 지역개발사업, 성인교육, 자원봉사자운동 등이 있다.

　　그러나 지역사회개발 모델은 다음과 같은 한계점도 있다(Hardina, 2002). 우선, 이 모델의 실천적 적용에 있어 지역사회의 변화 노력을 위해 지역사회 관련 집단들 간의 합의와 협력을 이끌어 내기가 용이하지 않다는 점이다. 또한 지역사회의 관련 집단들이 성, 계급, 인종 등과 관련된 경계를 초월하는 공통의 이해관계를 가지고 있다는 가정의 현실성 문제, 실질적인 정책결정자가 사회변화를 지지할 수 없는 경우 지역사회 개발을 위한 협상을 거부할 수도 있는 권력구조의 문제 등이 한계점으로 지적되고 있다.

(2) 사회계획/정책 모델

　　사회계획/정책(social planning/policy)[6] 모델은 비행, 주택, 정신건강과 같은 사회문제 해결을 위해 전문가에 의한 합리적인 계획수립과 기술적 과정을 강조하고 계획된 변화를 추구한다. 복잡한 현대 산업사회에 있어서 계획된 변화는 거대한 관료적인 기관들을 움직일 수 있는 능력 및 고도의 자료 분석기술과 같은 전문적이며 기술적인 접근이 필요하므로 전문성을 지닌 전문가(professional), 계획가(planner)의 역할이 강조된다.

　　사회계획/정책 모델은 사회문제를 구체적으로 조사하여 계획에 따라 사회문제를 해결하는 데 그 목표가 있다. 즉, 과정보다는 문제에 대한 자료를 수집하고, 해결할 수 있는 대안을 강구하는 공식적인 계획과 정책 준거틀에 대한 계획이나 정책 집행의 효과성 및 효율성을 강조하기

---

6) 로스먼은 사회계획 모델을 모델 B(Mode B)라고 불렀다.

때문에 과업목적에 초점을 둔다. 이 모델에서는 지역사회개발 모델에서보다 지역사회 리더의 역할이 강조되고, 지역사회문제의 성격과 그 문제에 관여하는 기관들에 따라 지역주민의 참여 정도가 결정된다는 특징이 있다. 지역사회의 문제해결을 위해 지역주민의 참여와 개선 과정보다 소수 전문가들이 중심이 된다. 따라서 그들이 문제를 정확히 진단하고 해결하도록 각 사안마다 별도의 전문가와 기관, 조직이 역할을 맡아 과업을 수행하게 된다.

사회계획/정책 모델은 관료조직과 같은 공식조직을 변화의 매개로 하는 위로부터의 접근방식(하향식)이다. 따라서 지역사회개발 모델처럼 지역사회의 문제해결을 위해 주민의 역량강화에 초점을 두지 않고, 사회행동 모델에서처럼 근본적인 사회변혁을 추구하지도 않는다. 이 모델에서 사회복지사는 계획가(planner), 전문가(professional), 분석가(analyst), 조직가(organizer), 행정가(administrator)의 역할을 주로 수행하게 되며, 변화 매개체로는 자료의 수집과 분석, 공식조직의 조종 등을 활용하게 된다.

클라이언트 집단에 대해서는 기능적인 지역사회를 포함한 지역사회 전체 또는 일부로 보고 있다. 계획가로서의 사회복지사는 지역사회의 문제해결 능력을 배양한다거나 근본적인 사회변혁을 증진시키려는 것을 목적으로 두기보다는 지역사회가 필요로 하는 물자와 서비스를 제공하는 데 관심을 가져야 한다. 사회계획/정책 모델의 추진기관들인 정부 및 지방자치단체(각 부처의 기획 담당부서), 도시계획 기관, 지역사회복지협의체, 공동모금 기관, 보건 관계기관 같은 구체적 사업수행조직에서 추진하는 여러 가지 정책이 대체로 이 유형에 속한다고 할 수 있다.

사회계획/정책 모델은 다음과 같은 한계점도 지적되고 있다(Hardina, 2002). 사회계획/정책 모델에서는 관료조직과 같은 공식조직이 변화의 매개체로서 중요하게 고려되고 실제 문제를 해결하는 과정에서 작용하는 정치적인 영향력 등은 고려하지 못하는 한계가 있다. 또한 계획가는 합리적이고 포괄적인 대안을 마련하고 계획을 수립하기 위해 무제한적인 시간과 자원을 가지고 있지 않다는 점과 계획과정의 합리성을 전제하고 있기 때문에 문제해결 과정에 미치는 정치적 영향력을 고려하지 못하고 있다는 점이 한계점으로 지적되고 있다.

(3) 사회행동 모델[7]

사회행동(social action)의 개념은 사회소외계층의 권익을 위해 사회정의와 민주주의원칙에 입각하여 더 많은 자원과 향상된 처우를 받을 수 있도록 사회에 요구하는 행동을 말한다. 로스

---

7) 로스먼은 사회행동 모델을 모델 C(Mode C)라고 불렀다.

면의 사회행동 모델은 지역사회에는 권력과 자원의 불평등한 관계가 존재한다는 갈등론적 관점을 갖고 지역사회의 기존 제도나 상태에 대한 근본적인 변화를 추구한다. 따라서 지역사회의 기존 구조(권력관계, 자원배분, 정책결정 구조 등)를 근본적으로 변화시키기 위해 사회적으로 배제되고 억압받는 집단을 조직화하고 집합적 행동을 통해 공정한 권력과 자원 배분을 요구할 필요가 있다고 강조한다.

사회행동 모델에서 지역사회조직의 목표는 기존 권력관계의 변화를 통해 자원의 배분 및 제도상의 구조변혁을 추구하는 것으로, 기본적으로 과업중심 목표를 중시하고 정치적 영향력 증대라는 과정중심 목표 또한 중시한다. 그러나 갈등이나 대결로 인해 적절한 의사결정 구조와 관계형성 등과 같은 과정 목표는 무시되기도 한다. 지역사회의 구조와 문제 상황에 대한 전제는 부족한 자원으로 인하여 쉽게 조정되지 않는 갈등 구조로 이해하고, 지역사회 내의 소외계층들은 사회적 부정이나 박탈, 불평등 상황에 처해 있다고 본다. 이러한 문제해결을 위해 대중을 조직화하여 권력과 자원을 가지고 있는 집단에 대해 저항하는 것이 중요한 전략이라고 할수 있고 항의와 시위 같은 집단행동을 통한 갈등이나 대결 전술을 활용한다.

이 모델은 대중조직과 정치과정의 변화를 매개로 아래로부터 개혁하는 상향식 접근법으로 지역사회 집단 간에 적대적이거나 이해가 상반되는 문제가 있는 경우나 논의와 합의를 통해 결정하기 어려운 문제를 해결하는 경우에 적합한 유형이다. 이 모델의 예로는 소수인종 집단, 학생운동, 여성해방 혹은 여권신장운동, 급진정당, 노동조합운동, 복지권 운동, 소비자보호운동, 환경보호운동 등이 있다.

사회행동 모델에서는 사회계획/정책 모델에서처럼 전문가의 역할을 강조하고 과업달성에 목표를 두는 것보다는 행동가(activist)를 중심으로 사회변혁을 추구한다. 따라서 이 모델에서 사회복지사는 지역사회의 기존 제도(교육, 취업, 복지, 보건, 가치관 등)와 현실에 대한 근본적인 변화를 추구하며 직접행동을 취할 수 있도록 조직화하는 조직가(organizer)로서의 역할을 담당하게 된다. 또한 권력, 자원, 지역정책 결정에 있어서 역할 등의 재분배와 공공기관의 기본정책 변화를 추구하며, 사회적 약자를 지지하고 옹호하는 활동도 수행하는 옹호자(advocate), 중개자(broker), 행동가(activist)도 된다.

사회행동 모델은 다음과 같은 한계점도 있다(Hardina, 2002). 첫째, 일부 실천가는 지역사회 상황에서 실천 활동을 대항활동(confrontation)으로 제한시키고 있는데, 이러한 경향은 관련 집단을 양극화시키거나 바람직한 결과를 달성하는 데 어려움으로 작용하게 된다. 둘째, 일부 조직가와 지역구성원이 대항 전략에 대해 주저할 수 있다는 것이다. 셋째, 극단적인 전략과 전술이 참여하는 지역구성원들을 위험한 상황에 처하게 만들 수도 있으며, 대응 수단의 불법성이 논란을 불러올 수 있어 윤리적 차원에서 문제가 될 수도 있다.

이상에서 개략적으로 살펴본 로스먼의 세 가지 모델을 열두 가지의 실천변수에 따라 정리하면 〈표 4-1〉과 같다.

〈표 4-1〉 로스먼의 지역사회복지 실천모델 비교

구분	지역사회개발 모델	사회계획/정책 모델	사회행동 모델
목표	과정중심 사회통합과 역량강화	과업목표 주요 사회문제 해결	과정, 과업(결과중시) 권력관계(체제) 변화
지역사회의 문제 상황에 대한 가정	민주적 문제해결 능력 결여, 정태적 사회	다양한 사회문제(빈곤/보건/범죄/주택……)	지역사회 특권과 권력의 위계존재(빈부격차)
기본적 변화전략	"함께 모여 의논하자." 주민이 참여하여 욕구를 결정하고 문제해결	진상 파악(자료수집) 논리적인 조치(합리적이고 실현 가능한 방안)	억압자를 물리치고 체제변혁을 위해 집단행동 조직
변화전술과 기법	합의, 의견교환, 토의 강조	사실조사(발견), 분석상의 기술 중요	갈등 또는 투쟁 전술 강조, 교섭, 직접행동
사회복지사의 역할	• 조력자, 격려자, 조정자, 교육자 • 촉진자, 능력부여자	• 전문가, 계획가 • 분석가 • 프로그램 기획과 평가자	조직 활동가, 행동가, 중재자, 협상가
변화의 매개체(수단)	소집단 활용	공식조직 중시, 자료 수집, 자료 분석	대중조직, 정치과정
권력 구조에 대한 견해	권력자도 지역의 목적을 위해 공동노력(동참)	권력집단을 실천가의 후원자, 고용주로 인식	권력집단은 사회행동의 표적
수혜자의 범위규정	지역사회 전체 (지리적 지역사회)	지역사회 전체, 일부 특수 계층	권력집단에 의해 억압받는 주민
지역사회 이해관계나 하위체계에 대한 가정	공통의 이해관계 및 조정 가능한 차이	실용적인 접근, 이해관계의 조정 가능 또는 갈등	쉽게 조정할 수 없는 갈등적 이해관계, 자원의 희소성
수혜집단에 대한 인식	잠재력 있는 정상인, 평균적 시민	서비스 혜택을 받는 소비자, 이용자	사회제도의 희생자, 피해자
수혜집단의 역할에 대한 인식	문제해결 과정에 적극적 참여	서비스의 소비자, 고객	동료(회원) 고용주, 사용자
임파워먼트의 활용	지역사회 구성원 스스로 문제 해결할 수 있는 역량	자신의 욕구에 맞는 정보를 계획, 정책과정에 반영	의사결정 과정의 동등한 파트너, 직접적 영향력 행사

출처: Tropman et al., 1995.

(4) 로스먼의 혼합모델

　　로스먼(Rothman, 1996)은 "기존 세 가지 모델 분류가 실천변수에 따른 이념적 분류일 뿐이며, 실제 지역사회복지실천의 개입에 있어서는 세 모델이 중복되고 혼합된 형태가 활용될 수 있다."고 강조하였다. 그는 혼합모델(mixed models)의 중간지점에서 지역복지실천이 실행될 수 있음을 고려하면서 '지역개발과 사회행동 혼합모델(development/action model)' '사회행동과 계획 혼합모델(action/planning model)' '사회계획과 지역개발 혼합모델(planning/development model)' 등의 혼합모델을 제시하였다. 따라서 기존의 세 모델에 세 가지 혼합모델을 합하여 여섯 가지 모델이 제시될 수 있고, 각 지역복지기관의 유형에 따라 보다 적합한 모델이 존재할 수 있다고 보았다. 즉, 기관의 연결망 형태, 의사결정 형태, 시민참여 정도, 목적과 수단의 일치에 대한 가치부여 정도 등과 같은 다양한 기준에 따라서 각 기관에 적합한 모델을 결정할 수 있다는 것이다.

① 지역개발과 사회행동 혼합모델
- 개입과정에서는 지역개발 모델의 특성을 나타내면서 목적에서는 사회행동 모델을 따르는 것이 특징이다.
- 지역사회 내의 공통문제를 확인하기 위해 여러 집단 간의 합의가 필요하고 동시에 문제의 근원이 되는 권력집단에 대항하는 행동이 필요할 때 적용 가능하다.

② 사회행동과 계획 혼합모델
- 이슈에 대한 실증적 연구를 바탕으로 문제해결 방법을 계획하면서 동시에 대중에게 해당 이슈의 중요성을 알리고 대중의 참여를 높여야 할 경우(소비자운동, 환경운동 등) 적용 가능하다.
- 다양한 형태의 사회행동과 함께 문제해결을 위한 과학적 조사와 연구도 병행해야 한다.

③ 사회계획과 지역개발 혼합모델
- 새로운 계획과정에 주민의 참여를 강조한다.
- 지역사회복지계획은 사회계획 모델을 이용하고 지역개발 모델에 의한 실천이라고 볼 수 있다.

　　로스먼이 새로운 혼합모델을 제시한 것은 변화하는 지역사회복지실천의 현실을 보다 구체적으로 반영했고 보다 세분화된 실천방법을 안내했다는 점에서 지역사회복지 실천모델의 이해를 제고시켰다는 의의를 갖는다(Weil, 1996). 다만 로스먼의 모델들은 제한된 사회문제, 인간관계 중심으로 문제를 해결하고자 하여, 지역사회의 다양한 환경적 요인을 고려하지 못함으로써 전체성과 포괄성을 반영하지 못해 지역사회복지실천에 있어 모델의 적용이 제한적이라는 한계를 가지고 있다.

2) 테일러와 로버츠의 모델

1980년대 이후 지역사회복지 실천방식은 사회변화와 함께 새롭게 부상하는 욕구들에 부응하기 위해 보다 다양화·세분화되는 양상을 보인다. 이 시기 이후 지역사회복지실천의 접근방식은 사회적·경제적·문화적 변화에 따라 새롭게 발생한 여성, 소수민족 등 취약계층의 새로운 욕구를 반영하고, 각 지역사회가 요구하는 새로운 형태의 요구에 대응하기 위해 보다 세분화되었다. 그 결과, 지역사회복지 실천모델은 다양한 형태로 변화하여 그 접근양상이 보다 다양한 모습을 갖게 되었다.

이러한 변화를 반영해 테일러와 로버츠(Taylor & Roberts, 1985)는 래핀(Lappin), 커즈먼(Kurzman) 등과의 공동작업을 통해 로스먼의 세 가지 모델을 중심으로 프로그램 개발 및 조정 모델, 지역사회연계 모델을 새로 추가하여 다섯 가지 모델을 제시하였다. 이 다섯 가지 세부 실천모델은 후원자(후견인)와 클라이언트의 의사결정 권한의 정도에 따라 분류되었다는 특징이 있다.

(1) 프로그램 개발 및 조정 모델

프로그램 개발 및 조정 모델(program development and coordination model)은 지역사회 변화를 효과적이고 효율적으로 유도하기 위해 공공기관(후원자)을 중심으로 프로그램을 개발하고 조정해 나가는 모델이라 할 수 있다. 이 모델은 지역사회의 욕구를 파악하고 문제해결 방법을 사정하며 문제해결을 위해 지역사회 자원을 활용하는 활동을 중심으로 구성된다. 특히 실천방법, 대안적 전략 고려, 의사결정 등에 대한 영향력 측면에서 전적으로 후원자 중심의 모델이라고 할 수 있다. 따라서 서비스 개발 및 조정 단계에서 클라이언트의 참여는 매우 제한적이다. 또한 기본적으로 지역사회의 서비스 기관, 자원제공자, 정치적 의사결정자와 같은 후원자를 중심으로 하여 변화 노력을 진행시킨다는 뚜렷한 특징이 있으며 공식적이고 전문적인 활동을 지향한다.

이 모델은 합리성 원칙만을 사용하기보다는 중립성 원칙과 협력원칙을 동시에 응용하여 이해집단을 중재하고 이들의 참여를 유발하면서 전문적 지식과 기술을 사용하여 점증적 변화를 추구한다. 문제해결을 위해 다양한 이해관계를 고려하고 점증적 변화를 추구하는 방법으로, 서비스는 행정기관이 직접 전달하거나 민간단체 또는 협회를 통해 전달할 수 있다. 우리나라에서는 사회복지협의회, 지역 공동모금회 등을 이 모델의 예로 들 수 있다.

(2) 계획 모델

계획 모델(planning model)은 로스먼의 사회계획 모델을 보다 인간 지향적 측면과 의사결정에 있어 상호교류를 강조하도록 수정한 형태로 진보적이고 정치 지향적인 성격을 포함하고 있다. 또한 다양한 지역단위에서 합리성과 전문성에 기초하여 더 합리적이고 효과적으로 변화를 유도하는 모델이다. 이 모델은 로스먼의 사회계획 모델에서와 같이 조사연구와 객관적 분석 등을 통한 지역사회 문제해결에 초점을 맞추어 과업 지향적이지만 동시에 의사결정 과정과 조정 등 과정 지향적 실천도 추구한다. 클라이언트의 영향력은 미약하고 후원자의 영향력이 강한 모델(후원자가 7/8의 결정권한)로, 사회문제에 대한 반응적 시스템으로부터 예견적 시스템으로의 전환을 기대하며 개발된 모델이다. 또한 지역사회 욕구에 기초하여 서비스를 개발하고 확대하며 조정하는 활동을 중심으로 구성되는 특징을 갖는다.

그렇기 때문에 사회복지사는 계획의 전반적 과정 관리, 계획과정에서의 영향력 행사, 상호 간의 관계 조정 등과 같은 일반적인 역할과 함께 문제해결과정 설계, 설계된 내용 실행 등과 같이 기술적이고 과업 지향적인 역할을 수행한다.

(3) 지역사회연계 모델

지역사회연계 모델(community liaison model)은 지역사회의 복잡하고 다양한 문제해결을 위하여 지역사회와의 바람직한 관계 형성 · 확대 · 강화 · 조정에 큰 비중을 두고 지역사회 문제를 다차원적으로 해결해 나가는 접근방식이다. 즉, 지역사회 관계설정, 지지활동 강화, 환경개선 및 타 조직과의 관계강화 등 지역사회 연계활동을 복지서비스의 전달과 함께 주요한 역할로 인식하고 있다. 최근 지역사회문제가 복잡하고 다원화됨에 따라 지역사회복지기관과의 관계, 다른 기관들의 협력과 지지, 환경 개선 등에 역점을 두고 지역사회를 중심으로 하는 복지활동이 활성화되고 있음을 보여 준다.

이 모델의 성공적 발전을 위해서는 사회복지 서비스조직의 행정가 및 사회복지사가 클라이언트의 문제를 해결하기 위한 연계 활동의 접근방식으로 서비스 전달자 역할뿐만 아니라 지역사회와의 바람직한 관계를 구축하는 역할을 할 것이 강조되고 있다. 이 모델은 클라이언트와 후원자의 협력과 공동의 노력이 필요하다는 측면에서, 클라이언트와 후원자 사이의 의사결정

영향력이 동등한 모델이다.

(4) 지역사회개발 모델

이 모델은 로스먼의 지역사회개발 모델(community development model)과 같이 지역주민의 적극적 참여와 공동체의식 형성을 위한 교육과정을 강조하며, 시민참여에 기반을 둔 자주적 활동, 시민 역량 개발, 자체적 리더십 개발 등을 통해 지역사회 개발을 추구한다. 이 모델은 클라이언트 중심적 모델이라고 할 수 있으며 지역사회의 자체역량을 개발하여 지역사회문제를 스스로 해결할 수 있도록 지지하고 지원하는 것에 초점을 맞추고 있다. 따라서 수행하여야 할 과업으로는 지역구성원 중에서 리더십을 개발하여 자체적 리더십을 갖게 하는 것과 지역사회 변화를 위해 지속적인 활동을 전개할 수 있도록 시행구조를 조직화하는 것이다. 또한 지역사회 개발에서 가장 핵심적인 것은 지역 특성을 고려하고 지역주민에게 교육을 제공할 수 있는 기술을 지닌 전문적 지역사회 개발 실천가를 통해서 지역사회가 자력으로 문제를 해결할 수 있도록 하는 것이다. 동시에 지역사회 스스로가 자조적 노력을 지속적으로 진행하도록 하는 것이다.

지역사회 개발에서의 핵심과업은 '자력으로 문제해결'과 '자조'라는 두 가지 요소에 기반을 두고 지역사회 개발을 위해 노력하는 것이라 할 수 있다. 이를 위하여 사회복지사는 조직가(organizer) 역할보다는 주로 조력가(enabler) 역할을 하여 지역사회주민으로 하여금 문제해결 과정에 참여하도록 하는 것이다.

(5) 정치적 역량강화 모델

정치적 역량강화 모델(political empowerment model)은 로스먼의 사회행동 모델, 웨일과 갬블의 정치사회행동 모델과 유사한 모델로서 갈등주의 관점과 다원주의 사회에서 다양한 이익집단의 경쟁원리에 기초하고 있다. 사회적으로 소외된 집단의 사회적 참여를 지원하고 지지하여 그들이 스스로의 권리를 찾고 확대시켜 갈 수 있도록 하는 모델이다. 지역사회실천방법이나 대안적 전략의 고려, 의사결정 과정에서 클라이언트가 100% 영향력을 행사할 수 있는 모델로 지역주민의 정치력을 핵심요소로 전제하고 있다.

이 모델을 지역사회복지실천에 적용해 보면, 소외된 집단구성원들이 자기역량과 사회적 연대에 대해 의식을 갖는 주체로 변화될 수 있을 것이고, 참여활동을 통해 배제집단 구성원들이 상호작용 수행 기술들을 획득할 수 있을 것이며, 관료화된 사회의 통치(governance)에 변화를 불러일으킬 수 있을 것이다. 이때 사회복지사는 교육자, 자원개발자, 행동가(activist)의 역할을 수행한다.

〈표 4-2〉 테일러와 로버츠의 지역사회복지 실천모델

실천모델	후원자와 대상자의 결정권한 정도
프로그램 개발 및 조정 모델	• 후원자가 100% 결정 권한
계획 모델	• 후원자가 7/8의 결정 권한 • 합리적 기회모델에 기초한 조사전략 및 기술을 강조 • 기획에 있어 진보적이고 정치 지향적 접근을 포함 • 조직과정관리, 영향력 발휘, 대인관계 등의 과정기술을 강조하고 설계 및 실행과 같은 기술적 측면의 필요성 주장
지역사회 연계 모델	• 후원자와 대상자가 각각 1/2의 결정 권한 • 사회복지기관의 일선 스태프나 행정가에 의해 수행되는 기능중심 설명 • 행정가는 지역사회관계, 지지활동, 환경개선, 조직 간의 관계 등과 같은 역할 수행
지역사회 개발 모델	• 대상자가 7/8 결정 권한 • 지도력 개발, 자조, 상호부조, 지역성에 바탕을 둔 지역사회연구 및 문제해결 강조 • 시민참여와 교육과정을 매우 중요시하며 전문가는 주로 조력자의 역할 담당
정치적 역량 강화 모델	• 대상자가 100% 결정 권한 • 의도된 시민참여에 의한 정치적 권력 강화에 초점 • 전문가들은 교육자, 자원개발가, 운동가로서의 역할을 하게 되며, 이러한 경향은 합법적으로 위임된 조직이나 자생조직으로 진전

출처: Weil, 1996: 오정수 · 류진석, 2008 재인용.

3) 웨일과 갬블의 모델

1990년대 초반 이후 웨일과 갬블(Weil & Gamble, 1995)은 기존 사회복지실천모델에 관한 문헌 검토 작업과 실천현장에 대한 조사를 통해 목표, 변화표적 체계, 일차적인 구성원, 관심영역, 사회복지사의 역할 등을 중심으로 지역사회복지실천에 대한 종합적인 접근방법을 여덟 가지 유형으로 구분하였다. 특히 이 모델은 개발(development: 지역사회의 사회경제적인 개발모델), 조직화(organizing: 근린지역사회조직 모델, 기능적인 지역사회조직 모델), 계획(planning: 프로그램 개발과 지역사회 연결, 사회계획모델), 사회변화(social change: 정치, 사회행동모델, 연합모델, 사회운동모델)라는 기능 중심으로 재분류할 수 있다(Weil, 1996: 오정수 · 류진석, 2008 재인용). 웨일과 갬블의 여덟 가지 모델은 다양한 성공 사례를 근거로 다각화되는 실천현장의 모습을 그대로 반영하는 동시에 새로운 욕구에 적합한 실천방법의 제시라는 점에서 의의를 갖는다. 이러한 여덟 가지 유형은 상호 배타적이지 않으며, 중복되는 점도 있지만 지역사회복지실천과 관련하여 적절한 개입전략을 선택하는 데 유용한 준거틀을 제시해 줄 수 있을 것이다.

〈표 4-3〉 웨일의 지역사회복지 실천모델의 재분류

웨일과 갬블의 모델(1995)	웨일의 재분류 모델(1996)
지역사회의 사회적 · 경제적 개발	개발(development)
근린지역의 지역사회조직	조직화(organizing)
기능적 지역사회조직	
사회계획	계획(planning)
프로그램 개발과 지역사회 연계	
정치 · 사회행동	사회변화(social change)
연대활동/연합	
사회운동	

출처: Weil & Gamble, 1995; Weil, 1996 참조하여 재구성.

(1) 근린지역의 지역사회조직 모델

웨일과 갬블의 근린지역의 지역사회조직(neighborhood and community organizing) 모델은 로스먼의 지역사회개발 모델에서 그 원형을 찾을 수 있으며, 지리적인 의미의 근접성과 그 지역사회에서 해결하고자 하는 현안 문제에 초점을 두고 능력개발과 과업수행이라는 두 가지 목표를 강조한다. 즉, 지역주민들이 조직 활동에 참여하여 문제분석, 계획, 리더십을 개발하고, 조직원 구성을 통해 주민들의 능력을 개발할 수 있다는 것이다. 지역사회의 주민들은 조직 활동을 통해 지역계획과 외부계획에 영향을 미쳐 지역사회의 사회, 정치, 경제적 조건들을 향상시키는 과업을 성취해 나갈 수 있다.

이 모델의 변화를 위한 표적체계는 주로 공공기관이나 개발계획을 추진하는 외부개발자(기업)이며, 주요 관심영역은 지역주민의 삶의 질과 지역주민이 바라는 변화를 스스로 이끌어 낼 수 있도록 역량을 개발하여 과업을 완수하는 데 초점을 맞춘다. 또한 주요 개발전략은 지역사회의 변화를 유도하기 위한 지역주민의 능력개발과 외부개발자들이 지역에 미칠 영향을 조절하는 것이다.

사회복지사는 조직가(organizer), 교사(teacher), 코치(coach) 그리고 촉진자(facilitator)로서의 역할을 수행하며, 특히 조직가의 역할 중에서 조직 내의 리더십 형성과 발전을 위한 역할이 매우 중요하다. 이와 더불어 지역모임의 계획, 목표 설정, 자원할당, 전략 수립과 실행, 과업 및 과정 평가 등에 개입한다. 또한 조직구성원들에게 행동을 위한 이슈의 정의, 의식화와 전략을 개발하도록 지원하고, 지역 문제나 욕구의 조사기법 교육을 통해 조직구성원들의 전문성 향상에 도움을 주어야 한다.

(2) 기능적 지역사회조직 모델

기능적 지역사회조직(functional community organizing) 모델은 지리적 의미의 지역사회보다는 동일한 정체성이나 이해관계를 기초로 한 기능적 지역사회에 초점을 둔 모델이다. 핵심적인 관심과 목표는 자신들이 선택한 이슈의 정책과 행위, 태도의 옹호나 변화 등에 있다. 정체성이나 이해관계를 기초로 한 기능적 지역조직이 중요하게 여기는 전략은 교육과 옹호 활동이다. 따라서 기능적 지역사회 구성원들을 교육시켜 그들 스스로 문제에 대처하도록 역량을 강화함으로써 이들과 함께 기능적 지역사회를 옹호하고 대변한다.

이 모델의 주요 전략은 특정 이슈나 집단에 대한 정책, 행위 및 인식의 변화에 초점을 두고 옹호를 이끌어 낼 수 있는 행동을 하는 것이며, 때로는 특정 대상자나 대상집단을 위한 서비스를 개발하고 직접 제공하기도 해야 한다. 변화를 위한 표적체계는 일반 대중과 정부기관 등이다.

이 모델에서 사회복지사는 조직원의 충원과 문제의 정의, 옹호전략과 전술 결정에 기여하는 촉진자(facilitator) 역할과, 조사와 분석기법 등 사회적 변화를 위한 기술을 교육하는 조직가(organizer) 및 교사(teacher)의 역할을 수행한다. 특히 조직구성원이 지리적으로 흩어져 있는 특성이 있고 조직의 소식과 정보들의 소통이 중요하기 때문에 조직구성원들에게 소식지와 보고서 등을 발간하고 인터넷 홈페이지나 게시판을 관리하는 정보제공자로서의 역할도 해야 한다.

(3) 지역사회의 사회경제적 개발 모델

지역사회의 사회경제적 개발(community social and economic development) 모델은 로스먼이 제시한 지역사회개발 모델의 과정적 목표를 넘어 기술적 · 정치적 · 과정적 기술을 개발한다. 이를 통해 지역주민들의 관점에서 개발계획을 시작하고 경제적 개발을 목표로 사회경제적 투자를 위한 내부적 · 외부적 자원을 개발하며 투자를 유치하여 지역 낙후성을 극복하고자 한다. 이 모델의 주요 목표는 저소득계층 및 불이익을 받는 지역사회주민의 삶의 질과 기회를 중진시키는 데 있으며, 경제개발과 사회개발이 동반되어야 한다는 인식을 전제하고 있다. 따라서 이 모델에서는 사회경제적 개발과 자원개발의 계획을 준비하고 실행할 수 있도록 주민과 지역사회조직의 능력을 강화시키는 것에 초점을 둔다.

이 모델의 일차적인 구성원은 저소득집단, 주변집단 또는 불이익집단이며, 주요 관심영역은 사회경제적 영역에서 투자의 균형뿐 아니라, 주민들이 투자된 자원들을 이용할 수 있도록 조직과 능력을 배양하는 것이다. 변화를 위한 표적체계는 금융기관 등의 경제적 조직, 지원재단, 외부개발자, 지역사회주민이라 할 수 있다. 이러한 표적체계와 관련하여 중요한 점은 지역사회의 사회

경제적 개발에 투자할 수 있도록 이용 가능한 자원을 가진 사람과 조직을 설득하는 것이다.

사회복지사는 초기 조직단계에서 집단의 스태프(staff) 역할을 수행하며, 현실적인 개발목표를 결정하거나 필요한 지역사회 기술과 자원을 명확히 하기 위한 욕구사정과 조사의 기술을 발휘해야 한다. 또한 지역사회조직의 리더십과 기술을 개발시키기 위해 조직을 만들고 훈련시키는 능력뿐만 아니라 계획, 관리, 협상의 능력을 갖추는 것이 필수적이다.

(4) 사회계획 모델

사회계획(social planning) 모델은 합리적 의사결정을 통해 지역사회문제를 해결하려는 모형으로, 객관적 조사와 자료 분석을 기초로 문제에 대한 우선순위를 결정하며 자원의 활용과 배분에 초점을 둔다. 지역사회문제에 관한 전반적 고려와 함께 통합적 문제해결 방안을 마련하고 동시에 사회복지서비스 기관의 활동을 조정하여 효율적이고 효과적으로 문제를 해결하고자 하는 것이다.

사회계획은 다양한 수준에서 수행될 수 있으며, 개별 기관 수준 및 대인서비스 기관의 협의체(consortium) 등에서 이루어진다. 이 모델에서 변화를 위한 표적체계는 지역사회 지도자의 관점과 대인서비스 지도자의 관점이며, 일차적 구성원은 선출직 공무원, 사회복지영역 기관, 기관 상호 간의 조직(intelligency organization) 또는 이들 간의 조합으로 이루어진다. 주요 전략은 사회서비스관계망을 계획하고 조정하는 데 있으며, 공공영역의 지역사회계획에 사회적 욕구를 통합시키는 것이다.

사회복지사는 계획가(planner), 프로포절 제안자(proposal writer), 의사소통자(communicator), 관리자(manager)로서의 역할을 담당한다. 계획가의 중심과업은 대인서비스, 사회계획, 서비스의 통합과정에서 합리성을 발휘하는 것이고, 계획가는 서비스에 필요한 자원결정과 자원을 효율적으로 이용할 수 있는 구체적인 기술방안과 책임성을 가져야 한다. 이러한 역할을 수행하기 위해서는 조사, 욕구사정, 사업계획의 개발, 분석과 정보전달, 조정기술과 원활한 의사소통을 위한 기술이 필요하다.

(5) 프로그램 개발과 지역사회 연계 모델

프로그램 개발과 지역사회 연계(program development and community liaison) 모델은 로스먼의 사회계획 모델에서 보다 세분화된 모델로서, 지역사회주민들의 다양한 욕구 충족을 위하여 지역사회와 연계된 다양한 수준의 프로그램을 개발하고 확대하는 것을 중요한 목표로 한다. 즉, 지역사회의 대상자에게 필요하다고 평가되는 새로운 서비스를 계획하고 실행하며, 기존 서비스의 효과성을 증진시키기 위해 기관 프로그램을 확대한다. 이를 위해 지역사회와 프로그램 간의 상호작용을 통해 프로그램을 개발 및 확장시키고 지역사회 내 다양한 서비스 대상자, 관련기관 직원, 지역주민, 전문가 등과의 연계를 도모한다. 지역사회 서비스의 효과성을 증진시키기 위해 기관 프로그램의 확대 또는 프로그램의 방향 전환도 이 모델의 목표가 될 수 있다.

이 모델의 변화를 위한 표적체계는 프로그램 개발에 재정을 지원하는 사람들과 프로그램을 이용하는 수혜자다. 일차적인 구성원은 계획된 변화와 프로그램 개발과정에 관여한 기관 위원회와 지역사회 대표들이며, 주요 관심영역은 특정 대상이나 지역사회를 위한 서비스 개발이다. 이런 목적을 달성하기 위해서는 잠재적 클라이언트라고 할 수 있는 지역주민과 기관실무자 간의 상호작용이 매우 중요하고, 다양한 지역사회구성원과 지역사회기관이 연계된 형태에서 프로그램을 개발해야 한다.

사회복지사의 주된 역할은 계획가(planner), 프로포절 제안자(proposal writer), 대변자(spokesperson), 중재자(mediator), 촉진자(facilitator)라 할 수 있으며, 관리자(manager), 감시감독자(monitor), 평가자(evaluator)의 역할도 수행해야 한다.

(6) 정치 · 사회행동 모델

정치 · 사회행동(political and social action) 모델은 로스먼의 사회행동 모델과 같은 모델이라고 할 수 있으며, 정책, 법체계 그리고 정책 입안자들의 변화를 통해 사회정의를 추구하는 것으로, 이를 통해 의사결정에서 배제되었던 사람들이 힘의 균형을 찾도록 하는 것을 목표로 한다. 즉, 지역사회에서 기회를 제한하는 불평등을 극복하거나 지역사회의 욕구를 무시하는 의사결정자에 대항하고 사람들의 권한을 부여하는 것을 주요 내용으로 한다.

사회적 · 정치적 그리고 경제적 정의를 위해서 정책이나 정책결정자를 변화시키기 위해 노력하고, 특히 저소득계층에 불이익을 야기하는 정부 당국의 조치를 변화시키는 데 초점을 둔다. 민주주의원칙에 입각해서 권력의 축을 이동시킴으로써 초기 의사결정 과정에서 소외된 지역주민들이 미래의 의사결정에 중요한 역할을 하게 하고 사회정의를 실현시키는 데 기반을 두고 있다.

정치행동 모델의 변화를 위한 주요 표적대상은 잠재적인 참여자와 선거로 선출된 공직자 및 행정 관료가 될 수 있고, 주민의 생존권을 위협하는 환경오염 문제 등과 같은 지역사회에 해를 미치는 활동에 참여한 기업과 정부 당국이 될 수도 있다. 일차적인 구성원은 특정 정치적 권한이 있는 시민이거나 특정 사안에 책임 있는 시민들이다.

이 모델에서 사회복지사는 개혁적 방식의 사회변화를 이끌어 내기 위해 지역사회문제를 조사하고 정치적 캠페인, 옹호, 집단소송 같은 합법적 집단행동을 할 수 있다. 무엇보다도 중요한 것은 지역사회문제 조사에서 조사자 역할, 사실에 대한 객관적이고 정확한 이해를 위한 연구자의 역할, 사회구성원을 대신하여 직접 그들을 옹호하거나 불의를 경험하는 조직구성원 스스로가 옹호자가 될 수 있도록 지원하는 옹호자의 역할이 매우 중요하다. 따라서 이 모델에서 사회복지사의 역할은 옹호자(advocate), 교육자(educator), 조직가(organizer), 조사자(investigator)의 다양한 역할을 한다.

(7) 연대활동/연합 모델

연대활동/연합(coalitions) 모델은 지역사회가 당면한 문제가 한 집단의 노력만으로는 해결되기 어렵다는 가정하에, 분리된 개별 집단 및 조직을 프로그램의 방향이나 자원을 최대한 끌어낼 수 있는 집합적인 조직으로 만들어 그 권력기반을 바탕으로 집합적인 사회변화에 동참시키는 것이다. 이러한 연대의 특징은 다양한 조직이 가지고 있는 독립성을 유지하면서도 공동의 목표를 위해 새로운 조직을 구성하거나 연대하는 체계를 구축하는 것이다. 연대는 독립된 조직으로 하여금 공동의 목표로 설정한 사회변화를 위해 함께 일하도록 만든다.

이 모델의 목표는 사회복지 프로그램의 방향에 영향을 미칠 정도로 거대하고, 필요한 자원을 동원할 수 있는 잠재력을 가진 다중조직적인 힘의 기반을 구축하는 것에 있다. 주요 관심영역은 개별적 노력만으로는 충분한 효과를 나타내기 어려운 지역사회의 특정 현안들이다.

이 모델의 일차적 구성원은 지역사회의 특정 문제에 이해관계를 갖는 조직과 시민이 될 수 있다. 변화를 위한 표적체계는 대부분 새로운 정책을 승인할 수 있는 선거로 선출된 공직자들이며, 서비스 프로그램의 신설과 확대에 자금을 제공할 수 있는 재단과 정부기관이다. 사회복지사의 역할은 중재자(mediator), 협상가(negotiator), 대변인(spokes person)이다. 이 경우에 사회복지사는 연합을 만들고 유지하기 위한 중재와 협상기술이 필요하다.

(8) 사회운동 모델

사회운동(social movements) 모델은 목표에는 다소 차이가 있으나 로스먼의 사회행동 모델과 유사한 모델이라 할 수 있다. 사회운동의 목표는 바람직한 사회변화이며, 사회운동은 사회적 문제에 대응하는 특정 인구집단, 지역사회 구성원, 다양한 형태의 지역사회 조직체에게 새로운 패러다임을 제공하여 사회변화를 위한 행동을 유도하고 궁극적으로 사회정의를 실현하는 것이다.

사회운동은 어떤 사회현상을 사회구조적인 문제로 인식하고 그 해결을 바라는 집합적인 요구가 형성되고 집합행동으로 표출되면 그 결과로 법과 제도, 규범, 문화 등의 사회구조가 변화

할 수 있으며, 지속적인 추진력을 견지하는 사회운동은 정치 · 사회체계에 거대한 변화를 이룩
할 수 있다. 우리나라의 대표적 사회운동으로는 1980년대의 정치적 · 사회적 억압의 결과로 인
한 국민적 저항으로 표출된 민주화 운동을 들 수 있는데, 이 민주화 운동은 정치, 경제, 사회, 문

〈표 4-4〉 웨일과 갬블의 지역사회복지 실천모델

특성 비교	바람직한 성과	변화를 위한 표적체계	1차적 지지집단	관심영역	사회복지사의 역할
근린지역의 지역사회조직	지역주민의 능력개발, 외부개발자들이 지역 에 미칠 영향을 조절	지방정부, 외부개발자, 지역주민	이웃, 지역사회 주민	지역사회 주민의 삶의 질	조직가, 교사, 코치, 촉진자
기능적 지역사회 조직	특정 이슈나 집단에 대 한 정책, 행위 및 인식 의 변화를 위한 행동, 서비스 제공	일반 대중, 정부 기관들	동호인	특정 이슈와 대상을 옹호	조직가, 교사, 촉진자, 정보전달자
지역사회의 사회경제적 개발	지역주민의 관점에 기 초한 개발계획 주도, 주민이 사회 · 경제적 투자를 이용할 수 있도 록 준비	은행, 재단, 외부개발자, 지역사회 주민	지역사회의 저소득층, 불이익계층	소득, 자원, 사회 적 지지 개발, 교육과 리더십 기술 향상	협상가, 추진자, 교사, 계획가, 관리자
사회계획	선출된 기관 또는 휴먼 서비스를 계획하는 협 의회가 행동을 하기 위 한 제안	지역사회 지도자의 관점, 휴먼서비스 지도자의 관점	선거로 선출된 공무원, 기관 간의 조직	지역계획에 사회적 욕구 통합, 휴먼서비스 네트워크 조정	계획가, 프로포 절 제안자, 의사 소통자, 관리자, 조사자
프로그램 개발과 지역사회 연계	지역사회서비스의 효 과성을 증진할 기관 프 로그램의 개발 및 확대 와 방향 수정	프로그램의 재정 출원자, 기관서 비스의 수혜자	기관위원회 또는 행정가, 지역사회 대표자	특정 대상자나 지역사회를 위한 서비스 개발	계획가, 프로포 절 제안자, 관리자, 대변인, 감독자
정치 · 사회행동	정책, 정책형성자의 변 화에 초점을 둔 사회정 의를 위한 행동	선거권자, 선출 직 공무원, 잠재 적 참여자	정치적 권한이 있는 시민	정치권력의 형성, 제도의 변화	옹호자, 조직가, 조사자, 조정자
연대활동/연합	연합의 공통의 이해관 계에 대응할 수 있는 자원동원, 복합적인 권 력기반의 구축	선출된 공무원, 재단, 정부기관	특정 이슈에 이해관계가 있는 조직/집단	사회적 욕구 또는 사회적 관심과 관련된 특정 이슈	중개자, 협상가, 대변인
사회운동	특정 대상 집단 또는 이슈에 대해 사회정의 를 실현하기 위한 행동	일반대중, 정치제도	새로운 비전을 제시하는 조직/ 지도자	사회정의	옹호자, 촉진자

출처: Weil & Gamble, 1995.

화의 전 영역에서 민주화를 추구하고 성취하기 위한 사회운동의 출발점이 되었다.

이 모델에서 변화를 위한 표적체계는 일반 대중과 정치제도라 할 수 있으며, 사회운동 모델의 일차적인 사회구성원은 새로운 비전과 이미지를 창출할 수 있는 조직과 지도자 그리고 시민이다. 사회복지사는 사회운동의 자원봉사자나 사회운동조직의 스태프(staff)로서 관여할 수 있으며, 특정 사회운동의 옹호자(advocator)와 촉진자(facilitator)로서의 역할을 수행한다.

(9) 웨일과 갬블 모델의 특징

웨일과 갬블의 모델은 기존의 모형과 관련하여 몇 가지의 특징을 가지고 있다.

첫째, 기존의 모델을 세분화하여 분류하였다. 우선 지역사회조직을 '지리적 지역사회조직'과 '기능적 지역사회조직'으로 구분하였다. 지역사회에 대한 개념정의에서는 지리적 지역사회와 구분되는 기능적 지역사회가 존재함을 인정하였음에도 불구하고 기존의 실천모델들은 이에 대해 명확한 구분을 하지 않았다. 현대사회에서 기능적 지역사회가 확대되어 가는 추세에 비추어 지역사회복지 실천모델도 세분화될 필요가 있다.

둘째, 기존의 지역사회개발 모델을 사회개발, 경제개발로 구체화하였다. 지역사회개발에는 경제개발과 사회개발이 있는데, 그동안 학자마다 강조하는 면이 달랐다. 그러나 최근의 추세는 사회개발과 경제개발을 상호 분리될 수 없는 것으로 보고 지역사회개발에 있어 서로 조화를 이루어야 한다는 주장이 지배적이다.

셋째, 로스먼의 사회행동 모델을 정치, 사회행동/연대/사회운동으로 세분화하였다. 지역사회복지 실천모델에서 복지권, 장애인복지, 여성운동, 환경운동 등과 관련하여 사회행동이 증가하고 그 방법도 다양해지고 있는데 기존의 단일한 사회행동 모델만으로는 이러한 추세를 반영할 수 없었다. 따라서 기존의 사회행동은 '정치·사회행동'으로 개념화하고, 효율적인 운동성과를 위해 조직 간의 연합 전선이 활발해지고 있는 점을 고려하여 '연대' 모델을 구분했으며, 일반인의 삶의 질을 개선하고 사회정의를 실현하기 위한 거시적인 운동을 '사회운동'으로 차별화하였다.

넷째, 로스먼의 분류에서는 제시되지 않았지만 테일러와 로버츠(1985)에 의해서 제시된 프로그램 개발 모델의 실존을 인정하면서, 이를 '지역사회연계' 모델과 결합시키고 있다. 웨일과 갬블(1995)은 최근 권한강화(empowerment) 프로그램이 강조되고 있는 추세를 반영하여 프로그램 개발이 클라이언트의 개입 없이는 의미가 없다고 판단하고, 이는 지역사회연계를 통해 효과적으로 달성될 수 있다고 본 것이다.

모델은 이론을 적용하여 실천활동의 원칙과 방식을 구조화시킨 것으로서 실천과정에 직접적으로 필요한 기술적 적용방법을 제시한다. 모델은 하나의 이론을 기반으로 해서 도출되기도 하고, 다양한 이론이 절충되어 하나의 모델이 만들어지기도 한다. 로스먼의 모델들을 분석하면, 지역사회개발 모델은 기능론적 관점의 체계이론과 생태이론의 직접적인 영향을 받았고, 사회행동 모델은 갈등론적 관점과 권력의존이론 등의 직접적인 영향을 받았으며, 사회계획/정책 모델은 체계이론의 영향을 받았다고 할 수 있다. 여기서 주의할 점은 한 가지 이론이 한 가지 모델에만 배타적으로 영향을 미친 것은 아니라는 점이다. 또한 모델을 사회복지실천에 적용함에 있어, 지역사회의 상황에 따라 한 가지 실천모델만을 사용하는 것도 아니며 다양한 실천모델을 상황에 맞게 선택적으로 활용할 수 있다.

⟨표 4-5⟩ 이론과 실천모델의 관계

이론 실천모델	기능주의 관점, 체계이론, 생태학 이론	갈등주의 관점, 권력의존 이론, 자원동원이론	합리이론, 체계이론
로스먼 모델	지역사회개발	사회행동	사회계획/정책
웨일과 갬블 모델	근린지역사회조직, 기능적 지역사회조직, 지역사회의 사회경제적 개발	사회운동, 정치·사회행동, 연대활동/연합	사회계획, 프로그램 개발과 지역사회 연계

※ 합리이론

합리이론(rationality theory)은 사회정책의 불가피성을 현대사회의 산업화라는 맥락 속에서 찾고 있다. 즉, 산업화 과정에서 필연적으로 각종 사회문제가 파생되는데, 이때 합리적 인간이 고안해 낸 합리적 문제해결책이 사회정책인 것이다.

4) 포플의 모델

영국의 포플(Popple, 1996)은 영국에서의 지역사회복지 실천경험을 바탕으로 '보호(care)'와 '행동(action)'의 연속선에 기준을 두고 다음과 같이 지역사회복지 실천모델을 여덟 가지 모델로 제시하였다. 이 모델들은 상이한 전통과 이데올로기를 반영하고 있지만 각 모델은 기법이나 기술 면에서 구별이 되지 않거나 사회복지사의 역할이 상호 중복되는 측면도 있는데, 세부적으로 살펴보면 다음과 같다.

(1) 지역사회보호 모델

지역사회보호 모델(community care model)의 주요 전략은 노인, 장애인, 아동 등 지역사회주민의 복지를 위한 사회적 관계망과 자발적 서비스를 증진하는 데 있으며, 복지욕구를 충족시키기 위한 자조개념을 개발하는 것에 중점을 두고 있다. 이 모델에서 사회복지사는 지역주민이 자원봉사활동의 주도자가 되고, 보호를 제공할 수 있도록 격려하는 역할을 담당한다. 이 모델에서 사회복지사는 지역사회주민을 조직하는 조직가와 자원봉사자로서의 역할을 담당한다.

(2) 지역사회조직 모델

지역사회조직 모델(community organization model)의 주요 전략은 지역의 다양한 복지기관 간의 상호협력을 증진시키는 데 있으며, 사회복지기관의 상호협력 및 조정은 중복서비스를 방지하고 자원의 부재현상을 극복하여 사회복지전달체계의 효율성과 효과성을 높이는 데 일조하고 있다. 이 모델에서 사회복지사의 역할은 조직가, 촉진자, 관리자다.

(3) 지역사회개발 모델

지역사회개발 모델(community development model)의 주요 전략은 지역사회 구성원의 삶의 질을 향상시키기 위한 기술과 신뢰를 습득할 수 있도록 집단을 원조하고, 교육을 통해 자조개념을 증진시켜 지역주민의 적극적인 참여로 지역사회의 독자성을 반영하도록 돕는 데 있다. 이 모델에서 사회복지사의 역할은 조력가, 지역사회활동가, 촉진자다.

(4) 사회/지역사회계획 모델

사회/지역사회계획 모델(social/community planing model)의 주요 전략은 지역사회개발 모델과 유사한 측면이 있지만, 사회적 상황, 사회정책과 사회복지기관의 서비스를 분석하여 주요 목표 및 우선순위를 설정하고, 서비스 및 프로그램의 기획과 필요 자원의 동원, 서비스와 프로그램의 실행 및 평가 등에 중점을 둔다는 점에서 차이가 있다. 이 모델에서 사회복지사의 역할은 조사자, 계획가, 평가자다.

(5) 지역사회교육 모델

지역사회교육 모델(community education model)은 교육과 지역사회 간의 관계를 보다 밀접하고 동등한 관계로 설정하고, 비판적 사고와 담론을 통해서 억압적 조건이나 상황을 변화시키는 행동양식을 고양하는 데 초점을 둔다. 이 모델에서 교육과정은 지역사회 구성원의 경험, 문화,

가치 등을 공유하는 기회로 활용될 수 있다. 이 모델에서 사회복지사는 조직가와 교육가의 역할을 한다.

(6) 지역사회행동 모델

지역사회행동 모델(community action model)은 전통적으로 계층갈등에 기초한 모델로 갈등과 직접적인 행동을 활용하며, 권력이 없는 집단이 자신들의 효과성을 증가시킬 수 있는 모델이다. 따라서 지역사회행동 모델은 지역사회 수준에서 계층갈등에 기초한 협상을 위해 직접행동을 선호한다. 이 모델에서 사회복지사는 행동가의 역할을 하게 된다.

(7) 여권주의적 지역사회사업 모델

여권주의적 지역사회사업 모델(feminist community work model)은 지역사회실천에 대해 페미니즘을 적용하여, 사회적 요인으로 인한 여성의 사회적 배제와 더불어 생물학적 성과 사회·문화적 성별로 인해 발생하는 모든 형태의 차별을 없애기 위한 집합적인 대응을 통해 여성의 복지를 향상시키는 것이다. 이 모델에서 사회복지사의 역할은 행동가, 조력자, 대변자다.

(8) 흑인 및 반인종차별주의자 지역사회사업 모델

흑인 및 반인종차별주의자 지역사회사업 모델(black and anti-racist community work model)은 지역사회실천에 있어서 인종차별에 저항하고, 그들의 권리보호를 위해 상호원조와 조직화에 초점을 두는 것이다. 즉, 소수민족의 욕구충족을 위한 집단적인 조직 활동과 전체적인 인종주

/tip/　여성주의, 반인종차별주의와 인종차별주의

- 여성주의(feminism)는 여성억압의 원인과 상태를 기술하고 여성해방을 궁극적 목표로 하는 운동 또는 그 이론으로 정의되며, 여성의 사회적 권리달성을 지향하는 운동 및 사상을 일컫는다. 여성주의의 목표는 정치, 경제, 문화, 인권에 있어서의 남녀의 동등함을 달성하는 데 있다.
- 반인종차별주의(anti-racism)는 신념, 행동, 운동 및 정책에서 인종차별을 반대하는 것을 의미한다. 일반적으로, 반인종차별주의는 사람들이 인종에 근거하여 차별하지 않는 것 또는 인종주의에 반대하는 것을 말한다.
- 인종차별주의(racism)란 인간의 가치는 개개인의 인성에 따라 결정되는 것이 아니라, 유전적인 형질·혈통에 의하여 생물학적으로 결정된다는 믿음을 말한다. 이는 '인종'을 근거로 다른 이들을 차별하는 생각이다.

의에 반한 활동으로 소수민족의 교육, 주택, 건강, 고용 등의 영역에서 차별을 시정하는 데 목적을 두고, 캠페인, 자조집단 형성, 직접행동과 같은 다양한 방식을 전개한다. 이 모델에서 사회복지사는 행동가, 대변자, 자원봉사자의 역할을 맡게 된다.

3. 실천모델의 선택

사회복지현장에서 지역사회복지실천의 과정을 실행할 때 각 이론이나 모델에 대한 지식을 이해하는 것도 중요하지만 어떠한 모델을 실제로 선택하는가도 중요하다.

모델 선택의 가장 큰 요인은 사회 현상과 문제에 대한 인식이며, 이에 따라서 해결 방법과 접근이 다르게 모색될 것이다. 사회복지실천가가 사회의 각 부분은 서로 조화롭게 작용한다고 본다면, 기능주의적 관점을 바탕으로 지역사회 전반의 역량을 조직적으로 강화하려는 지역사회개발 모델을 선택할 것이다. 반면, 사회복지실천가의 견해가 정반대라면 갈등주의 이론에 근거하여 사회적으로 불이익을 받는 집단의 이익과 지역사회 변화를 위해서 사회행동 모델을 선택할 것이다.

실천모델의 선택과 관련한 다른 요인으로는 지역복지기관의 철학이나 설립목적 또는 사회복지사의 개인적 선호도 등이 있다. 즉, 지역사회실천 모델은 상위 관점과 이론, 하위 실천전략을 연계하여 실천가가 이를 바탕으로 개입계획을 세우고 계획을 실천해 나가는 것이므로 일반적으로 다음 사항들이 실천모델의 선택과 관련되어 있다고 볼 수 있다(감정기 외, 2005).

① 지역사회 구성원의 욕구와 문화적 가치들
② 지역사회복지 실천가나 사회복지사가 선호하는 이론적 배경
③ 지역사회복지 실천가나 사회복지사 자신의 인성 및 성장배경
④ 지역사회복지실천상의 특정한 문제점이나 특수한 상황
⑤ 지역사회복지 실천전략 수립상의 윤리적 또는 사회적 가치가 가져올 파장

하디나(Hardina, 2002)는 지역사회문제, 지역사회의 욕구와 문화적 가치, 실천가로서 사회복지사의 이론적 관점과 성향, 전략과 전술상의 윤리적 기준 등이 지역사회복지 실천모델을 선택하는 데 중요하게 고려되는 요소라고 하였다. 그가 주장한 지역사회복지 실천모델의 선택과 실천에 관련된 요소들을 정리해 보면 다음과 같다.

① 기본전제는 개인과 지역사회의 권한강화(empowerment)다.

② 지역의 사회복지사는 개입대상지역 고유의 장점, 기술, 가치 그리고 역량을 충분히 인식하여야 한다.

③ 다양한 문화적 집단이 혼재하는 지역사회에 개입해야 하는 경우, 사회복지사는 각 문화집단의 특성을 파악하여 상호교류를 최대한 이끌어 낼 전략을 개발해야 한다.

④ 기본 실천목표는 지역사회 내 취약계층이나 소외계층에게 마땅히 지원되어야 할 자원들이 분배될 수 있도록 하는 것에 중점을 둔다.

⑤ 사회복지사는 지역사회 내 다양한 유형의 억압이 존재한다는 점을 인식해야 한다.

⑥ 지역사회 의사결정 및 지역사회복지 실천과정(문제 확정, 욕구조사, 목표수립, 개입실행 및 평가)의 모든 단계에 최대한 다양한 계층의 참여를 이끌어 낼 수 있는 의사결정 구조 개발이 필수적이다.

⑦ 전문가, 준전문가, 일반 지역주민 삼자의 평등적 참여가 가능한 의사결정 구조가 개발되어야 한다.

⑧ 사회복지사는 반드시 지역 내 다양한 이익집단 간의 욕구와 선호를 조정할 수 있는 협상기술을 충분히 습득해야 한다.

⑨ 사회복지사는 지역사회복지실천의 전략과 전술 개발 및 선택과 관련된 윤리상 문제에 확고한 자세를 취할 수 있는 이론적 틀이 분명해야 한다.

⑩ 지역사회복지실천은 다양한 접근이 고려되어야 하며 한 가지 옳은 결정만 존재한다는 편견은 버려야 한다.

지역사회복지 실천과정에서 사회문제를 바라보는 실천가의 관점과 그 지역사회의 환경 및 상황에 맞게 다양한 실천모델이 선택, 적용되고 이를 통해 지역사회는 변화되고 발전할 것이다.

4. 지역사회복지 실천모델에서 사회복지사의 역할

사회복지실천에서 사회복지사의 역할은 지역사회의 현안문제나 사회복지사가 속해 있는 조직의 성격에 따라 다르게 나타난다. 로스먼의 세 가지 모델을 기준으로 보면 각 모델의 목표에 따라 사회복지사의 역할도 다르다는 점을 알 수 있다. 이 절에서는 로스먼의 세 가지 모형에서

〈표 4-6〉 지역시회복지 실천모델에 따른 사회복지사의 역할

지역사회개발 모델		사회계획/정책 모델		사회행동 모델	
로스 (M. Ross)	리피트 (R. Lippitt)	모리스(Morris) 와 빈스톡 (Binstock)	샌더스 (I. Sanders)	그로서 (Grosser)	그로스먼 (L. Grossman)
안내자 (guide) 조력자 (enabler) 전문가 (expert) 치료자 (therapist)	촉매자 (catalyst) 전문가 (expert) 실천가 (implementer)	계획가 (planner)	전문가 (professional) 분석가 (analyst) 계획가(planner) 조직가 (organizer) 행정가 (administrator)	조력자 (enabler) 중개자 (broker) 옹호자 (advocate) 행동가 (activist)	조직가 (organizer)

사회복지사의 역할에 대한 대표적인 학자들의 견해를 살펴보기로 한다.

1) 지역사회개발 모델에서 사회복지사의 역할

지역사회개발 모델은 과정중심 모델로 지역사회를 통합하고 지역주민이 협동적으로 문제를 해결해 나가는 역량을 개발하는 것이다. 또한 지역사회문제나 욕구를 다룰 때 주민들의 자조정신을 강조하게 된다. 그러나 대부분의 지역주민은 자신이 살고 있는 지역사회의 문제나 욕구에 대해 무관심하거나 전문성이 부족하기 때문에 지역사회문제를 해결하기 위한 어떠한 조치도 취할 수 없게 된다. 따라서 사회복지사는 지역사회의 이러한 문제와 욕구 해결을 위해 적절한 역할을 해야 한다.

로스먼은 지역사회개발 모델에서 사회복지사의 중심 역할은 조력자(enabler) 또는 격려자(encourager)라고 설명하였다(Rothman, 1995). 로스(Ross)는 지역사회개발 모델의 핵심방법이라 할 수 있는 지역사회의 조직화 과정에서 사회복지사가 담당해야 할 역할을 안내자(guide), 조력자(enabler), 전문가(expert), 치료자(therapist)로 구분하여 설명하였다. 이러한 역할들 중 사회복지사의 주된 역할은 안내자와 조력자다.

(1) 안내자로서의 역할

지역사회개발 모델의 목표를 고려할 때 안내자(guide)로서의 사회복지사의 역할은 첫째, 지

역사회로 하여금 문제해결을 위한 목표(goals)를 설정하고, 이를 해결하는 방안을 강구하도록 도와주는 것이다. 이때 사회복지사는 주민들이 다양한 요소를 감안해서 올바른 방향으로 목표를 설정하도록 도와준다. 둘째, 문제해결 과정에서 주도적 역량을 발휘해야 한다. 지역사회문제에 대한 충분한 지식과 주민에게 이익이 되는 대안을 제시할 수 있어야 한다. 셋째, 지역사회의 조건에 대하여 객관적인 입장을 취해야 한다. 즉, 지역사회를 있는 그대로 수용해야 한다는 것이다. 넷째, 사회복지사는 자신을 지역사회 전체와 동일시해야 한다. 다섯째, 자신의 역할을 수용해야 한다. 즉, 사회복지사는 어떤 해결책을 제시하거나 강요하는 역할이 아니라 지역사회가 스스로에 대한 책임을 다할 수 있도록 하는 자신의 역할을 받아들여야 한다. 여섯째, 지역사회가 사회복지사의 역할을 이해하고 수용할 수 있도록 자기 역할에 대해 설명해야 한다.

(2) 조력자로서의 역할

조력자(enabler)의 역할이란 지역사회조직화 과정을 용이하게 하는 사회복지사의 역할을 말한다. 이 역할은 사회복지사가 지역사회의 불만을 집약하고 이를 바탕으로 조직화를 격려하며 조직 내에서 주민 상호 간의 좋은 대인관계를 육성하고 공동목표를 강조하는 활동을 포함한다. 조력자로서의 역할은 또한 촉매자(catalytic agent)의 역할이라 할 수 있다.

(3) 전문가로서의 역할

전문가(expert)로서 사회복지사의 역할은 권위를 가지고 지역사회에서 필요한 지식, 정보, 객관적 자료를 제공하고 직접적인 충고를 하는 것이다. 다시 말해, 사회복지사는 지역사회 조직체가 사업을 수행하는 데 필요로 하는 조사자료, 경험, 자원에 관한 자료, 방법상의 충고 등을 제공하는 것이다. 전문가의 구체적인 역할로는 지역사회에 대한 분석 및 진단, 조사방법에 대한 지식과 기술의 활용, 다른 지역사회에서 진행된 조사, 연구, 시범사업에 대한 정보 제공, 조직화 방법에 관한 조언, 사업과정에 대한 설명 및 평가 등이 있다.

(4) 사회치료자로서의 역할

사회치료자(therapist)로서 사회복지사는 지역사회 수준에서 적절한 진단과 치료를 수행해야 할 때가 있다. 이러한 때에는 적절한 진단을 통해 규명된 문제의 성격과 특성을 주민들에게 제시하여 그들의 이해를 도와 긴장을 해소하게 하고 협력적인 작업을 방해하는 요인을 제거할 수 있도록 하여야 한다. 사회복지사는 문제의 적절한 진단을 위해서 지역사회의 역사, 전통, 관습, 금기적 사고(taboo), 가치관을 포함한 광범위한 지역사회의 역학관계를 이해하여야 한다.

2) 사회계획 모델에서 사회복지사의 역할

사회계획 모델은 정책집행의 효과성과 효율성을 강조하고 과업목표에 초점을 둔 모델로, 지역사회문제에 대한 자료를 수집·분석하고 가장 합리적인 대처방안을 결정할 수 있는 지식과 기술을 가진 전문가의 역할이 중요하다. 이에 모리스(Morris)와 빈스톡(Binstock)은 사회적 서비스를 개선하고 사회문제를 완화시키는 주요 수단은 공공기관의 정책을 고치는 것이며, 이때의 사회복지사는 이러한 목적을 달성하기 위해서 노력하는 계획가(planner)라고 정의하였다. 샌더스(Sanders, 1969)는 계획된 변화를 이룩하기 위해서 전문가(professional), 분석가(analyst), 계획가(planner), 조직가(organizer), 행정가(administrator)의 역할이 필요하다고 주장하였다.

(1) 계획가로서의 역할

사회계획 모델에서 사회복지사는 객관적 사실발견과 과학적 분석의 결과를 기초로 지역사회의 발전적 변화를 목표로 하는 계획을 수립하게 된다. 이러한 계획수립에 있어서 사업목표를 달성하기 위한 지역사회의 제반 여건을 고려할 필요가 있다. 계획가(planner)로서 사업에 착수하기 위해 필요한 재정, 인력, 관계법령 등과 같은 기술적인 면과 함께 사회복지사가 계획단계에서 고려해야 할 측면은 다음과 같다. 첫째, 가치 중심적인 사회복지 특성을 고려해서 인간적인 측면에 관심을 두어야 한다. 둘째, 사회복지를 증진시킬 수 있는 목표를 설정해야 한다. 셋째, 목표를 성취하기 위한 합리적이고 합법적인 수단을 반영해야 한다. 넷째, 정책기관과 저항과의 관계를 분석하고 주요 관심사가 무엇인지를 찾아낸다. 다섯째, 자신의 영향력을 발휘할 수 있는 자원 중에서 주어진 상황에 가장 적절한 것을 선택한다.

(2) 분석가로서의 역할

사회복지사의 전문적인 활동은 객관적 사실발견과 과학적 분석에서 출발한다. 사회조사와 관련한 이론 및 분석기법의 발달로 인해 다양한 지역사회사정(community assessment) 방법을 활용하여 파악한 지역사회의 문제와 욕구는 지방정부와 다양한 사회복지기관에서 정책의 입안 및 개선, 새로운 서비스 개발을 위한 기본적인 근거자료로 활용되고 있다. 분석가(analyst)로서의 사회복지사는 다음과 같은 영역에 대한 조사 및 분석 자료를 잘 활용해야 한다. ① 사회문제에 영향을 미치는 요인들에 관한 조사와 분석, ② 사회변화를 위한 프로그램 과정 분석-어떻게 변화를 가져올 것이냐 하는 과정에 역점, ③ 계획 수립의 과정 분석-문제해결을 위한 계획이 어디에서 시작되었고, 어떠한 과정을 거쳐 결정에 이르게 되는가를 분석하는 것, ④ 유도된 변화에 대한 평가-프로그램이 목표를 어느 정도 달성했는지에 대한 평가가 그것이다.

(3) 조직가로서의 역할

조직가(organizer)로서 사회복지사의 역할은 계획의 수립과 실천과정에 지역사회에 있는 행동체계를 참여시키는 것을 의미한다. 지역사회 내의 집단이나 단체를 참여시키기 위해 그들의 역할을 분명히 하고, 그 역할을 효과적으로 수행할 수 있도록 훈련시킨다. 특히 지역주민들의 참여의식을 고취시켜 스스로 조직화할 수 있도록 사기를 진작시키고 능력을 격려한다.

(4) 행정가로서의 역할

행정가(administrator)로서 사회복지사의 역할은 프로그램이 실제로 운영될 때 주민들이 이것에 대해 알고 반응을 보이는 단계에서, 프로그램이나 기관의 운영에 주로 관심을 갖는 것이다. 행정가는 계획에서 설정한 목표를 효과적이고 효율적으로 달성하기 위해 모든 인적·물적 자원을 적절히 관리해야 한다. 여기서 유의할 점은 프로그램을 운영하는 규칙과 절차를 적용함에 있어 형식적인 면을 탈피하고 융통성을 발휘해 항상 달성하고자 하는 목표에 집중해야 한다는 것이다.

(5) 전문가로서의 역할

전문가(professional)로서 사회복지사의 역할은 지역사회복지 실천모델 모두에서 공통적으로 요구되는 역할로, 지역사회에 대한 분석 및 진단, 조사방법에 대한 지식과 기술의 활용, 다른 지역사회에서 진행된 조사·연구·시범사업에 대한 정보 제공, 조직화 방법에 관한 조언, 사업과정에 대한 설명 및 평가 등이 있다. 지역사회개발 모델에서는 문제해결의 일차적 책임이 지역주민이기 때문에 사회복지사의 역할 중 전문가의 역할은 보조적이다. 그러나 사회계획 모델에서는 지역주민만으로는 지역사회문제를 스스로 해결할 수 없으므로 전문가의 주도적 역할이 강조된다.

3) 사회행동 모델에서 사회복지사의 역할

로스먼은 사회행동 모델에서 다양성을 가진 정치문화에서 불이익 집단을 조직하는 데 필요한 실천가의 역할을 강조한다. 이 모델에서 실천가는 대중조직을 창설하거나 대중운동을 지도하며 정치적 과정에 영향을 미치려고 노력한다. 그로서(Grosser)는 사회행동 모델에서 조력자

(enabler), 중개자(broker), 옹호자(advocate), 행동가(activist)로서 사회복지사의 역할을 강조하였고, 그로스먼(L. Grossman)은 조직가를 명시하였다. 이 중 사회행동 모델에서 지역사회복지 실천가가 주로 수행하는 역할은 옹호자, 행동가, 조직가다.

(1) 조력자로서의 역할

조력자(enabler)는 사회조직의 목표를 설정하고 성취하기 위하여 사회조직화 과정을 용이하게 하는 역할을 한다. 이러한 기본적인 조력자의 역할은 모델의 구분 없이 동일하다. 그렇지만 사회행동 모델에서는 다른 역할보다 상대적으로 중립적인 입장에 있으며 매우 제한된 가치를 지닌 소극적인 역할을 하고 있다. 지역사회개발 모델에서 조력자는 사회복지사의 역할 중 가장 중심적이고 일차적인 역할로 구분되며, 촉매자로서 조직화를 격려하고 인간관계 형성을 촉진하여 공동의 목표를 추진하게 한다. 반면에, 사회행동 모델에서는 지역주민이 주도권을 가질 수 있도록 돕는 가장 소극적이고 제한되어 있는 역할로 한정되어 있다. 이러한 점에서 각 모델에 따라 역할의 중요도가 다르다고 할 수 있다.

(2) 중개자로서의 역할

사회복지사는 기본적으로 클라이언트와 지역사회의 자원을 연결하는 역할을 수행한다. 또한 주민들에게 필요로 하는 자원이 어디에 있는지를 가르쳐 줌으로써 이에 접근할 수 있게 해 준다. 이는 집단적인 중개(collective brokerage)의 차원으로 사회복지사의 단독적인 개입보다는 전 지역주민에게 영향을 주는 행정과 정책의 변화를 추구한다. 중개자(broker) 역할은 지역사회개발 모델에서 주민들이 스스로 자원의 소재를 파악하도록 도와주는 전문가의 역할보다 훨씬 적극적인 개입으로 볼 수 있다.

(3) 옹호자로서의 역할

옹호란 사회정의를 확보하거나 유지하는 목적으로, 개인, 집단, 지역사회에서의 운동과정을 직접적으로 대표하고, 방어 · 개입하며, 지지하거나 권고하는 활동이다. 옹호자(advocate)의 역할은 자원의 소재를 알려 주는 중개자의 역할에서 더 나아가 필요한 정보를 수집하고 주민들의 입장에서 정당성을 주장하며 기관의 입장에 도전할 목적으로 지도력과 자원을 제공하는 것이다.

(4) 행동가로서의 역할

행동가(activist)로서 사회복지사는 갈등적인 사회 상황에서 중립적이거나 수동적인 자세를 거부하고 적극적인 역할을 수행하며 지역사회 행동을 조직화한다. 지역사회 내 불이익을 당하는 주민들을 위해 진정한 사회복지사의 역할로 강조되고 있다. 주민조직과 함께 지역사회 환경을 개선하고 서비스를 요구하기 위한 집단행동에 있어서 리더십을 발휘하여 행동에 동참하는 것을 말한다. 이러한 역할에서 사회복지사에게 지역사회와 주민들은 클라이언트라기보다는 사회변화를 위한 동지다. 따라서 위에 언급한 역할 중 가장 적극적이고 급진적인 역할이라고 볼 수 있다.

(5) 조직가로서의 역할

그로스먼은 사회행동 모델에서 사회복지사의 역할로 조직가(organizer)를 명시하고 있다. 사회행동 모델의 목표를 성취하기 위한 조직가의 과업에는 기술상의 과업과 이데올로기적 성격을 지닌 과업이 있다. 기술상의 과업은 모든 사회복지사가 수행하고 있으며, 이데올로기적 성격의 과업은 일부의 진보적인 사회복지사가 수행하고 있다. 여기에서 기술상의 과업은 궁극적인 목적을 위하여 지역사회 프로그램에 참여하는 사람들의 지속적인 관심과 적극적 참여를 유도하고 조직을 활성화하여 목적달성을 위해 투쟁할 수 있는 변화를 유도하는 것이다. 이데올로기적 과업이란 지역사회의 구조적인 문제해결을 위해 대중을 조직화하여 권력과 자원을 가지고 있는 집단에 대해 저항하는 것이 중요한 전략이라고 할 수 있고, 항의와 시위 같은 집단행동을 통한 갈등이나 대결 전술을 활용하며 지역주민의 정치적 의식을 증대시킨다. 미국에서 주로 갈등과 대립이 첨예화되는 흑인 거주지역과 가난한 여러 인종이 함께 거주하는 지역에서 주로 이러한 과업이 수행되는 것을 그 예로 들 수 있다.

/tip/ **행동가 vs 옹호자**

• 행동가로서 사회복지사는 사회정의와 평등을 실현하고 인간다운 삶이 보장되는 사회를 만들기 위해 적극적으로 사회운동에 관여한다. 즉, 지역사회나 거시적 수준에서, 클라이언트의 이익이나 권리가 침해당하는 사회적 조건(사회적 불평등, 차별 등)을 인식하여 클라이언트가 인권을 보호받고 행사할 수 있는 사회를 만들기 위한 활동에 참여한다. 다시 말하면, 불리한 사회구조의 변화에 관심을 가지고 이를 위해서 사실을 탐구하고 지역사회 욕구를 분석하며, 조사연구, 정보의 보급과 해석, 연합회 구성, 법적 행동, 입법로비 활동 등을 통해 사회개혁을 위한 노력을 한다.

• 옹호자로서의 사회복지사는 사회정의를 지키고 유지하려는 목적으로 개인이나 집단, 지역
사회의 입장에서 직접적으로 대변과 보호, 개입, 지지를 하며 일련의 행동을 제안하는 행동
을 수행한다. 이는 클라이언트가 자신이 필요한 것을 얻을 수 있는 능력이 없을 때 적절한
역할이다. 그래서 수혜를 받아야 할 사회적 약자들이 서비스를 받을 수 있는 권리를 박탈당
할 때에는 서비스를 받을 수 있도록 클라이언트나 시민을 변호하기 위해 직접적이고 적극
적인 역할을 수행한다. 즉, 대상자들이 적절한 서비스를 받을 수 있는 권리를 확보하거나
유지하도록 기관 내의 프로그램이나 정책을 변화시키기 위한 적극적인 역할을 수행한다.

참고문헌

감정기 · 최원규 · 진제문(2005). 지역사회복지론. 경기: 나남.

강철희 · 정무성(2007). 지역사회복지론. 경기: 공동체.

김광희(2013). 지역사회복지론. 경기: 공동체.

오정수 · 류진석(2008). 지역사회복지론. 서울: 학지사.

Hardina, D. (2002). *Analytical Skills for Community Organization Practice*. New York: Columbia University Press.

Popple, K. (1996). Community Work: British Models. *Journal of Community Practice*, Vol. 3.

Rothman, J. (1996). The interweaving of community intervention approaches. *Journal of Community Practice, 3* (3/4), 69-99.

Rothman, J. (2005). Approaches to community intervention. In J. Rothman,, J. L. Erlich, & J. E. Tropman (Eds.), *Strategies of community intervention* (5th ed., pp. 3-63). Itasca, IL: F.E. Peacock.

Sanders, I. T. (1969). Professional Roles in Planned. In R. M. Kramer & H. Specht (Eds.), *Reading in Community Organization Practice*. Englewood Clitts, NJ: Prentice-Hall.

Taylor, S. H., & Roberts, R. (1985). *Theory and practice of community social work*. New York: Columbia University Press.

Tropman, J. E., & Erlich, J. L., & Rothman, J. (Eds.). (1995). *Tactics and Techniques of Community Intervention* (3rd ed.). Itasca, IL: F. E. Peacock.

United Nations Economic and Social Council(1955). *Social Progress through Community Development*. New York: United Nations, IV 18.

Weil, M. (1996). Model development in community practice: An historical perspective. *Journal of Community Practice, 3* (3/4), 5–67.

Weil, M., & Gamble, D. N. (1995). Community Practice Model. *The Encyclopedia of Social Work* (19th ed.). Washington, D. C.: NASW Press.

제5장
지역사회복지 실천과정

지역사회복지 실천과정은 지역사회의 문제나 욕구에 대한 해결과정을 일컫는다. 이에 대해 〈표 5-1〉과 같이 여러 학자가 소개하고 있는데 우리나라 현실에 맞는 지역사회복지 실천과정에 따라 사례를 정리해 보았다.

〈표 5-1〉 학자별 지역사회복지 실천과정 비교

학자	Dunham (1970)	Kettner et al. (1985)	김남선 (2000)	최옥채 (2000)	박태영 (2003)	최종혁 (2005)	표갑수 (2007)	이 책
지역사회 복지 실천과정	문제인식	문제확인 단계	접근단계	준비단계	지역사회 사정단계	준비단계	문제해결 및 분석	문제 및 원인 분석 단계
	사실발견	문제원인 분석단계			지역사회 복지욕구 파악단계			
	계획	목적목표 설정단계		계획단계	실천계획 수립단계	계획화 단계	정책 및 프로그램 개발	실천계획 단계
		실행계획 단계						

학자	Dunham (1970)	Kettner et al. (1985)	김남선 (2000)	최옥채 (2000)	박태영 (2003)	최종혁 (2005)	표갑수 (2007)	이 책
지역사회 복지 실천과정	실천	자원계획 단계						
		실행단계	조직단계	조직화 단계	실천계획 실시단계	조직화 단계	프로그램 실천	실천 및 점검 단계
						평가와 피드백		
		실행과정 점검단계	육성단계	문제해결 단계		지역활동 및 복지 운동단계		
	평가와 피드백	평가		평가단계	평가단계	평가 및 과제전환 단계	평가	평가단계

출처: 박미애, 2008 참조하여 재구성.

1. 문제 및 원인 분석 단계

지역사회복지 실천과정의 첫 번째 단계는 우리 지역사회에 어떠한 욕구나 문제가 있는지, 그 욕구와 문제가 나타나게 된 원인은 무엇인지를 확인하는 것이다. 사회복지사 개인이 짐작하는 문제가 아닌, 지역주민이 피부로 느끼고 변화시키고 싶은 것이 무엇인지 제대로 파악하는 것에 서부터 진정한 지역사회복지실천이 시작된다.

1) 문제 분석

문제를 분석한다는 것은 지역사회에 불합리한 사회적 조건이 무엇인지, 그것이 어느 집단의 욕구와 관련되었는지 파악함으로써 문제의 특성을 알아내는 것이다. 세부적으로 살펴보면 관련 인물 파악, 문제 특성 파악으로 나누어 볼 수 있다.

첫째, 관련 인물 파악은 관련된 다양한 시각의 당사자들과 대화를 나눔으로써 이루어진다. 이때 각기 다른 시각을 가진 집단을 만나는 것이 중요하다. 이는 이해관계가 서로 다르기에 문제에 대한 해석이 달라질 수 있고 지역사회 상황에 대한 폭넓은 인식을 가지기 위함이다. 이렇게 문제 분석 단계에서 자연스럽게 주민지도자들과의 관계 맺기가 형성될 수 있다. 지역사회복지 실천과정은 사회복지사 한 사람의 역량으로 이루어질 수 없을 뿐만 아니라 그렇게 되어서도 안 된다. 지역사회는 다른 체계들과의 유기적인 관계 속에서 변화될 수 있으며, 사회복지사 한 사람의 생각과 경험에 국한해서 실천할 수 없기 때문이다. 지역사회복지실천은 그 지역주민이 주체가 되어서 실천하느냐 그렇지 않느냐에 따라 진행과정이 많이 달라질 수 있기 때문에 주민들과의 관계 맺기는 매우 중요하다. 지역사회복지 실천과정은 많은 주민이 함께 참여하는 것에 의의를 두는데, 문제를 파악하고 계획하는 초기 단계에서는 주민지도자로 볼 수 있는 지역사회 오피니언 리더들과의 접촉에 중점을 둔다.

둘째, 문제 특성 파악은 문제의 범위 설정과 문제의 속성 파악이다. 처음에 문제의 범위를 설정할 때는 여유를 두고 융통성 있게 설정하는 것이 바람직하다. 그래야만 생각지 못했던 중요한 요인이 배제되지 않고 확인될 수 있다.

/tip/ **문제 범위 파악 관련 질문**

- 변화시키고자 하는 노력은 어느 범위에서 진행해야 할 것인가? 조직 단위, 기초자치단체 지역사회(읍, 면, 동), 광역자치단체 지역사회(구, 군/시, 도) 또는 전국적 단위 중 어느 범위로 접근할 것인가?
- 변화시키고자 하는 노력은 어떠한 종류의 문제인가? 심리적·개인적 문제인가, 집단 간 문제인가, 아니면 사회제도적 문제인가?
- 현재 문제 상황에서 결정적인 요인은 무엇인가?
- 어떠한 단위가 변화를 위한 구체적인 표적(조직들, 지역사회체계 또는 하부체계들)이 될 것인가?

문제의 속성 파악이란 복잡성, 감정적 개입 정도, 확산 정도, 지속성, 문제해결의 긴급성을 파악하는 것을 말한다. 이러한 문제 특성 파악을 위해서는 객관적인 자료를 확보하는 것이 중요한데, 공공기관을 통한 통계 지표, 복지기관의 지역사회 욕구조사, 지역사회 오피니언 리더의 인터뷰 등이 활용될 수 있다.

/tip/ 욕구사정을 위한 자료수집 방법

1. 비공식 인터뷰: 지역주민이나 유지들과 자연스러운 만남을 통해 조사의 방향이나 기본 요소들을 판단하는 방법이다. 자연스러운 의견교환으로 조사대상의 특정 입장에 상관없이 정보를 수집할 수 있다.

2. 공식 인터뷰: 지역사회 이슈에 대한 전문적 지식을 갖고 있다고 판단되는 주요 정보제공자들과 사전에 약속을 잡고 대면이나 전화 면접을 하는 방법이다. 조사대상자의 대답을 보다 폭넓게 들을 수 있는 개방형 질문이 좋으며, 사전에 미리 물어볼 질문들을 구성해야 한다.

3. 민속학적 방법: 주로 참여관찰을 말한다. 조사자의 현지관찰을 통해 조사대상 지역주민의 삶, 행동, 문화, 가치, 의식 등을 연구자가 수집하는 방법이다. 참여관찰은 조사자가 그 지역에서 지역주민과 같이 생활하면서 관찰한다는 특징이 있다.

4. 델파이기법: 전문적인 지식을 가지고 있는 주요 정보제공자들을 활용하는 방법이다. 관련 전문가들을 선정하여 주요 관심사에 대한 설문지를 발송한 후, 회수된 응답내용을 합의되지 않은 부분과 합의된 부분으로 종합 정리한다. 분석 결과, 합의되지 않은 내용에 대해서는 그 이유와 함께 2차 설문지를 발송하여 의견을 묻는다. 이러한 방식으로 일정 정도의 합의점에 도달할 때까지 분석한 결과를 참고하여 다시 응답하게 하는 절차를 반복한다.

5. 명목집단기법: 비교적 짧은 시간 안에 다양한 배경을 가진 지역사회 내 집단의 이익을 수렴하여 욕구조사와 우선순위를 결정할 수 있는 유용한 방법이다. 의견을 무기명으로 적어 제출하며, 유사한 의견들을 정리하여 발표한 후 논의가 진행된다. 각 참가자들이 발표된 의견에 우선순위를 매기면 진행자가 취합하여 평균 점수를 계산한 뒤 최종 우선순위를 결정한다.

6. 초점집단기법: 소집단으로 구성되며, 여러 명이 동시에 질의와 응답에 참여할 수 있다. 집중적인 토론에 유용한 지역사회 사정방법이다. 어떤 문제에 관련된 소수의 사람을 한 곳에 모아 어떤 문제에 대한 의견을 개진하도록 하고 참여자들끼리 토론하여 보다 깊이 있게 의견을 듣는 방법이다. 토론, 토의로 진행되므로 진행자의 역량이 중요하다. 주요 정보제공자, 관련 서비스 제공단체 대표, 수혜자(서비스 소비자), 잠재적 수혜자, 지역사회주민 등이 대상자가 될 수 있다. 이는 주요정보제공자기법에 비해 직접적인 욕구조사 방법이라고 볼 수 있다.

7. 주요정보제공자기법: 주요 정보제공자로부터 대상집단의 욕구 및 서비스 이용상태를 파악하는 방법이다. 여기서 주요 정보제공자는 기관의 서비스 제공자, 전문직 종사자, 지역 내 사회복지단체의 대표자, 공직자 등을 포함하는, 지역사회 전반의 문제에 대하여 잘 알고 있는 것으로 인정되는 사람들이다. 이는 초점집단기법에 비해 간접적인 욕구조사 방법이라고 볼 수 있다.

8. 공청회: 정부의 프로그램이나 계획에 대해 의견을 개진할 수 있는 기회를 제공한다. 공청 회 실행의 책임은 정부에 있다. 공청회에 참석한 참석자들의 견해가 전체 지역주민을 대표 하는지를 판단하기 어려우며, 통제하기가 어렵다는 한계가 있다.

9. 지역사회포럼: 지역주민의 욕구나 문제에 대한 지역주민의 인식을 알 수 있다. 모든 사람 에게 공개되어 있다. 참석자들은 지역사회 문제를 확인하고 그 문제의 해결에 관한 제안을 할 수 있다. 다양한 사람에 의해 다양한 의견이 제시되지만, 그 때문에 문제의 본질이나 구 체적인 욕구를 파악하는 것이 어려울 수 있으며 통제가 어렵다는 한계가 있다. 어떤 특정 인물이나 집단이 포럼을 주도적으로 진행하는 경우 참여한 다른 사람들의 의견이 무시되 거나 제한받을 수 있다.

10. 서베이: 욕구조사에서 가장 많이 하는 방법으로, 표준화된 정보 수집을 위해 구조화되거 나 반구조화된 질문지를 통해 설문조사를 진행하여 응답을 받는다. 정해진 항목들에 대해 서만 답변을 받으므로 다양한 의견을 취합하기 어렵다. 누구를 대상으로 할 것인지, 즉 대 상자의 표집이 관건이 된다. 다양한 인구집단 간 의견의 비교 분석이 가능하다.

11. 사회지표분석 및 2차 자료의 이용: 사회지표분석은 통계청이나 보건복지 관련기관이나 정부에서 이미 발표한 수치화된 자료나 내용을 활용하여 욕구를 조사하는 방법이다. 타 지역과의 비교가 가능하다. 이 외에 서비스 이용자 실태조사 자료 등 직접 조사하지 않은 2차 자료를 활용하여 욕구를 파악할 수도 있다.

2) 문제원인 분석

문제원인 분석은 문제가 생긴 이유, 즉 그 문제가 가진 의미를 파악하는 것이다. 이는 기술적 측면과 대인관계 측면에서 이루어진다.

기술적 측면(technical aspects)은 문제의 이면에 있는 논리를 확인하는 것이다. 즉, 문제의 인 과관계를 파악하고, 그에 따른 이론적 틀을 선택하며, 자료의 유형을 파악하는 것이다. 여기서 이론적 틀을 선택한다는 것은 다양한 관점을 이해하는 것을 말하며 문제를 설명하는 틀로서 무 엇을 설정할 것인가에 대한 지역주민의 합의가 매우 중요하다. 자료의 유형 파악은 문제와 관 련한 자료가 횡단적 분석 자료인지, 종단적 분석 자료인지, 다른 지역사회와의 비교분석 자료 인지 등을 확인하는 것이다.

/tip/ **이론적 틀 선택 관련 질문**

여러 가지 이론적 틀을 활용할 수 있다는 가능성을 열어 두고 다음의 질문 내용을 하나씩 살펴보면서 가장 많은 질문에 긍정적인 답을 할 수 있는 이론적 틀을 선택하면 된다.

- 이 이론적 틀을 활용할 때 문제와 관련한 자료를 수집하는 것이 용이한가?
- 이 이론적 틀을 활용할 때 실제적인 검증이 가능한가? 가능하다면 그 내용은 무엇인가?
- 주민들이 가장 중요하게 생각하는 가치나 신념 그리고 지역사회 내 조직이나 주민들의 인식 및 변화 등과 가장 잘 들어맞는 이론적 틀은 무엇인가?
- 문제 상황의 중요한 측면들을 확인할 수 있는 사건들을 포괄하며 적용할 수 있는 이론적 틀은 무엇인가?
- 생산적인 개입을 이끌어 낼 수 있는 이론적 틀은 무엇인가?
- 현재 문제 상황을 가장 단순하고 논리적으로 설명해 줄 수 있는 이론적 틀은 무엇인가?
- 현재 문제 상황을 설명함에 있어 내적인 일치성을 가지는 이론적 틀은 무엇인가?

대인관계 측면은 지역사회실천을 위한 지지를 얻고, 반대를 줄이기 위한 것이다. 이에 문제와 관련된 대인관계와 정치적·경제적인 사항을 확인해야 한다. 문제와 관련된 대인관계 확인은 서로 다른 의견을 가지더라도 협력해서 일할 수 있는 관계를 맺는 능력과 관계된다. 이때 명확한 의사소통이 매우 중요한데, 사회복지사는 사람들 간의 차이점에 민감하게 반응하고 다룰 수 있어야 한다. 또한 다양한 의견에 대해 개방적인 태도로 받아들이고 토론의 장을 마련해야 한다. 여기서도 마찬가지로 주민과의 관계 맺기가 자연스럽게 이루어질 수 있다. 지역사회복지실천과 관련된 내용뿐만 아니라 주민 개개인의 삶에 관심을 갖고 말 그대로 친해져야 한다. 친밀감이 형성된 관계에서는 의사소통이 훨씬 원활하게 이루어지기 때문에 지역사회복지실천을 위해서도 주민과의 관계 맺기가 중요하다.

정치적·경제적 사항, 즉 자원의 이용가능성, 정치적 분위기, 주민과 주민지도자의 각성 정도 등을 고려하는 것도 중요하다. 주민들이 원하는 변화가 다른 체계들에 미칠 파급효과를 파악하고 이에 대해 사회적 승인이 가능한지, 또한 경제적 자원이 얼마나 되는지, 지지 집단을 어떻게 포섭하고 반대 집단을 최소화할 것인지를 고려해야 한다. 이때 확인된 사항을 통해 주민교육이 어느 수준에서 마련되어야 할 것인가를 가늠해 보아야 한다. 지역사회복지실천에서 주민교육은 자신과 가족에 매몰되어 있는 이들의 시야를 지역사회 차원까지 넓히는 목적을 가지고 있는데, 이러한 주민교육이 선행되지 않으면 지역사회복지실천에서 주민들의 참여를 담보하기 어렵다.

/tip/ **지역사회자본사정을 위한 모델**

　　지역사회의 빠른 변화와 고유한 특성을 잘 측정하기 위해 맥그리거(Macgregor)와 캐리 (Cary)의 Social/ Human Capital Rapid Appraisal Model(SCRAM)을 참조하여 한국의 자료 유 무를 고려해 재구성하였다. 특히 위의 선행연구는 사회자본을 측정함에 있어 단순히 영역별 변수만을 고려한 것이 아니라 스톤(Stone, 2001)이 제시한 근위지표와 원위지표를 모두 포함 하여 제시함으로써 과정과 결과를 동시에 사정할 수 있는 장점을 가지고 있다. 근위 (proximal) 지표는 자본의 과정에 관련된 지표로, 예를 들어 사회자본의 핵심적 요소인 관계 망, 신뢰, 상호호혜성 등의 지표를 조사하기 위하여 가장 근접한 개념으로 지역사회 내에 있 는 자생적 비영리 조직의 수, 회원 수, 자금액 등을 파악하는 것이다. 원위(distal) 지표는 주 로 사회자본의 결과들과 관련된 것이다. 예를 들어, 지역사회 구성원의 거주기간, 비고용률, 가계소득 등으로 측정되는 것이다.

　　우리나라 농촌 지역사회의 자본을 기존에 있는 자료를 근거로 빠르게 사정할 수 있는 모델 을 물적 자본, 인적 자본, 사회 자본으로 구분하여 각 영역별 영역과 검토 가능한 지표를 제시 하면 다음과 같다.

〈표 5-2〉 농촌 지역사회 자본사정 모델

구분	사정측정영역	검토측정지표
물적 자본	경제수준	• 지역 내 총생산, 가계소득
	시설 수	• 생산시설 수, 사회시설 수
인적 자본	학력 및 훈련의 수준	• 학력: 공식적 교육의 학위 • 훈련: 비공식적 교육과 기술의 수료
	노동력의 크기와 질	• 노동참여비율: 고용인, 비고용인의 수 　(연령별 분포, 노동형태별 분포 고려)
	건강상태	• 자살률, 병원 수, 건강서비스프로그램 종류 및 수
	리더십	• 지역 내의 새로운 사업/기업의 수 • 지자체에 참여하고 있는 자원봉사자 수, 정보공유의 매체 의 수
사회 자본	사회참여	• 클럽이나 조직 수와 그에 등록된 회원 수
	사회서비스들과 비영리조직	• 서비스기관 수, 비영리조직 수, 클럽 수
	상호호혜성	• 자원봉사현황자료, 자원봉사자 수와 시간(지자체기관, 자 원봉사센터)
	시민참여	• 지역사회위원회의 회의개최 횟수 및 참여자 수

구분	사정측정영역	검토측정지표
사회 자본	개인과 조직 간의 관계	• 지역사회에 조직으로부터 제공되는 지원금
	신용	• 범죄율
	공유된 규범과 사고들	• 거주기간
	지역사회자조	• 사회교육프로그램의 수와 참여자 수

2. 실천계획 단계

모든 지역사회복지 실천과정은 주민이 바라는 변화에 대한 목표를 세우고 그 목표를 달성할 수 있는 적절한 수단을 찾아 실행하는 과정이기에 계획단계가 중요하다. 물론 지역사회복지 실천과정은 지역사회의 상황과 주민들의 의견에 따라 얼마든지 변경될 수 있다. 그러나 초기에 주민들과 함께 면밀히 계획해 나가는 실천계획 단계는 대체로 목적 및 목표 설정, 실행 및 자원계획으로 크게 나눌 수 있다.

/tip/ **사회적 지역사회문제 구조화하기**(framing a social-community problem)

사회적 문제를 정의할 때 사회적 조건의 적절한 구조화는 지역사회 수용성을 형성해 나가는 데 필수적이다. 이때 사회적 문제 모델은 다음의 여섯 가지 요소로 설명된다.

1. 규범적 행동의 정의(definitions of normative behavior)
• 문제로 규정되는 조건에 의해, 행동적 · 사고적 기준이나 규범으로부터 중요한 일탈 그룹을 정의해야만 한다. 규범은 일탈의 양적 측면(빈곤선)과 질적 측면(삶의 질)에 대한 설명을 제시한다.
• 브래드쇼(Bradshaw, 1977)의 규범적(절대적) 욕구, 상대적 욕구, 지각한 욕구, 표현된 욕구로 나누어 살펴볼 수 있다.

〈사회적 행동에 대한 사회적 문제 개념〉

사회행동의 가능성	규범적	상대적	지각	표현
사회행동을 이끌 사회문제의 가능성 최저 ↕ 사회행동을 이끌 사회문제의 가능성 최대	+	−	−	−
	+	+	−	−
	+	+	+	−
	−	−	+	+
	+	+	+	+

+ 사회적 정의(definition) 표현   − 사회적 정의 표현되지 않음

2. 이념과 가치의 형태(ideology and value configurations)

이념이나 가치는 상황에 따라 다르게 나타날 수 있기에 구성원 사이에 공유되지 않는다면 논란거리가 된다.

> 스코틀랜드, 에딘버러에서 온 스코틀랜드의 동료가 있는데, 그의 민족적 정체성은 다음과 같이 나타날 수 있다.
> • 스코틀랜드에 있을 때는 에딘버러 사람이다.
> • 영국에 있을 때는 스코틀랜드 사람이다.
> • 유럽에 있을 때는 영국 사람이다.
> • 아메리카 대륙에 있을 때는 유럽 사람이다.

3. 사회적 인과관계 관점(social causation)

공공은 대부분의 사회문제의 원인을 사회적 요건에 기인하는 것으로 본다. 이러한 원인의 기여는 조건을 물리적 · 생물학적 · 자연적 힘뿐만 아니라 사회적 원인으로도 보는 인식과 관련된다. 빈곤의 원인은 일반적으로 빈자의 유전적 열등함으로써의 당대의 사회로 정의되는 것이 아닌, 편견과 빈곤 문화와 같은 사회적 환경적 요소로 정의된다. 하지만 여전히 빈곤의 원인을 유전적 결함으로 보는 이론도 있다(Murray & Herrnstein, 1994).

4. 범위(scope)

범위는 사회적 조건에 의해 영향을 받은 지역사회의 수치와 비율에 관한 인식이다. 이것은 그 조건이 미치는 영향범위 및 파급력과 관련 있다. 예를 들면, 사망이라는 측면에서 테러리즘은 독감보다는 적은 사람에게 영향을 미치는 반면, 정부는 독감보다 테러리즘을 훨씬 더 심각하게 받아들인다.

5. 사회적 비용(social cost)

사회적 비용은 경제적 비용과 달리 드러나지 않는 비용이거나 기회비용을 포함한다. 지역사회는 사회적 조건을 감안하여 그들이 감당할 수 있는 정도를 사회적 문제로 정의하는 경향이 있다. 사회적 조건들은 감당할 수 있고 자원이 잠재적으로 존재할 때를 말하고, 개입하지 않는 비용이 개입비용보다 더 클 때는 문제가 있는 것으로 정의된다. 예를 들면, 상대적 박탈감이나 지역사회 정신건강과 같은 문제는 지역사회의 역량에 따라 다르게 정의된다.

6. 교정(remediation)

지역사회는 클라이언트를 변화시켜서 해결할 수 있는 사회적 문제로 인식될 때 교정을 시작한다. 교정은 클라이언트들이 변화될 수 있다고 판단되고 변화에 필요한 사회적 비용이 변화시키지 않을 때의 사회적 비용보다 적다는 조건일 때 가능하다. 변화의 수준이나 변화에 영향을 미칠 수 있는 힘(power)은 전적으로 지역사회 범위를 넘어설 수 없다.

출처: Hardcastle et al., 2011.

1) 목적 및 목표의 설정

목적 및 목표 설정은 첫 번째 단계에서 분석된 지역사회의 문제나 욕구에 대해 실천의 방향과 수준을 정하는 과정으로 문제해결 여부에 큰 영향을 미친다. 목표 설정은 문제해결 방안인 동시에 이후에 그 개입이 얼마나 효과적이었는가를 점검하는 평가척도로 활용된다. 목적은 목표보다 높은 차원을 말한다. 즉, 목적은 목표보다 더 포괄적으로 표현되며 주민들이 바라는 미래의 모습과 그에 따른 일반적인 방향을 제시한다. 반면, 목표(objectives)는 목적을 비교할 때보다 구체적이며 측정이 가능한 결과로 표현된다.

목적의 설정에 있어 첫째, 목적의 진술은 원하는 미래의 모습을 나타낸다. 즉, 'OO지역에서 주거불이익을 당하는 주민들의 만족감을 향상시키는 것'과 같이 표현된다.

둘째, 목적 설정에 주민을 참여시키는 것은 지역사회복지실천이 사회복지사 중심의 하나의 기관 프로그램으로 전락하는 것을 막는 데 도움이 된다. 그 지역사회를 누구보다도 잘 아는 지역주민들은 그들이 가진 전문 기술과 지역사회에 대한 이해로 지역사회복지실천에 필요한 과업 달성에 대해 더 폭넓은 시각을 제시해 준다. 또한 계획과정에 참여한 주민들은 자신이 설정한 목적이라는 자부심을 갖고 이후 실행과정에서도 열정을 가지고 참여할 수 있기에 주민 참여를 촉진해야 한다. 즉, 참여는 주민들의 안목과 시각을 목적 설정에 포함시킨다는 것을 의미한다.

목표의 설정은 구체적인 세부활동 계획과 관련 있다. 활동계획서는 목표를 달성하는 방법에 대해 구체적으로 서술해 놓은 기록물이다. 이 중 가장 대표적인 것은 갠트 차트(Gantt chart)다. 갠트 차트는 가로축에 시기를, 세로축에 활동 내용이나 달성 목표를 기록함으로써 활동 또는 달성 목표와 시기에 대해 입체적 사고를 하고 목표달성의 경로를 살펴볼 수 있도록 한다.

활동 및 목표	1월	2월	3월	4월	5월	6월	7월	8월
1. 잠재적 참여 주민 파악	■							
2. 잠재적 참여 주민 상담	■							
3. 참여 주민 선정		■						
4. 장소예약, 참여 주민 연락				■				
5. 주간모임 개최					■	■		
6. 평가자료 수집						■		
7. 평가서 작성								■

[그림 5-1] 갠트 차트 예시

출처: Kettner et al., 1985 참고하여 재구성.

2) 실천 및 자원 계획

(1) 실천 계획

실천 계획은 설계 및 구조화하는 작업이라고도 말할 수 있는데, 이는 개입 실행을 위한 구조를 만드는 과정이다. 즉, 지역사회실천을 계획할 때 어느 수준에서 개입할 것인가를 구체화시키는 것을 말한다. 이는 크게 정책 접근, 프로그램 접근, 프로젝트 접근으로 나눌 수 있다.

정책 접근(policy approach)은 지역사회복지실천에 대한 원칙과 지침을 확립시켜 준다. 이 원칙과 지침은 대부분 자원의 재분배와 연관되기에 중요하다. 특별히 지역사회 차원의 거시적 실천영역에서 이루어지는 정책은 구의회, 시의회, 국회 등의 입법부에 의해 세워지기 때문에 입법부의 정책변화에 민감해야 한다. 이러한 예로는 주거 관련 조례개정 촉구를 위한 시위를 들 수 있다.

프로그램 접근(program approach)은 특정한 욕구를 가진 클라이언트 집단의 변화를 설계하고 구조화하는 데 적합한 접근으로서 구체적이고 상세한 실천방법을 기술해야 한다. 사회복지관 등에서 진행되는 지역사회주민을 대상으로 하는 지역통화를 활용한 품앗이 공동체 형성프로그램을 예로 들 수 있다.

프로젝트 접근(project approach)은 1년에서 1년 미만의 기간에 특정 대상의 변화를 꾀하며 계획하는 방법이다. 즉, 단기적이고 결과 중심적인 활동이다. 다시 말해, 프로젝트는 사회문제, 갈등하고 있는 쟁점 등에 대해 직접적인 서비스를 만들거나 지원하는 것을 일컫는다. 예를 들면, 결식노인을 위한 모금캠페인 등이 프로젝트 접근에 해당한다.

이러한 설계 및 구조화 시 고려해야 할 사항은 크게 대상, 즉 클라이언트 체계, 지역사회복지를 실천하는 조직의 특성, 정치적 지지 기반이다. 첫째, 클라이언트 체계는 수동적인 태도에서 능동적인 태도로 변화하게 되고, 있는 그대로의 모습을 모두 드러낸다. 특별히 유념해야 할 점은 이때 클라이언트 체계가 변화에 대해 저항할 수도 있고 지지할 수도 있다는 점이다.

둘째, 지역사회복지실천을 위해 노력하는 기관에 대해서는 과업 및 활동에 대한 연속성과 조정(coordination) 그리고 시기적절성을 살펴보아야 한다. 각 과업과 활동이 일관성 있는 맥락 속에서 위계를 가지고 유기적으로 연결되도록 설계해야 한다. 즉, 업무의 중복, 의사결정 체계의 불명확성 등은 과업 및 활동이 독립적이면서도 상호 연관성을 가지지 못하게 만들 수 있다.

셋째, 정치적 지지 기반은 지역사회복지실천을 해 나갈 때, 책임을 적절히 나누어 주고 유지시키기 위한 것으로, 지역사회조직은 주민들이 참여할 만한 이슈 제기를 염두에 두어야 한다. 의미 있는 변화는 생각지 못했던 주민들이 지역사회조직이 제기한 이슈에 공감하여 지역사회복지 실천활동에 적극적으로 참여할 때, 이들이 정치적 지지 기반이 되면서 나타날 수 있다.

(2) 자원 계획

자원 계획은 예산 계획서 혹은 자원 계획서 형태의 산출물로 나타날 수 있다. 즉, 자원 계획은 계획 실행을 위한 자원을 구하고 활용하는 방법에 대한 참여 주민들의 동의가 반영된 문서로 표현되는 것이다. 이러한 계획을 세우는 목적은 크게 두 가지로 볼 수 있다. 첫 번째는 목표와 자원이 적절하게 연결되었는지 점검하는 데 있다. 두 번째는 실천가들이 지역사회복지 실천과정에 활용 가능한 자원이 무엇인지 확인하도록 하는 데 있다. 자원 계획은 프로그램 차원 또는 프로젝트 차원의 계획일 수도 있고 조직 차원의 계획일 수도 있는데, 각각의 자원 계획은 일반적으로 단일 항목으로 표시된다. 단일 항목은 지역사회복지 활동과 연계된 상위 차원 프로그램의 일부이거나 하위 영역일 수 있기에 전체 예산이나 자원 계획과 관련하여 거시적으로 파악할 필요가 있다. 이러한 방식의 계획은 자원 계획의 과학적 구성에 도움이 될 뿐만 아니라 합리적인 행정체계를 세우거나 이사회 등에 각 프로그램의 비용을 설명하는 것도 용이하게 한다.

〈자원 계획서에 들어가야 할 내용〉
- 목표 달성에 필요한 자원의 목록
- 각 자원에 대해 측정 가능한 내용(예: 자원의 적절한 비용)

3. 실천 및 점검 단계

1) 실천

(1) 실천활동 유형

실천하기 전에 준비할 것이 있다. 우선 계획하기까지의 결과를 다시 한 번 검토함으로써 긍정적 측면과 부정적 측면을 파악하고 분석하여 보완해 나가야 한다. 둘째, 주로 계획한 지역사회실천가와 주민지도자 그리고 계획에는 참여하지 않았던 일반 주민들까지 포함한 원활한 실천을 위해서 양측이 지속적으로 관계를 맺으면서 목표 달성을 이루어 가야 한다. 즉, 서로 간의 신뢰가 없을 경우 지역사회복지실천의 목표를 이루는 것은 어려워진다.

본격적인 실천과정은 기술적 활동, 대인관계 활동, 홍보 및 연계 활동으로 나눌 수 있다.

첫째, 기술적 활동은 계획된 활동을 함께 계획한 주민지도자뿐만 아니라 일반 주민들이 충분히 이해해 나가는 가운데 활동을 조정하거나 조절해 나가면서 실천이 원활하게 진행되는 것을 말한다. '주민들의 이해'는 바라는 미래에 대한 가치와 철학에 대한 명확한 메시지를 전달하는 주민교육을 통해 이루어질 수 있다. 처음 만나는 시간에는 주민들 간의 관계를 형성할 수 있는 집단 활동이 필요하다. 그 이후에는 주민들이 그동안 자신과 가족에 대해서만 가졌던 관심을 지역사회 차원으로 확대시킬 수 있도록 타 지역의 주민지도자의 이야기를 듣고 지역사회복지실천이 활발하게 이루어지고 있는 지역을 탐방하는 것과 같은 활동이 교육 내용에 포함되어야 한다. '활동 조정'은 계획한 활동들을 주민들이 보면서 조율해 나가는 과정을 말한다. 서로 합의된 활동을 실천할 때, 주민들의 적극적인 참여를 담보할 수 있다. '조절'은 조정과는 달리 계획상 어떤 한 부분이나 근본적으로 결함이 있을 경우에 새롭게 계획을 해 나가는 것을 말한다.

둘째, 대인관계 활동은 '주민들의 저항 및 갈등 관리'와 '자기 규제 및 통제 개발'로 나누어 살펴볼 수 있다. 우선 저항 및 갈등 관리 중 저항 관리는 저항이 발생하는 원인을 규명하고 대처하는 것이다. 일반적으로 주민들의 저항은 지역사회복지 실천가의 기술이 부족하거나 격려 또는 보상이 없기에 일어난다고 본다. 이러한 저항에 대해서는 앞서 예측하고 주민들에게 직접

이성적으로 이야기를 풀어 나가는 것이 가장 훌륭한 대처방법이다. 한편, 자원이 부족하거나 원하는 미래에 대한 기대가 불분명하면 이로 인해 갈등이 유발될 수 있다. 이러한 갈등에 대한 대처방법으로는 자원의 획득, 즉 법안을 통과시키거나 기존에 있는 정책과 행정 명령, 규칙 등을 면밀히 살펴 활용하는 것 그리고 주민들 간에 합의를 통해 기대를 명확하게 하는 방법이 의미 있다.

다음은 자기 규제 및 통제 개발이다. 통제는 권력(power)의 행사를 나타낸다. 실천가는 외부로부터의 통제에 대해 저항할 수도 있다. 그러나 오히려 자신 안에서 내면화한 통제력을 가지면 독립적으로 행동할 수 있다. 즉, 지역사회복지 실천과정 중에서 주민들 스스로가 자신을 규제하고 통제해 나갈 수 있도록 분위기를 만들어야 한다.

셋째, 홍보 및 연계 활동은 '홍보활동'과 '연계활동'으로 나눌 수 있다. 우선 홍보활동은 지역사회복지실천을 계획하는 과정에 참여하지 못한 일반 주민에까지 이에 대한 이해나 인식의 폭을 넓히는 것을 말한다. 이때 지역사회 문제해결의 중요성뿐만 아니라 해결 수단에 대해서도 일반 주민들이 이해할 수 있도록 알려야 한다. 홍보활동은 신문, 잡지, 사진, 팸플릿, 소식지, 라디오, TV, 인터넷과 같은 매스컴을 이용하는 방법과 주민간담회, 반상회, 각종 모임에 직접 참여하거나 이웃 간에 교류하는 것과 같은 개인적인 의사소통 방법이 있다. 홍보활동을 할 때는 홍보 내용에 진정성이 담겨야 하고 주민들이 이해하기 용이하도록 주민들의 특성에 맞게 새로운 홍보 채널을 개발하여 내용을 구성해야 한다.

연계활동은 지역사회 내 다양한 단체, 조직, 집단을 참여시키는 것을 말한다. 지역사회 차원의 문제를 인식하고 지역사회복지실천에 찬성하는 지역사회 단체의 대표자들을 모아 회의를 개최하여 이들의 토론에서 문제해결 방법 등에 관한 결론을 내린다. 그 후에 대표자들이 자신이 속한 단체에서 이 결론을 설명하여 단체 구성원들의 동의를 얻으면 지역사회복지실천에 그 단체가 함께 참여한다. 이때 대표자의 역할이 매우 중요하기에 최대한 많은 대표자가 회의에 적극적으로 참여하도록 해야 한다. 이를 위해서는 각 집단 간의 상호 이해를 촉진시키고 친밀감과 연대감을 높이는 활동이 필요하다(박태영·채현탁, 2014).

(2) 실천활동 시 사용할 전술[1]

전술은 전략과 유사하게 목적을 성취하는 방법에 대한 용어다. 그러나 이 두 가지가 동일하지는 않다. 즉, 전략(strategy)은 장군을 일컫는 그리스어 strategos에서 유래되었고 전술(tactics)

---

[1] 이 내용은 김종일(2014)을 참고하여 정리하였다.

은 일반 병사를 말하는 taktikas에서 나왔다. 장군이 전쟁의 전반적인 계획을 구상한다면 병사는 전투현장에서 실제적인 싸움에 임한다. 정리하면, 전술은 전략을 실행하는 구체적인 행동이라고 볼 수 있다.

지역사회복지실천에서 활용되는 전술은 매우 다양하다. 그러나 모든 전술이 목적 성취에 도움이 되는 것은 아니며 어떠한 전술은 오히려 목적 성취에 역행하기도 한다. 특히 폭력에 의존하는 전술은 단기적인 효과를 낼 수는 있으나 장기적으로는 목적 성취에 방해가 된다. 따라서 위험 부담을 최소한으로 줄이고 목적 성취에 가장 효과적인 전술을 선택하는 것이 지역사회복지실천의 관건이다.

사회복지사 등 지역사회실천가들이 전술을 활용할 때 그 전술은 다음과 같은 특성을 지닌다. 첫 번째, 모든 전술은 미리 계획되어 활용된다. 표면적으로는 그렇게 보이지 않을 수 있으나 실천가들은 미리 계획된 전술을 활용한다. 두 번째, 전술은 상대방의 특정한 반응을 얻으려고 활용한다. 따라서 실제 얻으려고 예상한 반응이 달라진다면 전술도 바뀌어야 한다. 세 번째, 전술은 상대방과의 상호작용을 기본으로 전제하며 활용된다. 이를테면 상대방과의 접촉을 거부하거나 회피하는 태도도 엄밀히 말하면 상호작용의 하나라고 볼 수 있다. 네 번째, 전술은 목적 중심적이다. 즉, 명시된 목적이 없을지라도 전술은 목적을 염두에 두고 펼쳐지게 마련이다.

① 전술 선택의 기준

전술을 선택할 때에는 목표, 수혜 집단, 자원, 윤리를 고려해야 한다. 첫째, 목표다. 지역사회복지실천이 진행되면서 목표도 변화될 수 있는데 전술의 선택도 이에 맞추어 변화되어야 한다. 예를 들면, 지역사회의 가정폭력을 해결하기 위한 지역사회복지 실천활동을 진행하였는데 실천으로 인해 지역사회에서 가정폭력 피해자 쉼터 건립에 대한 공감대가 형성되었다고 가정하자. 그러나 문제를 다시 분석하다가 가정폭력의 잠재적 피해자에 대한 개입, 이를테면 의식화 교육이 더 시급하다고 판단되어 목표가 변경되었다면 전술도 쉼터 건립 옹호에서 임파워먼트를 위한 교육으로 변화되어야 할 것이다.

둘째, 수혜 집단이다. 실천을 주도하고 있는 집단이 수혜 집단에 대해 어떻게 인식하고 있는가를 고려해야 한다. 예를 들면, 수혜 집단을 서비스의 소비자나 수급자로 본다면 협조 전술을 활용하는 것이 가장 바람직할 것이다. 그러나 수혜 집단이 유권자나 권력의 희생자로 인식된다면 대부분 싸움 전술의 효과가 클 것이다.

셋째, 자원이다. 특정한 전술을 활용할 때는 어떠한 자원이 얼마나 필요한지를 정확히 파악해야 한다. 이를테면, 협조 전술을 활용할 때는 실천과정에 대한 기술적 전문성이 필요하다. 이

것을 갖추어야 실천의 시행과정을 명확하게 평가하고 점검할 수 있다. 그러나 싸움 전술을 활용할 때는 능수능란한 협상력과 풍부한 법적 지식이 필요할 것이다.

넷째, 윤리다. 이는 지역사회복지실천의 모든 과정에서 고려되어야 하겠으나 전술의 선택과 활용 과정에서는 더욱 신중해야 한다. 특히 변화를 주도하는 실천 집단의 가치와 변화 대상인 표적 집단의 가치가 상충할 경우 윤리문제가 발생할 가능성이 매우 높다. 윤리문제와 관련해 지역사회복지실천에서 필히 지켜야 할 큰 원칙은 인간 존중과 비폭력이며 그 밖에는 다음과 같은 점을 유념해야 한다.

- 사람은 언제나 수단이 아닌 목적으로 대한다.
- 참여하는 주민의 자율성과 자기결정 능력을 존중한다.
- 모든 사람의 인권과 법적 권리를 존중한다.
- 처한 상황에서 모든 사람이 최대의 이익을 얻을 수 있는 방향으로 결정한다.

② 전술의 유형

지역사회복지실천에서 활용되는 전술은 매우 많으나 이것을 크게 유목화하면 협력(collaboration), 싸움 혹은 교란(contest or disruption), 캠페인(campaign)의 세 가지로 구분할 수 있다(Brager et al., 1987: 김종일, 2014 재인용). 이 세 가지 전술은 일련의 연속선 위에 존재한다고 보아야 한다. 달리 말하면 이 연속선 위의 한쪽 끝에 협력이 놓여 있으며 그 반대쪽 끝에 싸움(혹은 교란)이 자리 잡고 있다. 그리고 캠페인은 이 양극단의 중간지점에 있다고 볼 수 있다. 이 것을 그림으로 나타내면 [그림 5-2]와 같다.

첫째, 협력 전술은 공동의 이익에 초점을 두고 양자 간의 차이를 좁히며 협력을 통해 얻을 수 있는 이익을 극대화시키는 것이다. 협력 전술은 실천 집단과 표적 집단 내에 실천의 필요성에 대한 공감대가 형성되고 자원 배분과 관련한 합의가 이루어졌을 때 활용된다. 여기에서는 참여와 주민 임파워먼트에 바탕을 둔 역량구축(capacity building)을 중요하게 생각한다. 협력 전술의 구체적 방법으로는 교육, 설득, 문제해결 등이 있다.

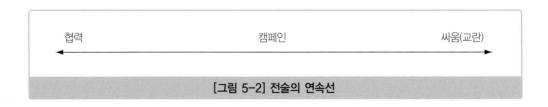

| 협력 | 캠페인 | 싸움(교란) |

[그림 5-2] 전술의 연속선

둘째, 싸움 전술은 상호 간에 의견이 일치하지 않는 가운데 타협을 거부할 때 일어난다. 이러할 때 양자는 각자의 위치와 목적을 명시한 후 그것을 독자적으로 추구하겠다는 결의를 다지게 되는데 이 과정에서 양자는 상대방을 제압하기 위하여 자원과 지원 세력을 모으고 힘을 키워 나간다. 싸움의 결과가 어느 한 편의 일방적인 승리로 끝나게 될 경우는 싸움 관계도 자연스럽게 해소된다. 그러나 양편의 싸움이 고착상태에 빠져 길어지게 될 경우는 양자 모두 캠페인 전술로 변경하려고 할 가능성이 높다. 특히 지역사회복지실천에서는 표적체계가 실천가들의 실천을 반대할 때 이 둘 간에는 싸움의 관계가 형성될 수 있다. 싸움 전술에는 지역사회 행동, 집단 소송 등이 있다.

셋째, 캠페인 전술은 상호 간에 다른 의견이 있지만 싸움이 아닌 다른 방법으로 해결하려고 할 때 활용된다. 지역사회복지실천에서 캠페인은 표적체계에게 변화의 필요성을 인식시킬 필요가 있을 때 주로 활용하는 전술이다. 표적체계가 실천가들의 실천에 선뜻 동의하지는 않으나 상호 간에 타협의 여지가 있을 때 이 전술을 사용하게 된다. 이 전술은 서로의 차이점을 명시하는 것부터 시작된다. 그다음에는 서로의 공통적인 이해관계를 찾아내는 작업을 한다. 서로 간에는 적어도 이 공통의 이해관계를 저해하는 일은 하지 않는다는 일종의 계약이 암묵적으로 작용한다. 이러한 방식으로 서로의 차이를 좁히고 합의를 도출하는 전술이 캠페인 전술이다. 서로 간에 타협이 이루어지면 협력 전술로 변경한다. 만약 캠페인 전술이 실패할 경우, 이들의 관계는 싸움 상태로 바뀌기 쉽다. 캠페인 전술의 구체적인 예로는 대중매체를 이용한 호소, 교육, 로비 활동 등이 있다.

2) 점검

점검은 평가가 아니다. 점검은 실천과 그로 인한 결과를 확인함으로써 지역사회복지실천의 양적·객관적 진행도를 파악하는 것이다. 그에 반해 평가는 실천과 그 결과의 유용성 및 효과성에 중점을 두고 지역사회복지 실천과정의 질적인 측면이나 주관적 가치를 확인하는 것을 일컫는다. 방법에서도 이 둘은 차이를 보이는데, 점검은 주기적인 현장체크와 관리기법을 사용하는 반면, 평가는 목표 달성에 있어 진행 중인 실천의 유효성을 파악하고 실천의 영향과 타 집단의 영향을 구별해 내고 확인하는 것을 말한다.

4. 평가 단계

평가는 실천의 강점이나 가치에 대해 판단하는 사회적 과정이다. 전 단계에서 살펴본 점검의 과정에서 모아진 투입, 진행, 산출 그리고 성과를 판단하는 것이다.

평가의 영역은 크게 활동, 성과, 성과의 적절성, 효율성, 실행과정의 다섯 가지로 나누어 살펴볼 수 있다. 우선 활동 평가는 결과를 염두에 두지 않고 활동과 진행상황을 단순하게 양적·질적으로 측정하는 일반적으로 볼 수 있는 평가의 기본적인 형태다. 이러한 평가는 활동의 기대수준과 실제수준을 비교하여 활동을 조정하거나 자원을 배분하기 위한 근거를 제시하는 역할을 한다.

둘째, 성과 평가는 실천의 결과로 이루어지는 주민들의 삶의 질 개선에 집중한다. 이 영역에 대한 평가는 실천을 위한 자원활용의 합리적인 근거를 제시한다는 점에서 유용하다고 할 수 있다.

셋째, 적절성 평가는 실천활동에 의해 충족된 욕구가 실천과정 초기의 지역사회 사정에서 파악된 기존 욕구와 동일한지 여부를 파악하여 성과가 적절한지를 판단하는 것을 말한다.

넷째, 효율성 평가는 실천활동의 투입(자원) 대 산출과 결과(산출물, 성과)의 비율을 파악하는 것이다. 크게 비용효율성(cost efficiency) 평가와 비용효과성(cost effectiveness) 평가로 나뉜다.

다섯째, 실천과정 평가는 실천의 수행방식에 집중한다. 주민 관찰을 비롯한 다양한 양적·질적 조사방법을 사용하며 주관적인 측정도구를 활용하기도 한다. 이를 통해 실천의 효과에 대한 의미 있는 정보를 얻을 수 있고 새로운 접근방법으로서 실천이나 실천전략과 절차에 대한 수정사항을 확인받을 수 있다. 구체적으로 형성적 과정평가와 총괄적 과정평가가 있는데 형성적 과정평가는 앞서 살펴본 점검과 유사한 개념으로 볼 수 있다. 총괄적 과정평가는 실천이 종결될 때, 즉 실천 후에 평가하는 것으로 최종 성과 자료를 포함하여 완성된 자료를 활용해 평가하는 것이다.

| 사례 | 커뮤니티(community) 형성을 위한 주민 참여형 마을 만들기[2] |

1. 문제 및 원인 분석 단계

'다같이 돌자 동네 한바퀴'라는 프로그램을 통해 복지요원들이 마을을 두루 다니며 직접 마을 지도를 그림으로써 마을의 문제점을 찾고 지역사회문제의 심각성을 절감하였다.

2. 실천계획 단계

마을만들기 워크숍을 통하여 복지요원들이 직접 발표 자료를 준비함으로써 현실성 있는 해결 방안을 제시하였다. 또한 관음동 주민센터와 각종 단체의 참여를 유도함으로써 파트너십을 형성하였다.

일반 주민들은 평소 느끼고 있었던 지역사회문제를 행정이나 지역 단체의 책임으로 생각하는 경우가 대부분이었다. 그러나 마을만들기 워크숍을 통해 주민들 모두의 문제라는 인식의 변화가 필요하다는 합의점에 도달하였고 주차 문제, 쓰레기 문제, 주거환경 문제를 지역주민 모두의 문제로 합의하게 되었다.

3. 실천 및 점검 단계

복지요원을 마을 만들기 활동단으로 조직하고 다양한 활동을 하였다. 마을 만들기 활동단의 활동 범위가 점차 확대되어 감에 따라 모든 복지요원이 마을 만들기 활동에 참여해야 한다는 의견이 도출되었고 '좋은이웃-강북주민회'로 조직명을 통합하고 활동도 마을만들기에 집중하였다.

그러나 전체 임원을 각 기수별 임원회의만으로 구성하면서 인원이 많은 기수에서 반발이 발생하였다. 또한 예산 지원이나 활동 보상체계를 지나치게 요구하는 모습에서 사회복지관에 의존하는 특성이 보였다. 이에 사회복지관에서 조직을 만들고 그 조직이 자치적인 구조를 가지도록 지지할 필요가 있다.

지역사회문제 해결을 위한 실천활동 시 지역사회의 다양한 자원을 활용하였다. 열린주차장은 지역주민이 개인의 소유지를 활용 계획이 없는 동안 지역주민들을 위한 공동 공간으로 제공하였기에 가능하였다. 양심화분 설치 또한 대형화분을 ○○초등학교에서 후원하였고, 지방자치단체로부터 화훼를 지원받아 가능하게 되었다. 깨끗한 거리 조성도 지역사회의 3개 학교 학생들과 함께 캠페인을 펼침으로써 보다 큰 효과가 있었고, 벽화그리기도 인근의 ○○예술대학교, ○○초등학교의 지원으로 가능하였다. 또한 사회복지관에서 다양한 민간단체 공모사업 및 행정 지원 사업에 대

---

2) 사례는 박미애(2008)를 참고하여 정리하였다.

한 정보를 통하여 예산을 확보함으로써 활용할 수 있었다.

그러나 각급 단체의 참여를 촉구하는 과정에서 단체 및 주민들 대부분이 복지관의 사업을 시혜성 사업으로 인식하고 있어 지역사회복지실천을 해 나감에 있어 어려움이 있었다. 이에 인식개선을 위한 지속적인 주민교육과 홍보가 필요함을 알 수 있었다.

4. 평가 단계

쓰레기 문제, 주차 문제, 주거환경 문제, 문화 공간 부족 문제를 주민 공동의 지역사회문제로 인식하였으며 이를 해결하기 위한 활동으로 열린주차장 조성, 양심화분 설치, 깨끗한 거리조성, 벽화그리기, 문화의 거리 조성 등이 이루어져 제기된 모든 문제가 상당부분 해결되었다.

그러나 이러한 환경 개선의 노력이 지속되기 위해서는 이를 위한 끊임없는 노력이 필요하며, 그러기 위해서는 사회복지관 및 좋은이웃-강북주민회의에서 다양한 주민의 참여를 이끌어 내야 한다.

참고문헌

김종일(2014). 지역사회복지론(개정신판). 서울: 청목출판사.
박미애(2008). 주민참여 활성화를 위한 지역사회조직사업 사례 연구. 대구대학교 사회복지대학원 석사학위논문.
박태영·채현탁(2014). 지역사회복지론(제3판). 경기: 정민사.
이경은·김도희(2007). 농촌 지역사회복지 실천을 위한 사정 모델 연구. 상주대학교 인문사회과학연구소, 4, 239-255.

Hardcastle, D. A., Powers, P. R., & Wenocur, S. (2011). *Community Practice: Theories and Skills for Social Workers* (3rd ed.). New York: Oxford University Press.
Kettner, P. M., Daley, J. M., & Nichols, A. W. (1985). *The Community and Social Worker: Initiating Change in Organization and Communities.* Wadsworth, Inc.

제3부
지역사회복지 실천방법

제6장

지역사회조직화

이 장에서는 지역사회복지실천에서 중요하게 다루어지는 영역인 지역사회조직화에 대해 살펴보고자 한다. 다양한 개념이 혼용되고 있는 지역사회조직화의 개념을 먼저 알아본 후, 지역사회조직화는 어떠한 목표를 두고 있으며 이러한 목표를 이룰 때 영향을 미치는 요인이 무엇인지 살펴보고자 한다. 그 후 지역사회조직화의 과정과 유의점을 알아본 후 앞으로의 지역사회조직화의 발전과제를 살펴보도록 하겠다.[1]

1. 지역사회조직화의 개념

지역사회조직화를 정의하려면 우선 문헌에서 언급되고 있는 지역사회조직화와 관련된 개념의 차원을 분명히 인식해야 한다. 상하위 차원으로 구분되어야 할 개념들이 동일한 차원으로 지칭되고 있어 혼란을 가져오기 때문이다. 그중 지역사회조직은 미국에서 1970년대까지 지역사회실천과 동일한 의미로 쓰인 개념이다.[2] 그러다가 1980년대부터 지역사회실천의 다양한 모

---

[1] 이 장의 지역사회조직화의 개념, 목표, 영향요인, 발전방안은 필자의 석사학위논문(이마리아, 2007)을 주로 참고하였다.

델이 나오면서 지역사회조직이라는 개념의 한계가 드러났고 이보다 더 포괄적인 의미인 지역사회실천이나 지역사회개입이라는 용어를 사용하게 되었다. 한국도 이에 영향을 받아 지역사회실천과 지역사회조직화를 동등한 차원의 개념으로 이해하여(김종일, 2003: 21-22) 왔으나 이 장에서는 지역사회조직화를 지역사회실천의 하위 개념으로 간주하고자 한다.[3]

지역사회실천 하위개념으로서의 지역사회조직화와 유사하게 쓰인 개념에는 지역사회주민조직화, 주민조직화, 커뮤니티 빌딩(community building)[4]이 있다.

우선 지역사회조직화에 대한 정의를 살펴보면 다음과 같다. 하드캐슬 등(Hardcastle et al., 2011)은 지역사회조직화가 현재의 상황을 변화시키기 위한 지역사회 내 사람들의 연계를 포함한다고 보았다. 그들은 지역사회조직화라는 과정을 통해 이루어진 집단을 지역사회조직으로 간주하였고 이러한 점에서 지역사회조직화는 사회적 연계성(connectiveness)과 응집성(cohesion) 그리고 역량(capacity)을 보호하고 강화시키기 위해 정의된 지리적·기능적 영역 내 사람들이 함께하는 활동[5](Hardcastle et al., 2011: 371)으로 정의된다. 킹슬리 등(Kingsley et al., 1997: 27)은 지역사회조직화를 "지역사회주민이 그들의 인식을 형성하고 공적 생활의 관심사를 새롭게 하며 광범위한 이슈와 관련된 그들의 권리를 위해 싸우도록 결집시키는 것"으로 보았다. 조셉과 오글트리(Joseph & Ogletree, 1996)는 지역사회조직화를 "중요한 지역사회 내적·외적 자원의 범위를 인식하고 포함하고 만들기 위해 시도하는 장기적인(long-term) 관계성 및 역량 만들기 과정"으로 보고, 여기에 "중요한 지역 자원의 인식, 지역사회 맥락에 대한 정보 수집, 지역사회의 대표와 시작 단계의 전임 파트너(full partners)로서 효과적으로 섬기기 위해 앞서 말한 것들을 준비하는 지역 리더의 개발과 훈련, 지역사회 내적 및 외적 다양한 관심사 네트워크의 강화"(Mattessich & Monsey, 1997 재인용)가 포함된다고 보았다. 노먼(Norman, 1998)은 "지역

---

2) 이러한 의미로 지역사회조직화를 정의 내린 문헌은 다음과 같다(김종일, 2005: 84-85). Brager, G. & Specht, H. (1973). *Community Organizing*. New York: Columbia University Press. / Ross, M. G. (1955). *Community Organization: Theory and Principles*. New York: Harper & Brothers. / Lane, Robert P. (1939). *The Field of Community Organization, Proceedings, National Conference of Social Work*. Buffalo, New York: Columbia University Press. / Kurtz, R. N. (1940). *The Range of Community Organization Proceedings, National Conference of Social Work*. Grand Rapis, New York: Columbia University Press. / Lindeman, E. C. (1921). *The Community*. New York: Association Press.

3) 지역사회조직화를 지역사회실천의 하위 개념으로 유형화하는 구체적인 내용은 이 책의 제1장을 참고하라.

4) 2005년 지방자치제 실시 이후 한국에서 시행되고 있는 '마을 만들기'가 이와 같은 개념으로 볼 수 있다.

5) 하드캐슬 등(Hardcastle et al., 2011)은 지역사회조직을 그들의 사회적 연계성(connectiveness)과 응집성(cohesion) 그리고 역량(capacity)을 보호하고 강화하기 위해 정의된 지리적이거나 기능적 영역에 있는 사람들과 함께한다고 보았다. 따라서 지역사회조직화는 이와 같은 의미를 가진다고 볼 수 있다.

사회 문제를 해결하는 실천활동으로 주민들은 이 과정에 참여함으로써, 잠재력 발휘와 공동체 의식을 고양하고 자신들이 직면한 문제를 해결할 수 있는 힘을 길러 나가는 것"을 지역사회조 직화라고 보았다(한재랑, 2001 재인용). 루빈과 루빈(Rubin & Rubin, 1986: 3)은 지역사회조직화란 "사람들이 공유하는 문제를 위해 함께 투쟁하고 자신의 삶에 영향을 주는 결정에 대해 이야기 할 힘을 길러 스스로 결정할 수 있게 이끄는 것"이라고 정의하였다. 이보다 앞서 비클렌(Biklen, 1983)은 "지역사회주민들의 욕구를 발굴하고 지역사회문제로 이슈화 — 지역사회문제와 욕구를 조직 — 함으로써 주민들을 참여시키는 활동의 과정"(한재랑, 2001: 10 재인용)을 지역사회조직화 라고 언급하였다. 매티시치와 먼시(Mattessich & Monsey, 1997: 60)는 지역사회조직화란 "자조하 기 위해 지역사회구성원을 불러 모으고 도구를 가진 그들을 지역사회활동에 참여하게 하는 과 정"이라고 정의하였다.

국내 연구자들의 정의도 국외 연구자들과 크게 다르지 않다. 홍현미라(1998: 11)는 "지역사회 조직화란 주민들을 조직화하여 하나의 '세력' 또는 '조직'으로 고유하게 존재할 수 있게 하는 실천방법"이라고 정의하였으며 김종일(2005: 25)은 "지역사회복지의 실천방법 가운데 하나로 서 지역주민들을 조직화하여 지역사회문제를 해결하는 과정"이라고 하였다. 서울복지재단 (2005b: 20)은 지역사회조직화를 "주민조직화 및 교육 등을 통해 주민들의 노력과 역량을 결집 하고, 주민참여를 통해 지역문제 해결과 주민공동체 의식을 형성하도록 유도·지원하는 사업 영역"이라고 하였다.

지역사회주민조직화라는 개념을 지역사회조직화와 동일하게 사용한 연구자도 있다. 플러드 와 로렌스(Flood & Lawrence, 1987)는 지역사회주민조직화가 "지역사회의 특정 과제를 수행하 기 위해 주민들이 서로 모여 여러 형태의 회합을 통해 문제해결 능력을 향상시키는 것"(최옥채, 2001a: 275 재인용)이라고 보았고 최옥채(2001b: 275-276)는 "지역사회의 문제를 해결하거나 예 방하기 위해 지역사회실천가가 합당한 지역사회주민들로 모임을 만들고, 이 모임이 회합을 통 해 문제해결 능력을 키워 나가는 지역사회실천의 한 부분"이라고 정의 내렸다.

최종혁과 이연(2001: 587)은 주민조직화라는 개념을 지역사회조직화와 동일하게 사용하여 이 를 "생활의 장인 지역사회 내에서 지역사회의 자원을 동원하여 문제를 해결하고 생활의 질을 향상시키기 위하여 주민참여를 촉진시키기 위한 활동"이라고 보았다.

커뮤니티 빌딩(community building)도 지역사회조직화와 유사한 용어로 사용되는데, 민클러 (Minkler, 1997: 5-6)는 "욕구를 기반으로 하기보다는 강점을 기반으로 하고 지역사회 자산의 인 지, 육성, 기념을 강조하는 지역사회에 대한 지향"으로 보았고, 경제개발위원회(Committee for Economic Development, 1995)는 "지역사회의 규범, 지지, 문제해결 자원을 강화하는 현재진행의 포괄적인 노력"(Mattessich & Monsey, 1997 재인용)이라고 정의하였다. 가드너(Gardner, 1993: 6)는 커뮤니티 빌딩을 "주민 사이에 연계를 만들고 상호 책임성과 주인의식을 기반으로 한 개인과 지역사회 행동의 긍정적인 방식을 이루는 실천"(Mattessich & Monsey, 1997 재인용)이라고 규정하였고, 쿠비쉬 등(Kubisch et al., 1995)은 "기본적으로, 커뮤니티 빌딩은 근린지역 주민, 단체 그리고 조직이 일하고, 개인과 집단을 발전시키며, 긍정적인 근린지역 변화를 유지하는 역량을 강화하는 것과 관련 있다."(Mattessich & Monsey, 1997 재인용)고 언급하였다.

이러한 정의를 분석하면 다음과 같다. 우선, 목적에 대한 연구자들의 언급에서 여섯 가지 요소를 살펴볼 수 있다. 많은 연구자가 언급한 순서대로 보면, 공통적으로 주민이 힘을 기름, 문제해결, 사회적 인식 형성, 공동체의식, 주민참여, 지역사회 자원 인식 및 조성이다. 여기에서 지역사회조직화가 주민의 임파워먼트와 문제해결에 초점을 두고 있다는 점을 확인할 수 있다. 대상의 측면에서는 지역사회의 문제나 지역사회 역량 및 자원을 지역사회조직화의 대상이라고 보는 연구자가 대부분이었으나 매티시치와 먼시, 홍현미라는 주민을 그 대상이라고 보았고 목적과 활동형태에 따라 그 대상을 다르게 보는 연구자들도 있었다. 활동형태는 대부분의 연구자가, 주민들이 조직되는 것이라고 보았고 주민참여, 지역사회 관계성과 역량 및 자원의 인식 및 강화, 교육을 언급하였다. 주체자에 대해서 언급한 연구자 대부분은 주민이 그 주체라고 보았고 최옥채는 주민조직화를 시작할 때는 지역사회실천가, 그 이후에는 주민이라고 보았다. 마지막으로, 대부분의 연구자는 지역사회조직화를 지역사회실천의 한 방법이나 활동, 과정으로 보았다.

여기서 주의 깊게 살펴볼 것은 이와 같이 주민의 임파워먼트를 목적으로 삼는다고 하더라도 주민을 대상과 주체자 중 누구로 보느냐에 따라 관점의 차이를 가져올 수 있다는 점이다. 즉, 지역사회조직화를 이끄는 주축을 전문가인 사회복지사로 보는가 혹은 주민으로 보는가에 따라, 본래 목적으로 제시된 힘을 길러 나간다는 것의 의미가 사회복지사가 힘을 부여하는 것이 될 수도 있고 주민들이 스스로 힘을 모아 간다고도 생각할 수 있는 것이다. 이에 대해 이 책에서는 최옥채의 견해에 동의하나 한 걸음 더 나아간 이마리아(2008)와 동일한 입장을 따른다. 즉, 처음에 주민의 임파워먼트와 문제해결이라는 목적을 위해 지역사회실천가로서 사회복지사가 지역사회 내 문제해결의 필요성을 지역사회주민에게 알려 주고 주민들을 모으는 주창자(initiator)의 역할을 하나 궁극적으로는 지역사회조직화의 목적인 문제해결을 위한 힘을 모으고 기르는 것의 주체는 주민이라는 것이다. 다시 말하면, 최옥채가 언급한 시기상의 주체에서 한 걸음 더 나아가 목적과 수단상의 주체의 개념을 주요하게 보는 것이다. 즉, 사회복지사는 목적을 위한 수단의 주체가 되는 것이고 주민들은 목적의 주체가 되는 것이다(이마리아, 2008). 따라서 이것을 고려하여 이 책에서는 지역사회조직화란 지역사회실천가의 지역사회 문제의 이슈화[6])로 인해 조직된 주민들이 회합을 통해 지역사회자원을 동원하고 지역사회활동에 참여함으로써, 지역사회 문제를 해결할 수 있는 지역사회(주민)의 역량을 인식하고 강화하기 위한 지역사회복지의 한 방법이라고 정의한다. 지금까지의 논의를 정리하면 〈표 6-1〉과 같다.

〈표 6-1〉 지역사회조직화의 정의

연구자	목적	대상	활동형태(수단)	주체	비고
Hardcastle et al. (2011)	사회적 연계성, 응집성, 역량을 보호하고 강화하기 위함	사회적 연계성, 응집성, 역량	함께하는 활동형태	지리적·기능적 영역 내 사람들	활동
Kingsley et al. (1997)	그들의 인식을 형성하고 공적 생활이 관심사를 새롭게 하며 광범위한 이슈와 관련된 그들의 권리를 위함	인식, 공적 생활 관심사, 권리	싸우도록 결집시키는 활동형태	지역사회 주민	-
Joseph & Ogletree (1996)	중요한 지역사회 내적, 외적 자원의 범위를 인식하고 포함하고 만들기 위함	중요한 지역사회 내적, 외적 자원	장기적인 관계성 및 역량을 만드는 활동형태	-	과정
Lawrence (1998)	지역사회문제를 해결하는 실천활동. 잠재력 발휘와 공동체의식을 고양하고 자신들이 직면한 문제를 해결할 수 있는 있을 힘을 길러 나가기 위함	지역사회문제	주민들이 이 과정에 참여하는 형태	주민	-
Rubin & Rubin (1986)	함께 투쟁하고 자신의 삶에 영향을 주는 결정에 대해 이야기할 힘을 길러 스스로 결정할 수 있게 하기 위함	사람들이 공유하는 문제	이끌어 주는 형태	-	-

---

6) 여기서 이슈화란 사회복지사가 문제해결의 필요성을 주민들에게 알려 주어 주민들이 스스로 문제를 해결하고자 하는 동기가 생기게 하는 것을 의미한다(이마리아, 2008).

연구자	목적	대상	활동형태(수단)	주체	비고
Biklen (1983)	주민들을 참여시키기 위함	• 목적에서의 대상: 주민 • 활동형태에서의 대상: 문제	지역사회주민들의 욕구를 발굴하고 지역사회문제로 이슈화—지역사회문제와 욕구를 조직—하는 활동형태	–	과정
Mattessich & Monsey (1997)	지역사회 구성원을 자조하기 위함	지역사회 구성원	지역사회 구성원을 불러 모으고 도구를 가진 그들을 제공하는 활동형태	–	과정
Minkler (1997)	–	지역사회 자산	강점을 기반으로 한 지역사회 자산의 발견, 육성, 기념을 강조하는 활동형태	–	지역사회에 대한 지향
Committee for Economic Development (1995)	–	지역사회의 규범, 지지, 문제해결 자원	지역사회의 규범, 지지, 문제해결 자원을 강화하는 활동형태	–	현재진행의 포괄적인 노력
Gardner in Leiterman (1993)	–	주민 사이의 연계, 개인과 지역사회 행동의 긍정적인 방식	주민 사이의 연계를 만들고 상호책임성과 주인의식을 기반으로 한 개인과 지역사회 행동의 긍정적인 방식을 이루는 활동형태	–	실천
Kubisch et al. (1995)	–	개인, 집단, 긍정적인 근린지역 변화를 유지하는 역량	근린지역 주민, 단체, 조직이 일하고, 개인, 집단을 발전시키며, 긍정적인 근린지역 변화를 유지하는 역량을 강화하는 활동형태	근린지역 주민, 단체, 조직	–
홍현미라 (1998)	하나의 '세력' 또는 '조직'으로 고유하게 존재할 수 있게 하기 위함	주민	주민들을 조직화하는 활동형태	–	실천방법
김종일 (2005)	지역사회문제를 해결하기 위함	• 목적에서의 대상: 문제 • 활동형태에서의 대상: 지역주민들	지역주민들을 조직화하는 활동형태	–	지역사회복지의 실천방법 가운데 하나

연구자	목적	대상	활동형태(수단)	주체	비고
서울복지재단 (2005b)	주민들의 노력과 역량을 결집하고, 지역문제 해결과 주민공동체 의식을 형성하도록 하기 위함	지역문제	주민조직화 및 교육, 주민참여의 형태	주민	사업영역
Flood & Lawrence (1987)	• 지역사회주민조직화는 지역사회의 특정 과제를 수행하기 위함 • 문제해결 능력을 향상시키기 위함	지역사회의 특정 과제	주민들이 서로 모여 여러 형태의 회합을 하는 활동형태	주민	–
최옥채 (2001b)	지역사회의 문제를 해결하거나 예방하기 위함	지역사회의 문제	지역사회주민들로 모임을 만들고, 이 모임이 회합을 통해 문제해결 능력을 키워 나가는 형태	• 시작할 때: 지역사회실천가 • 그 이후: 주민	지역사회실천의 한 부분
최종혁 · 이연 (2001)	주민참여를 촉진시키기 위함(궁극적 목적: 문제해결, 생활의 질 향상)	• 목적에서의 대상: 주민참여 • 활동형태에서의 대상: 지역사회자원	지역사회 자원을 동원하는 활동형태	–	생활의 장인 지역사회 내에서의 활동
이마리아 (2008)	지역 내 문제를 해결할 수 있는 지역사회(주민)의 역량을 인식하고 강화하기 위함	• 목적에서의 대상: 지역사회역량 • 활동형태에서의 대상: 지역사회문제	• 지역사회실천가가 지역사회 내 문제를 이슈화하고 주민을 불러 모아 조직한 주민모임이 회합을 통해 지역사회자원을 동원하고 지역사회활동에 참여하고 문제를 해결하는 활동형태	• 목적에서의 주체: 지역사회주민 • 활동형태의 주체: 지역사회실천가	지역사회복지실천의 한 영역

2. 지역사회조직화의 목표

한재랑(2001)은 지역사회조직화의 장·단기 목표를 질적 연구방법을 통해 연구하였다. 그는 지역사회조직화의 목표를 단기목표와 장기목표로 보았는데, 단기목표에는 문제의 해결과 조직 형성을, 장기목표에는 개인의 역량강화, 지역사회의 역량강화를 설정하였다(한재랑, 2001: 9). 앞서 언급한 대로 이 책에서는 지역사회조직화란 지역사회실천가가 ① 지역사회 내 문제를 이슈화하고 주민들을 불러 모아, 조직한 주민들이 회합을 통해 ② 지역사회자원을 동원하고 지역사회활동에 참여함으로써, 주민들이 스스로 힘을 길러 ③ 지역 내 문제해결을 하기 위한 지역사회실천의 한 영역이라고 정의하였다. ①은 조직형성, ②는 지역사회 역량강화, ③은 문제해결로 볼 수 있기에[7] 한재랑(2001)의 지역사회조직화의 목표와 일맥상통한다고 볼 수 있다(이마리아, 2008: 60). 따라서 지역사회조직화는 조직형성, 문제해결, 지역사회 역량강화로 세분화할 수 있다.

1) 조직형성

앞서 설명한 지역사회실천의 다른 유형과는 달리 지역사회조직화는 문제해결을 위한 지속적인 관계형성을 바탕으로 한 체계인 조직이 형성된다는 강점을 갖고 있다. 루빈과 루빈(Rubin & Rubin, 1986: 24-25)은 지역사회조직화가 장기적이고 지속적인 문제해결을 위해 조직형성을 목표로 한다고 언급하면서 조직은 공유된 목적과 목표를 가진 지속적인 활동체계라고 정의하였다. 알린스키(Alinsky, 1983)는 지역사회주민 스스로가 주어진 문제들을 해결해 나가기 위해 조직을 만든다(홍현미라, 1998 재인용)고 하였고 로렌스(Lawrence, 1998) 또한 지역사회조직화의 목표로 조직 건설을 설정하였다(한재랑, 2001 재인용).

이러한 조직형성이 갖는 중요성에 대해 루빈과 루빈(Rubin & Rubin, 1986: 24-25)은 어떤 문제에 대해 빠른 대응을 할 수 있고, 비록 특정한 이슈에 대해 구체적인 승리를 얻어 내지 못한다 하더라도 지역사회 활동을 통해 지역사회 내 행정 등의 의사결정 과정에 있어 차후라도 영향력을 미칠 수 있다고 하였다. 이처럼 지역사회조직화를 통해 조직이 형성됨으로써 주민들이 지역사회에 자신의 권리를 주장할 수 있는 힘을 획득할 수 있다는 데 중요한 시사점이 있다. 몬드로스와

7) 이마리아(2008)는 주민 개인의 역량강화와 지역사회의 역량강화를 명확하게 구분할 수 없기 때문에 한재랑(2001)의 연구에서의 목표로 제시된 주민 개인의 역량강화는 제외하였다.

윌슨(Mondros & Wilson, 1994: 36-95)은 풀뿌리모델의 조직화에서 회원선발, 지속적 회원 참여 및 심의과정이 포함된다고 언급하였고, 문홍빈(2000: 135-136)은 임파워먼트를 위한 지역사회조직 사례연구에서 몬드로스와 윌슨의 분석틀을 바탕으로 지역사회조직화에서 회원의 가입과 탈퇴, 회원으로서의 역할규정, 지속적인 회원활동을 포함시켜 지역사회조직화 과정을 분석하였다.

2) 문제해결

앞서 언급한 지역사회조직화의 정의에서도 볼 수 있듯이 지역사회조직화는 문제해결을 목적으로 삼는다. 비클렌(Biklen, 1983)은 지역사회조직화가 지역사회주민들의 욕구를 발굴하고 지역사회문제로 이슈화함으로써 주민들을 참여시키는 활동의 과정이라고 보고 이때 주민을 조직하여 사회를 변화시키기 위한 활동을 나서기 위해서는 특정한 조건들을 문제화시키고 이 문제를 다른 사람도 깨닫도록 하기 위한 전략을 선택하며, 그것을 극복하기 위한 계획을 만들어 내는 과정이 필요하다고 하였다(한재랑, 2001 재인용). 한재랑(2001)은 이러한 일련의 과정을 지역사회조직화에 있어 문제를 해결해 가는 과정으로 정의할 수 있다고 언급하였다. 루빈과 루빈(Rubin & Rubin, 1986: 17)은 주민들이 겪고 있는 지역사회의 문제들을 집단적으로 해결하는 것이며 중요한 임무는 개인적인 문제를 공공의 문제로 전환하는 것으로 정의하였고, 알린스키는 조직화를 통해 힘을 발전시키고 이때 개인적인 이익에서 공동의 이익을 추구하는 새로운 경험을 갖게 된다고 하였다(홍현미라, 1998 재인용). 몬드로스와 윌슨(Mondros & Wilson, 1994: 96-203)은 풀뿌리모델의 조직화에서 이슈, 전략개발과 수행, 성과와 평가가 포함됨을 언급하였고, 문홍빈(2000: 25)은 임파워먼트를 위한 지역사회조직 사례연구에서 몬드로스와 윌슨의 분석틀을 바탕으로 지역사회조직화에 이슈의 발굴, 그에 대한 전략의 결정, 구체적인 전략실천을 위한 자원동원을 포함시켜 지역사회조직화 과정을 분석하였다. 이 같은 내용은 전술하였던 문제의 해결과 같은 맥락에서 볼 수 있다.

3) 지역사회 역량강화

지역사회 역량강화는 지역사회의 능력(community ability)을 향상시킬 수 있는 사회적 역량(social capacity)을 강화시키는 것이라고 볼 수 있다. 사회적 역량에 대해 매티시치와 먼시(1997: 61)는 지역사회 구성원이 효과적으로 서로 일할 수 있는 정도이고 이것은 구체적으로 ① 강한 관계를 발전시키고 유지하는 정도, ② 문제를 해결하고 집단 의사결정을 하는 정도, ③ 목표를 확인하고 일을 마치기 위해 효과적으로 협동하는 정도라고 하였다. 역량 만들기(capacity building)에 대한 연구자들의 견해를 살펴보면 다음과 같다. 크리스턴슨과 로빈슨(Christenson & Robinson, 1989: 197-198)은 역량 만들기란 "합의하여 정의한 목표의 완수를 위해 그들의 자원을 조직하고 동원하는 주민의 능력"(Mattessich & Monsey, 1997 재인용)이라 하였고, 메이어(Mayer, 1994)는 지역사회 역량은 지역사회 강점을 발전시키고 문제를 다루기 위해 배치하는 혼합된 지역사회의 헌신, 자원, 기술의 영향이라고 언급하였다(Mattessich & Monsey, 1997 재인용). 루빈과 루빈(1986: 23)은 "역량은 증가하는 다양성과 복잡성의 문제를 성공적으로 처리할 수 있는 것"이라고 표현하였고, 맥닐리(McNeely, 1996)는 "역량 만들기는…… 리더십 기술, 집단 문제해결, 협력하는 방법, 지역사회 자산, 문제, 지역사회주민이 조직되고 참가하는 기회에 대한 실제적인 이해를 높이는 활동"(Mattessich & Monsey, 1997 재인용)이라고 하였다. 따라서 지역사회가 가지고 있는 사회적 역량이란 지역사회주민들이 집단 의사결정 과정을 통해 강한 관계를 맺으며 지역사회의 강점을 발전시켜 지역사회자원을 조직하고 동원하여 지역사회의 다양하고 복잡한 문제를 해결해 나가는 것(이마리아, 2007)이라고 할 수 있다.

사회적 역량을 지역사회조직화 측면에서 살펴보면 다음과 같다. 코트렐(Cottrell, 1977)은 집단과 지역사회 수준에서 임파워먼트의 향상이 조직의 활동을 통해 지역사회 능력을 강화하는 것이며 효과적으로 문제를 해결하는 능력과 더 나아가 사회적·환경적 대응능력을 갖춤으로써 지역사회 역량을 강화하는 것이라고 하였다. 여기에서는 이미 살펴본 문제를 해결하는 능력은 제외하고 지역사회 능력강화의 측면을 살펴보도록 하겠다. 코트렐(1977)이 언급한 지역사회 역량강화 측면의 지역사회 역량[8]으로는 투신과 전념을 강화하는 활동에 관계함, 지역사회쟁점과 관심을 명료화함, 구성원의 지역사회참여를 장려함(Mattaini et al., 1998: 이팔환 외 역, 2000: 290 재인용)이 포함되는데 이들은 지역사회주민들이 공동체의식을 가지고 지역사회 내의 변화를 추구하는 것으로 볼 수 있다. 즉, 지역사회변화에 대한 책임감 함양과 그 변화를 위한 지역사회활동에 참여하는 것으로 이는 한재량(2001)이 언급한 사회변화에 대한 책임감 향상에 해당된다고 볼 수 있다.

---

8) ① 투신과 전념을 강화하는 활동에 관여함, ② 지역사회 쟁점과 관심을 명료화함, ③ 구성원으로 하여금 자신의 관점, 태도, 욕구, 의향을 분명히 말할 수 있는 능력을 배양함, ④ 구성원의 의사소통 기술을 증진시킴, ⑤ 구성원의 분쟁교섭 능력과 갈등관리 능력을 개발함, ⑥ 구성원의 지역사회참여를 장려함(Cottrell, 1977; Mattaini et al., 1998: 이팔환 외 역, 2000: 209 재인용)이 포함된다고 제시하였다. 여기에서 구성원으로 하여금 자신의 관점, 태도, 욕구, 의향을 분명히 말할 수 있는 능력을 배양함, 구성원의 의사소통 기술을 증진시킴, 구성원의 분쟁교섭 능력과 갈등관리 능력을 개발함은 앞서 개인의 역량강화와 같은 맥락의 항목이라고 볼 수 있기에 지역사회 역량강화의 측면에서는 제외하고자 한다.

한편, 로렌스(1998), 로스먼(Rothman, 1974), 정외영(1998), 한재랑(2001)은 토착리더십 개발을 지역사회조직화의 목표로 보았고 한재랑(2001)은 지역사회 역량강화 과정 가운데 지역사회문제를 해결하기 위하여 적극적으로 참여하고 주민들을 이끌어 갈 수 있는 토착리더가 발굴된다(한재랑, 2001: 15 재인용)고 언급하였다. 또한 간즈(Ganz, 2002), 린시컴(Linthicum, 2001), 스목(Smock, 2000), 미즈라히(Mizrahi, 1999)는 리더십 개발이 사회적 역량, 즉 지역사회 역량과 유사한 개념으로 사용되는 사회자본 구축에 유효하다고 언급하였다. 이들은 지역사회조직화 방식의 사회자본 구축은 참여전략보다는 조직화 전략을 사용하기 때문에 리더십 개발기술이 사회관계를 재구조화하는 데 중요하다고 강조(홍현미라, 2005: 28 재인용)하였기에 토착리더십 개발을 지역사회 역량강화에 포함시키는 데 무리가 없다고 본다. 따라서 이 책에서는 지역사회의 역량강화를 토착지도력 개발과 사회변화에 대한 책임감 향상의 측면에서 살펴보았다.

(1) 토착지도력 개발

토착지도력 개발은 조직화 과정을 통해 조직 내에서 구성원과 조직을 이끌어 나가는 지도자가 발굴되어 지도력을 발휘하는 것이다. 로렌스(1998), 정외영(1998), 한재랑(2001)은 지도력 개발을 지역사회조직화의 목표로 보았다. 지역사회조직화에 있어서는 다양한 주민의 참여를 유도하고, 지속적인 참여를 이끌어 내는 것이 중요한데 이는 지도력 훈련을 통해서 가능하다. 지도력을 개발하는 것은 생활의 장에서 지속적인 활동을 통해 축적될 수 있으므로(한국도시연구소, 2001) 오랜 기간을 두고 지역사회조직화를 해 나가는 목적으로 볼 수 있다. 또한 주민자치조직을 활용한 지역사회조직사업을 분석한 최종혁과 이연(2001)의 연구결과에 따르면 실패한 영구임대주택지역의 지역사회조직화사업의 장애변인은 민주적 토착지도자의 부재로 나타난 반면, 지속적인 활동을 이어 가고 있는 주민조직은 리더십을 갖춘 지도자가 존재하였기에 그 같은 활동이 가능하였다고 확인되었다(최종혁 · 이연, 2001). 이처럼 토착지도자 발굴은 지역사회의 지도력을 재생산하고 구축하는 전략으로 지역사회 문제해결을 위한 지속적인 자립기반을 마련한다는 데 그 의의가 크다고 볼 수 있다(한재랑, 2001).

(2) 사회변화에 대한 책임감 향상

사회변화에 대한 책임감 향상은 지역사회조직화 과정을 통해 구성원들이 사회정의에 대한 관심이 증가하고 사회변화를 추구하고자 하는 공동체의식을 갖게 되는 것이다. 비클렌은 지역사회조직화의 목적을 크게 정의, 자치, 사회변화의 추구라고 보았다. 정의란 지역의 모든 사람이 아무런 차별 없이 지역사회의 모든 자원에 접근할 수 있는 상태(주로 제도적인 정의)와 정의로운 시스템 안에서 공평하게 대접받는 상태, 그들 자신을 위한 사회적 조건을 만드는 상태를 의미한다. 주민들을 위한 사회적 조건을 만든다 함은 이들이 지역사회로부터 주거와 의식, 의료 지원, 교육 등의 혜택을 받을 수 있는 권리를 의미한다. 자치는 자신들의 미래를 스스로 결정할 수 있는 권리를 일컫는다. 사회변화의 추구는 앞서 설명한 정의와 자치를 지역사회와 나아가 전체 사회에 구현하고자 하는 것(Biklen, 1983: 한국도시연구소, 2001 재인용)을 말한다. 이러한 점은 지역사회조직화가 개인의 변화를 넘어서서 거시적 차원에서 지역사회의 변화를 추구하는 지역사회실천의 한 영역이라는 것을 나타낸다고 볼 수 있다. 김종해(1995)는 주민들의 참여과정에서 주민의식이 향상된다고 하였다. 이때 주민의식이 향상된다는 것은 조직의 구성원끼리 역사적 경험의 공유라는 동질성을 기반으로 '우리'라는 공동체의식을 형성하는 것이라고 볼 수 있다. 그는 주민의식을 구체화하여 지역주민의식이라고 언급하기도 했는데 이는 사람들이 자신이 거주하는 지역사회에 대해 동일시나 소속감을 느끼는 태도로 정의할 수 있으며, 이러한 소속감은 지역사회의 문화, 가치, 규범 등을 수용하게 함으로써 지역사회 생활환경의 문제를 해결하기 위한 지역사회행동에의 참여를 증진시키는 것이라고 하였다(김종해, 1995). 이는 앞서 언급한 비클렌(1983)의 지역사회조직화의 목적과 일맥상통한다고 볼 수 있다. 최종혁과 이연(2001)은 지역사회조직화로 인해 조직구성원 간의 상호신뢰와 응집력이 생겨 지속적인 활동이 가능하였다고 언급하였다. 또한 최옥채(2005)는 지역사회조직화가 주민의 자발적 참여와 적극적인 대응 활동과 깊은 연관이 있다고 언급하였다.

3. 지역사회조직화의 영향요인

매티시치와 먼시(1997)는 525개 지역사회실천 사례를 분석하여 커뮤니티 빌딩(community building)의 성공요인에 관하여 연구하였다. 이들은 이 연구에서 커뮤니티 빌딩의 성공요인을 크게 지역사회 특성요인, 커뮤니티 빌딩 과정의 특성요인, 지역사회조직가의 특성요인으로 구분하여 총 스물여덟 가지 요인을 제시하였다. 이마리아(2008)는 지역사회실천가와의 집단면담을 통해 이 변인들을 지역사회조직화에 영향을 미치는 요인으로 설정하였다. 또한 매티시치와 먼시(1997)의 연구에서 추출한 요인을 한국적 상황에 비추어 설명한 최옥채(2001a)의 정리와 그 밖의 연구자들의 견해를 참고하여 다음과 같이 개인차원의 요인, 기관차원의 요인, 지역사회차원의 요인으로 나누어 살펴보도록 하겠다.

1) 개인차원의 요인

매티시치와 먼시(Mattessich & Monsey, 1997)가 마을만들기 조직가 특성(characteristics community building organizers)이라고 명명한 것을 이 책에서는 지역사회조직화 과정에서 주창자(initiator) 역할을 하는 사회복지사 개인차원의 지역사회조직화에 영향을 미치는 요인으로 보겠다.[9] 이 요인들이 가지는 특징의 유사성을 포괄하여 기술 및 태도와 지역사회조직화 지식 및 경험으로 묶어서 개인차원의 요인을 살펴보았다. 기술 및 태도에는 체계적인 정보수집과 지역사회 쟁점 분석을 포함하는 기술, 통제력, 유연성과 적응성, 주민과의 신뢰관계 정도가 있다. 지역사회조 직화 지식 및 경험에는 지역사회조직가로서의 역할에 대한 지식 및 인식, 지역사회조직화에 대 한 지식 및 경험이 있다. 개인차원의 지역사회조직화에 영향을 미치는 요인은 지역사회조직화 에서 사회복지사가 갖추어야 할 능력과 자세라 할 수 있다. 지역사회조직화에서 사회복지사의 능력과 태도는 전체 과정의 성패를 가르는 중요한 요인(최옥채, 2001a)이라고 보아야 한다. 따라 서 사회복지사는 이들 변인에 우선 주목해서 살펴보아야 한다.

(1) 기술 및 태도

기술 및 태도[10]는 사회복지사가 지역사회조직가로서 가질 수 있는 중요한 속성이다. 연구자 들이 언급한 주요 내용을 살펴보면 다음과 같다.

① 체계적인 정보수집과 지역사회 이슈 분석(systematic gathering of information and analysis of community issues)[11]

매티시치와 먼시(Mattessich & Monsey, 1997)는 조직가가 지역사회의 욕구와 문제를 측정하 고 분석하는 과정을 조심스럽게 밟아 나갈 때 성공적인 지역사회조직화가 일어날 가능성이 높다고 하였다. 그들은 문제를 해결하기 위해 시간과 자원에 헌신하는 것을 성공적인 노력으 로 보았고, 조직가가 다른 지역사회 구성원과 관계성이 점점 강해질수록 지역사회에 대한 지

---

9) 최옥채(2001a)는 이 변인을 지역사회실천가의 요인이라고 명명하였다(이마리아, 2008).
10) 태도 자체가 기술을 결정할 수도 있고, 반대로 기술이 태도를 결정할 수도 있기 때문에 이 책에서는 기술과 태도를 하나의 변인으로 본다.
11) 매티시치와 먼시(Mattessich & Monsey, 1997)는 이 변인을 커뮤니티 빌딩 과정 특성으로 분류하였으나 이 마리아(2008)는 사회복지사 개개인의 역량에 따라 더 큰 영향력을 미친다는 지역사회실천가의 자문에 따라 개인차원의 변인으로 바꾸어 주었다.

식을 더 많이 얻을 수 있고, 정보수집과 분석의 결과는 종종 어떻게 다음 단계로 진행해야 할지에 대한 방향을 제공한다고 언급하였다. 브루인(Bruyn, 1963)은 엘도라도, 일리노이에서 지역사회 현실 수집을 통해 지역사회 구성원들이 지역사회의 문제를 더 정직하게 논의할 수 있었다고 하였다. 델가도(Delgado, 1993)는 오클랜드, 캘리포니아에서 지역사회 내의 건강 욕구에 대한 현실을 수집하기 위해 호별방문(a door-to-door) 건강 서베이를 수행했다고 보고하며 체계적인 정보수집 및 지역사회 쟁점분석의 중요성을 언급하였다(Mattessich & Monsey, 1997 재인용). 최옥채(2003)는 지역사회조직화와 같은 지역사회실천에서의 사회복지사의 경험에 대한 질적 연구를 통해 지역사회의 욕구, 즉 이슈를 발견하는 것이 중요하며 주민의 의견을 수렴하여 주민의 관심사를 알아 가야 한다는 점을 사회복지사들이 공통적으로 언급하였다고 밝혔다. 최종혁과 이연(2001)은 그들의 연구 대상이었던 복지관에서의 주민조직화사업의 실패 이유로 주민의 '생활' 요구에 대한 과학적 실증조사의 미흡을 언급하였다. 반면에, 이들은 지역사회주민의 대부분이 공감하고 있는 활동을 전개함으로써 지역주민들의 관심과 지지를 얻을 수 있었던 것이 영구임대아파트지역을 중심으로 또 다른 지역사회조직화 활동을 지속하게 한 변인이었다고 언급하였다. 또한 집단면담을 통한 지역사회실천가의 견해를 따르면, 이는 주민의 욕구를 정확히 파악하고 객관적으로 추출할 수 있는 능력이며 이를 사회조사 능력이라고도 볼 수 있다고 하였다. 이처럼 지역사회의 욕구와 문제를 측정하기 위한 신중한 접근이 있을 때 지역사회조직화의 성공 가능성이 높다. 따라서 사회복지사와 지역사회주민 대표는 실천 과정 전 기간 동안 일정한 틀에 따라 필요한 정보를 수집하고, 이를 분석하는 일에 전념해야 한다(최옥채, 2001a).

사례　**지역사회 내부 동기(이슈)로부터 지역사회조직화가 된 사례**

……(전략)…… 그들의 내부 동기 주제는 크게 자녀교육, 문화, 경제로 나누어 볼 수 있다.

자녀교육을 주제로 내부의 동기가 발현된 사례는 매우 많다. 사실 자신의 삶과 가장 밀접하게 맞닿아 있는 주제이기에 마을 내부에서 동기가 발현될 때 쉽게 부각되는 부분이라고 보인다.

지난 8회 연재에서도 언급했듯이 2014년에 서울시 7개 대표마을의 마을 연계사업으로 선정되기도 한 필자의 지인이 활동하고 있는 천왕동 마을(김성우, 2014)의 경우, 초기 아파트단지가 조성될 때 서로 알아 가자는 취지에서 모였던 주민들은 아이들의 안전과 문화에 대한 필요를 느꼈다. 이들은 자발적으로 신호체계 정비에 관한 요구를 구청에 하거나, 주민들이 강사가 되는 문화강좌를 진행하기 시작한 것에서 출발하여 현재도 마을을 세우는 다양한 일을 하고 있다.

서울 동작구 성대골 마을공동체[12]는 마을학교를 만들게 된 동기가 그 마을에 살고 있는 엄마들에게서 나왔고 그들 스스로가 문제를 해결하고 있다. 최경희 마을학교 교사가 "아이들뿐만 아니라 엄마들도 모여서 이야기할 수 있는 공간이 없어요. 학교 가면 엄마들 반모임이 있는데 다들 학원 어디가 좋더라, 선생님은 뭘 좋아하더라, 누구는 어떻게 하더라, 어떻게 하면 내 아이 교육 잘 시킬까 이야기밖에 안 해요. 그런데 여기는 시나 구에서 만들어진 게 아니다 보니까 주민들이 스스로 의견을 낼 수 있고, '어떻게 하면 성적을 올릴까'가 아니라 '아이를 어떻게 잘 키울 것인가'를 고민할 수 있어서 좋아요. 엄마들이 직접 아이들을 돌볼 수도 있고."(오마이뉴스, 2012a)라고 말한 데서 마을 내부의 동기를 찾을 수 있다.

성미산마을공동체[13]는 '육아'에 대한 고민을 가진 사람들이 마을공동체를 만들게 되는 태동이 되었으며 지속적으로 공동체 안의 사람들이 가진 고민이 동기가 되어 마포두레생활협동조합, 공동육아 어린이집, 성미산 학교 등을 설립(이지혜, 2012)해 갔다. 뿐만 아니라 공동체 내에서 같은 고민을 가진 사람들끼리 작은 조직(소모임) 등을 만들어 내어 규모가 커지는 현상 또한 내부적인 동기에서 활발히 움직이고 있는 모습으로 볼 수 있다.

서울 우이동의 '재미난 마을'(권해효, 2013)은 생태·평화·인권의 중요성을 서로 공유하는 600여 주민이 모여 만든 마을로, 역시 '공동육아'라는 자신들의 필요로 인해 스스로 모이기 시작했고 이렇게 스스로 모이는 작은 공동체가 지역 안에서 서로 연합하고 하고 싶은 활동을 찾아 또 다른 모임을 이루다 보니 작은 풀뿌리 조직[14]이 모여 마을이 되었다. 삼각산 재미난 마을의 모든

---

12) 마을문고를 찾던 4명의 주민모임에서 마을도서관추진위원회를 2010년 7월에 발족하고 도서관 건립 모금에 성공하여 2010년 10월에 성대골 어린이 도서관이 개관한다. 그 후 아이들의 방과 후 활동을 위해 뜻있는 엄마들이 모여 출자한 돈으로 2012년 4월에 성대골 마을학교를 열고 15명의 엄마가 4개 조로 나누어서 마을학교 교사로 아이들을 돌본다. 또한 2011년에 일어난 후쿠시마 원전사고에 충격을 받은 엄마들이 환경단체에 의뢰해 특강을 듣는 등 꾸준한 교육을 통해 에너지 절전 마을을 만들겠다는 실천으로 성대골 절전소를 만들고, 마을학교에서는 겨울을 적정기술로 나 보는 등의 시도를 하였으며 이러한 시도를 하는 가운데 역량이 강화된 엄마들은 환경, 에너지 강사로 활동하기에 이르고 있다(오마이뉴스, 2012a; 오마이뉴스, 2012b; 오마이뉴스, 2013: 이마리아, 2015 재인용).

13) 성미산마을의 시초는 젊은 부부들이 "내 아이와 남의 아이를 함께 우리 아이로 키우자는 뜻으로 1994년 마포구 연남동에 설립한 국내 최초의 공동육아 협동조합인 '우리어린이집'에서 찾아볼 수 있다. 성미산마을의 조직은 개인의 소소한 문화적 욕구를 충족할 수 있는 소모임과 동아리에서부터, 생활상의 필요를 공동으로 해결하는 어린이집, 생활협동조합, 카페, 반찬가게, 사회적 문제에 조직적으로 대응하고자 결성한 시민단체에 이르기까지 매우 광범위한 분야를 포함한다(이지혜, 2012: 이마리아, 2015 재인용).

14) 초등대안학교 '재미난 학교'에서는 아이들이 건강하게 자랄 수 있게 하고, 협동조합으로 운영되는 '재미난 카페'에서는 마을 대소사가 논의된다. '마을목수공작단'이라는 조합에서는 목제품을 같이 만들고, 매월 셋

활동은 누군가가 리더가 되어 앞장서서 억지로 모으거나 시킨 것이 아니라 분위기가 조성되고 기다리면 하고 싶은 사람들이 모이면서 시작되었다.

경기 광주시 퇴촌남종 생활문화 네트워크의 시작이 된 문화공동체 활동(정책브리핑, 2013)은 청소년들이 문화적으로 즐길거리가 부족하다는 마을 사람들 내부의 동기에서 시작되어 학부모모임이 주체가 되어 청소년 문화활동을 지원하게 되었다. 그 후 2010년에 '청소년 어울 마당'을 개최하고 달팽이 신문을 제작하여, 달팽이 라디오라는 팟캐스트를 통해 지역과 주민의 이야기를 다루고, 풀뿌리 생활협동조합을 하면서 문화네트워크를 형성하게 되었다. 2013년에는 '달팽이 생활문화 장터'를 한국문화예술교육원, 너른고을생협, 퇴촌남종주민자치위원회가 공동 주최하여 진행하고 있으며 장터에서는 '팽'이라는 지역 화폐를 활용한다.

대구 동구 안심마을공동체(윤문주, 2013)는 1993년 공동육아협동조합 형식으로 '한사랑 어린이집'이 설립되면서 시작되었다. 장애아동 조기교육에 대한 제도적 근거가 마련되지 않은 시대적 상황 속에서 그에 따르는 과중한 교육비가 장애아동 가정에 부담을 주며 발생하게 된 부모자살 사건, 장애인 시설에서 일어나는 반인권적 행태들로 장애인의 삶과 빈민장애가정의 아동양육과 교육에 대한 고민이 사회적 이슈로 떠오르면서, 안심지역 장애아동 가정을 중심으로 '장애아동 전담 어린이집을 만들자'는 바람이 모여 주민들(한사랑교육공동체)의 기금과 인근 대구대학교 특수교육과 졸업생 및 학과생 후원인들이 모여 한사랑 어린이집을 설립하였다.

경남 합천 여성농민회(강선희, 2014)를 중심으로 한 마을공동체는 아이들의 성적을 올리고 싶어 하는 여성농민들의 바람에서 방과 후 교실이 만들어졌고 실제로 성적향상을 가져왔으며, 마을 경제를 살리고자 하는 동기로 멜론 직거래가 시작되어 다른 농산물에 대한 직거래로도 영역을 넓혀 합천로컬푸드 형태로 현재까지 지속되고 있다.

두 번째는 문화다. 문화생활에 대한 욕구가 대두되면서 나타나는 현상이기도 하고, 문제해결의 소재를 문화로 잡은 경우에 마을을 변화시키고 싶은 주민 내부의 동기가 나타난 모습이다.

파주의 똑똑도서관(김승수, 2014)은 아파트 주민들이 우리 동네에도 도서관이 있었으면 좋겠다는 동기에서 출발해 만들어진 도서관이었기 때문에 도서관이 지속될 수 있었고 자발적으로 다양한 다른 모임도 만들어 주민들의 관계성이 풍성하게 된 사례다.

수원시 행궁동 마을 만들기는 수원시의 외형적 발전과 더불어 구도심 지역의 슬럼화가 가속되어 행궁동의 인구 감소, 빈집 증가, 상점가 폐점, 쓰레기 방치, 불안한 치안, 경관 훼손이라는 문제점이 발생하였고, 행궁동에 거주하는 시민운동가, 예술가, 주민들이 이러한 문제점을 해결하고자 빈 상가를 리모델링하여 예술창작 공간으로 활용하기 시작(임미나, 2013; 조윤미, 2012)한 것이다.

째 주 일요일에는 장터도 열리며, 마을밴드 '재미난 밴드'는 음악으로 마을 주민들을 묶어 주는 역할을 한다(권해효, 2013; 우리신학연구소 연구실, 2013: 이마리아, 2015 재인용).

이러한 움직임은 행궁동에서 마을 만들기가 실험적으로 시작하게 된 계기가 되었다.

대구 삼덕동 마을공동체(윤옥경, 2008; 전영호, 2011)는 약간 독특한 배경을 가지고 있다. 대구 YMCA가 운영하는 대구시 가출청소년쉼터의 운영으로 마을 주민들의 민원이 발생하였는데 민원 발생을 억제하기 위해 YMCA 실무자가 먼저 자신의 집(쉼터 옆집)의 담장을 허물기 시작하였고 이를 계기로 1998년 개인 집 담장 허물기가 시작되어 마을 만들기에 동기부여가 되었다. 또한 2001년에 재개발지역으로 선정되는 것에 대한 찬반여론이 주민들에게 마을에 대한 애착심을 불러일으켰고, 주민들은 러브호텔, 원룸건축 저지단체활동을 하기도 하였다. 지역주민이기도 한 가출청소년쉼터 실무자는 지역주민과 공감대를 결집하여 재개발 흐름을 차단하고 마을에 대한 애착과 관심을 높이는 새로운 콘텐츠의 마을 만들기 사업을 실시하였고 현재 지속적인 마을에 대한 관찰을 통해 인형마임축제(2006년부터 현재까지), 폐자전거를 이용한 자전거 만들기, 자전거 보관대 만들기 등이 진행되고 있다.

세 번째는 경제다. 이는 주로 농어촌 지역에서 많이 나타나고 있는데, 주민들이 떠나고 마을이 쇠락해 가는 상황을 타개하고자 나타나는 경우가 대부분이기 때문이고, 먹고 사는 문제 역시 주민 생활에 밀접하기에 내부의 동기가 잘 발현되는 주제라고 볼 수 있다.

충남 송악마을공동체(이종명, 2012)는 송악농민선교회가 중심이 되어 경제적인 어려움을 극복하고자 친환경농사를 짓고 직거래 방식으로 유통을 한 소수 농가들이 안정적으로 판매를 하게 되자 상당수의 농가가 관심을 가지고 송악동네친환경농사연구회, 한살림송악면지회로 공동체가 더 확대되었다. 또한 도시지역의 시민단체와 소비자단체 등과 연계하여 반딧불이 축제를 여는 등 도시소비자와 농민생산자와의 교류도 꾀하고 있다.

또한 앞서 언급한 합천 여성농민회를 중심으로 한 마을공동체를 통해서도 자녀양육과 한 축으로 마을경제를 살리고자 한 노력들이 내부의 동기에서 발현되었음을 확인할 수 있다.

장애아동 육아문제를 해결하고자 모이게 된 안심마을공동체 역시 도농복합지역이다 보니 농촌 지역 경제에 대해서도 관심을 가지게 되었다. 지역농산물 생산자와 소비자를 바로 이어 주는 직거래 장태를 통한 이윤창출을 목적으로 안심협동조합을 만들어, 지역 농산물을 주민들에게 저렴하게 공급하는 것은 물론 카페 운영, 작은 음악회, 산나물 뜯기 행사, 중복 닭죽먹기 행사, 여름철 농촌체험 캠프 등 마을 주민이 직접 참여하는 축제와 행사들을 주최하거나 후원하면서 조합원이 아닌 지역주민들에게도 큰 호응을 얻고 있다. ……(후략)……

출처: 이마리아(2015, 미간행).

② 통제력

최옥채(2003: 311-317)는 지역사회조직화와 같은 지역사회실천에서의 사회복지사 경험에 대한 질적 연구에서 사회복지사의 실천에 대한 강한 의지와 지역사회의 변화에 대한 기대와 희망이 공통적으로 나타났음을 밝히고 있다. 이후에 최옥채(2005)는 지역사회조직화를 포함하는 지역사회실천이 사회복지실천의 한 영역임에도 불구하고 현장에서 활성화되지 못한 이유로 사회복지사들의 지역사회실천을 해 나가려는 의지가 미약함을 언급하였다. 즉, 지역사회실천기술을 익힌다 하더라도 바로 효과성이 산출되지 못하기에 지역사회조직화를 포함한 지역사회실천을 기피한다(최옥채, 2005: 78)는 것이다.

③ 유연성 및 적응성(able to be flexible and adaptable)

사회복지사가 지속적으로 변화하고 있는 지역사회의 상황에 유연하게 대처하고 적응할 수 있는 능력이 뛰어날수록 지역사회조직화가 될 가능성이 높다(최옥채, 2001a: 98). 코텐(Korten, 1980: 480-502)은 유연치 않은 규칙과 어젠다, 주민과 함께 일하면서 지역사회의 욕구에 적응된 조직가의 능력 때문에 정부프로그램으로부터 온 조직가는 지역사회조직화 과정에 종종 방해가 된다고 보았다. 매티시치와 먼시(1997: 22-23)는 조직가가 유연하고 끊임없이 변화하는 상황과 환경에 적합하게 일할 수 있을 때 성공적인 지역사회조직화가 일어날 가능성이 높다고 하였다. 긴 시간 이루어진 지역사회조직화는 조직적으로, 기능적으로, 사람들이 관련되는 많은 변화를 통해 진행된다고 한다. 이는 한국에서도 예외가 아니다. 최옥채(2003: 311-317)는 지역사회조직화와 같은 지역사회실천에서의 사회복지사의 경험에 대한 질적 연구에서 사회복지사들이 다양한 전략을 구사하여 변화를 시도하는 점이 공통적으로 발견되고 있음을 언급하였다.

④ 수행과정의 성실성(sincerity of commitment)

매티시치와 먼시(1997: 45)는 조직가가 지역사회의 안녕에 대한 신실한 헌신을 자발적으로 가질 때 성공적인 지역사회조직화가 될 가능성이 높다고 하였다. 여기서의 성실성은 구체적으로 첫째, 지역사회의 장기적 안녕에 관심을 두고, 둘째, 지역사회 주민들에 대한 한결같은 애정을 가지며, 셋째, 정직하고, 넷째, 지역사회의 관심사에 대해 섬기려는 것이라고 볼 수 있다. 클리너드(Clinard, 1970)는 인도의 지역사회조직화를 하고 있는 성공적인 리더의 특성을 살펴본 연구를 통해 효과적인 리더는 리더십 활동으로부터 생기는 개인적 지위를 얻는 것보다 지역사회를 향상시키려는 욕구(desire)를 보여 주기 때문에 일반적으로 사람들로부터 존경받고 수용되는 사람(Mattessich & Monsey, 1997: 45 재인용)이라고 보았다. 이처럼 지역사회조직화 과정에서 사회복지사가 성실하게 임할 때 지역사회조직화는 효과적으로 이루어질 가능성이 높다. 특히 지역사회조직화는 활동 영역이 개별 혹은 집단에서보다 넓을 뿐 아니라 대체로 장기간 진행되므로 사회복지사는 시종 성실한 태도를 유지하는 데 각별히 주의(최옥채, 2001a: 97-98)해야 한다. 최옥채(2003: 311-317)는 지역사회조직화와 같은 지역사회실천에서의 사회복지사의 경험에 대한 질적 연구를 통해 끊임없이 주민과 접촉하고 돕는 열성과 같은 정기적이고 지속적인 관계가 실천과정 중에 요구된다고 하였다.

⑤ 주민과의 신뢰관계(a relationship of trust) 정도

매티시치와 먼시(1997)는 조직가가 지역사회주민과 어느 정도 신뢰관계를 가지는가에 따라 지역사회조직화의 성공여부가 결정된다고 주장하였다. 신뢰는 모든 인간관계의 본질적인 요소다. 지역사회조직화는 정도에 따라 다르겠지만 대체로 위험을 무릅써야 하며, 힘든 과업을 완수해야 하고, 오랜 시간을 인내해야 하기에 신체적으로나 감정적으로 소모가 클 수밖에 없다. 이런 활동의 특성으로 신뢰관계의 중요성이 더 부각된다(Mattessich & Monsey, 1997: 47). 비들과 비들(Biddle & Biddle, 1965)은 미국 남부 애팔래치아에 대한 연구를 통해 지역사회조직가가 많은 시간을 할애하여 주민들과 관계를 맺고 신뢰관계를 형성한 점을 언급하였고, 브루인(1963)은 지역사회조직가가 단지 한 집단의 관심사만 지원하기 위해서가 아닌 모든 지역사회주민을 위해 지역사회조직화를 하고 있다는 것을 입증하면서 신뢰관계가 생겼다(Mattessich & Monsey, 1997: 47)고 하였다. 이처럼 사회복지사가 지역사회주민들과 신뢰관계를 형성할 때 지역사회조직화가 이루어질 가능성이 높다. 특히 사회복지사는 특정 지역사회주민을 편애하지 않고 모든 주민과 공평한 관계를 유지(최옥채, 2001a: 98)해야 한다. 지역사회조직화를 활용한 방임아동 예방 및 보호 프로그램을 개발한 박은영(2005: 162)의 연구에 따르면, 대중적인 홍보보다는 선별적인 접촉을 통해 지역사회조직화를 하는 것이 효과적인 것으로 나타났다. 이는 주민과의 깊은 신뢰관계가 지역사회조직화에 이르게 하는 지름길임을 나타낸 것이라고 볼 수 있다. 최옥채(2003: 311-317)는 지역사회조직화와 같은 지역사회실천에서의 사회복지사의 경험에 대한 질적 연구를 통해 사회복지사에 대한 주민의 거리감과 불완전한 신뢰가 지역사회조직화에 걸림돌로 작용하는 반면, 잦은 만남, 비공식적인 만남을 통한 주민과의 관계형성은 사회복지사의 활동 거점을 확보하는 것임을 언급하였다.

(2) 지역사회조직화 지식 및 경험

지역사회조직화 지식 및 경험은 사회복지사가 교육받은 지역사회조직화에 관한 이론과 체험

을 통해 얻은 지역사회조직화에 대한 인식 및 실천지혜를 일컫는다. 연구자들이 언급한 주요 내용을 살펴보면 다음과 같다.

① 지역사회조직가의 역할에 대한 인식

최옥채(2003)는 지역사회조직화와 같은 지역사회실천에서의 사회복지사의 경험에 대한 질적 연구를 통해 지역사회주민이 주체이고 사회복지사는 주민이 주체로 활동할 수 있게끔 처음에 동기를 불러일으키는 역할을 하는 것임이 공통적으로 발견되었다고 하였다. 즉, 사회복지사는 주민을 위한 원조자[15]라는 인식이 강조됨(최옥채, 2003: 311-317)을 언급하였다. 박은영(2005: 162)은 두 기관의 지역사회조직화를 통한 방임아동 예방 및 보호 프로그램을 분석함으로써 사회복지사가 주민들이 지역사회의 문제를 인식하고 이슈화할 수 있도록 해야 함을 강조하였다. 한재랑(2001: 61-67)은 이러한 사회복지사의 인식이 지역사회 역량강화에서 주민이 조직의 활동에 참여하게 하는 정보와 역할을 제공하는 데서 발현됨을 확인하였다. 또한 이마리아(2007)와 집단면담을 한 지역사회실천가는 지역사회조직가로서 사회복지사가 그 지역 내의 쟁점(issue)을 발굴하고 주민들이 그에 대한 책무를 갖도록 하는 역할을 해야 한다고 언급하였다. 즉, 지역사회조직가로서 사회복지사는 지역사회주민으로 하여금 지역사회문제를 올바로 인식하고 문제해결 완화에 일정 정도의 책임감을 갖도록 하는 역할을 하여야 한다.

② 지역사회조직화에 대한 지식 및 경험

지역사회조직화에 대한 지식은 다음과 같다. 주민자치조직을 활용한 지역사회조직화 사업을 분석한 최종혁과 이연(2001: 604)의 연구에서는 주민조직의 구성과 운영에 대한 구체적인 전략이 있을 때 지역사회조직화가 이루어질 수 있음을 언급하였다. 최옥채(2003: 311-317)는 지역사회조직화와 같은 지역사회실천에서의 사회복지사의 경험에 대한 질적 연구에서 지역사회조직화에 대한 학습이 부족해서 사회복지사들이 공통적으로 어려움을 호소하였다고 밝혔다. 또한 박은영(2005)은 사회복지관에서의 지역사회조직화 프로그램 개발 연구를 통해 지역사회조직화에 대한 지식이 지역사회조직화를 이루는 데 있어서 필수적인 요소임을 피력하였다. 지역사회조직화에 대한 연구를 통해 최종혁(2002: 13)은 지역사회조직화가 사회복지관의 주요 사업임에도 불구하고 발전시키지 못하는 이유 중 하나가 사회복지사의 전문적인 지역사회조직화에 대한 지식 부족이라고 하였다. 또한 최옥채(2005: 78)는 지역사회조직화를 포함하는 지역사회실천

---

15) 최옥채(2003: 312)는 사회복지사들을 '도우미'라고 표현하였다.

이 사회복지실천의 한 영역임에도 불구하고 현장에서 활성화되지 못한 이유로 대학에서 지역사회실천과 관련된 이론과 기술을 개발하고 교육하는 데 현장과 함께 협력하지 못함을 들고 있다. 즉, 사회복지사들이 대학에서 실질적인 지역사회조직화에 관한 이론과 기술을 습득하지 못한 채 현장에서 지역사회조직화를 담당하기 때문에 나타나는 현상이라는 것이다.

　지역사회조직화에 대한 경험은 지역사회조직가로서 사회복지사의 조직화 경험의 정도(level of organizing experience)를 말한다. 이를 구체적으로 살펴보면 다음과 같다. 매티시치와 먼시(1997)는 조직가가 경험이 있을 때 성공적인 지역사회조직화가 일어날 가능성이 높다고 하였다. 다른 일들과 마찬가지로, 더 오랫동안 폭넓게 경험한 조직가는 미경험 조직가보다 더 효과적으로 지역사회조직화를 이룬다. 지역사회조직화를 경험한 조직가가 가질 수 있는 능력에는 첫째, 실제적인 작업 완료를 위한 요건을 평가하는 능력, 둘째, 사람들을 동기화시켜 작업하는 능력, 셋째, 활동을 계획하고 생산성 있게 하는 능력(Mattessich & Monsey, 1997: 48)이 있다. 지텔 등(Gittel et al., 1994)은 지역계획지지단체(The Local Initiatives Support Corporation: LISC)가 수행한 폭넓은 지역사회개발 증명 프로그램의 일부분으로서 지역사회조직화의 연구를 통해 어떻게 지역사회조직화 과정에서 숙련된 조직가가 그렇지 않은 조직가와 다른지(Mattessich & Monsey, 1997: 48)에 대해 언급하였다. 최옥채(2003: 311-317)는 지역사회조직화와 같은 지역사회실천에서의 사회복지사의 경험에 대한 질적 연구를 통해 사회복지사들의 감각이나 요령보다는 다양한 체험을 통한 실전 경험이 중요하다고 강조하였다. 지역사회조직화에 대한 연구를 통해 최종혁(2002: 13)도 지역사회조직화가 사회복지관의 주요 사업임에도 불구하고 발전시키지 못하는 이유 중 하나로 사회복지사의 전문적인 지역사회조직화에 대한 경험 부족을 언급하였다. 박은영(2005) 역시 지역사회조직화를 위해서는 오랜 시간이 투자되어야 함을 언급하여 사회복지사의 경험의 정도가 지역사회조직화에 영향을 미침을 피력하고 있다. 따라서 사회복지사의 지역사회조직화의 경험이 많을수록 조직화가 이루어질 가능성이 높다(최옥채, 2001a: 98)고 볼 수 있다.

2) 기관차원의 요인

　이 책에서는 매티시치와 먼시(1997)가 언급한 특성 외에 지역사회조직화에 관한 한국 연구들과 집단면담을 통한 지역사회실천가의 견해에 따라 몇 가지 변인을 추가하여 기관차원의 지역사회조직화에 영향을 미치는 요인을 구성하였다. 기관차원의 요인은 기관장의 지원과 다른 부서의 지원으로 나누어 살펴보았다.

(1) 기관장의 지원

기관장의 지원은 기관장이 지역사회조직화의 필요성을 인식하고 직접적으로 지원하는 행동을 취하는 것을 말한다. 이는 의지(최옥채, 2003), 지역사회조직화 관련 교육 및 훈련 지원(Mattessich & Monsey, 1997), 지역사회조직화 전담자 임명(최옥채, 2005) 그리고 이마리아(2007) 연구의 집단면담에서 많은 지역사회실천가가 공통적으로 언급한 변인인 권한위임으로 나누어 볼 수 있다.

① 의지

의지는 기관장이 제도적으로 규정되어 있기 때문에 지역사회조직화를 수행하도록 하는 것이 아닌 여타 다른 사업보다 지역사회조직화의 중요성을 강조하는 것을 말한다. 지역사회조직화에 대한 연구를 통해 최종혁(2002: 13)은 지역사회조직화가 사회복지관의 주요 사업임에도 불구하고 발전시키지 못하는 이유 중 하나를 사회복지관의 리더로 볼 수 있는 기관장의 의지 및 역할의 미흡으로 보고한다. 즉, 기관장의 지원이 소극적이고 부족함을 가리키고 있는 것이다.

② 지역사회조직화 관련 교육 및 훈련 지원

이는 지역사회주민 대표모임에서나 지역사회조직화와 관련하여 사회복지사가 해결하기 어려운 일에 대한 기술을 기관에 의해 지역사회 외부로 지원받는 경우를 포함(최옥채, 2001a: 96)한다. 일반적으로 기술 지원은 전문가가 지역사회주민의 부족한 것이 무엇이든 간에 보충하기 위해 지역사회조직화 과정에 제공하는 지식과 기술(Mattessich & Monsey, 1997: 40)이라고 볼 수 있다. 그러나 이마리아(2007)가 집단면담을 통해 받은 지역사회실천가의 자문에 따르면 한국적 상황에서는 주민들에게 실시하는 지역사회조직화에 대한 교육보다 사회복지사에게 당 업무 수행을 위한 기관의 교육, 훈련 지원이 선행되어야 한다. 즉, 기관장이 사회복지사들에게 필요한 기술이나 지식에 대한 교육을 실시할 수 있도록 이를 허락하고 지원하는 것을 말한다. 매티시치와 먼시(1997)는 성공적인 지역사회조직화는 지역사회주민이 필요한 기술을 얻기 위해 기술 지원을 이용할 때 일어날 가능성이 더 높다고 하였다. 이를 한국적 상황에 적용하면, 성공적인 지역사회조직화는 지역사회조직화를 담당한 사회복지사가 필요한 기술을 얻을 수 있도록 기관 차원에서 지원할 때 일어날 가능성이 더 높다고 볼 수 있을 것이다.

③ 지역사회조직화 전담자 임명

이는 이마리아(2007) 연구의 집단면담에서 많은 지역사회실천가가 언급한 사항이다. 사회복지관에서 지역사회조직화가 수행되기 어려운 이유 중 하나는 지역사회조직화 담당자가 당 업무 외에 추가적인 업무를 담당하고 있기 때문이라고 하였다. 따라서 기관장이 지역사회조직화 전담자를 임명하는 것은 기관의 지원 중 하나라고 볼 수 있다. 최옥채(2005: 78)는 지역사회조직화를 포함하는 지역사회실천이 사회복지실천의 한 영역임에도 불구하고 현장에서 활성화되지 못한 이유로 지역사회실천에 관심을 가지고 있는 사회복지기관이 드문 점을 언급하면서 기관 대표가 지역사회조직화에 관심을 가지지 않는 것이 일차적인 문제라고 지적하였다. 현장에서 한 사회복지사가 담당해야 할 업무가 매우 많다는 한계가 있으나 기관장이 지역사회조직화에 관심을 가지고 우선순위를 둔다면 다른 업무를 최소화하고 지역사회조직화 전담자를 임명하는 것이 가능하다고 본다.

④ 권한위임

이 또한 이마리아(2007) 연구의 집단면담에서 많은 지역사회실천가가 공통적으로 언급한 요인이다. 이는 기관장이, 지역사회조직화 담당자가 그 누구보다도 당 업무를 가장 많이 알고 있다고 인정하는 것에 기초하여 단기간의 실적 산출을 강요하지 않는 것을 포함한다. 최종혁(2002) 또한 주민대표자의 리더십 훈련 프로그램 개발에 관한 연구를 통해 이와 연관된 보고를 하였다. 그는 주민들에게 지역사회조직화에 리더십 교육이 필수적임을 언급하였는데(최종혁, 2002: 257-286) 리더십은 단기간에 훈련될 수 있는 것이 아니므로 기관장이 지역사회조직화 담당자에게 권한을 위임하고 지속적으로 지지를 보내야 가능하다고 볼 수 있다.

(2) 다른 부서의 지원

다른 부서의 지원은 지역사회조직화 담당자가 속한 부서(팀)를 제외한 다른 부서에서 지역사회조직화 사업에 대한 필요성에 공감하고 협력하는 것을 말한다. 최옥채(2003: 311-317)는 지역사회조직화와 같은 지역사회실천에서의 사회복지사의 경험에 대한 질적 연구를 통해 기관 내부의 지역사회조직화 사업에 대한 의견의 불일치가 큰 장애물로 작용한 반면, 지역사회문제에 대한 다른 직원의 공감과 협력이 지역사회조직화를 이루어 가는 데 큰 지지가 된다는 것이 공통적으로 언급되었음을 밝혔다. 또한 이마리아(2007) 연구의 집단면담을 통한 지역사회실천가의 견해에 따르면 이러한 다른 부서의 지원은 지역사회조직화에 긍정적인 영향을 끼친다.

3) 지역사회차원의 변인

이마리아(2008)의 연구에서는 지역사회차원의 변인으로 지역사회 유형을 꼽았다. 진선하(2005)는 지역사회 유형에 따라 지역사회조직 활동을 통한 기대사항이 달라진다고 언급하였다. 즉, 일반주택지역에 위치한 사회복지관의 사회복지사들은 조직 활동을 통한 기대를 '복지사업에 대한 이해와 지역사회문제에 대한 관심' 및 '복지관 이용프로그램 참여자 증대와 참여를 통한 주체성 확립'이라고 본 반면, 임대아파트 지역에 위치한 사회복지관의 사회복지사들은 '복지사업에 대한 이해와 지역사회 문제에 관심'으로만 응답하였다(진선하, 2005: 29)고 보고한다.

최옥채(2005)는 지역사회 유형을 농촌지역사회, 유흥가, 성매매촌, 산업단지, 빈곤지역사회, 중간층 지역사회, 상업 중심 지역사회로 나누고 그에 따라 지역사회조직화의 양상이 달라진다고 언급하였다. 또한 이에 앞서 최옥채(2000)는 사회복지관을 중심으로 한 지역사회 유형을 개발된 지역사회, 빈곤 지역사회, 영구임대아파트 단지로 분류하여 지역사회조직화가 포함된 지역사회실천이 시급하다고 하였다.

서울복지재단(2005a) 역시 현재 한국의 사회복지관이 존재하는 지역별 유형은 크게 영구임대지역, 저소득지역, 혼합지역, 중산층지역으로 나눌 수 있으며 각 유형에 따라 강조되는 사업영역이 달라진다고 보고하였다. 특히 중산층지역보다는 영구임대지역이나 저소득지역에서 지역사회조직화 사업의 비율이 전체 사업 대비 높게 보고되었다(서울복지재단, 2005a: 25-26).

마지막으로 지역사회조직화와 관련된 많은 연구(김종해, 1995; 박은서, 1998; 최옥채, 2004; 최종혁, 2002; 최종혁·이연, 2001; 홍현미라, 1998)가 영구임대아파트 지역, 도시저소득층 지역 등 지역사회 유형에 따라 연구하였다. 이러한 연구들을 바탕으로 이마리아(2008)는 지역사회 유형을 영구임대지역, 저소득지역, 중산층지역, 혼합지역으로 나누어 지역사회차원의 요인으로 보았다.

살펴본 선행연구의 내용을 정리하여 지역사회조직화에 영향을 미치는 요인을 정리하면 〈표 6-2〉와 같다.

〈표 6-2〉 지역사회조직화에 영향을 미치는 요인

영향요인	하위 요인	세부 내용
개인차원	기술 및 태도	체계적인 정보수집 및 지역사회 이슈 분석
		통제력
		유연성 및 적응성
		수행과정의 성실성
		(주민과의) 신뢰관계
	지식 및 경험	지역사회조직가의 역할에 대한 인식
		지역사회조직화에 대한 지식 및 경험
기관차원	기관장의 지원	의지
		지역사회조직화 관련 교육 및 훈련 지원
		지역사회조직화 전담자 임명
		권한 위임
	다른 부서의 지원	
지역사회차원	지역사회 유형	영구임대지역
		저소득지역
		중산층지역
		혼합지역

4. 지역사회조직화의 과정

　지역사회조직화의 과정은 기본적으로 지역사회복지 실천과정과 유사하나 종결이 없이 순환되는 과정이라는 특성을 갖는다. 여러 학자가 지역사회조직화의 과정에 대해 이야기하였으나 이 책에서는 한국적 상황에서 지역사회조직가를 오랜 기간 교육한 한국주민운동정보교육원(2010: 30-36)의 네 가지 과정 10단계를 중심으로 설명하고 이에 대한 예시로 '도봉아이사랑모임'[16](방아골종합사회복지관 연구기획팀, 2010)이 지역사회 조직화되는 과정을 살펴본 후, 유의점에 대해 설명하고자 한다.

16) "도봉아이사랑모임'은 '지역 내 소외된 아동의 어려움을 돕고자 만들어진 지역 주민들의 모임'입니다. 2003년 1기 교육생 수료와 함께 첫 발걸음을 내디딘 이후로 2007년도 현재까지 4기 회원이 교육을 받고 회원으로 활동 중입니다. 주요사업으로 공부방을 운영하고 있고 지역 내 빈곤아동 발굴, 자원연계, 지역연대활동 등을 진행하고 있습니다. 물론 모든 의사결정은 회원들에 의해 결정되고 운영됩니다."(방아골종합사회복지관 연

1) 지역사회조직화의 과정[17]

(1) 예비과정

1단계: 현장 들어가기

핵심활동은 현장선택과 예비조사다. 지역사회조직가는 조직화의 목적을 세우고 자신이 활동할 지역에 들어가서 기초정보를 파악하는 예비조사를 실시한다. 지역의 오피니언 리더나 복지

사례 **'도봉아이사랑모임'**

1. 지역아동에 대해 알아가기 시작하다(1998년 9월)

방아골복지관은 도봉구 지역의 첫 사회복지관이었기 때문에 타 기관을 통해 실질적인 지역주민에 대한 정보를 구하기 어려웠다. 이에 모든 사회복지사가 지역을 나누어 명단을 들고 가정방문을 하기 시작하였다. 도봉구 지역의 교통이 워낙 좋지 않았기 때문에 하루에 세 가정 이상을 방문하기가 어려웠지만 사회복지사들이 지역사회로 나가서 직접 주민들을 만나며 지역사회에 대한 이해를 하기 시작하였다. 그리고 다음과 같은 결론을 얻게 된다.

> 영구임대아파트 지역과 기타 저소득 지역에서 13년을 일한 후 방아골에 들어온 사회복지사는 자신이 일한 지역들을 비교해 볼 때, 도봉지역이 매우 열악한 편이라고 하였다. 복지관에서 개입해야 할 사례들이 지속적으로 증가하며, 아동학대 사례도 꽤 많이 보인다고 한다. ……(중략)…… 또한 지역 사례발굴을 해 보면, 아동사례가 상당하며, 이들에 대한 안전망이 거의 구축되지 못한 것으로 파악하고 있다고 전하였다.

구기획팀, 2010: 84).
   사례의 내용은 방아골종합사회복지관 연구기획팀(2010)의 『신명나는 지역복지 만들기』, 81-154쪽의 내용을 바탕으로 지역사회조직화 과정을 이해하기 쉽게 각 단계별로 나누었다. 그러나 이후에 설명할 유의점 내용과 같이 지역사회조직화 과정은 각 단계가 분절적으로 이루어지는 것이 아니라, 동시다발적으로 또는 순환적으로 이루어진다. 인용한 사례도 마찬가지였기에 사례내용에 번호를 붙여 시간의 흐름을 알 수 있게 하였다. 또한 사례내용은 축약하였으나 사회복지사의 경험과 사고는 그대로 기술하였다.
17) 각 단계에 대한 상세한 내용은 한국주민운동정보교육원(2010)을 참고하라.

관 인근 주민과 만나기도 하고 관련 문헌이나 여러 정보를 분석하기도 한다. 예비조사의 결과를 분석하여 지역에 대한 기초 지식을 정리하고 주민 만나기를 구상하며 본격적인 조직화 준비과정에 들어갈 준비를 한다.

(2) 준비과정

　2단계: 주민 만나기

　핵심활동은 주민과 관계 맺기와 지역 알기다. 지역사회조직가는 예비조사 결과를 기초로 주민 만나기 계획을 구체화한다. 지역의 주민을 개별적으로 혹은 집단적으로 만나 주민과 관계를 맺어 간다.[18] 주민의 생활처지와 특성, 욕구와 바람, 다른 주민들과의 관계 등을 알아 간다. 그와 동시에 지역사회문제를 세밀하게 살피며, 그 가운데 주민이 절실하게 느끼는 문제를 발견해 나간다. 이러한 과정 중에 문제해결과 관련하여 주민 중 누가 주민리더로서의 가능성이 있는지도 살핀다.

사례　　**'도봉아이사랑모임'**

　2. 반딧불이교실이 문을 열다(2001년 3월)

　1단계를 통해 아동에게 집중할 필요가 있다고 생각하여 복지관에서는 다양한 아동 프로그램을 진행하다가 한부모가정이다 보니 방과 후 교실 이후에도 일하러 간 아버지나 어머니가 돌아오지 않는 아이들이 방임된다는 사실을 알게 된다. 이에 야간보호프로그램을 진행해야겠다는 고민을 하게 되었고, 이를 위해 '방임'의 여부를 수치로 드러나는 통계를 통해서는 알 수 없어 아이들 명단을 확보해 부모를 만났다. 보호자가 저녁 늦은 시간까지 일을 하는 경우가 많아 주로 저녁 늦은 시각에 만나러 다니면서 프로그램의 필요성을 확신하고 야간보호프로그램인 '반딧불이교실'을 진행하게 된다.

---

18) 이러한 활동이 목적성을 띠고 이루어질 수도 있으나 사회복지기관에 입사하면서 주민들과 인사하고 이야기 나누기 등을 통해 자연스럽게 이루어지는 것을 지향해야 한다. 구체적인 설명은 한덕연(2015)을, 실제 사례는 김세진(2015)을 참고하라.

3단계: 조직화 밑그림 그리기

핵심활동은 이슈 찾기와 대안 마련이다. 지역사회조직가는 주민 만나기로 파악한 지역사회의 여러 문제를 정리한다. 그중 주민이 가장 절실히 느끼며 행동할 의지가 있는 하나의 이슈를 선택한다. 선택한 이슈를 분석한 후 해결을 위한 잠정 대안으로서 주민행동의 목표와 계획을 생각해 둔다. 실제적인 목표와 계획은 추후 잠재 주민리더 모임에서 논의되고 공식 주민모임에서 결정된다. 또한 이슈를 주도적으로 풀어 갈 주민리더들을 염두에 두며 첫 모임을 위한 실천계획도 세운다.

사례 **'도봉아이사랑모임'**

3. 지역의 모든 방임아동에게 손길이 닿을 수 있는 대안에 대한 고민(2002년 12월)

그러나 야간보호프로그램을 진행함에도 무수히 많은 아동방임의 문제를 복지관에서 모두 감당할 수 없고, 지역사회주민이 주체가 되어 아동을 돌볼 방법을 강구해야 된다는 결론에 다다른다. 이를 사업화하기 위해 필자가 생각한 것처럼 방임아동의 문제가 심각한지를 조사를 통해 알아보았다. 문헌검토 및 관련자 인터뷰를 진행하였더니, 역시나 예상한 대로 유의미한 결과가 나왔다.[19] 지역의 방임아동을 돌볼 수 있는 인적·물적 자원이 필요했는데, 인적 자원을 양성하기 위해서는 '교육' 의 방식을 고민하였고, 물적 자원을 확보하기 위해서는 서울시 공동모금회에 프로포절을 제출하였다.

---

(3) 조직과정

4단계: 주민리더십 형성하기

핵심활동은 첫 모임과 교육훈련이다. 지역사회조직가는 주민과 관계 맺기, 지역 알기 과정에서 확인한 주민리더 가능성이 있는 주민을 다시 만난다. 지역의 문제와 관련하여 대화하며, 이슈 해결을 위한 주민 첫 모임에 초청한다. 지역사회조직가는 첫 모임을 주민리더 모임으로 발

---

19) 이 내용은 '1단계 현장으로 들어가기' 로 볼 수 있다. 이처럼 지역사회조직화는 과정들이 분절적으로 나누어 이루어지는 것이 아니라 동시다발적으로 또는 순환적으로 이루어진다.

전시키고, 잠재 주민리더들은 이슈에 대하여 서로 소통하고 실천할 준비를 하도록 거든다. 지역사회조직가는 주민리더 모임을 지속하며 잠재 주민리더들이 자신의 리더십을 잘 성장시켜 나가도록 교육훈련을 안내한다.

사례	'도봉아이사랑모임'

4. 회원모집(2003년 1, 2월)

사회복지 현장에서 가장 흔하게 사용하는 홍보방법인 대중 홍보의 방법(현수막, 지역신문, 케이블 방송 그리고 각종 인터넷 사이트)을 통해 참여자를 모집하였으나 거의 모집되지 않았다. 불안한 마음은 나의 어깨를 짓눌렀다. 그러다가 최옥채(2001b)의 논문 「지역사회주민 조직화 모형에 관한 소고−접촉전략과 접촉방식을 중심으로」를 통해 사업의 의미와 내용을 점검하고 홍보방식을 전환하였다. "지역사회주민조직화는 목표에 합당한 지역사회주민을 끌어들이기 위해 지역사회실천가가 이들에게 접촉하는 일이 최우선 과업이다."라는 내용에 착안하여 조직화의 목표에 합당한 지역주민을, 먼저 아이들에게 관심과 사랑이 많은 사람 그리고 그 관심을 실천을 통해 행할 수 있는 지역주민, 즉 아이들에 대한 관심뿐 아니라 지역사회 내 방임아동의 문제와 관련해 활동할 수 있는 지역주민으로 잡았다. 즉, 선별적 다단계 접촉[20]을 하기 시작하였다. 먼저 복지관 내 자원봉사자 중 관심 있는 지역주민을 만났고 지역 내 관련 네트워크 단체에도 홍보하기 시작하였다. 또한 야간보호프로그램 보육교사가 한국방송통신대학교 지역게시판에 홍보하였다. 이를 통해 다수의 주민이 1기 아이사랑모임 교육프로그램에 참여하게 되고 교육이 진행되었다. 2기부터는 1기 회원에 의해 자연스럽게 회원 모집이 이루어졌다.

5. 교육

(1기: 2003년 3~7월, 2기: 2003년 11~12월, 3기: 2004년 9~10월, 4기: 2005년 7~9월)

대부분이 아이를 양육하는 주부여서 첫 교육은 공감할 수 있는 부모교육으로 시작하였고 이후 방임아동과 지역사회에 대한 이해를 돕는 교육과 지역 내 타 아동관련기관 방문 및 자원활동 참여로 이루어진다. 타 아동기관 방문은 3개 조로 나누어 다른 기관을 방문하고 인터뷰한 내용을 교육시간에 발표하고 토론하는 형식으로 진행되었고, 자원활동은 복지관 내 '방과 후 교실' 1일 자원활동으로 이루어졌다. 주민들은 이를 통해 피상적인 내용이 피부로 와 닿는 경험을 하게 되고

---

20) '선별적'이란 바로 문제해결의 의지가 있는 지역주민을 모집한다는 것이고, '다단계'란 한 명 이상의 주민을 접촉하고 나면 이미 접촉된 주민이 다시 한 명 이상의 새로운 주민을 접촉하는 방식을 의미한다.

아이들에 대한 편견을 없앨 수 있다고 평가했다. 또한 복지관 외부의 교육에 참여할 수 있도록 소개하기도 하였다. 4기 교육에서부터는 회원들이 직접 강사가 되어 가르치게끔 하였다. '내가 해서 제대로 되냐' '너무 힘들다' 등 불만이 쏟아지기도 하였으나 지역사회조직가라면 교육의 질적 내용 뿐 아니라 회원 스스로 성장할 수 있는 계기를 어떻게든 남겨 두어야 한다.

수료식은 훌륭하게 치러 주는 것이 중요하여 1기 수료식 때는 축하객도 부르고 지역 내 케이블 TV 방송사도 불렀으나 회원들은 오히려 부담스러웠다고 평가하였다. 2기 수료식부터는 1기 회원이 모든 수료식을 준비하고 새로운 식구를 맞는 기분으로 회원 모두가 서로를 격려하고 지지할 수 있는 시간으로 마련하였다.

5단계: 행동계획 세우기

핵심활동은 조사연구와 계획수립이다. 잠재적 주민리더들은 이슈와 관련하여 문헌조사, 방문과 면담조사 등을 실시하여 필요한 정보를 수집한다. 수집된 정보를 분석하며 행동목표와 행동방침을 세운다.[21] 또한 주민 모으기와 주민행동계획을 구체적으로 수립한다. 지역사회조직가는 연구조사, 목표와 행동방침 설정, 계획세우기, 역할 분담 과정이 잘 추진되도록 하는 촉진자로서 잠재적 주민리더들의 모임에 참여한다.

사례   '도봉아이사랑모임'

6. 도봉아이사랑모임 1기의 1박 2일 짧지만 의미 있는 여행(2003년 8월)

1기의 5개월간의 교육이 끝나고 모임을 꾸리고 활동을 시작하기 위한 여행(워크숍)을 다녀왔다. 모임의 내용을 채우기 위한 구상뿐 아니라 그동안 함께 고생하며 노력한 것에 대해 서로가 격려하는 자리이기도 했다. 이때 우선 복지관 내 방임아동야간보호 프로그램 반딧불이교실 자원봉사자로 참여하기로 하고 정기 모임은 격주로 회의를 하고 온라인 카페를 통해 일상적인 의사소통이 이루어질 수 있도록 하였다. 임원구성은 워크숍에 참여한 전 회원이 모두 임원이 되어 역할을 맡았다. 전 회원의 간부화로 한 사람이 무리한 짐을 지지 않고 또한 한 사람이 권력을 갖고 좌지우지하지 않을 수 있게 되었다. 이후 회원 모집과 기금 조성을 위한 논의도 하였는데, 2기 회원 모

21) 주민의 특성에 따라 특별한 체계성을 갖추지 않고 자연스럽게 이루어지도록 할 수 있다. 주민리더들의 의견이 반영된 방법으로 진행되도록 거드는 것이 지역사회조직가의 역할이다.

집은 1기 활동의 틀이 잡힐 때까지 서두르지 않기로 하고, 복지관 바자회에서 먹거리 마당을 통해 기금을 마련하기로 하였다.

14. 공간 사용에 따른 갈등, 새로운 공부방 공간을 찾아서(2004년 7월)[22]

한 달이 채 지나지 않아 큰 난관에 부딪혔다. 교회와 독립된 공간이 아닌 한 공간을 사용하다 보니 생긴 필연적인 결과이기도 하였다. 개원식 행사를 크게 치르고 얼마 되지 않아 문을 닫아야 될지도 모르는 당황스러운 상황이 벌어진 것이다. 궁여지책의 논의 중 하나는 일단 복지관 등 연계할 수 있는 곳에 공부방 공간이 확보될 때까지 아이들을 의뢰하자는 것이었다. 그러나 짧은 시간이지만 아이들을 만나며 정이 들었던 교사와 회원들은 좀 더 강한 의지로 '직접 공간을 찾아보자'는 결론에 이르게 된다.

먼저 생각해 낸 것은 큰 교회 교육관을 활용하자는 것이었으나 거리가 멀고 타 공간 사용에 대한 어려움을 경험하면서 독립된 공간을 활용하자는 결론에 다다른다. 그러면서 발품을 팔기 시작했다. 저렴하면서도 깨끗하고 지난번 공부방과 거리가 멀지 않은 장소를 찾기가 그리 쉽진 않았지만 다행히 활동의 취지를 이해해 주는 지역주민을 만나 저렴한 임대료에 임시로 거처를 마련하게 된다. 새로운 거처는 이전 공간과는 비교할 수 없을 정도로 좁고 열악했다. 하지만 눈치를 보지 않고 마음껏 사용할 수 있는 공간이기에 그 어떤 화려한 집보다 편했다. 이사 전 설렌 마음을 어떤 회원은 다음과 같이 표현했다.

"이사하면 필요한 물건이 또 있어야 하는데 어쩌지요? 주방에서 사용하는 살림살이 일체, 집에서 안 쓰고 남아 도는 그릇들은 일단 공부방으로 다 가져오세요. …(중략)… 또 뭐가 필요하지? 아~ 너무 좋아서 생각도 안 나네요. 아무튼 진짜 우리 집이 생겨서 너무 좋아요."

16. 또다시 공간마련을 위해(2004년 12월)[23]

지역주민에게 저렴하게 임대하는 공간이기는 했으나 임대료에 대한 재정적 부담과 좁고 협소한 공간에 대한 부담이 지속적으로 작용하였고 날씨가 추워지면서 난방에 대한 부담도 가중되었다. 지역에서는 실제 주민센터 공간을 활용하여 공부방을 만든 사례가 있었고 당시 공부방이 위치해 있던 방학2동 주민센터의 이전을 위한 공사가 진행 중이었다. 회원들은 선택의 여지가 없었다. '그래. 우리도 주민센터에 공부방 공간을 요청하자!'

---

22) 10단계 조직세우기까지의 과정을 다 거친 후 다시 5단계로 온 상황이다. 후술할 유의점에서도 발견할 수 있듯이, 지역사회조직화는 그 과정이 순차적으로 이루어지기보다는 건너뛰기도 하고 다시 되돌아오기도 한다. 그러나 모든 단계를 한 번씩은 거치게 된다. 시간의 흐름에 따라 읽고자 한다면 번호 순서대로 읽으라.

23) 7단계 주민 행동하기에서 5단계 행동계획 세우기로 되돌아온 상황이다. 시간의 흐름에 따라 읽고자 한다면 번호 순서대로 읽으라.

6단계: 주민 모으기

핵심활동은 주민대화와 동기부여다. 잠재적 주민리더들은 직접 주민을 만나서 이슈와 관련된 정보나 문제의식을 나눈다. 주민에게 자신들이 세운 목표와 행동계획에 관하여 이야기한다. 주민이 목표와 행동계획에 동의하고 주민모임이나 실천행동에 참여하도록 동기부여를 한다. 개별 만남 또는 차(茶)모임, 간담회 등 편안하고 다양한 주민모임을 조직한다. 지역사회조직가는 잠재적 주민리더들이 주민만남과 대화, 동기부여의 기술을 개발하도록 돕는다.

사례　'도봉아이사랑모임'

7. 먼저 아이들을 자주 만나자(2003년 9~12월)

'아이사랑모임'의 존재 이유는 거창하게도, 바로 모든 아이가 행복한 세상을 만드는 것이었기에 가장 가까이 아이들을 만나고 돌볼 수 있는 복지관에서 회원 각자가 자신의 재능을 활용하여 학습지도와 놀이지도 자원봉사활동을 하였다. 이때 회원들이 아이들을 만나면서 아이들이 말을 듣지 않는 것에 대한 어려움을 토로하기 시작했는데 아이들과의 신뢰관계를 만들기 위해 그 시간들을 잘 견뎌 갔다.

8. 복지관에서 주최한 바자회에 참여하다(2003년 9월)

바자회를 통해 차후 사업진행을 위한 '종잣돈'을 마련하자는 생각에 먹거리 장터에서 수정과와 식혜를 직접 만들어 판매하였다. 돌이켜 보면 과업적인 내용보다는 함께 준비하는 과정에서 느꼈던 따뜻한 마음이 더 기억에 남는다. 만드는 과정에 노동과 시간이 많이 필요하였음에도 아무도 불평하지 않고 즐거운 마음으로 참여하였다.

7단계: 주민 행동하기

핵심활동은 주민모임과 실천행동이다. 잠재적 주민리더들은 주민모으기 과정에서 만난 주민을 공식모임에 초청한다. 공청회, 토론회, 주민교육 형식이 될 수도 있고, 이슈와 직접적으로 관련된 ○○○추진모임이나 주민총회가 될 수도 있다. 잠재적 주민리더들은 공식적인 리더의 역할을 수행하기 시작한다. 구체적인 행동계획을 제안하고 함께 토론하여 결정하며 실천으로 옮긴다. 지역사회조직가는 잠재적 주민리더들이 의사결정 능력과 실천역량을 갖추도록 돕는다.

9. 지역 내 초등학교와 연계한 나들이와 해피크리스마스(2003년 12월)

바자회에 참여하여 마련한 기금으로 처음에는 물품지원을 하기로 하였으나 일회적인 도움보다는 관계를 만드는 것이 좋겠다는 의견이 모아져 지역 내 초등학교와 연계한 캠프를 가기로 결정하였다. 이를 위해 학교에 아이들 추천에 대한 공문을 발송한 후, 아이사랑모임 대표와 함께 교장을 만나 1박 이상의 캠프보다는 나들이가 좋겠다고 합의하여 30명 내외의 아이들과 나들이를 다녀왔다.

나들이 이후 회원들에게는 아이들의 순수한 모습을 지켜 주고 싶다는 바람이 커졌다. 이때 기관방문을 통해 알게 된 NGO 녹색 삶의 '산타와 루돌프' 사업이 회원들에게 훌륭한 상상력을 제공하는 계기가 되었다. '산타와 루돌프'는 선물을 전하는 산타와 차량을 운전하는 루돌프가 직접 가정을 방문하여 선물을 전달하는 과정 가운데 아이들에게 어떤 도움이 필요한지 확인하는 행사였다. 여기에 착안하여 '해피크리스마스'를 계획하여 ○○초등학교 아이들의 가정을 방문하기로 결정하고 고려할 점을 점검하였다. 가정방문에 대한 거부감을 줄이고 선물을 주는 원칙에 대한 것이었는데, 나들이 후 두 번째 만남이어서 거부감은 심하지 않았고, 선물을 '수혜'가 아닌 당당한 '권리'로서 또는 정당한 대가로서 받을 수 있도록 고민한 것이 '착한 어린이상'이었다. 아이들에게 선물을 받을 만한 충분한 이유가 있음을 설명하고 나서 전달하는 것이다. 또한 가정방문 전에 세 가지를 다짐하였는데, 첫째, 아이들에게 기쁨이 될 수 있도록 최선을 다할 것, 둘째, 보고 느낀 상황을 정리해서 적절한 지원체계를 마련하고 그 가정이 어려움을 극복할 수 있도록 최선을 다할 것, 셋째, 활동의 경험을 통해 지역이 '더불어 사는 공동체'가 될 수 있도록 힘을 보태는 데 앞장설 것이었다.

가정방문을 통해 회원들은 아이들이 장시간 열악한 환경에 방임되고 있는 현실을 체감하게 되었고 이는 아이들에 대한 지속적인 관심으로 이어져 주민센터, 복지관 등에 의뢰해서 지원받을 수 있도록 연결해 주고 개별적으로 가정을 방문해 도움을 주기도 하였다. 해피크리스마스 다음 해(2004년)에는 주민센터에서 추천받은 아동가정을 방문하고 어려운 형편을 살핀 후 연계가 가능한 기관에 의뢰하는 활동을 하였고, 이후 공부방을 고민하게 되는 동기가 되었다.

15. 아이들과 함께 한 수영장 나들이(2004년 8월)[24]

8월의 찌는 더위 한가운데 아이들과 함께 수영장에 다녀왔는데 이것이 나에게 특별한 의미로

---

24) 5단계 행동계획 세우기에서 7단계 주민 행동하기로 온 상황이다. 시간의 흐름에 따라 읽고자 한다면 번호 순서대로 읽으라.

다가온다. 그것은 봉사자, 도움을 받는 대상자 그리고 개입하는 사회복지사로서 각각 참여하거나 개입한 것이 아닌 '아이사랑모임' 그리고 '햇살교실'이라는 공동체로 대변되는 모임이 스스로 이루어 낸 성과였기 때문이다. 회원의 아이들 그리고 공부방의 아이들이 따로 있는 것이 아니며, 도움을 주는 사람과 받는 사람이 따로 있는 것도 아니고, 모임과 햇살교실은 이미 그 자체로 하나의 '공동체'인 것이다. 수영장 나들이는 아이들뿐 아니라 참여하는 모든 사람에게 '의미 있는' 행복을 안겨 주었다.

17. 안정적 공간마련을 위한 다각적인 노력(2004년 12월)[25]

공간 마련을 위해 다각적인 노력이 있었다. 첫째, 하늘이 만들어 낸 인연이 있었다. 그 당시 3기 회원 교육에 참여한 주민이 아이사랑모임에 합류하게 되었고 마침 그가 주민자치위원회 위원이었다. 그는 공부방 공간마련을 위한 여러 가지 정보를 제공하여 주고 실제 의사결정에 중요한 역할을 담당하였다. 둘째, 주민자치위원으로 참여한 지역복지팀장이 복지 관련 이슈를 주요 논의 대상으로 삼을 수 있는 전략적 위치를 점하였고 의사결정 과정에서 앞서 말한 회원과 함께 힘을 보태 주었다. 셋째, 기관 차원에서도 힘을 실어 주었다. 관장이 동장을 만나 직접 도움을 요청하는 등 다각적인 접근을 하였다. 물론 '주민들 스스로의 힘'으로 문제를 해결하는 것이 기본적인 방향이지만 긴박한 상황에서의 '옹호전략(advocacy)' 그 자체를 아예 무시할 수 없다. 지역주민의 '임파워먼트'를 기본과제로 상정하되, 상황을 융통성 있게 파악하고 개입할 수 있는 능력이 필요하였다. 넷째, '회원'의 힘이다. 공간마련과 관련해서 회원들이 직접 중요 인물들을 만나면서 의사결정 과정에 큰 영향을 미쳤다. 먼저, 실제 주민센터 공간을 활용한 운영사례인 '녹색삶'에서 운영하고 있는 공부방을 주민자치위원회 위원장과 함께 방문하였다. 또한 구의원을 공부방에 초대해 어려운 형편을 직접 눈으로 보여 주었다. 결국 처음 바랐던 주민센터 내 공간은 아니지만 지역 내 노인정 2층의 24평 공간을 무상으로 제공받게 되었다. 하지만 다소 힘든 과정이 있었다. 처음에 어르신들은 그 공간을 내어 줄 용의가 없었기 때문이다. 무척 당혹스럽고 힘든 상황에 기지를 발휘한 것은 역시 '아줌마 파워', 바로 아이사랑모임 회원들이었다. 파전을 부치고 막걸리를 사 가지고 노인정을 방문해 막걸리를 나눠 마시며 자연스럽게 얘기를 나눌 수 있었고 결국 사용 허락을 받았다.

---

25) 5단계 행동계획 세우기에서 7단계 주민 행동하기로 온 상황이다. '16. 또다시 공간마련을 위해'와 연결되는 내용이나 주민들의 행동이 강조된 과정이기에 따로 떼어 7단계의 사례로 넣었다. 시간의 흐름에 따라 읽고자 한다면 번호 순서대로 읽으라.

| 8단계: 평가하기 |

핵심활동은 성과확인과 후속계획이다. 주민은 실천결과를 점검하고, 추진과정에서의 강점과 약점을 찾아내며, 실천행동의 성과, 의미를 주민과 함께 평가한다. 이와 더불어 후속 실천과제를 확인하고 계획을 마련한다. 주민리더들은 주민이 평가하도록 평가 자리를 만들고 진행하는 촉진자가 된다. 지역사회조직가는 주민리더들이 주민의 강점과 가능성을 중심으로 평가하도록 도우며 주민의 관심이 지속되고 확장될 수 있도록 돕는다.

사례 ┃ '도봉아이사랑모임'

10. 2기 수료식을 겸한 1박 2일의 짧은 여행(2003년 12월)

아이들과 남편을 집에 두고 떠나온 주부들은 대학시절 MT 기억이 떠오른다며 좋아하였다. 이러한 여행은 짧은 시간이었지만 회원들이 보다 친밀해질 수 있는 기회였다. 사회복지사는 허심탄회한 의사소통이 활발히 일어나 주민들이 의사결정을 할 수 있도록 분위기를 만들어 주어야 한다. 여행에서 〈패치아담스〉라는 영화를 보았는데 영화 선정도 함께했으면 더 좋았으리라는 생각이 들었다. 영화가 끝나고 사회복지사들의 라이브공연 후 밤늦도록 서로의 삶을 나누었다. 아이들 이야기, 과거 연애 이야기……. 회원들은 연애 선배로서 사회복지사에게 연애 상담도 해 주었다. 조직가가 된다는 것은 지역주민의 삶 속에 내가 들어가는 것을 의미한다. 때로는 언니와 동생 그리고 누나와 이모의 마음으로 서로를 이해하고 격려하는 것이다.

여행 중에 2004년 신임회장을 선출하고 '전 회원의 간부화'라는 취지로 역할을 나눠 책임을 맡도록 하였다. '해피크리스마스'에 대한 평가를 하고 내년에도 지역 내 빈곤아동을 발굴하고 도움을 줄 수 있도록 연계하는 활동을 지속하기로 하였다.

(4) 조직건설 과정[26]

| 9단계: 성찰하기 |

핵심활동은 배움 확인과 가치 공유다. 주민은 그동안 스스로 실천해 왔던 행동들을 돌아보며 알게 된 것이 무엇이고 느낀 것이 무엇인지 그 배움을 확인한다. 더불어 배움으로부터 오는 소

중한 삶의 가치를 확인하고 공유한다. 지속적으로 자신의 삶의 욕구와 관심사를 풀어 나가기 위한 지역사회조직의 필요성을 확인한다. 주민리더들은 주민의 성찰과정을 촉진하고, 지역사회조직가는 주민리더의 촉진과정을 도우며, 주민이 자신의 조직건설을 준비하도록 독려한다.

사례   '도봉아이사랑모임'

12. '햇살교실' 공부방 개원식(2004년 6월 14일)

개원식 행사는 공부방을 만드는 동안 도움을 주신 많은 지역주민을 초청해서 함께하는 자리였다. 회원들의 땀과 열정 그리고 그 의미를 공감하고 함께 참여한 많은 지역주민의 모습 속에서 '희망'의 씨앗을 볼 수 있었다. 모든 행사가 끝나고 대표가 회원들을 돌아가며 소개하는 시간, 마지막까지 사회복지사인 나를 부르지 않았다. 솔직한 심정으로 섭섭하기보다는 감사했다. 지역사회조직가를 오리의 '물갈퀴'로 비유한 글이 생각나서였다. 오리는 물 위를 아무런 의식 없이 유유자적 흘러가는 듯 보이지만 물아래에 있는 물갈퀴가 바삐 움직인다는 것을. 눈에 보이지 않는 나의 역할 그리고 회원들이 스스로를 뿌듯해하는 모습 속에 보이지 않는 '물갈퀴'의 역할을 하고 있다는 뿌듯함이 설익은 풋사과의 마음마냥 나를 들뜨게 했다.

13. 공부방 활동을 시작하다!(2004년 6월)

개원식이 끝나고 본격적으로 공부방을 운영하기 시작하였다. 공부방 공간을 내어 준 교회뿐 아니라 주변에서 도움의 손길이 이어졌다. 지역사회와 밀착된 공부방의 강점을 여실히 확인할 수 있었다. 회원의 가족은 컴퓨터와 각종 기자재를 후원해 주었고 인근 음악학원에서 아동에게 무료교육을 시켜 준다고 했다. 뿐만 아니라 동네 학습지 지국에서 아이들을 위한 학습지를 무료로 제공해 주었고, 귀가시간 교실청소라도 해 주겠노라고 수줍은 미소로 공부방의 문을 여는 이도 있었다. 현재(2007년)까지도 '햇살교실'은 지역아동센터로 전환하지 않고 지역사회의 도움의 손길로 운영되고 있다. 그 과정에서 많은 갈등과 어려움은 있었지만 지역사회에 대한 신뢰가 있었기 때문에 이런 결정이 가능했다.

---

26) 여기서의 조직건설은 앞서 설명한 지역사회조직화의 단기적 목표인 조직형성과 그 의미가 다르다. 단기적 목표로서의 조직형성은 4단계의 첫 모임과 같은 의미라고 볼 수 있다. 여기서의 조직건설은 장기적 목표인 지역사회 역량강화에 이르기 위해 제도적인 기반을 구축하는 것으로 볼 수 있다. 따라서 4단계에서 단기목표인 조직형성이 이루어지고, 7단계에서 또 다른 단기목표인 문제해결이 이루어지며, 9, 10단계에서 지역사회 역량강화에 다다르게 된다고 볼 수 있다. 다만 이러한 목표가 이루어지는 과정이 분절되어 순차적으로 이루어지는 것은 아니고 동시다발적으로 이루어질 수 있다.

　　첫 수업은 한 회원이 인터넷 홈페이지에 올린 글처럼 '설렘 반 걱정 반'이었다. 원하던 공부방이 드디어 문을 열었고 과연 우리가 잘 해낼 수 있을까라는 두려움이 사실 많이 있었을 것이다. 야간보호프로그램 경험이 많았던 ○○ 상근교사의 역량이 큰 도움이 되었다. 하지만 아래 상근교사의 글과 같이 회원들이 함께 참여하지 않았다면 그리 오래가지 못했을 것이다.

> 　　"오늘은 아이들보다 어른들이 더 많이 모여들었다. 아무에게도 미리 연락하지 않았는데 모두들 스스로 찾아온 사람들이다. 모두들 돕고자, 함께하고자 찾은 사람들이다. 지난 며칠간의 외로움을 또 이렇게 보상받는가 보구나! 그 보상이 너무나 이르기에 좌절할 틈이 없다. 내가 더 단단해지기 위해 여러 번 넘어질 좌절을 이미 각오하고 있었는데…… ○○님과 전화 통화할 때마다 △△는 왜 그렇게 예쁜 거야? □□는 또 어떻고? 사랑할 맘이 넘쳐 나니 우리가 복 받은 거지? 사는 것이 즐거운 사람들…… 그것을 '햇살 교실'이 가르쳐 준다."

10단계: 조직세우기

　　핵심활동은 조직준비와 창립총회다. 주민리더들과 주민은 지속 가능한 미래를 위해, 자신들의 지역사회조직을 준비한다. 조직의 명칭을 만들고, 기본 목적과 목표, 조직구조와 체계 등을 담은 조직의 정관을 준비한다. 또한 지역사회조직을 대표하여 일할 공식 주민리더들을 세울 준비를 한다. 이러한 준비가 마무리되면 주민 창립총회를 진행하고 공식적인 지역사회조직 활동을 실시한다. 지역사회조직가는 주민리더들을 도와 주민이 적극적으로 참여하는 조직건설 과정이 되게 한다.

사례　　**'도봉아이사랑모임'**

11. 공부방을 만들자!(2004년 3~5월)

　　'해피크리스마스'로 가정방문을 한 것이 자극제가 되었고, 지역사회에 가능한 자원을 연계하기 위해 아이디어도 많이 내었는데 최종 결론은 '우리가 직접 돌보자'로 모아져 공부방을 만들기로 하였다. 짧은 시간에 너무나 큰 변화였고 사회복지사가 생각한 것보다 한참 앞서 나가서 이러한 열정을 막아야 할 정도였다. 그러나 모임은 지역주민들 스스로 알아서 하라고 만든 것이었기에 정확한 정보를 제공하는 것이 나의 책무라 생각하였다. 공간과 아이들을 책임지고 보호할 교사, 지속적인 재정 지원이 필요함을 알려 주었다. 또한 서울시공부방연합회 회장을 강사로 하여 공부방 운영에 대한 교육을 받기도 하였다.

결국 공간은 한 회원이 추천한 교회에 회원들이 조금씩 돈을 보태어 임대료를 내고 임대하기로 하였다. 그 교회 담임 전도사는 아이들을 위한 공부방 공간을 무료로 내어 줄 의향을 갖고 있었으나 공간을 사용하는 회원들 입장에서는 떳떳하게 사용하고 싶어 하였다. 그리고 반딧불이교실의 보육교사로 활동하였고 아이사랑모임의 초창기 ○○회원이 담당교사를 맡기로 하였다. 활동비는 20만 원. 매우 작은 액수였으나 돈을 받지 않고 하겠다는 욕심을 꺾고(?) 회원들이 십시일반 보태었다. 뿐만 아니라 회원들이 조를 나누어 순서를 정해 돌아가면서 자신이 잘할 수 있는 역할(음식 조리, 학습, 텃밭 가꾸기 등)로 참여하기로 하였다. 재정이 가장 어려운 문제였는데, 회원들이 경제적 여건에 따라 조금씩 보태었고, 복지관에서 '꿈틀기금'으로 매달 십만 원을 지원하기로 하였다. 다분히 열정으로 만들어진 공부방이어서 앞으로도 재정과 관련한 어려움이 가장 큰 숙제가 될 것이라 짐작되었다.

2) 지역사회조직화 과정의 유의점

(1) 순환하고 반복하는 단계임을 유념하라

현장 들어가기에서 지역사회조직건설까지 순차적으로 지역사회조직화가 성공할 수도 있다. 그러나 실제로는 순환적으로 반복하면서 지역사회조직화가 완성되어 간다. 처음 단계로 돌아가야 할 상황이 생기기도 하고, 중간단계로 돌아가야 할 상황도 생긴다. 특히 '조직과정'은 여러 번 순환 반복되는 경우가 많다.

(2) 필수 요소로 구성된 단계임을 기억하라

각 단계가 반드시 순차적으로 가야만 지역사회조직화가 성공하는 것은 아니다. 상황과 조건 때문에 순서를 건너뛰기도 하며, 뒤에 있는 단계를 앞당겨 할 수도 있다. 그러나 4과정 10단계는 지역사회조직화 과정에서 반드시 거쳐야 할 필수적인 요소로 구성되어 있다. 즉, 건너뛸 수는 있어도 어느 시점에서는 반드시 밟아야 하는 과정이라는 의미다.

(3) 지역사회조직가만의 단계가 아님을 유의하라

4과정 10단계는 지역사회조직화를 위한 과정과 단계다. 주민리더가 자신의 지역에서 발생한 문제를 해결하기 위해서 주민을 조직하기도 한다. 주민리더 역시 새로운 현장과 새로운 문제가 있으면 언제든지 4과정 10단계를 활용할 수 있다. 다시 말해, 4과정 10단계는 새로운 주민리더십을 발굴하고 이들이 스스로 문제를 해결하도록 안내한다.

(4) 단계마다 역할이 변화함을 기억하라

주민, 주민리더, 지역사회조직가는 각 단계마다 고유한 자신의 역할이 있다. 각 주체가 자기 역할을 충실히 할 때 진정한 지역사회조직화가 일어난다. 지역사회조직가의 역할은 점점 줄어들고, 주민리더와 주민의 역할은 점점 늘어난다. 지역사회조직가의 일이 줄어드는 것은 존재 가치가 약해지는 것이 아니라 존재 방식이 달라지는 것이다.

5. 지역사회조직화의 발전과제

앞서 살펴본 지역사회조직화의 개념, 영향요인 등을 통하여 사회복지실천현장에서의 지역사회조직화 발전과제를 실천적 차원과 정책적 차원으로 제시하면 다음과 같다.

우선 실천적 차원에서의 발전과제를 살펴보면, 첫째, 지역사회조직화 담당자가 지역사회조직화 사업을 충분히 경험할 수 있도록 인적자원관리가 이루어져야 한다. 전술한 것처럼 지역사회조직화에는 수준이 있는데, 사회복지관에서의 지역사회조직화는 주민동아리 형태로 주민조직이 형성되는 사례가 대다수다. 그러나 그러한 주민조직이 지역사회 내에서 문제를 발견하고 여론화하여 문제를 해결하기 위해 자원을 동원하고 지역사회의 많은 주민이 그 혜택을 누릴 수 있게 하는 문제해결이 이루어지기가 쉽지 않다. 또한 문제해결 과정 가운데 토착(주민)지도력이 개발되고 지역사회 변화에 대한 책임감이 향상되는 지역사회 역량강화도 이루어져야 한다. 문제해결과 지역사회 역량강화가 이루어지기 위해서는 지역사회조직화를 담당하는 사회복지사의 지역사회조직화에 대한 경험과 교육으로 자신의 역할에 대한 명확한 인식이 필요함을 이마리아(2007)의 연구에서 살펴볼 수 있다. 즉, 지역사회조직화 지식 및 경험이 높은 수준의 지역사회조직화인 지역사회 역량강화에 매우 큰 영향력을 가지는 것으로 나타났다. 이때 경험은 직접 지역사회조직화 사업을 담당하고 수행해 나가는 것을 말하는데 보통 지역사회조직화 사업을 담당하는 기간이 2년을 넘지 못한다. 또한 담당자의 퇴사도 잦은 편이다. 그만큼 지역사회조직화가 이루어지기 힘든 것임을 담당자뿐 아니라 기관장, 다른 부서의 동료, 주민 모두가 인식하고 단기적 실적을 올리기에 급급한 태도보다는 장기적인 시야를 가지고 지역사회조직화 사업

담당자가 충분히 경험할 수 있도록 담당기간을 연장하여야 할 것이다.

둘째, 지역사회조직화 담당자에 대한 기관장의 지원이 확대되어야 한다. 이마리아(2007)의 연구는 기관장의 지원이 지역사회조직화에 많은 영향을 미친다는 그동안의 학계의 예상이 맞았음을 실증적으로 보여 주었다. 즉, 일선 사회복지사가 노력한다고 하여도 기관장이 그것을 할 수 있는 환경을 만들어 주지 못한다면 그 노력이 좌절될 수 있음을 시사한다고 하겠다. 따라서 사회복지관협회 또는 사회복지사협회 차원에서 기관장 및 지역사회조직화 담당자를 대상으로 하는 지역사회조직화에 대한 교육을 확대 · 강화하여 기관장의 지역사회조직화에 대한 이해를 도모하는 한편, 복지관 내 환경을 지역사회조직화에 적합하게 지원하도록 이끌어 주는 노력이 필요하다. 기관장의 지원에는 담당자에게 각종 훈련을 받을 수 있게 하는 것과 같은 지원뿐만 아니라 지역사회조직화 담당자에게 그 사업만을 전담시키는 것과 같은 업무분장과 같은 사항도 포함이 된다. 또한 사업에 대한 충분한 재량권을 확보시켜 주는 것과 같은 지원도 필요하다. 기관장의 지원이 지역사회조직화의 모든 차원—조직형성, 문제해결, 지역사회 역량강화—에 유의미하게 나왔다는 것은 그만큼 사회복지관의 리더인 기관장의 지원이 중요하다는 점을 반영한다.

정책적 차원에서의 발전과제를 살펴보면, 첫째, 학부 교육차원에서 지역사회복지론에서 간단히 배우고 지나는 지역사회조직화에 그치고 있는데 이보다는 지역사회조직화를 체계적으로 배우고 습득할 수 있는 교과목이 마련되어야 한다. 이마리아(2007) 연구에서 높은 수준의 지역사회조직화인 지역사회 역량강화에 큰 영향력을 미치는 변인이 지역사회조직화 지식 및 경험으로 나타났다. 또한 현재 지역사회조직화 사업을 담당하는 사회복지사들이 학부 교육 차원에서 지역사회조직화를 위한 지식을 충분히 습득하지 못하였다는 점도 규명되었다. 사회복지사들이 실천현장에서 활동하기 전인 학부과정에서 지역사회조직화에 대한 구체적인 교육이 이루어지지 않는다면 현재 대두되고 있는 지역사회복지에 대한 전문적 정체성을 이루기 힘들다. 이에 사회복지교육협의회 차원의 해결노력이 필요하다.

둘째, 지역사회조직화 사업 담당자를 위한 보수교육이 정책적 차원에서 다양한 사회복지 및 관련단체, 시민단체와 연계하여 필수적으로 이루어질 수 있도록 해야 할 것이다. 이마리아(2007) 연구에서는 지역사회조직화 사업 담당자들이 1년 동안 받았던 지역사회조직화에 대한 기관에서의 자체교육, 사회복지 관련 협회 및 시민단체, 대학 등과 같은 교육기관에서 받은 교육에 대한 만족도가 대체적으로 높게 나타났다. 즉, 어떠한 통로에서의 교육이든 간에 지역사회조직화에 대한 교육이 지역사회조직화 사업 담당자에게 유익하였다는 것이다. 이것은 학부과정에서 불충분하게 이루어졌던 지역사회조직화에 대한 교육이 현장에서의 보수교육을 통해 보충되었음을 시사한다. 따라서 지역사회조직화 사업 담당자가 사업을 시작하기 전에 지역사회조직화에 대한 보수교육을 필수적으로 받을 수 있도록 하고 필요에 따라 사업을 진행하면서도 보수교육이 이루어질 수 있도록 사회복지사협회 등에서 그에 대한 지원을 제도적으로 확충하여야 할 것이다.

참고문헌

김세진 편(2015). 월간 이웃과 인정: 복지관 사회사업이야기. www.coolwelfave.org.

김종일(2003). 지역사회복지론. 서울: 현학사.

김종일(2005). 지역사회복지론. 서울: 현학사.

김종해(1995). 도시지역 지역사회행동의 주민참여요인에 대한 연구–부천시 조례 제정 운동을 중심으로. 서울대학교 대학원 박사학위논문.

문홍빈(2000). 임파워먼트를 위한 지역사회조직 사례연구–광명 YMCA 생활협동운동을 중심으로. 도시연구, 6, 131-147.

박은서(1998). 불량주택재개발지역 지역사회 주민조직 활성화방안–삼양 · 정릉지역을 중심으로. 서강대학교 수도자대학원 석사학위논문.

박은영(2005). 지역사회조직화를 통한 방임아동 예방 및 보호 프로그램 개발에 관한 연구. 제12회 한국복지재단 직원연구논문집, 100-194.

방아골종합사회복지관 연구기획팀(2010). 신명나는 지역복지 만들기. 서울: 인간과 복지.

서울복지재단(2005a). 사회복지관 사업 매뉴얼–총론, 서울복지재단 2005-연구-1. 서울: 서울복지재단.

서울복지재단(2005b). 지역사회조직화 실천방법–사회복지 프로그램 매뉴얼 개발 연구, 서울복지재단 2005-연구-1. 서울: 서울복지재단.

이마리아(2007). 사회복지관의 지역사회조직화에 영향을 미치는 변인에 관한 연구. 서울여자대학교 대학원 석사학위논문.

이마리아(2008). 지역사회조직화에 영향을 미치는 변인에 관한 연구–사회복지관을 중심으로. 사회복지실천, 7, 57-84.

이마리아(2015, 미간행). 마을 만들기가 뭐지? 9회. 게겐리히트Gegenlicht 10: 7-10.

이팔환 · 박영희 · 원기연 · 김경 · 서홍란 · 김광운 · 정원철 · 이경희 · 전형미 · 이해영 · 이문국 · 박옥희 · 이용표 · 이기량 · 박정문 · 정유진 · 권현정 역(2000). 사회복지실천이론의 토대[*The Foundations of Social Work Practice* (2nd ed.)]. 미국사회복지사협회 저. 서울: 나눔의 집. (원저는 1998년에 출판).

정외영(1998). 지역사회조직사업 활성화 방안에 관한 연구. 가톨릭대학교 사회복지대학원 석사학위논문.

진선하(2005). 사회복지관 지역사회조직사업 현황 및 활성화 방안에 관한 연구. 위덕대학교 사회복지대학원 석사학위논문.

최옥채(2000). 사회복지실천 클라이언트로서 지역사회유형-사회복지관중심 지역사회를 중심으로. 한국사회복지학회 추계학술대회 자료집, 321-337.

최옥채(2001a). 지역사회실천론. 서울: 아시아미디어리서치.

최옥채(2001b). 지역사회주민 조직화 모형에 관한 소고-접촉전략과 접촉방법을 중심으로. 한국사회복지학회 추계학술대회 자료집, 274-286.

최옥채(2003). 사회복지사의 지역사회실천 경험에 관한 연구: 사회복지관을 중심으로. 한국사회복지학, 52, 301-324.

최옥채(2004). 조직화 기술에 의한 사회복지기관의 후원회 조직화 방안. 한국사회복지학회 추계학술대회 자료집, 297-311.

최옥채(2005). 사회복지사를 위한 조직화 기술. 경기: 학현사.

최종혁(2002). 도시영구임대주택지역의 주민조직화 활성화방안-지역주민대표자의 리더십 강화 프로그램 사례연구. 한국사회복지학, 51, 257-286.

최종혁·이연(2001). 지역사회복지 증진을 위한 주민조직화에 관한 요인-영주임대아파트지역을 중심으로. 한국사회복지학회 춘계 학술대회 자료집, 584-605.

한국도시연구소(2001). 현장에서 배우는 주민조직방법론. 서울: 한국도시연구소.

한국주민운동정보교육원(2010). 주민운동의 힘, 조직화-CO 방법론. 서울: 제정구기념사업회.

한덕연(2015). 복지요결-사회사업 원론. (원고를 welfare.or.kr에서 공유)

한재랑(2001). 지역사회조직화(community Organizing)의 실천사례에 관한 연구-관악사회복지의 네트웍과 소집단 활동을 중심으로. 서강대학교 공공정책대학원 석사학위논문.

홍현미라(1998). 도시저소득층지역의 지역사회조직실천(CO Practice)에 대한 비교사례 연구-legal advocacy와 self-help 전략을 중심으로. 이화여자대학교 사회복지대학원 석사학위논문.

홍현미라(2005). 지역사회 변화전략으로의 자원개발과정에 관한 연구-사회자본(Social Capital) 관점 적용. 이화여자대학교 대학원 박사학위논문.

Hardcastle, D. A., Powers, P. R., & Wenocur, S. (2011). *Community Practice: Theories and skills for social workers* (3rd ed.). New York: Oxford University Press, INC.

Kingsley, G. T., McNeely, J. B., & Gibson, J. O. (1997). *Community Building: Coming of age*. Washington, D.C.: The Development Training Institute, Inc., and the Urban Institute.

Korten, D. A. (1980). Community Organization and Rural Development: A Learning Process Approach. *Public Administration Review, 40*(5), 480-511.

Mattessich, P., & Monsey, B. (1997). *Community Building: What Makes It Work*. Minnesota: Amherst H. Wilder Foundation.

Minkler, M. (Ed.). (1997). *Community organizing and community building for health*. New Brunswick, NJ: Rutgers University Press.

Mondros, J. B., & Wilson, S. M. (1994). *Organizing for Power and Empowerment*. New York: Columbia University Press.

Rubin, H. J., & Rubin, I. (1986). *Community Organizing and Development*. Columbus, Ohio: Merrill Publishing Company.

제7장
지역사회자원개발

1. 지역사회자원개발의 개념

자원의 사전적 의미는 '인간의 생존을 위한 의식주를 비롯하여 경제적 생산을 위한 원료와 에너지 등 자연에 의해 주어져 인간을 활동하게 하는 요소' 다. 이것은 인간의 삶을 정상적으로 영위하는 데 필수적인 물질적 · 정신적 · 환경적 · 사회적 · 인적 차원의 자원을 모두 포함하는 포괄적인 개념이다. 사회생활상의 제반 욕구를 충족시키거나 문제해결을 목적으로 이용되는 자원은 각종의 시설, 기관, 단체 및 사람 등 유형의 인적 · 물적 자원들과 제도, 지식, 기술, 정보, 시간, 지원, 협조 등 무형의 자원들로 효과적인 서비스 계획과 제공에 필요한 다차원적인 형태를 통칭한다(홍선미 · 이연 · 안태숙 · 전재현, 2010).

사회복지자원은 일반적 의미의 자원과 다른 몇 가지 특성을 가진다. 첫째, 사회복지자원은 인간에게 효용을 제공할 때 자원으로서 의미를 갖는다. 자연 상태의 자원이 적절한 방식으로 가공되어 인간의 사회적 욕구를 충족시키고 다양한 사회적 위험에 대응하며 사회문제를 해결하고자 하는 복지적 목적에 맞게 적절히 사용될 수 있을 때 비로소 사회복지자원이라 부를 수 있다. 둘째, 사회복지자원의 범위와 형태는 당시의 역사상 · 시대적 상황을 반영하는 역사적 산물이며, 자원을 둘러싼 정치적 · 조직적 이해관계에 따라 달라지기도 한다. 이것이 어떤 형태로, 어느 정도 규모로 사용되는가에 따라 이를 둘러싼 다양한 이익집단의 주도권은 크게 변화하기 때문이다. 셋째, 사회복지자원은 대체로 영리적 목적의 상품성으로부터 벗어나 비영리성 내지 탈상품성을 띤다.

지역사회는 사회문제의 장인 동시에, 복지서비스 제공의 장이기도 하며, 이러한 사회복지자원의 보고이기도 하다(Zastrow, 1999). 지역사회는 사회복지자원의 생산지이며 소비지다. 지역사회복지자원은 지역사회라는 지리적·공간적 범위에 속하는 자원으로 앞에서 제시한 이러한 특성과 더불어 지역성을 바탕으로 한다. 이 지역사회자원을 개발한다는 것은 사회복지사가 지역사회복지실천의 목적과 목표를 달성하는 데 필요한 시설·설비·자금·인력·프로그램 등을 지역사회 내에서 발굴하여 유용하게 만드는 것으로 정의해 볼 수 있다.

지역사회자원 개발활동은 지역사회 내의 사회복지시설을 통해 이루어진다. 즉, 사회복지시설은 지역사회 내의 다양한 사회복지자원을 필요한 주민에게 매개하는 역할을 수행하는, 지역사회로부터 공익을 위한 활동을 하도록 인가를 받은 조직이라 할 수 있다. 이런 점에서 사회복지시설의 지역사회복지자원 개발활동은 지역주민의 삶의 질 향상과 직결되어 있다고 볼 수 있다. 또한 사회복지자원은 사회복지시설의 생존과도 직결되어 있다. 사회복지시설은 자체의 성장과 발전을 위해 스스로 자원을 창출하는 데 한계를 가질 수밖에 없으며, 그것이 속해 있는 지역사회의 환경으로부터 필요한 자원을 받아들이지 못하면 존재할 수 없는 속성을 갖고 있다(엄미선·최종복·전동일, 2009).

2. 지역사회자원의 종류

지역사회복지자원은 크게 자원의 공급주체, 자원의 특성, 자원의 내용에 따라 분류할 수 있다(박태영·채현탁, 2014).

① 자원의 공급주체에 따라서는 공식적 자원과 비공식적 자원으로 유형화할 수 있다. 공식적 자원이란 국가 및 지방자치단체가 주체가 되어 제공하는 급여와 서비스를 의미한다. 반면, 비공식적 자원은 공공체계를 거치지 않고 기업이나 개인, 단체 등과 같은 민간의 기부나 후원 혹은 서비스 이용에 대한 대가의 지불 등과 같은 방식으로 사회복지시설들에서 직접적 혹은 간접적으로 제공하는 자원으로 친척, 친구, 이웃 그리고 자원봉사자들을 포함한다. 공식적 자원이 제도적으로 지역사회 주민의 정형화된 욕구에 대처하는 자원이라

면, 비공식적 자원은 엄격한 규칙과 제한성이 없어 공식적인 자원보다 개별적인 욕구를 충족하기에 훨씬 적합한 자원이라 할 수 있다(엄미선 외, 2009).

② 자원 특성의 관점으로 보면, 사회복지대상자를 중심으로 내부적 자원체계와 외부적 자원체계로 분류할 수 있다(이광재, 2003). 이때 내부적 자원이란 사회복지대상자 개인 및 가족이 가지고 있는 강점을 비롯한 자원을 의미한다.

③ 자원의 내용에 따라 분류할 때, 인적·물적·제도적·정보적 자원 등으로 유형화할 수 있다(박태영, 2003). 인적 자원은 다른 물자와 마찬가지로 사람의 노동력을 생산자원 중 하나로 보는 관점이며, 협의의 개념으로는 사회복지실천 활동을 수행하는 인력으로 보는 것이다. 물적 자원이란 그 존재형태가 물질적인, 즉 가시적 자원으로서 사회복지대상자에게 도움이 되는 현금이나 현물을 의미한다. 물적 자원으로 현금은 정부보조금, 기업협찬금, 시민기부금(현금, 부동산, 증권, 물품 등), 서비스 이용료(의료, 상담, 교육 등) 등을 말하고, 현물은 후원자들이 사회복지시설에 제공하는 다양한 물품을 말한다(양용희, 2001). 제도적 자원이란 사회복지와 직간접적으로 관련된 제도를 말한다. 즉, 사회적으로 바람직할 것으로 판단되는 가치·습관 등이 제도화되어 사회성을 가짐으로써 법률·제도 등으로 규정되는 자원을 의미한다(엄미선 외, 2009).

3. 지역사회자원개발과 마케팅

지역사회자원개발은 비영리 마케팅의 지식과 기술을 통해 사회복지실천현장에서 구체화될 수 있다. 따라서 지역사회자원개발을 이해하고 실천하기 위해서는 비영리마케팅 지식과 기술이 요구된다(박태영·채현탁, 2014).

이러한 사회복지시설의 마케팅은 상품(Product), 가격(Price), 촉진(Promotion), 장소(Place), 생산자(Producer), 구매자(Purchaser), 조사(Probing)의 7P를 기본구조로 하여 추진된다(엄미선 외, 2009).

1) 상품

상품(product)은 자원제공자의 욕구를 충족시키기 위한 산출물로서 사회복지시설은 잠재적인 자원체계들의 공감을 얻어 낼 수 있는 가치를 지닌 구체적인 프로그램(program)과 가치

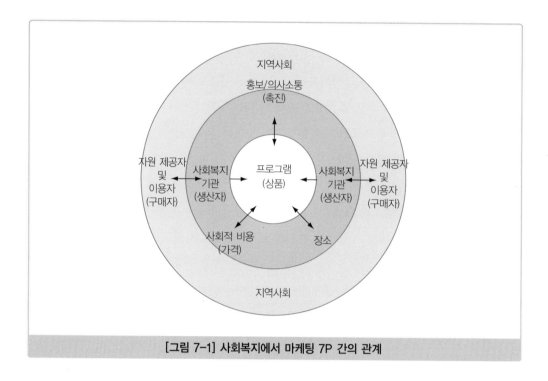

[그림 7-1] 사회복지에서 마케팅 7P 간의 관계

(value)가 된다. 프로그램에 있어 중요한 점은 자원의 양적인 증가만을 중요시하여 사실과 다르게 과장하거나 클라이언트의 목적인 삶을 위한 복리적인 측면을 강조하지 못하는 실수를 범하지 말아야 한다는 것이다. 이는 실제 사회복지실천현장에서 쉽게 무시되기 쉬운 과정 중의 하나다. 자원개발 행위를 통한 사회적 기여와 소외계층의 삶의 질 향상에 중점을 두어야 한다.

2) 가격

가격(price)은 자원제공자가 프로그램과 가치를 얻기 위하여 지불하는 대가를 의미하는데, 비영리조직에서는 마케팅전략을 수립할 때 '사회적 비용'을 고려하게 된다. 즉, 후원금을 지불하기 위하여 사회복지시설을 방문 시에 너무 오래 기다린다든지 하는 사회적인 비용을 감안해 자원을 제공하는 절차를 최소화하여 사회적인 비용을 감소시켜야 한다.

3) 촉진

촉진(promotion)은 자원 교환이 활성화되고 참여를 높이기 위한 자극과 매개를 발전시키는 것이다. 즉, 창의성과 다양성이 요구되는 의사소통을 의미하는데, 사회복지시설은 자유경쟁의 사회에서 더 이상 기다리는 기관이 아니라 찾아가는 노력과 다양한 방법을 통해 상생하는 쌍방향적인 접근법을 다각도로 추진하여야 한다. 과거와 같이 편지나 전화를 통한 수동적인 홍보가 아닌 특별한 행사에 잠재적 자원제공자를 참여시킨다든지 또는 온라인시대에 적합하게 인터넷을 활용한다든지 하는 적극적인 방법과 창의적인 아이디어로 기발한 소재의 개발과 자원제공자에 대한 접근이 요구된다.

4) 장소

장소(place)는 마케팅 프로그램 가치가 자원제공자들이 구입하기에 가장 적합한 때와 장소에 있도록 하는 것을 의미한다. 비영리조직에서 사회복지사업에 후원으로 참여하도록, 자원봉사로 참여하도록 알리는 장소는 따로 정해져 있지 않다. 다양한 장소에서 홍보되고 알릴 수 있는 매개체를 만들어 가야 한다.

5) 생산자

생산자(producer)는 마케팅 자료를 만들고 공급하는 주체를 의미한다. 비영리조직은 마케팅을 통해 자원제공자와 교환할 아이디어를 창출하고 메시지를 생산해 내는 주체인 사회복지시설을 의미한다. 마케팅의 주체로서 사회복지시설은 일반 시민들로부터 믿을 만하고 의지할 만한 기관으로서 신뢰를 받아야 하고, 복지 대상자들에게 있어서는 중요한 대변자의 역할을 수행하여야 한다.

6) 구매자

구매자(purchaser)는 잠재적인 자원제공자를 뜻하는데 실질적인 후원활동에 참여하는 다수의 사람이다. 이들은 반드시 초기단계에서 파악되어야 하며, 이들에게 사회복지시설은 특별한 인상을 심어 주고 호소할 필요가 있다. 이들을 효율적으로 관리하기 위하여 특정한 기준을 두어 여러 범주로 나누는 것이 필요하며, 이를 지역사회자원 세분화라고 한다. 사회복지시설에서 자원제공자는 결연방식, 정기지원, 비정기지원, 프로그램지원 등으로 특성에 따라 구분할 수 있다.

7) 조사

조사(probing)는 오늘날과 같이 정보제공이 폭넓고 빠른 속도로 이루어지게 되는 정보화 사회에서 더욱 그 필요성이 높게 요구되는 과정이다. 이는 사전에 충분한 실천목표를 기반으로 하여 지역사회자원 세분화와 표적자원을 목표로 철저하고 주의 깊게 다루어져야 한다.

4. 지역사회자원동원의 메커니즘 이해

에드워드 등(Edwards et al., 1997)의 비영리조직에 대한 기부행위에 관한 연구에 따르면, 기부는 잠재적인 기부자의 능력(capacity), 동기(motivation) 및 기회(opportunity)라는 맥락에서 이루어진다. 따라서 첫째, 충분한 기부능력이 있는 잠재적인 기부자를 발굴하고, 둘째, 개인이나 조직이 특정한 명분 있는 목적에 기부할 수 있도록 동기를 부여하며, 셋째, 잠재적인 기부자에게 기부 제공의 기회를 만들어 주면 기부행위를 이끌어 낼 수 있다.

이러한 세 가지 요인 중 기부행위의 동기는 매우 다양하고 복합적이다. 기부의 동기에는 종교적 신념, 동료나 친구의 압력, 기부로 인한 세금공제 등 다양한 요인이 있다. 호지킨슨 등(Hodgkinson et al., 1992)에 따르면, 비영리조직에 대한 사람들의 기부행위에는 열한 가지의 동기가 있다. 이러한 기부행위의 동기는 크게 세 가지 유형으로 분류할 수 있는데 타인에 대한 개인적인 의무감, 다른 사람과의 관계, 개인이 얻는 이득이나 혜택과 관련되어 있다.

또한 기부행위는 자원봉사정신과 상관관계가 있는 것으로 나타나고 있다. 캐플런(Kaplan, 1995)에 따르면, 자원봉사를 한 경험이 있는 사람은 90%가 비영리조직에 기부행위를 한 바 있으며, 자원봉사를 하지 않은 사람은 59%만이 기부한 것으로 나타나고 있다. 이러한 연구결과는 잠재적인 기부자를 자원봉사나 위원회 활동과 같은 비영리조직의 활동에 참여시키는 것이 중요함을 시사한다. 그리고 기부행위에 영향을 미치는 요인으로는 사회적·경제적 위치나 세금공제 등이 있다.

성공적인 모금이 되기 위해서는 기부자의 동기를 직접적인 기부행위로 전환할 수 있도록 보상, 자극, 상황을 모금전략과 배분 프로그램에 반영함으로써 기부행위의 기회가 될 수 있도록 해야 한다(오정수·류진석, 2013).

5. 지역사회자원개발의 과정

사회복지시설에서 마케팅 기술을 적용하여 지역사회자원을 개발하는 과정은 다음과 같이 제시해 볼 수 있다(정무성, 2000).

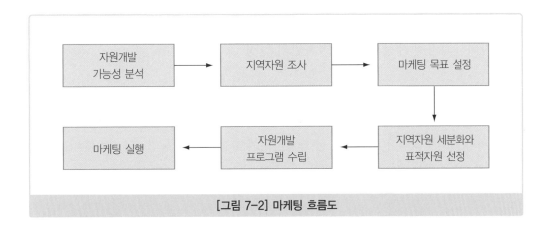

[그림 7-2] 마케팅 흐름도

1) 자원개발 가능성 분석

지역사회자원의 개발에 앞서 마케팅 활동을 수행하는 데 영향을 미치는 환경적 요인을 검토하는 일이 필요하다. 환경적 요인은 사회제도적 환경과 조직 내부 환경으로 구분해 볼 수 있으며, SWOT 분석 기법을 활용할 수 있다. 즉, 사회복지조직의 강점과 약점, 기회와 위기 등이 무엇인지 하나씩 점검해 보는 일이 필요하다.

2) 지역자원 조사

잠재적 자원과 사회복지조직이 원하는 바를 찾아내는 작업이라고 할 수 있다. 지역사회자원조사는 지역사회자원에 대해 공유하기를 원하는 지역사회체계는 무엇이고, 자원을 요구하는 조직의 특성과 사명 및 가치는 무엇인지, 자원의 용도는 어떻게 기획되고 설계되어 있는지 등을 조사하고 확인하는 활동 등을 포함한다.

3) 마케팅 목표 설정

마케팅 목표 설정 시 특히 하위목표는 그 중요성의 우선순위가 제시되어야 한다. 이것은 지역사회자원을 개발하기 위한 사업의 추진목적과 진행방식, 사업추진 과정에서의 필요한 자원과 재원, 연계기관, 상호 협조적인 분위기 마련을 위해 필요한 준비과정, 결과에 대한 평가 등과 연결 지어 수립되어야 한다.

4) 지역사회자원 세분화 및 표적자원의 선정

지역사회를 앞 단계에서 설정한 구체적인 목표와 부합되도록 세분화하고 주요한 표적대상이 되는 자원을 정하여 사업추진 과정에서 힘을 하나로 모아 내게 하는 작업이다. 여기서는 지역사회자원의 세분화 작업이 요구되며, 이 과정에서 지역사회자원을 동질적인 범주에 따라 구분하여 공략 가능하다고 판단한 표적자원의 선정 작업이 요구된다.

5) 지역사회자원개발 프로그램의 수립

지역사회자원을 개발하기 위한 프로그램은 실질적인 자원의 개발과 연계를 위한 가장 기초적인 요소다. 지역사회의 다양한 자원이 필요한 독거노인 돌봄서비스 지원사업, 장애인활동보조 지원사업이나 결식아동돕기 모금, 노숙자 자립지원을 위한 모금 등과 같은 프로그램을 개발할 때에는 특정 개인의 욕구보다 현재 이슈가 되고 있는 지역사회문제나 욕구에 초점을 맞추는 것이 효과적이다.

6) 마케팅 실행

지역사회자원의 개발을 위한 실천활동을 개시하는 것이다. 즉, 직접적인 지역사회자원과 프로그램, 사회복지조직, 지역사회가 연계하여 실천하는 과정이다. 여기에는 이를 가장 효과적이고 효율적으로 수행할 수 있도록 연계하는 다양한 마케팅 전략과 기술이 요구된다.

6. 지역사회자원동원의 방법

1) 대중모금

개인은 최대의 잠재적인 기부자이며, 이러한 잠재기부자를 개발하는 대중모금은 민간사회복지자원동원의 관건이 된다(Edwards et al., 1997).

(1) 잠재적 기부자

잠재적인 기부자는 기부에 대한 동기와 능력을 갖고 있으며, 기부의 기회가 주어지면 참여할 수 있는 개인을 의미한다. 이들은 기부행위의 가장 낮은 단계에서 물품판매의 소비자, 특별행사의 참여자 등으로 기부의 기회가 주어지면 자신이 선택한 방법으로 참여하게 된다.

(2) 일반기부자, 회원 및 약정자

사회복지기관은 모금을 위하여 인터넷의 웹사이트, 광고우편, 전화, 직접방문 등을 시도한다. 사회복지기관은 웹사이트를 통하여 방문자를 받아들이며, 기관에 관한 최신의 정보를 제공하여 기부참여와 회원가입의 동기를 부여한다. ARS와 수신자부담전화 모금도 개인기부자와 접촉하는 효과적인 방법으로 우리나라에서는 방송을 통한 모금에서 많이 활용되고 있다. 광고우편은 대규모의 독자에게 기관의 메시지를 직접적으로 전달하는 효과적인 방법으로 텔레비전이나 웹사이트에 비하면 응답률이 매우 높다. 전화모금은 잠재적인 기부자에게 전화를 걸어 기부를 요청하는 것으로 잠재적 기부자에게 가장 빠르고 직접적인 접촉이 가능한 방법이다. 직접방문은 대중모금전략 중 가장 개인적인 방법이며, 모금활동가로 하여금 쌍방 간의 의사소통을 할수 있도록 해 준다. 직접방문은 금전적인 모금 외에 새로운 자원봉사자를 찾을 수 있는 방법이되기도 한다. 그러나 이러한 대중모금 전략은 어떠한 방법을 취하건 대체로 비우호적인 장애나어려움에 직면하게 된다. 따라서 이러한 장애나 어려움을 극복할 수 있는 전략을 준비하여야한다.

반면, 인터넷을 활용한 마케팅은 매우 일반적인 방식이다. 이것은 인터넷 사이트를 구축하고온라인을 통하여 부가적인 서비스를 제공함으로써 고객을 만족시키고 사이트 안으로 끌어들이는 형태로 이루어지며, 사회복지시설에 대한 자연스러운 관심과 자발적인 참여를 유도하는 강한 기제로 작용할 수 있다. 최근에는 서치 엔진의 등록, 뉴스그룹, 웹진, 배너광고, 이메일, 링크

교환 등의 다양한 방법도 동원된다(박태영 · 채현탁, 2014).

(3) 주요기부자 및 계획기부자

주요기부자란 일정 금액 이상의 고액의 금전이나 재산을 기부하는 사람을 의미한다. 이러한 주요기부자에게 접근하기 위해서는 기부자에 대한 최신의 기록과 광범위한 정보를 수집하여야 한다. 주요기부자에게 접촉하기 위해서는 이러한 정보수집과 함께 훈련된 자원봉사자나 CEO 의 역할이 중요하게 작용한다. 주요기부자를 위한 기부방법으로는 개별요청 및 기념기부, 명예 기부 등의 방법이 있다.

계획기부자란 장래에 기부할 것을 현재 계획하는 사람을 의미한다. 계획기부는 기부자에게 장래에 자신이 원하는 이상을 실현하게 하고 이에 대해 명예를 부여한다. 그리고 기부를 받는 비영리기관은 미래에 대비한 재정계획을 세울 수 있게 된다. 계획기부에는 유증의 대상이 되는 부동산, 신탁 등 다양한 방법이 있다.

2) 기업후원금

기업은 비영리기관의 훌륭한 파트너로서 기부에 참여하는 주체가 된다. 비영리기관은 기업 의 고액기부금으로 재정 안정을 얻게 되며, 기업은 비영리기관에 대한 기부를 통하여 상당한 세제상의 혜택과 함께 기업의 사회적 이미지를 향상하는 효과를 얻게 된다. 기업 관점에서는 이를 '기업의 명분지향 마케팅(Cause Related Marketing: CRM)'이라고 부른다. 즉, 기업의 이미지 와 사회공헌 및 공익을 수행한다는 의미를 함께 연결 지어 소비자에게 전달함으로써 브랜드 이 미지 제공에 도움을 주는 방식이다. 사회복지시설은 기업이 사회에 공헌할 수 있는 명분을 제 시하면서 사회적 공익이 실천될 수 있도록 기업과 파트너십을 형성한다(박태영 · 채현탁, 2014).

기업의 기여형태로는 현금, 물품, 인력, 서비스 등이 있다. 기업은 일반기부자에 비하여 보수 적인 성향이 강하며, 기업의 이미지를 제고하고 위험 부담이 없는 사안에 대하여 기부하고자 하며, 특히 교육, 보건, 사회복지활동, 예술 등이 주요 기부대상이 된다.

3) 이벤트 · 특별행사 모금

이벤트 또는 특별행사는 사회복지시설에서 모금의 특정 동기를 부여하기 위해 가장 많이 사 용하는 방식이다. 자선음악회, 자선바자회, 일일찻집, 모금을 위한 그림전시회, 유명인 골프대회 등이 여기에 해당한다. 이러한 모금방법은 계획과 준비과정이 복잡하고 시일이 많이 걸릴 뿐만 아니라 비용이 많이 소요된다는 단점도 있으나 반면에 이를 통해 대중의 공감대를 형성하고 잠재적 후원자와의 관계를 형성하며 사회복지에 대한 인식을 강화할 수 있는 대중교육의 효과를 얻을 수 있다는 장점도 가진다(황성철, 2001).

4) 재단지원금

재단(foundation)이란 공익사업을 위하여 자금을 지원하는 기관으로서 공익재단, 기업재단 등을 의미한다. 우리나라에는 대기업이 공익사업을 위하여 설립한 다수의 재단이 있다. 이들 재단은 각각의 고유한 사업목적을 갖고 매년 사업신청을 받아 지원한다. 따라서 재단이 요청하는 사업의 성격과 내용, 효과성을 입증하는 사업 계획과 자료를 제시하여야 한다. 이 외에 종교 법인이나 기관, 사회복지법인, 학교법인 등이 그들과 관련된 사회복지 시설이나 기관의 사업을 지원하고 있다(오정수 · 류진석, 2013).

5) 모금을 위한 홍보

홍보 또는 PR(Public Relations)은 원래 대중과의 여러 관계를 의미한다. 그 관계는 동적이며 목표 지향적인 개념이다. 이것은 그 자체로서 기능하기보다는 활동 속에서 실천되는 영역으로 대중과의 상호관계를 가능하게 하는 제반활동을 의미한다. 던햄(Dunham)은 이러한 관계를 사회복지시설의 한 기능으로 보고, 홍보는 기관을 알리고 이해하게 하며, 좋아하게 하고, 이용하며, 지지하게 하는 모든 것과 관련되어 있고, 홍보에는 여론의 분석, 서비스를 이용하는 집단과 개인의 파악, 대중매체의 선정과 효율적인 이용, 현재의 주된 관심사에 대한 홍보의 시기, 실무자들 간의 팀워크 및 다른 기관과의 협동노력의 개발 등이 포함된다고 설명한다(엄미선 외, 2009).

참고문헌

박태영(2003). 지역사회복지론. 서울: 현학사.

박태영·채현탁(2014). 지역사회복지론. 경기: 정민사.

양용희(2001). 지역사회 자원개발과 활용: 지역사회복지관을 중심으로. 동작구 연합직원세미나자료.

엄미선·최종복·전동일(2009). 사회복지자원개발론. 경기: 대왕사.

오정수·류진석(2013). 지역사회복지론. 서울: 학지사.

이광재(2003). 의료사회사업론. 서울: 인간과 복지.

정무성(2000). 사회복지기관의 민간자원 동원전략. 한국사회복지사협회.

황성철(2001). 자원개발을 위한 마케팅 전략. 한국사회복지관협회 2001년 재가복지봉사센터 전담요원교육
    자료집, 21-46.

홍선미·이연·안태숙·전재현(2010). 무한돌봄센터 자원개발 매뉴얼. 경기복지재단.

Edwards, R. L., Benefield, E. A. S., Edwarda, J, A., & Yankey, J. A. (1997). *Building a strong
    foundation: Fundraising fornonprofits*. Washington, D.C.: NASW Press.

Hodgkinson, V. A., Weitzman, M. S., Noga, S. M., & Goski, H. A. (1992). *Giving and rom volunteering
    in the United States: Findings from a national survey*. Washington, D.C.: Independent Sector.

Kaplan, A. E. (Ed.). (1995). *Giving USA 1995*. New York: AAFRC Trust for Philanthropy.

Zastrow, C. (1999). *Introduction to Social Work and Social Welfare*. Wadsworth Publishing Company.

제8장
지역사회복지계획과 지역사회보장계획

1. 지역사회복지계획과 지역사회보장계획의 개요

지역사회복지계획은 지역사회복지서비스의 수요 파악과 공급 역량을 통해 지역의 복지과제를 종합적·계획적으로 추진하기 위해 4년마다 시·군·구 단위와 시·도 단위로 수립해야 하는 지역사회의 복지종합계획이다. 지역사회복지계획은 4년마다 수립하며, 연차별 시행계획을 수립한다. 지역사회복지계획의 수립은 주민의 복지욕구를 충족시키기 위한 서비스체계 확보와 자원 조달을 위한 수단이며, 동시에 지역의 문제에 대한 주민과 관계자의 학습과 활동을 조직화하는 과정이고, 국가 및 지방자치단체의 종합적 행정계획의 성격을 갖는다.

참여정부의 지방분권 정책에 따라 중앙정부의 권한이 지방으로 이양되고 지방자치가 활성화되었다. 이에 지방의 자율성과 책임성이 강화되었고, 민간 복지부문도 활성화되는 사회적 변화에 맞춰 중앙정부의 기획에 따라 지방정부가 정책을 집행하는 기존의 형태에서 벗어나 지역의 특성에 보다 민감한 복지서비스에 대한 필요성이 제기되었다.

이러한 흐름에서 2003년 「사회복지사업법」 개정을 통해 2005년 7월 31일부터 시·도지사 또는 시·군·구청장은 4년마다 지역사회복지계획과 연차별 시행계획을 수립하도록 의무화되었다. 지역사회복지계획은 지역사회복지서비스의 제공을 제도적으로 보장하여 안정적으로 공급할 수 있으며, 계획 수립이나 실행 시에 주민참여를 통해 주민자치, 지방자치를 실현할 수 있고, 주민의 복지욕구와 필요도가 계획에 직접 반영되어 실제적인 지역사회복지를 이룰 수 있다. 또한 지역사회복지계획을 수립, 실행, 평가하는 과정 가운데 민간이 공공영역과 대등한 관계로 상호 비판적인 협력을 할 수 있기에 지역사회복지계획이 필요하다. 이에 제1기 지역사회복지계획(2007~2010년)과 제2기 지역사회복지계획(2011~2014년)은 완료되었고 제3기 지역사회복지계획(2015~2018년)이 진행 중이다.

한편, 복지사각지대가 존재하고 그로 인한 자살 등이 이슈화되면서 2014년 12월에 「사회보장급여의 이용·제공 및 수급권자 발굴에 관한 법률」 제정안이 통과되고 2015년 7월부터 시행되어 지역사회보장계획을 수립하도록 의무화되었다. 「사회보장급여의 이용·제공 및 수급권자 발굴에 관한 법률」은 「사회보장기본법」에 따른 사회보장급여의 이용 및 제공에 관한 기준과 절차 등 기본적 사항을 규정하고 지원을 받지 못하는 지원대상자를 발굴하여 지원함으로써 사회보장급여를 필요로 하는 사람의 인간다운 생활을 할 권리를 최대한 보장하고, 사회보장급여가 공정하고 효과적으로 제공되도록 하며, 사회보장제도가 지역사회에서 통합적으로 시행될 수 있는 기반 구축을 목적으로 한다.

2. 지역사회복지계획과 주민참여

지역사회복지계획은 해당 시·군·구의 향후 4년간의 예상되는 상황과 특성을 중심으로 간결히 서술하고, 시·군·구의 현안과제 해결을 위한 계획의 방향을 개괄적으로 소개한다. 또한 시·군·구 공통적으로 지역사회복지계획은 통합성, 참여성, 협력성을 실현하기 위한 노력을 제시한다. 여기서 통합성이란 지역사회의 전체적 방향 및 목적에 부합되고 상위계획 및 관련계획과 연계를 가지며 계획을 수립하여야 함을 말한다. 협력성은 공공과 민간이 협력하여 지역의 최종 성과 목표를 달성하는 것에 초점을 두는 것을 의미한다. 참여성은 지역주민과 지역사업의 주체가 되는 당사자들의 참여과정을 포함하여 사업을 기획하는 것에 초점을 두어야 함을 말한다. 특히 제3기 지역사회복지계획 수립에서 가장 중요한 측면은 참여성이다. 지역주민의 지역사회복지계획 수립의 참여방식은 선언적인 차원보다는 실제적인 적용 및 반영이 중요하다.

복지계획 수립과정에서 지역주민의 참여(보건복지부, 2014)는 세 가지 영역에서 가능하다.

첫째, 기획 및 지역사회복지조사 단계다. 지역주민의 욕구파악 자체가 주민의 사업 참여 개

넘으로 실시되어야 하며, 사업의 주체로서의 기능을 할 수 있는 기본적 상황을 제공하는 측면으로 욕구조사가 진행되어야 한다. 따라서 욕구조사는 설문조사와 더불어 시·도 또는 시·군·구 홈페이지 게시판 분석, 필요시 주요 대상에 대한 추가조사, FGI(Focus Group Interview) 등 다양한 방식으로 지역주민의 의견에 접근해 나간다.

둘째, 계획수립 단계다. 계획수립 과정에 지역주민이 직접 참여하는 것이 바람직하나 이것이 어려울 경우 다양한 방식을 활용할 수 있다. 예를 들면, 민간기관에서 진행하고 있는 사업(프로그램)실행 단계에서의 문제를 과정적 차원과 내용적 측면에서 분석해 보면, 여기에서 사업의 대상인 지역주민과 직접적으로 관련된 문제가 나온다. 이러한 문제는 사업수행 과정에서 나온 주민의 욕구로 파악할 수 있으며, 이러한 문제를 해결해 나가는 것은 지역주민의 욕구에 접근하는 것이고, 크게 보면 지역주민의 참여로 볼 수 있다. 이 밖에 다양한 방식으로 주민의 욕구에 접근하고 참여할 수 있는 방안을 지역적 특성에 따라 개발하여 활용해야 한다.

셋째, 심의·보고 단계다. 계획보고서가 일차 완성된 이후 공청회나 공고 등의 형태로 지역주민의 의견을 수렴하는 과정이다. 이는 1기 때부터 지역복지계획 수립의 필수 과정으로 반영되어 왔다. 주민참여가 공청회 등의 형태로만 가는 것은 형식적인 참여로 일부 목소리가 큰 단체나 집단의 의견이 부각될 가능성이 있으므로 이를 고려하여 여러 방법으로 계획수립 초기 단계부터 주민참여와 의견수렴이 가능하도록 진행한다.

| 사례 | 지역사회복지계획과 주민참여 사례 |

지역사회복지계획 과정 중에 주민을 참여시킨 사례(이마리아·이경은, 2015)에 관한 내용을 살펴보면 다음과 같다.

⋯⋯(전략)⋯⋯ 우선 참신한 시도로 주민의 이목을 끌었다. 주민참여를 시키기 어려운 여건이지만 마을이장을 계획수립 TF팀에 참여시키고, 지역주민의 의견이 반영된 시·도의원 및 시장 후보자의 공약을 일일이 살펴보는 등 최선을 다한다. 이는 단순히 평가틀의 기준을 지켰느냐에 집중한 것이 아닌 새로운 도전을 한 것에 해당되는 예라고 볼 수 있다.

뭐 어찌되었든, 뭐 주민대표의 일부가, 복지계획에 참여한다라는 거, 여기에 있어도 주민대표가, 뭐 실제로 뭐, 우리가 계획수립팀에 보면, 이장협회 대표, 이장협회, 이장협의회 회장, 그다음에, 뭐, 그냥 일반 뭐, 사회단체하는 사람들 중에서 조금 이렇게 목소리를 낼 수 있는 사람들로 구성되어 있는 몇몇 사람 그리고 뭐 공단의 실무자도 있고, 뭐 이렇게 그, 지역장 해튼 뭐, 일반 그냥 요양센터 운영하고 있는, 뭐, 뭐 센터장, 뭐 이런 사람들도 뭐 주민들과 밀접하게 활동을 하거나, 관계가 있는 사람들을 주민대표로 이렇게 구성했기 때문에, 뭐 그런 사람들에, 몇몇에, 어떤 조직적으로, 계획수립 TF팀에 참여……(마2-14)

그다음에 인제 선거공약, 선거공약 하는데, 당선자의 선거공약도 중요하지만, 우리는 출마자의 선거공약을 다 넣었어요. (테이블 탁탁) 왜냐하면 출마자들은 다 지역에 사람들의 의견을 다 받아 놓잖아요. 그래, 그것도 중요한 거 같아요. 당선자는 자기 당선되기 위해서 넣는다고 하지만, 다른 사람들도, 도의원, 시의원, 시장, 세 개를 넣어놨어요. 도지사 꺼는 안 넣는데, 이 세 개를 넣어 놨어요. 그 다 따로 이래 분류를 해 놨어요(사1-24).

또한 주민참여를 수행한 전문가들은 100인 토론회, 주민복지의견 제안센터, 복지계획 분임토의, 비전공모전 등 새롭고 다양한 시도를 하여 이전보다는 높은 주민참여를 이끌어 냈고 온라인상의 새로운 주민참여를 꾀하기도 한다. 단순히 제시된 항목의 수행여부만 평가하는 것이 아닌 창의적이고 참신한 시도가 주민참여를 불러일으킬 수 있기에 이러한 내용이 지역사회복지계획 평가틀에 포함될 필요가 있다.

일반주민을 대상으로 한 건 그다음에, 그, 12월 27일에 '주민복지 욕구를 말하다'라고 해서, 100인 토론회를 개최했습니다. 브레인스토밍 방식으로 했고, 이때는 136명으로 꽤 왔었습니다. ……(중략)…… 그 브레인스토밍이라고 있잖아요. 그 방식으로 했는데, 구 퍼실리에이터라고, 이분 되게 바쁜 분인데 꼭 오셔야 된다, 계속 연락해서 모셔 왔죠. 그래서 그, 그, 메모지? 그거에 자기 생각 적은 다음 그룹별로 모으고 발표하고 겹친 내용들을 정리했죠(바1-2, 10).

그러고 나서 올해 2월에 주민복지의견 제안센터를 운영했습니다. 한 달 동안 주민들한테 의견을 받았고, ……(중략)…… 네네. 저걸(의견함) 4군데, 아니 3군데에 설치했어요. 1군데는 D군청 홈페이지에서 의견받았고, 의료원 로비에 하나, 군청 민원실에 하나, 여기 종합복지회관 로비에 하나 설치했어요. ……(중략)…… 홈페이지는 아무래도 관계자분들이 많이 준 거 같고, 나머지 3군데는 일반 주민들이 의견을 많이 준 거 같아요(바1-4, 11).

음…… 뭐 성숙한 시민사회가 되면, 우리가 댓글 달듯이, 아니면 뭐 참여에 대한 기대를, 일방적인 어떤, 그 오프라인 통한 어떤, 참여가 그 어떤 주민참여다, 이렇게 단정 지을 필요는 없지 않을까요? 향후에는 좀 더, 커뮤니티나 SNS를 통한 어떤 의견 수렴도 주민참여로 봐야 되겠죠. 또 참여방법들을 또 가능한 형태로 전환해 나가야 되겠죠(마1-42).

그리고 이번에, 최근에는 비전, 그 복지계획 수립에 따르는, 어…… 원래 이제 복지계획에 따르는 비전을 수립하고 그 비전에 따르는 전략목표와 핵심과제와 세부사업, 이런 단계들을 도출해야 되는데, 어, 비전을 만들 때, 기본적으로 전략회의를, 어…… 전체 지역사회의 사회복지 관련 종사자들이 모여서 비전회의를, 분임별로 다섯 개 분임별로 해서, 분임토의를 해서, 결과물을, 비전을 만들려고 작업을 했고(마2-9)

네. 이건(비전공모전) 일반 주민들 중심으로 하도록 제가 협의체 위원들에게 얘기했고, 36, 7명 참여했어요. 많은 숫자는 아니지만…… 그, 최종선정자를 홈페이지에 올리니까, 왜 나는 안 되었냐고 전화도 왔는데, 좀 귀찮기도 했지만, 그만큼 관심 있다는 거니까, 기분이 좋기도 했죠. (바1-18)

한편, 교육을 통해 지역사회복지계획에서 주민의 참여를 이끌어 내었다고 전문가들은 입을 모은다. 앞서 언급한 지방자치단체장, 지역사회복지협의체 위원, 주민을 대상으로 하는 교육의 중요성과 같은 맥락이다. 교육은 자신을 돌아보게 만들고 시야를 넓혀 지역사회를 볼 수 있게 하는, 가장 더디 가는 것 같으나 가장 확실하게 주민참여를 가능하게 하는 방법이다.

그렇죠. 그분이 그 ◇◇◇ 교수님이, 지역복지계획 매뉴얼 만드는 데 참여하셨던 분이에요. 그래서 그분이, 본인이 참여를 하셨으니 인제, 각 지역마다 이건 이렇게 참여를 해야 된다라고 하고 싶은 말씀이 있으시겠죠, 당연히. 그분 모셔다가 (교육)하고(가1-69)

TF팀 구성을 위한 교육은 8시간 동안 종합복지회관 2층 강의실에서 진행됐고, 공무원과 협의체위원들이 받았죠. 이때 36명 참여했어요. 이 교육 하고 나서 관에서 공무원 7명, 민에서 7명이 TF팀 위원으로 정해졌죠(바1-12).

조사원교육은 8시간씩 교육했고, 복지욕구조사를 수행하기 위한 교육을 한 거예요. ○○○ 교수님하고 △△△ 교수님, □□□ 박사님이 하셨는데, 오전에 욕구조사지 최종안 정리된 걸로 해서 교육했어요. ……(중략)…… 다 우리 주민들이었고, 이분들이 잘 모르니까 말을 다 쉽게 바꿔서, 이해하기 쉽게 조사지도 만들고 했죠(바1-16).

그러면 일정 정도 그러는데 군수의 공약, 그렇기 때문에 사실은, 지자체 단체장이 되려 하는 사람 내지는 이미 단체장인 사람들은 지역사회복지협의체의 정책을 학습해야 되는 거야. 그래서, 학습하라는 얘기는, 지역의 주민의 욕구를 기반되어 있는 자기 공약을 제시해야 된다는 거 ……(중략)…… 가급적 (협의체) 사업은, 교육사업 중심으로 많이……(마1-11, 22)

또한 주민참여를 수행한 전문가들은 주민들의 의견이 바로 반영할 수 있는 구조가 중요하다고 말한다. 이는 앞서 언급한 소통의 중요성과 맞닿아 있다. 일방적인 위로부터의 계획(top down)이 아닌 아래로부터의 계획(bottom up)이 되려면 인체의 구석구석에 산소를 공급하는 혈관처럼 지역 구석구석의 생각을 반영하고 소통할 수 있는 구조가 만들어져야 한다. 현재 지역사회복지협의체는 대표협의체, 실무협의체, 실무분과로 구성되어 있다. 여기서 한발 더 나아가 실무분과장들이 말초신경에 해당하는 단위에까지의 이야기를 들을 수 있는 조직을 만들어 그 내용을 지역사회복지협의체로 전달하는 역할을 해야 할 것이다.

대표협의체는 기관장들로 구성되어 있는데다가, 20명이 모두 시간 맞추기가 어렵잖아요? 그러면 자주 모여서 회의하기 어렵고 해서, 저흰 자주 회의하려고, 운영위원회를 따로 만들어서, 월 1회 회의하고 있습니다. 그래야 실무분과, 실무협의체에서 나온 의견들을 바로바로 심의, 조정할 수 있죠(바1-13).

음…… 저는 그래요. 모여서 의견 준 거에 대해서는 피드백을 꼭 줘요. 다음 회의 때 얘기하거나 급하면 그냥 전화로 이래이래 됐다 얘기해요. 실무협의체에서 나온 의견을 꼭 운영위원회에서 논의하고 그 결과에 대해 꼭 피드백 줘요. 잘 안 되면, 이래이래 해서 잘 안 됐다, 죄송하다, 그리고…… 이렇게 계속 하니까, 사람들이 뭔가 얘기하면 그게 위에까지 얘기가 되는구나…… 생각하고 다음에 또 주고…… 계속 이렇게 하다 보니까 협의체 위원들이 일반 주민들한테도 의견을 받아오기도 하고…… 이렇게 되기까지 2년 걸렸어요…… 지금은 나도 거기 넣어 달라고 그래요. (웃음)(바1-19, 20)

마지막으로 주민참여 수행 경험이 있는 전문가들은 지방자치단체장의 전횡을 감시하는 역할로서의 모니터링과 평가의 중요성을 강조하며 이러한 과정 가운데 주민참여가 이루어질 수도 있다고 보았다. 현재 진행 중인 연차별평가에 주민에 의한 평가를 반영하는 등 더 공교하고 체계적으로 구성한다면 지역사회복지계획의 수립뿐만 아니라, 진행과 평가과정에도 주민참여를 일구어 낼 수 있을 것이다.

모니터링을 한다든지, 뭐 그런 것도 난 최소한 필요하다고 봐요. 그래야, 그 단체장들이, 그래도 좀 관심을 가지고 복지계획을 지키려고 노력 좀 하지, 그렇지 않으면은, 에…… 상당히, 계획은 계획대로 놀 수밖에 없다(다1-47).

하여튼 평가틀에 들어가야 돼요. 평가틀에…… 제가 평가를 해 보니까 그렇더라고요. 회의를 하였는가, 공지하였는가, 뭐 이렇게 들어가야 될 거예요. (침묵 3초) 지역복지계획을 수립하였는가가 중요한 게 아니라, 그걸 갖고 논의하였는가, 그걸 알렸는가, 이런 게 중요한 거지. 그래서 뭐 그렇게 해서 주민들에게도 의견을 받았는가, 수렴하였는가, 그 흔적을 내놓아라, 지역사회복지관 그렇게 일하잖아요. 욕구를 반영하였는가, 뭐 이런 거(라1-84).

근데 이번에는 우리가 또 확 바꿨어요. 제가 이걸 확 바꿔 가지고, 공무원들도 지금은 알아요. 매년 평가한다는, 평가에 낮게 나오면 좀 그렇잖아요…… 이…… 조금 더 관심을 가져요. 이, 작년하고 올해하고 지금 두 번 했는데, 이게 인제 관심을 가지면서, 아, 이게 장난이 아니구나, 진짜 잘해야 되는구나(사1-28).

3. 지역사회복지계획과 지역사회보장계획의 주요 내용

지역사회복지계획은 「사회복지사업법」 제15조 제4항에서 제시된 바와 같이 복지 수요의 측정 및 전망, 사회복지시설 및 재가복지의 장·단기 공급대책, 인력·조직 및 재정 등 복지자원의 조달 및 관리, 사회복지 전달체계, 사회복지 및 보건의료서비스의 연계 제공 방안, 지역사회복지에 관련된 통계의 수집 및 정리, 사회복지시설에 종사하는 사람의 처우 개선 사항, 기타사항 등을 포함하여 이루어진다.

지역사회복지계획 수립 시 지켜져야 하는 주요 원칙(보건복지부, 2014)은 다음과 같다. 첫 번째, 지역성이다. 이는 지역 고유의 특성이 반영될 수 있는 사업계획을 수립해야 한다는 의미다. 지역사회복지계획은 지역특성을 반영하고, 지역주민에게 필요한 복지서비스를 공급하기 위한 목적에서 수립한다. 지역의 문제를 이해하고 해결하는 방법으로 계획의 구성 및 내용이 작성되어 지역 특성에 따른 다양한 계획이 나오도록 한다. 이 경우에도 자체사업과 국고보조사업은 통합적인 관점에서 지역의 특성을 반영한 집행계획과 지역에 적합한 추진체계 구성을 위해 노력하여야 한다. 지역의 문제를 해결하는 방법으로 필요시 지역주민을 위한 자체사업을 추가 개발할 수도 있다.

두 번째, 과학성이다. 이는 객관성을 확보할 수 있는 과학적 기초자료를 확보해야 한다는 의미다. 지역사회복지계획의 궁극적 목적은 지역주민의 복지욕구를 파악하여 이를 토대로 지역주민의 복지를 증진하는 데 있다. 따라서 계획의 출발점은 주민의 복지욕구를 정확하게 파악하는 것이다. 주민의 욕구가 무엇인가에 대한 객관적 고려와 주어진 환경과 복지자원은 어떠한지에 대한 현황분석이 과학적으로 조사되는 것을 원칙으로 한다.

세 번째, 일관성이다. 지역사회복지계획은 상위계획 및 유관계획, 연차별 시행계획 등과 일관성이 확보된 계획으로서, 지역사회복지의 청사진 역할을 하는 중기 계획이면서 동시에 실제 실천 가능한 계획이어야 한다. 이는 각 해당 연도별 시행계획 수립과 사업의 목표달성 정도를 평가하면서 매년 사업의 타당성 및 적절성을 반영하여 사업의 연속성이 확보되어야 한다. 즉, 이전 지역사회복지계획 및 관련 사회보장에 관한 지역계획, 중앙정부 및 시·도 상위계획의 방향과 일관성이 확보된 계획이어야 한다.

네 번째, 실천성이다. 이는 실천 가능한 계획이 되기 위한 행·재정계획이 수반되어야 함을 말한다. 지역사회복지계획의 실현가능성을 높이기 위하여 사업의 추진체계, 전달체계 정비, 인력 및 재정계획, 복지시설 및 서비스의 장·단기 수급대책 등이 반드시 수반되어야 한다. 또한 인력·재원 및 복지시설 등의 복지자원 확보 방안 자체가 핵심과제가 될 수 있다. 즉, 실천을 위한 행·재정 계획이 갖추어진 계획이 되어야 한다.

그러나 이러한 지역사회복지계획은 2015년부터 지역사회보장계획으로 변화 실행하게 되었다. 지역사회보장계획은 시·군·구 계획과 시·도 계획으로 나누어서 살펴볼 수 있다. 「사회보장급여의 이용·제공 및 수급권자 발굴에 관한 법률」 제35조 제2항에 따른 시·군·구 지역사회보장계획은 지역사회보장 수요의 측정과 목표 및 추진전략, 지역사회보장의 목표를 점검할 수 있는 지표(이하 '지역사회보장지표')의 설정 및 목표, 지역사회보장의 분야별 추진전략과 중점 추진사업 및 연계협력 방안, 지역사회보장 전달체계의 조직과 운영, 사회보장급여의 사각지대 발굴 및 지원 방안, 지역사회보장에 필요한 재원의 규모와 조달 방안, 지역사회보장에 관한 통계 수집 및 관리 방안, 기타사항(국가법령정보센터, 2015)을 포함한다.

시·도 지역사회보장계획은 시·군·구의 사회보장이 균형적이고 효과적으로 추진될 수 있도록 지원하기 위한 목표 및 전략, 지역사회보장지표의 설정 및 목표, 시·군·구에서 사회보장급여가 효과적으로 이용 및 제공될 수 있는 기반 구축 방안, 시·군·구 사회보장급여 담당인력의 양성 및 전문성 제고 방안, 지역사회보장에 관한 통계자료의 수집 및 관리 방안, 그 밖에 지역사회보장 추진에 필요한 사항을 주요 내용으로 한다(국가법령정보센터, 2015).

4. 지역사회복지계획과 지역사회보장계획의 발전과제

앞서 살펴본 바와 같이 지역사회복지계획은 주민참여를 증대시키는 것에 주안점을 두고 있으나 여전히 주민참여가 미흡하다는 지적이 많다. 취약한 주민참여를 증진시킬 수 있는 방안을 이마리아와 이경은(2015)의 연구를 중심으로 살펴보겠다.

우선 주민들을 대상으로 한 교육이 지속적으로 이루어져야 한다. 주민들은 복지에 대해 배운 경험이 전무하기에 지역사회복지계획이 경제적인 어려움에 처한 저소득층만을 위한 것이라는 편견을 가지고 있다. 그래서 관심도 없고 관심이 있더라도 의미 있는 의견을 주기 어렵다. 따라서 지역사회복지계획 수립 시기와는 별개로 지역사회복지협의체 차원의 정기적이고 지속적인 주민교육이 필요하다. 이러한 교육의 대상에는 일반 주민뿐만 아니라 공무원, 지방자치단체장, 협의체 위원도 포함된다. 이들도 지역사회복지계획에 대해 사회적 약자만을 위한 계획이라는 고정관념에 사로잡혀 있기 때문이다. 따라서 보편적 복지, 주민자치, 공동체의식 등에 관한 내용의 주민교육이 이루어져야 한다. 물론 주민교육을 한다고 당장 눈에 보이는 주민참여가 일어나지는 않을 것이다. 그러나 지속적인 교육은 역사적으로 동서고금을 막론하고 주민들의 자각을 이끌어 내어 그들이 처한 환경을 바꾸고자 직접적인 활동을 가능하게 한, 가장 더디 가는 방법이지만 가장 확실한 방법이다.

둘째, 지역사회복지협의체 안에 주민과 밀접한 점조직 구조가 필요하다. 해가 지날수록 지역사회복지계획에 새로운 시도들이 이루어지면서 주민들의 관심과 참여가 서서히 이루어지고 있어 그래도 빛이 보이고 씨줄과 날줄이 촘촘해지는 경험이 이루어진다. 즉, 지역사회복지계획 전문가들이 주민 100인 토론회 개최, 주민복지의견 제안센터 설치, 지역사회복지계획 주민 비전공모전, 전문가들 워크숍 중 지역사회복지계획 분임토의 등 새로운 시도로 노력하면 적극적인 주민참여를 이룰 수 있다. 이때 주민들이 체감할 수 있는 소규모 마을 단위의 구조를 만들어 실제로 주민들이 직접 자신의 목소리를 내고, 그들 스스로 해결하기 위한 방안을 모색할 수 있는 장(場)이 만들어져야 한다. 이러한 점조직에서 충분하게 토의된 내용들이 지역사회복지협의체 각 분과에 상정이 되어 논의되고, 이후에 실무협의체를 거쳐 대표협의체를 통해 의사결정되며, 이런 내용이 다시 점조직에 유기적으로 전달되는 것이 뒷받침되어야 할 것이다.

셋째, 지역사회복지협의체에 의사결정을 할 수 있는 상설 논의 구조가 필요하다. 지역사회복지협의체가 있다고 하더라도 주민의 의견을 충분히 반영하지 못한다면 벽에 부딪히는 갑갑함으로 한숨만 남을 것이다. 또한 주민참여가 이루어져 그 의견을 개진해도 의견에 대한 피드백

없이 계획에는 논의된 적이 없는 생소한 정책만이 제시된다면 전문가나 주민 모두가 실망하게 되어 참여를 하지 않으려고 하거나 더 이상 노력하지 않을 것이다. 따라서 앞서 제시한 점조직에서 제기된 주민들의 의견들이 실무분과나 실무협의체를 통해 바로 반영될 수 있도록 최종 의사결정기구가 월 1회 정도는 회의를 진행할 필요가 있다. 물론 현재 대표협의체가 의사결정을 하는 역할을 담당하지만 연구결과에서 보듯이 20여 명의 대표협의체 위원은 분기별로 모이는 것도 쉽지 않다. 이에 운영위원회라는 상설 논의 구조를 만드는 것이 방법이 될 수 있다. 실무협의체장 및 부, 실무분과장 및 부, 지자체 복지계획 담당과장 및 담당자, 보건소장이 함께 하는 구조라면 대표성을 반영할 수 있을 것이다. 이렇게 해야 지역사회복지계획 수립에서 자원조사 및 욕구조사는 용역을 수주하더라도 실질적인 사업에 대해서는 지역사회복지협의체가 논의하고 결정할 수 있다. 평소에 논의하였기에 주민이 무엇을 원하는지 알 수 있고, 평소 논의가 충분히 이루어지면 협의체 위원들 간에도 자신이 속한 분야의 중요성만 피력하려는 모습도 줄어들어 사업의 우선순위 선정도 용이해질 수 있다. 결과적으로 주민이 체감하는 사업이 진행되고, 이는 보다 많은 주민참여를 담보할 수 있게 된다.

넷째, 평상시 주민참여 활성화를 꾀하는 것이다. 지역사회복지계획이 수립될 즈음에 부랴부랴 주민들을 참여시키고자 고군분투할 것이 아니라 수립된 지역사회복지계획이 계속 진행되고 있는 평상시에 주민들이 참여할 수 있는 장(場)을 마련하는 것이다. 연구결과에서도 살펴볼 수 있듯이 수립된 지역사회복지계획이 계획으로만 그치는 현실을 타개할 수 있는 방법은 주민들이 직접 모니터링하는 방법이다. 주민들의 관심과 참여를 실제적으로 이끌어 낼 수 있는 것은 물론, 모니터링을 통해 주민 의견이 녹아들어가 다음 해의 연차별계획에 바로 반영할 수 있다. 또한 이는 대표협의체의 당연직 위원장인 지자체장에게 과도한 권력이 집중되는 것을 견제할 수 있는 방법이기도 하다. 대체적으로 대표협의체의 위원들은 지자체에서 보조금을 받는 복지기관, 단체들로 구성되는데, 이들 위원을 위촉하는 결정권을 지자체장이 가지고 있기에 지역사회복지계획 수립 및 실행, 평가에 대한 예리하고 실질적인 논의를 하기는 어려운 구조다. 그러나 주민들은 지자체장에게 다음 선거의 유권자로서의 의미도 갖기 때문에 적극적인 의사표명을 할 수 있다. 현재의 주민참여는 아른슈타인(Arnstein, 1969)의 시민참여 8단계[1] 중 정보제공

---

1) 아른슈타인(Arnstein, 1969)의 시민참여 8단계는 크게 비참여, 형식적 참여, 실질적 참여로 볼 수 있다. 비참여는 1단계인 계도단계(Manipulation), 2단계인 교정단계(Therapy)를, 형식적 참여는 3단계인 정보제공(Informing), 4단계인 의견수렴(Consultation), 5단계인 유화단계(Placation)를, 실질적 참여는 6단계인 동반자(Partnership), 7단계인 권한위임(Delegated Power), 8단계인 시민통제(Citizen Control)를 포함한다.

과 의견수렴을 주로 하는 소극적이고 수동적인 참여가 이루어지고 있으나 지속적인 주민의 지역사회복지계획에 대한 적극적인 모니터링이 이루어진다면 시민통제와 OECD(2001)의 시민정책과정 참여유형[2]의 능동적 참여를 향해 나갈 수 있을 것이다.

다섯째, 2014년 12월에 「사회보장급여의 이용·제공 및 수급권자 발굴에 관한 법률」 제정안이 통과되고 2015년 7월부터 시행되어 지역사회보장계획의 수립이 의무화되어 사회보장급여 지원대상자를 발굴하여 지원함으로써 사회보장급여를 필요로 하는 사람의 인간다운 생활을 할 권리를 최대한 보장하고, 사회보장급여가 공정하고 효과적으로 제공되도록 하며, 사회보장제도가 지역사회에서 통합적으로 시행될 수 있도록 그 기반을 구축할 계획이다. 지역사회복지계획은 읍·면·동의 지역사회보장협의체를 중심으로 복지사각지대 발굴 및 연계를 하게 된다.

앞서 살펴본 대로 지역사회복지계획은 지역사회복지서비스를 제도화하여 안정적으로 공급하고 특히 지역사회주민들이 직접 참여하여 피부에 와닿는 지역사회복지서비스를 구현해 나갈 수 있다는 의의가 있다. 또한 지역사회보장계획은 지역사회복지 사각지대를 발굴하여 사회보장급여를 필요로 하는 사람의 인간다운 생활을 할 권리를 최대한 보장하고, 사회보장급여가 공정하고 효과적으로 제공되도록 하며, 사회보장제도가 지역사회에서 통합적으로 시행될 수 있는 기반을 구축해 나간다는 점에서 의미가 있다. 향후 지역사회복지계획과 지역사회보장계획이 어떠한 형태로 변화되든 사회복지의 지역성, 주민참여의 기본 틀을 훼손하지 않는 방향모색이 이루어져야 한다.

---

2) OECD(2001)는 정책과정인 설계, 집행, 평가에 따라 시민의 정책과정 참여유형을 정보, 협의, 능동적 참여로 나눠 제시하고 있다. 그중 설계에서의 능동적 참여는 법률이나 정책의 대안 제시, 정책 의제 및 대안에 대한 공적 토론이라고 보았고, 집행에서의 능동적 참여는 시민사회단체와 협력, 법률에 대한 순응 확보를 위한 정보 제공이라고 제시하였으며, 평가에서의 능동적 참여는 시민사회단체에 의한 독자적 평가라고 보았다.

참고문헌

보건복지부(2014). 제3기 지역사회복지계획 수립매뉴얼-시 · 군 · 구, 시 · 도.
이마리아 · 이경은(2015). 지역사회복지계획과 주민참여 수행 경험에 관한 질적 연구. 지역사회연구,
    23(1), 55-75.

Arnstein, S. R. (1969). A Ladder of Citizen Participation. *Journal of the American Institute of
    Planner, 35*(4), 216-224.
OECD(2001). *Citizens as Partners: Information, Consultation and Public Participation in
    Policy-making.* Paris, France: OECD Publications.

참고 사이트

법제처 국가법령정보센터 http://www.law.go.kr

제9장
지역사회복지교육

1. 지역사회복지교육의 개요

포플(Popple)은 지역사회복지실천 모델을 여덟 가지로 유형화하면서 지역사회교육(community education) 모델은 교육과 지역사회 간의 관계를 보다 밀접하고 동등한 관계로 방향 설정을 모색하는 시도로서, 비판적 사고와 담론을 통해 억압적인 조건이나 상황을 변화시키는 행동양식을 고양시키는 데 중점을 두고 있다고 하였다. 특히 교육과정은 지역사회 구성원의 경험, 문화, 가치 등의 타당성을 제공하는 기회로 활용되는 것이 바람직하다.

지역사회를 행복하게 만들어 가기 위해서는 사회복지에 대한 지역주민의 제안과 지지, 사회참가 능력의 개발, 주민주체 형성을 도모하려는 노력이 요구되며 그 일환으로 지역사회 중심의 복지교육에 관한 역할이 무엇보다 강조되고 있다.

이에 복지교육은 일반적으로 정상화(nomalization) 이념을 지역사회 안에서 구현하는 실천력을 익혀 가는 과정을 포함한다. 즉, 복지교육은 기본적으로 민주주의를 바탕으로 하는 시민교육인 것이다. 그것은 단순한 지식전달이 아닌 전인적인 발달과 깊은 관련이 있으며, 기본적 인권을 보호하고 존중하기 위한 인권감각 및 의식개발, 현행 사회복지제도의 이해 및 생활자로서의 지식·경험에 기초한 문제파악, 문제해결을 위한 실천 의욕의 고양과 실천방법 등의 측면에서 탐구가 필요하다. 따라서 복지교육은 다음과 같은 활동으로 볼 수 있다.

① 복지교육은 시민교육이며, 생활권 보장을 현실화하기 위한 교육이다.
② 복지교육은 인권에 입각한 지역주민 스스로의 자기교육운동이다.
③ 정상화 이념의 구현을 목표로 국민들의 사회복지문제에 대한 이해와 관심을 높이고, 문제
   해결을 위한 실천력을 키우는 교육활동이다(박태영 · 채현탁, 2014: 198).

2. 지역사회복지교육의 목적

복지교육의 목적은 정상화 이념의 실현에 있다. 정상화는 장애인이나 노인도 지역사회 속에서 일상생활의 영위를 가능하게 하는 것이고, 자신의 생활방식이나 사고방식을 자기 스스로 결정 · 선택하도록 하는 것이다. 또한 모든 분야에 사회참여가 가능하도록 하는 것으로서 삶의 보람이나 자기실현을 위한 적극적인 활동이 보장되는 환경이 마련되도록 하는 것이다.

이러한 의미에서 복지교육이 초점을 두는 것은 정상화 이념에 기초를 둔 사회복지문제 학습이며, 또한 장애인이나 노인을 지역사회에서 소외시키는 일 없이 함께 살아간다는 연대의식 함양과 실천 활동을 통하여 복지의식과 사회복지 활동력을 체득하는 것이다.

이러한 목적을 달성하기 위해 복지교육은 구체적으로 다음과 같은 세 가지 목표를 전개해 나간다.

① 복지적인 심성이나 태도를 배양한다.
② 사회복지에 관한 지적 이해 · 관심을 제고한다.
③ 사회복지에 자발적인 지역주민 참가(실천과 운동)를 촉진한다(박태영 · 채현탁, 2014: 200).

3. 지역사회복지교육의 실천방법

1) 복지교육과정

복지교육의 과정은 지역사회의 복지문제를 학습하는 것, 사회복지서비스를 이용하고 있는

사람들을 지역사회로부터 소외시키는 일 없이 함께 생활하는 것, 실천활동을 통하여 인권에 대한 중요성을 깨달으면서 실천적 복지활동을 체득하는 일련의 교육적 활동을 포함한다(박태영 · 채현탁, 2014: 202-205).

(1) 1단계: 인식

인식은 타인의 존재나 상황을 인식하는 것으로 인간존중 및 인권사상을 접하게 되며, 삶의 의미를 인식하거나 사회 전반에 관심을 갖게 된다. 지역주민들이 살고 있는 지역사회의 문화 · 자원 · 환경 등에 대하여 인식하는 활동을 추진해 볼 수 있다.

〈표 9-1〉 인식 단계

기본적 관점	자신과 타인의 존재를 인식하고 그 생활을 이해 (인간존중, 인권사상, 삶의 의미를 인식)
방문 · 교류활동	우리가 살고 있는 사회에는 어린이, 어른, 노인, 장애인 등 여러 부류의 사람들이 있으며, 이들은 다른 많은 사람과 관계를 형성하고 있음을 인식(사회, 인간 그리고 생활의 이해)
지역사회활동	우리가 살고 있는 지역사회의 문화나 자연, 환경 등에 대하여 인식
구체적인 학습	영화감상회, 비디오감상회, 패널토론학습회, 강연회

(2) 2단계: 관심유지

관심유지는 생활을 인식하는 것에서 출발하여 타인이나 사회에 대한 관심을 갖게 되는 것으로, 지금까지 몰랐던 새로운 세계에 대하여 관심을 가짐으로써 사회복지에 대해 눈을 뜨는 단계다. 현재 지역사회가 어떤 상황에 있는가를 확인하는 활동이 포함될 수 있다.

〈표 9-2〉 관심유지 단계

기본적 관점	생활을 이해하고 나서 타인이나 사회에 대한 관심을 유지 (이제까지 몰랐던 새로운 세계에 주목)
방문 · 교류활동	특히 노인, 장애가 있는 사람들의 생활실태를 인식하고, 지역사회 안에서 어떠한 생활을 하고 있는가에 주목(사회복지에 대한 관심과 이해)
지역사회활동	현재 어떤 상황에 있는가를 확인
구체적인 학습	영화감상회, 자료 · 도서조사, 관계기관 · 단체방문, 정보입수

(3) 3단계: 문제발견

문제발견 단계는 관심유지 단계에서 더욱 심화되어, 문제를 발견하고 그 문제에 대해 생각하게 되는 단계다. 즉, 문제를 발견하고 인식하는 단계로 공생력을 육성하는 기초단계다. 공생력이란 복지과제를 공유화하여 그것을 주체적으로 해결하기 위해 실천력을 길러 가는 것이다. 실천 프로그램을 통하여 참가자 한 사람 한 사람이 자신의 언어로 과제를 이야기하고 자기 내부의 문제로 인식하며, 자기생활을 통하여 행동하는 것이 요구된다.

지역사회에서 우선적으로 해결되어야 할 것이 무엇인가를 생각하게 하고 이러한 문제의식을 발전시켜 과제해결의 실천력을 기르도록 하는 것이 중요하다. 여러 가지 문제를 문제로서 정리하고 끝내는 것이 아니라, 그러한 문제가 자기 자신의 생활과 어떻게 관계가 있는가를 생각하고, 자신의 문제로 파악하며 그 해결에 임하고자 하는 자세를 기르는 것이 절실히 요구된다. 그렇기 때문에 과제의 공유화가 필요하며 중요하다고 할 수 있다.

〈표 9-3〉 문제발견 단계

기본적 관점	관심 속에서 문제를 발견하고, 그 문제를 고려하여 이해
방문 · 교류활동	지역사회 안에서 또는 사회복지시설에서의 생활실태를 이해하고 그곳에서의 문제는 무엇인가, 아울러 자신들이 무엇을 할 수 있는가를 생각(문제의 발견과 인식)
지역사회활동	우선적으로 해결되어야 할 것이 무엇인가를 생각
구체적인 학습	토론의 장 개설, 자원봉사활동 입문, 강습회, 예비학습회

(4) 4단계: 문제해결활동

문제해결활동은 문제해결방법을 인식하고 해결을 위해 활동하는, 즉 학습하고 실천하는 단계다. 체험학습이나 체험활동의 시기에 가장 적당하다. 지역사회의 자연환경 실태를 조사하거나 그 해결방법을 생각하고, 지역사회의 다양한 문제해결을 위한 활동이 추진될 수 있다. 특히 학습이나 활동경험의 표현을 통해 심화시키려는 노력도 중요하다. 자신들의 학습 성과 또는 그 과정을 제삼자에게 전하는 작업이나 체험이 실제로 자신의 학습을 더욱 깊게 한다. 학습을 참가자만으로 완결하지 않고 자신의 생각이나 사상을 밖으로 표현하는 기회를 만듦으로써 학습의 깊이와 넓이가 생긴다.

〈표 9-4〉 문제해결활동 단계

기본적 관점	문제해결을 위한 방법을 인식하고, 해결을 위한 활동을 실천(학습과 실천)
방문·교류활동	• 사회복지시설을 견학하거나 방문하고, 사회복지시설의 역할·기능·생활을 이해하며, 또한 자신들이 할 수 있는 활동을 실시
지역사회활동	지역사회의 자연환경 실태를 조사하거나, 그 해결방법을 생각 지역사회의 노인과 장애인 등의 문제해결을 위한 보조활동
구체적인 학습	방문·교류학습

(5) 5단계: 평가

평가는 자신들이 실시하였던 활동을 반성하는 단계다. 자신들이 살고 있는 지역사회에서의 역할 이해가 제대로 되었는가를 평가하는 다양한 활동이 추진될 수 있다.

〈표 9-5〉 평가 단계

기본적 관점	자신들이 실천한 활동을 반성(활동의 평가와 새로운 활동의 전개)
방문·교류활동	사회복지시설의 역할을 이해하였는가, 방문이나 교류활동을 통해서 서로를 이해하였는가, 같은 또래의 장애아와의 교류를 통해서 서로 얼마나 친해졌는가를 평가
지역사회활동	자신들이 살고 있는 지역사회에서의 역할 이해가 제대로 되었는가를 평가
구체적인 학습	설문자 조사, 자료조사, 감상문, 체험발표, 평가회

출처: 박태영·채현탁, 2014: 203; 일본효고현사회복지협의회, 1993 재구성.

2) 복지교육의 기술

복지교육은 지역사회의 사회복지문제를 지역주민의 구체적인 생활의식이나 생활실태 속에서 선택하여 학습하게 된다. 그 가운데 노인이나 장애인을 비롯하여 그 지역사회에서 생활하고 있는 생활주체·권리주체로서의 지역주민과의 관계를 중시한다. 그리고 사회복지문제의 해결을 목표로, 그 학습과 지역주민의 일상적인 생활을 유기적으로 결합시키기 위해 체험학습을 중시한다. 또한 모든 지역주민이 생애에 걸쳐 풍요롭게 살 수 있는 자립과 연대의 마을만들기를 진척시키고자 하는 공동활동을 중시한다. 이러한 다양한 인간관계의 체험을 통해서 자기각성이나 자기변혁을 촉구한다.

이러한 복지교육의 교육방법론상의 강조점은 복지교육실천 프로그램을 통해 구체화된다. 이것은 복지교육을 어떻게 진행시켜 가면 좋은가를 체계적으로 정리한 것이며 중요한 방법론적 기술이다. 참가자의 속성이나 생활실태, 그에 근거한 발달과제나 생활과제, 실천욕구나 실천 필요 등이 모두 다르지만 복지교육실천 프로그램은 지역사회의 실태나 동향 등이 반영되는 개 개인 참가자의 생활실태나 욕구로부터 공통점을 찾아서 통합된 프로그램을 편성하게 된다.

이러한 프로그램을 계획하기 위해서는 학습자 설정과 이해, 학습욕구와 학습필요 파악, 학습 목표 설정, 학습주제 설정, 학습내용 선정, 학습방법 선정, 학습자료 · 욕구 선정, 지도자 · 원조 자 활용, 학습시간 · 장소 등 선정, 재원확보 · 운용 확립, 평가관점 설정과 환경조성, 홍보 · 계 발 활동 설정 등의 과정을 거친다.

이러한 과정에서 특히 실천내용으로서 어떠한 주제나 과제를 다룰 것인가(과제성), 그 주제나 과제를 다루는 관점 · 시각을 어디에 둘 것인가(방향성), 더구나 몇 개나 되는 주제나 과제 중에 서 어느 것을 선정할 것인가(선택성)를 충분히 고려하여 풍부하고 매력적인 실천프로그램이 될 수 있도록 유의해야 한다(박태영 · 채현탁, 2014: 206).

복지교육에 있어 실천을 보다 깊이 있게 추진하기 위해서는 다음과 같은 유의사항을 고려하 여 실천할 필요가 있다(박태영 · 채현탁, 2014: 206-208).

(1) 목적과 목표를 공유한다

프로그램의 목적과 목표를 명확하게 한다. 프로그램은 언제, 어디서, 누가, 무엇을 할 것인가 에 관한 '보이는 프로그램'과 그 프로그램에 내포되어 있는 목적, 목표 혹은 가치와 배경에 관 한 '보이지 않는 프로그램'의 두 가지 측면으로 구성되어 있다. 특히 '보이지 않는 프로그램'에 대해 프로그램에 관여하는 모든 사람이 공통적인 이해를 가져야 한다. 이 '보이지 않는 프로그 램'을 풍요롭게 창조하는 것이 복지교육실천으로서 잘 보이는 프로그램을 작성하는 것이 된다.

(2) 대상자 이해에서 주체형성 시점으로 바꾼다

장애인이나 노인을 보호의 대상만으로 이해하는 것이 아니라 사회통합이라는 관점에서 그 존재를 전달해야 한다. 즉, 나의 문제와 너의 문제를 우리의 문제로 인식할 수 있는 힘을 키우는 것이다.

(3) 반성과 배움의 공유를 소중하게 한다

학교장면에서의 복지교육은 사전학습을 중시하는 경향이 있다. 그리고 체험활동 후의 반성 은 충분하게 공유되지 않고 감상문만으로 끝나 버리는 경우가 많다. 사전학습과 사후학습을 동 시에 중요시할 필요가 있으며 이것은 지역사회 장면의 복지교육실천에 있어서도 중요하게 고려되어야 한다.

(4) 자원봉사활동과 커뮤니티서비스(지역공헌) 체험활동을 구별한다

학교교육에서 학급이나 전체단위 활동은 자원봉사활동이 아님에도 불구하고 자원봉사활동으로 인식되고 있다. 영국 등의 시민교육에서는 아동기부터 지역사회 일원으로서의 책무성에 대한 커뮤니티서비스 체험을 학습하도록 하는데, 이때에는 자원봉사활동과 용어를 구별하여 사용하고 있다. 책무로서의 활동은 커뮤니티서비스 체험활동이고 커뮤니티서비스 체험을 거듭하여 얻은 결과로서 자발적·자율적인 자원봉사활동이 이루어지는 것이다.

(5) 지역복지실천에서의 배움을 소중하게 한다

복지교육은 전문적인 지식이나 기술을 배우는 것이 아니라 생활 속에서 복지과제를 발견하고 그것을 공유하면서 해결해 가는 과정이 중요시된다. 예를 들면, 주민참가에 의한 지역복지계획을 수립하는 과정은 그 자체가 실천이라고 할 수 있다. 지역에서 학습한 것을 지역에 환원하는 학습 혹은 문제를 발견하고 해결형 학습을 전개하는 것이 바로 지역복지 추진으로 이어진다.

(6) 수동적인 복지시설에서 능동적인 복지시설로 바꾼다

사회복지시설은 복지교육을 전개하는 데 있어서 다양한 기능을 충족시키는 곳이다. 사회복지시설이 지역복지의 추진 거점으로 발전하기 위해서도 복지교육은 중요한 역할을 담당한다. 시설은 이용자의 생활지원으로 바쁘지만 복지교육에 있어서 수동적이기보다 정상화 이념의 구현이라는 사명을 잊지 말아야 할 것이다.

(7) 복지교육을 수행하는 사회복지기관의 역할을 기획 및 코디네이터형으로 바꾼다

지역을 기반으로 한 복지교육 추진에는 무엇보다도 사회복지기관의 역할이 중요하다. 특히 복지교육사업의 체계화, 교재개발, 핸드북 작성, 복지교육 추진자 양성, 복지교육 NGO 조직화 등 기획·코디네이터 역할이 크게 요구될 것이다. 향후 지역 전체에 복지교육을 전개해 가기 위해서는 사회복지기관이 협동실천의 추진주체로서 복지교육의 기획 및 코디네이터 역할을 수행해 가는 것이 결과적으로 지역복지실천으로 연결된다는 것을 인식할 필요가 있다.

(8) 재원을 창출한다

복지교육 추진에는 재원이 필요하다. 어릴 때부터의 풍부한 복지체험, 즉 복지교육을 추진하는 것은 장래의 지역복지에 대한 투자다. 지역의 공동모금을 활용하거나 기업, 시민들로부터의 기부에 의한 복지교육 펀드를 창설하는 것과 같이, 복지교육 재원확보를 위한 다양한 방안을 강구해야 할 것이다.

(9) 협동실천으로 전개한다

복지교육의 질을 높이기 위해서는 프로그램의 기획 단계부터 평가까지 가능한 많은 사람에 의한 협동실천이 바람직하다. 협동실천이란 복수 인간이 함께 학습하면서, 복지과제를 공유화하고 함께 살아가는 생활능력을 육성하는 과정을 창조해 가는 실천이다. 거기에는 정상화 이념이 구현화된 상태에서의 관계성을 목표로 하면서, 복지과제와 자신, 다른 사람과 자신, 지역사회와 자신이라는 세 가지 요소를 지닌다. 즉, 과제를 파악하고 과제를 공유화하며 과제를 함께 해결할 수 있는 관계성을 구축하는 것이 지역복지교육에서 요구된다고 할 수 있다. 이 과정이 학습관계 조성이며, 이를 이루기 위해 학습의 관계조성을 지원하거나 혹은 지도할 수 있는 기법이 요구되는 것이다.

4. 지역사회복지교육의 실천사례

1) 학교에서의 복지교육

우리나라는 정부의 복지정책 확충과 함께 기업의 사회공헌활동, 개인의 기부 및 자원봉사 등 민간의 나눔활동이 지속적으로 늘어나고 있으나 미국 등 선진국에 비해 개인의 기부 참여율이 낮고 나눔활동을 활성화하기 위한 사회적 기반이 제대로 이루어지지 않고 있는 실정이다. 특히 지식 전달뿐 아니라 사회화와 인성교육을 책임지고 있는 학교조차 나눔과 관련된 내용이 충분히 다루어지지 않고 있어 나눔 문화를 확산시키고 보편화하기에 매우 미흡한 실정이다.

(1) 나눔교육의 중요성

사회의 산업화·도시화로 인한 물질만능주의와 목적지상주의, 개인과 소집단 중심의 이기주의적 사고의 확산에 따른 폭력, 범죄, 불신, 개인주의의 팽배현상은 인간의 삶을 위협하는 총체적인 위기를 가져왔다. 이러한 시대적 문제 상황들은 연구자들의 관심을 반사회적인 행동에 쏠리게 했으나 최근에는 긍정적이고 사회적으로 바람직한 행동을 강화시키는 적극적인 교육이 장기적인 관점에서 더 효과적이라는 견해를 공유하게 됨으로써 연구의 관심이 친사회적 행동으로 전환되었다. 아동의 친사회적 행동의 발달을 도모하여, 자신에 대한 관심을 타인에 대한 복지도 고려할 수 있도록 전환시켜 곤경에 처한 사람에게 동정과 공감을 느끼고, 기꺼이 나눔 행동을 수행하며, 이웃과 지역사회에 대한 공동체의식을 형성해 가도록 적극적으로 사회화시키는 교육적 접근이 매우 필요하다고 할 수 있다. 이에 그 어느 때보다 인성교육에 중점을 두고 여러 가지 시도가 이루어지고 있으나 현실적으로 아동들은 학교와 가정 그리고 사회에서 더불어 사는 삶, 나누는 삶의 의미와 친사회적인 가치를 적절히 교육받지 못하는 실정이다. 또한 전반적으로 학교현장의 기부문화나 자원봉사활동 등 나눔에 대한 이해와 실천방법이 부족하며, 이에 대한 정기적인 교육프로그램 및 실천방안 개발이 필요함을 알 수 있다(이경은, 2006).

이처럼 어려운 이웃과 지역사회, 더 나아가 우리 사회 전반에 대한 공동체의식을 형성하고 발달시키는 교육적 접근이 필요함(강철희 외, 2007)을 인식하고, 사회에서는 여러 방법으로 학생들의 긍정적인 정서를 길러 주고 바람직한 행동을 증진시키기 위한 시도를 하고 있다. 학생들의 인성교육에 중점을 둔 여러 가지 시도 중 하나가 바로 나눔교육이다.

나눔이란 단순히 누군가에게 무언가를 주는 행위를 의미하기도 하지만, 동정적이고 감정적인 관계를 전제로 하는 자선행위와 깊은 인간애를 바탕으로 하는 계획적인 박애활동을 포함하고 있다. 따라서 나눔교육이란 학생들에게 사회적 약자와 나를 수평적 관계로 인식하고, 나눔을 '더불어 사는 삶'을 위한 적극적인 '참여'의 방법이자 사회구성원으로서 '즐거운 책임'임을 받아들이도록 이끌어 줌으로써 학생들이 깊은 인간애를 바탕으로 물질적인 부분을 기부할 수 있는 태도와 자세를 길러 주고 실천해 볼 수 있는 장을 마련해 준다(이종은, 2006).

이처럼 나눔 및 나눔교육의 필요성에 대해서는 대부분이 인식하고 있지만 이를 제대로 실천하는 경우는 많지 않다. 2004년 한국사회복지공동모금회가 서울 지역 초등학생 1,090명과 초등교사 126명을 대상으로 기부와 자원봉사 활동에 관한 설문조사를 실시한 결과, 전체 학생의 58.6%가 '주변의 어려운 이웃을 도와주고 싶지만 방법을 모르겠다'고 응답했고, '실제로 도움을 주고 있다'고 응답한 학생은 17.5%에 불과한 것으로 나타났다.

위의 연구결과들을 종합해 보면, 사람들이 나눔의 필요성에 대해서는 알고 있지만 이를 행동에 옮기지 못하는 이유는 어릴 때부터 나눔에 대한 경험을 해 보지 못하였고, 지금 나눔을 실천하고자 하는 마음이 있어도 그 방법을 모르기 때문이라는 것을 알 수 있다. 인간의 친사회적 행동이나 자선, 도덕성과 같은 특성들은 인간에게 선천적으로 주어져 있는 불변의 성질의 것이 아니라 환경과 교육에 의해 좌우되기도 한다는 점을 인식한다면, 어려서부터 체계적인 나눔교육이 중요함은 분명한 일이다.

어린 시절의 나눔에 대한 경험과 교육이 성인이 되어서의 기부와 자원봉사 참여에 긍정적인 영향을 미친다는 연구결과들(서현선, 2005)에서도 확인할 수 있듯이, 나눔에 대한 교육은 어려서부터 체계적이고 장기적인 관점에서 실시하는 것이 효과적이다. 이에 학교는 타인과 함께 생활하고 공감하는 것의 필요성, 이타적 행동의 중요성 등과 같은 가치를 내재화하고 이를 실천해 보는 훈련을 실시할 수 있는 곳이므로 나눔의 사회화가 가장 체계적이고 광범위하게 이루어질 수 있는 곳이다(강철희, 2006).

(2) 국내외 나눔교육 프로그램

국외에서는 일찍부터 나눔교육의 중요성을 자각하여 나눔교육 프로그램을 개발하고 그 효과성을 검증하였다. 캘리포니아 오클랜드에서는 초등학생을 대상으로 Child Development Project(CDP)를 개발하여 실시하고 있으며, 이 프로그램에 참여한 아동들은 상대적으로 친사회적 행동을 더 보이고 갈등해소, 사회적 문제해결 기술, 민주적인 가치 등이 더 잘 나타났다(Battististich et al., 1991). 이 프로그램에서는 협동능력, 인성계발, 사회이해 등을 강조하며, 교실, 학교, 가정환경에서의 체계적 변화를 통해 아동이 사회적·도덕적 개발을 향상하기 위한 포괄적인 장기적 개입을 주도하고 있다(www.devstu.org).

나눔교육을 실천하는 미국의 대표적인 기관인 'Learning to Give'의 경우, 학교, 기업, 재단, 비영리단체, 대학, 정부와의 협력을 통해 프로그램을 운영하며 학교교사와 함께 개발한 커리큘럼을 통해 아동 및 청소년들에게 기부와 봉사의 의미를 가르치고 실천을 유도하고 있다. 이 프로그램은 인지적 측면, 기술적 측면, 실천적 측면으로 나누어 개발되었는데, 인지적 측면은 민주주의 가치와 자선, 비영리 기구에 대한 내용을 포함하고 있으며, 기술적 측면은 협동과 계획, 토론, 문제해결 등의 나눔활동 시 필요한 기술을 포함하고 있고, 실천적 측면은 교과과정에서 배운 지식과 기술을 지역사회 봉사 프로그램에서 활용할 수 있는 기회제공을 포함하고 있다.

우리나라의 경우 아름다운 재단에서 외국의 박애주의를 근간으로 한 기부 활동으로 나눔교육을 국내에 도입하였다. 현재 유니세프 한국위원회에서 나눔을 실천하는 통합교육 프로그램을 개발하여 실천하고 시범교실을 운영하고 있으며, 아름다운 재단에서는 나눔교육 캠페인을 실시하고 현직 초등학교 교사를 중심으로 연구회를 조직하여 나눔 캠프와 나눔 교사 연수를 실시하고 있다.

(3) 나눔교육 내용

비욜호브(Bjorhovde, 2002)는 나눔교육의 교육과정에 사실적 개념, 동기부여적 개념, 절차적 개념, 개인 발달적 개념을 포함시켰고, 서현선(2005)은 비율호브의 개념을 바탕으로 나눔교육 커리큘럼을 나눔의 정의와 방법, 나눔의 역사와 문화, 나눔의 필요성과 나눔의 대상, 나눔의 사례, 나눔과 봉사활동에 참여하기로 분류하여 분석하였다.

권선희(2006)는 아름다운 재단의 나눔교육 지도계획안을 바탕으로 일상생활에서 나눔을 습관화하는 것을 기본으로 하여 나눔의 정의와 방법 이해하기, 나눔의 역사와 문화 알기, 나눔의 필요성과 나눔의 대상 연구하기, 나눔 사례 알아보기, 나눔에 참여하기 등으로 구성하였다.

이러한 연구들의 인지, 기술, 실천적 측면으로 제시된 나눔교육 커리큘럼의 구성을 바탕으로 사회복지공동모금회(2008: 45)의 나눔교육 지도 지침 및 교재개발에서는 개념이해, 자기이해, 타인이해, 실천하기로 구성하였다. 이러한 내용구성에 기반이 되는 구성 원리는 다음과 같다. 첫째, 자존감이 높은 사람일수록 다른 사람에게 관심을 갖는다. 둘째, 다른 사람의 입장이 되어 경험하고 느끼는 공감은 이타적 행동의 심리적 자원이 된다. 셋째, 인적 차원에서 습득한 내용은 실제 경험할 때 학습효과가 증대된다.

(4) 나눔교육의 범위 및 방향

외국에서는 학교 교육과정에 나눔교육이 포함되어 각 학년별로 그 특성에 맞는 교육과정이 개발·적용되고 있다. 반면, 우리나라에서 기존에 이루어졌던 나눔교육은 비영리 민간단체를 통해 실행됨에 따라 나눔교육을 담당하는 비영리단체에 대한 정보를 소유하고 있는 사람들로만 나눔교육의 대상이 한정되기 쉬웠다. 학교 교육과정을 통해 나눔교육을 실시하게 되면 보다 효율적으로 나눔 문화를 확산할 수 있을 것이다.

학교에서의 나눔교육의 범위 및 방향은 다음과 같다.

첫째, 나눔활동이 사회 자체를 변화시키는 것까지 포함하는 개념이라는 점에서 볼 때, 나눔의 개념은 누군가를 돕는 행위에만 제한되지 않고 일상적으로 이미 하고 있는 나눔 경험을 발견하고 이를 생활화하는 데 초점을 두어야 한다.

둘째, 일상생활에서 주변 사람들에게 도움을 주는 행동을 생활화하고 이를 통해 성취감을 경험함으로써 학생의 발달을 촉진하는 것에 초점을 두어야 한다.

셋째, 나눔의 개념을 시민의식과 관련시켜 아동이 공동체 안에서 자신의 역할과 다른 사람과의 상호작용의 중요성을 경험함으로써 미래 사회와 국가를 구성하는 시민으로 성장하는 데 기반이 되는 시민의식을 기르는 데 도움이 되도록 나눔교육이 이루어져야 한다.

(5) 미국의 나눔교육 사례: Student Service & Philanthropy Projects(SSPP)

〈표 9-6〉 나눔교육 계획서(SSPP)

회기	주제	교육내용	부모연계	교과목연계
1	개인과 공동체	1. 공동체 게임 2. 공동체의 의미와 개인의 역할에 대한 동 영상 시청 3. 분단별 공동체에 대한 생각 토론 4. 조별 포스터 제작	가족토론 안내지 발송	지역사회의 발전 (3단원 1~2차시)
2	이상적 사회와 현실적 대안	1. 이상적 사회토론 2. 모둠별 브레인스토밍 3. 주제 선정(투표)	가정공동체 활동지 발송	우리지역의 미래모습 (3단원 4차시)
3	자원탐색 및 기획	1. 계획서 작성 연습 2. 인터넷 검색, 현장조사 3. 계획서 작성(의사결정) 4. 담당업무 배정	사전자료 조사지	지역의 문제해결 및 학급회의 (3단원 2차시)
4	실행	1. 계획된 활동실행 2. 소감 토론 및 기록	학생들의 소감문 및 영상 파일 전송	주민참여와 자원봉사 (3단원 3차시)
5	성찰	1. 활동내용 발표 2. 사진 및 영상물 감상 3. 공동체와 나눔에 대한 재정의		

출처: Agard, 2002.

(6) 사회복지공동모금회의 나눔교육 사례: 도움 주는 친구 되기

〈표 9-7〉 나눔교육 계획서(사회복지공동모금회)

영역	내용
개념이해	〈나눔에 대한 교육, 나눔 공동체 형성을 위한 규칙 설정〉
	1회기. 나눔은 이런 것이에요 - 세부목표: 나눔 개념과 나눔의 5요소 인식 - 활동내용: 나눔 노래 만들기, 나눔 영상 보기, 나눔 정의하기 　　　　　　나눔의 필요성 토론하기, 나눔 자원 찾기
자기이해	〈일상에서의 나눔, 자신이 나눌 수 있는 요소 탐색, 주고받는 나눔 경험〉
	2회기. 일상의 나눔 요소 찾기 - 세부목표: 나눔 자원 개념과 요소 인지 - 활동내용: 들을 때 힘이 나는 말, 나눔 온도 재기, 나눔내용/대상 정리

영역	내용
자기이해	3회기. 나의 재능 나누기 - 세부목표: 나눔 자원 탐색 및 체험 - 활동내용: 사탕 나누기, 재능나눔
	4회기. 나눔의 역할 모델 찾기 - 세부목표: 나눔 관련 이상적 자아 설정 - 활동내용: 나눔 예시 동영상, 나눔 모델 자료 정리
타인이해	〈타인을 공감하는 마음 갖기, 나눔의 대상 체험해 보기, 나눔의 대상 생각해 보기, 나눔의 방법 생각해 보기〉
	5회기. 말하지 않아도 알아요 - 세부목표: 공감에 대한 이해 및 공감 훈련 - 활동내용: 감정사전 만들기, 그림 감정 맞추기, 무언극
	6회기. 짝꿍이야기 - 세부목표: 타인 이해 - 활동내용: 여우와 두루미 이야기, 인생그래프 그리기, 짝꿍 이야기
	7회기. 상상 나눔 신문 만들기 - 세부목표: 사례분석 - 활동내용: 나눔 대상 이해하기, 나눔 대상 정리하기, 나눔 기사 쓰기
실천하기	〈나눔 프로젝트-벼룩시장 열기, 장애를 가진 친구 돕기〉
	8회기. 벼룩시장 - 세부목표: 물질 나누기 계획, 물질 나누기 - 활동내용: 수익금을 기부할 곳 정하기, 벼룩시장 계획하기 　　　　　　벼룩시장 활동 및 기부하기
	9회기. 어울마당 - 세부목표: 시간과 마음 나누기 계획, 시간과 마음 나누기 - 활동내용: 장애 이해 및 체험, 어울마당 준비 및 역할 분담 　　　　　　특수학교에서 어울마당 활동하기 　　　　　　나눔 서약서, 나눔 수료증, 나눔대사 임명장 나누기

출처: 사회복지공동모금회, 2008 재구성.

(7) 김해시종합사회복지관의 나눔교육 사례

● 운영개요

대상학교	김해초등학교	
대상	1학년 6개 학급 2학년 5개 학급	3학년 7개 학급 총 18개 학급
일시	2010년 3월~2010년 11월	
장소	해당학교 학년별 교실	
운영방식	• 1학급당 3회기로 일주일간 간격을 두고 나눔교육을 진행 • 각 학급당 6개 모둠을 구성하고, 한 모둠당 4~6명을 이루어 활동 • 2회기에 모둠별로 나눔을 실천하는 사랑나무를 교실에 전시하여 학생들이 일주일간 수시로 나눔을 실천하는 과정을 시각적으로 볼 수 있도록 함 • 3회기에 나눔어린이 서약서를 통해 나눔의 가치를 내면화함	

● 회기별 교육 개요

회기	주제	수업목표	활동명	주요 활동
1	나눔 개념 이해	• 나눔 개념 이해 - 주변 사람들과 함께 사랑하며 지내는 방법에는 '나눔활동'이 있음을 교육 • 일상생활에서 나눔이 필요한 영역을 이해	나눔은 이런 것	• 아동용 사전 설문지 작성 • 인지활동: 나눔이 필요한 사람들에 대해 살펴보고 나눔의 개념을 알림 • 경험활동: 나눔 퍼즐 맞추기 활동
2	나눔 실천 탐색	• 나눔 활동은 마음, 시간, 돈, 재능, 힘을 공유하는 실천 방법이 있음 • 타인이 되어 보는 체험을 통해 다른 사람의 입장을 공감 • 나눔쿠폰 활동을 통해 일상생활 속에서 스스로 나눔을 실천하는 경험	우리 모둠이 실천하는 나눔 활동	• 경험활동: 다른 사람 되기 체험(가정, 학교 나눔 체험, 어르신, 장애인 체험) • 인지활동: 나눔을 실천하는 방법 소개 • 경험활동: 우리모둠 나눔나무 만들기 • 나눔쿠폰 배부
3	나눔 가치 내면화	• 나눔 활동을 실천하면서 배운 점에 대해 발표 • 일상생활에서 자신만의 나눔계획을 세우고 실천	나눔은 즐겁고 행복한 일	• 경험활동: 우리 모둠 나눔나무 소개하기 • 인지활동: 나눔 활동을 통해 느낀 감정 표현하기 • 경험활동: 나눔 어린이 서약서 작성 • 우수 모둠 표창 및 수료증 수여 • 아동 사후 설문작성 및 회수 • 교사 설문작성 및 회수

회기	주제	수업목표	활동명	주요 활동
4	어린이 나눔교육 평가 • 참여 어린이 대상: 아동용 사전(1회기 도입 시), 사후(3회기 정리 시) 설문 실시를 통한 만족도 평가 • 참여 학교 담임교사 대상: 교사용 사후(3회기 정리 시) 설문 실시를 통한 만족도 평가			

출처: 김해시종합사회복지관, 2010.

2) 지역사회장면에서의 복지교육

(1) 복지교육의 요건

지역사회현장에서 행해지는 복지교육은 다음과 같은 요건이 요구된다.

① 대상자는 지역사회에서 생활을 영위하는 모든 사람을 포함한다.
② 지역사회에서의 사회복지과제가 바로 복지교육의 주제 자료가 되며 이 과제를 서로가 '공유화'하는 것이 중요하다.
③ 지역사회의 지역사회자원, 사회복지 및 교육에 관련하는 기관이나 사회복지시설은 물론 지역주민의 조직(지역주민자치회, 반상회)의 활용도 포함한다.
④ 지역사회복지교육을 추진하는 방법으로, 지역주민 서로가 학습하는 관계를 구축해 가는 '협동실천' 기법이 특징이다.
⑤ 지역사회의 특성(역사, 문화, 산업 등)을 각 지역사회의 개별성에 맞게 추진해야 한다.

이 가운데서도 특히 지역주민들이 지역사회의 사회복지과제에 대하여 문제를 공유하고, 문제해결을 위해 함께 배우고 작업하는 활동을 전개하려는 노력이 보다 적극적으로 요구된다(박태영 · 채현탁, 2014: 201-202).

(2) 선학종합사회복지관의 복지교육사례: '살기 좋은 마을 만들기'

● 운영개요

목적	지역주민들의 역량강화를 통해 살기 좋은 지역환경을 조성
성과목표	• 주민 리더자 활동을 활성화 • 주민 리더자의 역량을 강화 • 주민 리더자 및 준 사례관리자를 양성

● 사업내용

목표	지역주민들의 역량강화를 통해 살기 좋은 지역환경을 조성
세부활동	○ 건강한 마을 만들기 • 인문학대학 4과목 수업실시: 문학, 철학, 예술, 역사 • 강화도 일대 체험학습 • 경주 일대 수학여행 • 인문학대학 입학식 및 졸업식 • 3개복지관 연학특강 및 인권특강, 캠페인 사전준비모임 ○ 깨끗한 마을 만들기 • 자연환경지킴이단: 지역환경 이슈 관련 활동(청소/캠페인/캠페인 송 제작) • 함박꽃봉사단: 텃밭 가꿈 및 작물 나눔, 공예품제작 및 복지시설기부 ○ 행복한 마을 만들기 • 친환경나눔: 재생비누 및 EM세제 제작 및 판매 • 벽화봉사단: 아파트 단지 내 벽화그리기, 팻말제작, 지역조사 실시 • 탁구동호회: 탁구교습, 탁구대회 개최 ○ 소통하는 마을 만들기 • 선학길벗산악회: 인천 및 타 지역 산 등반, 임원회의 • 지역주민 모니터링단: 지역이슈해결을 위한 모니터링활동 진행 • 살기좋은마을 캠페인: 마을축제 및 권리활동 진행 • 지역화합활동: 활동단 집단활동 • 실무자 연합회의: 연합사업을 위한 3개 복지관 실무자회의 • 사업설명회 및 보고회 ○ 주민복지학교 • 입학식 및 수료식 • 선학마을신문 6, 7호 제작 • 상·하반기 간담회 진행 • 연 27회 주민복지학교 수업진행 • 수강생 자체 지역발전 모금행사 진행

평가	1) 지역 토착리더 발굴을 통한 실질적인 문제해결을 시도하여 지역을 바라보는 거시적이고 객관적인 시각을 가질 수 있었으며 지역에서 일어나는 실질적인 이슈들과 주민들의 목소리를 생생하게 전달받을 수 있는 기회가 되어 지역조직의 시너지효과를 도모 가능함 2) 지역캠페인을 통한 지역나눔축제의 장을 마련하여 준비과정부터 당일진행을 통하여 사업에 대한 홍보뿐만 아니라 주민의 역량을 강화하며, 조직의 결속력을 높일 수 있고 지역주민 및 지역리더(통장)의 참여 및 관심을 통해 캠페인이 지역주민이 하나 되며, 화합하는 장으로서의 역할 또한 한 것으로 평가함 3) 주민리더자 양성과정을 통한 주체적인 지역발전모금 활동 진행으로 주민들이 수동적인 자세에서 벗어나 교육을 받는 것에 그치지 않고 배움을 삶에 적용, 직접 실천하는 단계로까지 역량이 강화됨 4) 동호회 활성화를 통해 지역공동체 의식이 향상되고 지역사회에 관심을 가지며, 지역행사 및 캠페인 활동에 적극적으로 참여하려는 의지가 높아진 것을 확인 가능함

출처: 선학종합사회복지관, 2014.

(3) 금오종합사회복지관의 복지교육사례: '주민 리더십 아카데미'

● 교육개요

목적	나눔 활동 참여 경험자 대상으로 나눔 리더로서의 역량 강화
성과목표	• 나눔 리더로서의 역량 강화 • 나눔 리더로서 마을활동 활성화기술의 습득

● 교육내용

교육활동	○마을 복지기관 2개소 공동주최 협약 ○제5기 주민 리더십 아카데미 입학식 • 교육기간: 총 5회기(1회 2시간/총 10시간) • 교육장소: 금오종합사회복지관/사회적기업 마을카페 〈다락〉 ○교육과정 1) 1회기 – 나의 삶과 나눔 이야기 2) 2회기 – 우리 마을 나눔 이야기(나눔을 위한 연대 기관사업 안내) 3) 3회기 – 마을공동체를 위한 재미난 마을사람들 이야기(영상＋토론)

교육활동	4) 4회기 - 우리 마을 배우기 　　　마을을 살리는 작은 실천(집단활동) 5) 5회기 - 내가 살고 싶은 마을지도 그리기(워크숍) ○ 수료식
평가	1) 마을의 기관이 연대하여 공동 주관함으로써 마을 자원의 활용이 원활함 2) 나눔 활동 참여 경험자라는 집단의 동질성으로 상호 간 관계형성이 용이하였고 이는 교육에의 집중도로 이어짐 3) 20~25명 수준의 소집단 단위로 구성하고, 일회성이 아닌 소정의 구조화된 과정과 목표를 가지고 교육이 진행됨으로써, 교육 탈락률이 낮고 만족도가 높음 4) 자질향상, 관련 지식향상, 실생활 적용도를 중심으로 교육의 성과를 측정한 결과 자질향상 부분에서 가장 성과가 있는 것으로 파악됨 5) 기존 나눔 활동 참여자로 구성함으로써, 교육 후 새로운 조직화에 목표를 두기보다는 공통의 욕구를 파악하여 마을을 위해 의미 있는 일에 참여하고 지속적인 유대감을 형성해 나감으로써 향후 새로운 조직화의 기반을 마련하는 데 기여함 6) 교육과정 동안 마을의 자원들이 연계되어(수료상품후원, 마을 기관 및 단체 중식 후원, 마을 사회적 기업, 재능 나눔, 마을주민) 마을 공동체를 위한 앞으로의 활동에 상호 간 관심과 지지를 확인함

출처: 금오종합사회복지관, 2014 재구성.

참고문헌

강철희(2006). 나눔의 사회화 전략-나눔문화 구축을 위한 대안 논의. 사회복지공동모금회 주제 발표자료.

강철희 · 김미옥 · 이종은 · 이경은(2007). 나눔교육을 통한 아동의 변화연구: Multiple Convergence Model. 한국사회복지학, 59(4), 5-34.

권선희(2006). 나눔교육이 아동의 친사회성에 미치는 효과. 중앙대학교 사회개발대학원 석사학위논문.

금오종합사회복지관(2014). 2014년 사업보고서, 주민리더십아카데미 사업보고.

김해시종합사회복지관(2010). 2010년 사업보고서, 아동의 친사회적 행동 향상을 위한 나눔교육 프로그램의 효과성 연구.

김동일(2008). 나눔교육 지도지침 및 교재개발. 서울대학교 · 사회복지공동모금회.

박태영 역(1998). 초중고에서의 실천핸드북-학교의 복지교육. 대구광역시사회복지협의회.

박태영 · 채현탁(2014). 지역사회복지론. 서울: 정민사.

사회복지공동모금회(2008). 나눔교육지도지침 및 교재개발 보고서.

서현선(2005). Philanthropy Education to Children of NGOs to Promote Civil Society: Case Studies and Implications. 경희대학교 대학원 석사학위논문.

선학종합사회복지관(2014). 2014년 사업보고서.

이경은(2006). 아동의 친사회적 행동 향상을 위한 나눔교육 프로그램의 적용 및 효과성 연구.

이종은(2006). 아동의 친사회적 발달에 관한 연구. 진리논단, 12, 387-401.

정종우 역(1998). 청소년 복지교육. 서울: 인간과 복지.

Agard, K. A. (2002). Learning to give: Teaching philanthropy K-12. *New Directions for Philanthropic Fundraising, 2002*(36), 37-54.

Battististich, V., Watson, M., Solomon, D., Schaps, E., & Solomon, J. (1991). The Child Development Project: Acomprehensive program for the development of prosocial character. *Handbook of moral behavior and development*, vol. 3. Application. New Jersey: Lawrence Erlbaum Associates.

Bjorhovde, P. O. (2002). Teaching Philanthropy to Children: Why, How, and What. *New Directions For Philanthropic Fund raising, 36*. California: Jossey-Bass Publisher.

참고 사이트

아름다운재단 http://www.beautifulfund.org

development study center http://www.devstu.org

Learning to Give http://learningtogive.org

제**10**장
지역사회복지운동

1. 사회운동

사회운동(social movement)은 사회구조적 모순에서 기인하는 문제를 해결하고자 기존의 사회 구조와 제도를 변화·개선시키기 위하여 시민들이 자발적으로 참여하는, 조직적이고 집합적이 며 연속적인 다양한 행동을 의미한다. 운동(movement)이란 용어는 현재 또는 미래에 주어지는 구체적인 무엇을 지칭하기보다는 미래에 얻고자 하는 그 무엇을 향해 나가는 과정이다. 사회변 동의 동인으로서 운동의 역동성에 주목하는 이유는 사회운동에는 집합적 행위(collective action) 로서의 사회구조적 변화를 추구하는 잠재력이 내재되어 있기 때문이다. 그러한 이유 때문에 20세기 초까지만 해도 사회운동의 '고전적 개념'은 서구적 맥락에서 종교운동, 정치운동과 구 별되어 근본적인 사회 변혁을 추구하는 노동자 계급에 의한 사회주의 운동을 뜻하며 혁명과 같 은 개념으로 받아들여졌다. 한때 사회운동은 시민운동, 인권운동 등과 다른 차원에서 논의되기 도 하였으나 오늘날 이를 다 포괄하여 사회운동이라 한다. 또한 지역사회운동과 지역사회복지 운동은 지역성을 근거로 한 사회운동에서 파생된 개념으로 볼 수 있기 때문에, 지역사회운동과 지역사회복지운동은 사회운동에 관한 논의를 통해 구체화될 수 있다.

1) 사회운동의 개념

사회운동(social movement)에 대한 합의된 하나의 정의는 없지만, 블루머(Herbert Blumer)는 사회운동은 하나의 집합행동 유형으로, 행동의 목표와 정당성이 명백하며, 행동의 조직화된 구조를 가장 많이 가진 집합행동이라고 하였다.[1] 따라서 사회운동이란 변화를 증진시키거나, 그것을 저지하기 위해 조직된 인간 집단의 집합행위다. 그래서 사회운동은 분명한 목표와 조직, 명백한 변화 지향적 이념을 갖고 있으며, 일반적으로 정치적 · 교육적 행동을 위해서 그들이 바라는 정책들을 의도적으로 추진해 나간다. 다시 말해, 사회운동은 전통적으로 '사회변동을 일으키기 위한 조직화된 노력'으로 정의될 수 있다.

사회운동이 갖는 중요한 특징을 살펴보면 다음과 같다. 첫째, 사회운동은 조직적 혹은 집합적 현상이다. 둘째, 사회운동은 사회구조의 모순에서 기인하는 생활위기를 해결하고자 하는 운동이다. 셋째, 사회운동은 사회구조의 어떤 부분을 변동시키려는 것을 목적으로 한다. 넷째, 다른 집단이나 정치적 엘리트 혹은 국가의 이해관계에 부담을 지우는 주장을 내포한다. 다섯째, 비제도권적 행동노선을 취하지만 목표나 전술 등을 전략적으로 선택한다.

사회운동은 폭력 등 비제도권적 행동노선을 배제하지 않음으로써 제도권적 행동노선을 고수하는 시민참여와 구분된다. 그리고 이러한 사회운동 중에는 지역사회를 단위로 하는 경우 지역사회운동으로 불리기도 하지만 지역성을 바탕으로 한다고 하더라도 궁극적으로 전체 사회구조와 연관되어 있다는 측면에서 구분하기가 쉽지 않기 때문에 하위 개념뿐 아니라 동일 개념으로도 볼 수 있다(양성관 외, 2013).

2) 사회운동의 유형

사회운동의 유형을 분류하는 기준은 여러 가지가 있는데, 가장 기본적인 변동의 이념적 지향을 기준으로 분류한다면 다음과 같다(권희완 외, 1993).

첫째, 보수주의적 사회운동(conservative movement)으로 현재의 질서를 그대로 유지하기를 원하는 사람들이 현재의 질서에 어떤 변동의 조짐이 나타날 때 그것에 저항하여 벌이는 운동이

---

[1] 블루머(Herbert Blumer)는 집합행동을 군중행동과 사회운동으로 나눈다. 군중행동은 우발적 · 일시적 · 비조직적이고 감정적이다. 이에 반하여 사회운동은 지속적 · 반복적 · 조직적이며, 행동의 목표와 정당성이 명백하다.

다(예: 간통죄 폐지 반대운동, 호주제 폐지 반대운동 등).

둘째, 복고적 · 반동주의적 사회운동(reactionary movement)으로 보수적 사회운동과 유사하며, 기존의 질서를 고수하고 급격한 사회적 변화에 대항하기 위한 운동으로 볼 수 있다. 비교적 동질적인 성향을 보유하고 있던 사회에 새로운 이질적인 요소가 개입하면 그들 자신의 순수성이 깨진다고 느끼게 되는데, 이때 그들은 새로운 요소에 의해 위협되거나 파괴되는 본래의 유형을 회복하고 스스로를 보호하기 위하여 이에 대항하게 된다(예: 독일의 신나치주의 운동 등).

셋째, 개혁주의적 사회운동(reformative movement)으로 기본적으로는 기존의 사회질서에 만족하나, 어떠한 개혁이 필요하다고 판단될 때 발생한다. 개혁적 사회운동은 사회체계의 일부분을 바꾸려는 제한된 목표를 갖고 있다. 즉, 그것은 체계의 수용범위 안에서 합법적인 방법으로 목표를 달성하려고 한다(예: 소비자보호운동, 여권 신장운동, 인권운동, 사형제도 폐지운동, 환경운동, 경제정의 실천 시민연합 등).

넷째, 혁명적 사회운동(revolutionary movement)으로 개혁주의적 운동과 달리 급진적인 혁명운동으로서 기존 사회 질서에 깊은 불만을 갖고, 새로운 가치체계에 입각하여 현재의 사회구조 전체를 근본적으로 바꾸려는 운동이다(예: 프랑스 대혁명, 러시아 혁명, 4 · 19혁명 등).

다섯째, 표출적 사회운동으로 일상생활에서 얻을 수 없는 다른 믿음, 가치를 추구하며 운동에의 참여를 통해 개인에게 내적 감정을 표현할 수 있는 도구를 마련해 주는 성질의 운동이다.

이러한 분류에 근거해 보면 지역사회운동, 특히 지역사회주민의 욕구충족을 목표로 하는 지역사회복지운동은 개혁주의적 사회운동으로 사회 전체의 체계와 법질서를 준수하면서 합법적인 방법으로 지역사회의 개혁을 유도한다고 볼 수 있다. 따라서 지역사회복지운동은 지역사회 중심의 사회복지운동으로서 주민운동과 특정 사회복지 문제나 이슈의 해결을 목표로 하는 지역사회복지운동으로 구분된다.

3) 사회운동의 발전단계

사회운동도 일정한 주기에 따라 발생, 전개, 제도화되고 안정되었다가 다시 새로운 운동이 일어나는 형식으로 반복되는 생애주기이론(life-cycle)[2)]에 따른다. 이는 다음과 같은 단계로 분

---

2) 19세기 진화이론의 영향을 받은 생애주기 개념은 사회과학의 여러 연구 분야에서 적용 · 발전되었다. 특히 사회학에서는 '개인의 노화(individual aging)'와 '가족 생애주기(family life cycle)' '조직의 성장과 쇠퇴 과정(organizational growth and decline processes)'의 세 분야에서 생애주기 개념이 발달하였다.

류할 수 있다.

첫째, 시초단계(incipient stage)는 사회에 막연한 불안감이나 상대적 박탈감, 불만 등이 팽배해 있는 상태를 말한다. 선동가(agitators)가 사회의 불만을 고조시키는 단계로 사람들을 선동하고 자극하여 의식화를 불어넣는 기능을 함으로써 고립된 상태의 개인들로 하여금 문제의식을 갖게 한다. 이 단계는 예비단계라고도 한다.

둘째, 민중화단계(popular stage)는 사회의 불안감이나 불만을 확산시켜 불만에 대한 공유의식을 갖게 하는 단계다. 이 단계에서는 집단정체감이 발전하기 시작하며, 운동을 이끄는 지도자들이 나와 자신들의 편을 집단화시키고 '우리'와 '그들'을 뚜렷하게 구별하며, 비난의 대상이 되는 적을 확인시켜 준다. 이 단계에서 효과적인 지도자형은 예언자와 같은 지도자 혹은 개혁가(reformers)다. 이 단계는 대중화단계라고도 하며 아직도 조직화 측면에서는 느슨한 상태다.

셋째, 형식화단계(formal stage)는 사회운동이 추구하는 목표를 실현하기 위하여 구체적인 프로그램을 개발하고 전략을 발전시키는 단계다. 정치적 수완이 있는 지도자(statesman)가 나와 사회운동에 이데올로기를 정립하고 조직을 가다듬는다. 이 단계에서는 사회운동의 이념을 정교화하는 지적 지도자 역할과 목표달성의 전략 및 내부조직의 계획을 포함하는 여러 가지 절차와 관련되는 행정적 지도자의 역할 및 기능이 요구된다. 이 단계는 조직화 단계라고도 한다.

넷째, 제도화단계(institutional stage)는 사회운동이 지향했던 목표를 달성하여 그들의 주장이 제도에 반영되고 새로운 사회질서를 세우는 단계다. 이 단계에서 가장 능률적인 지도자는 행정집행가(administrator-executive)다. 사회운동은 애초에 추구하였던 목표가 일단 달성되면 운동의 성격이 달라질 수 있다. 무엇보다도 보수주의가 자리 잡게 되는데, 그 이유는 운동의 지도자들이 기존 질서에 편입하게 되면, 기존의 열의라든가 헌신(commitment)이 관료조직화됨으로써 운동의 원초적 성격을 상실하게 되기 때문이다. 따라서 제도화단계가 오래 지속되면 다시 이 질서에 대한 불만이 생겨나고 또 다른 형태의 사회운동이 일어나게 된다.

지역사회운동이나 지역사회복지운동 역시 사회운동과 같이 생애주기(life-cycle)를 갖고 있다. 지역사회(복지)운동의 발전이 어느 단계에 달하면 지역사회에 하나의 질적인 변화를 일으킨다. 현실에 있어 사회운동과 같이 지역사회(복지)운동 또한 이러한 단계를 모두 거쳐야 하는 것은 아니다. 예비단계조차 거치지 않고 소멸해 버리는 지역사회(복지)운동도 많고, 형식화(조직화)단계에서 기존질서와 지배세력의 회유에 의해 또는 내부 분열로 무너질 가능성도 있다. 그리고 기존질서의 지배층이 지역사회(복지)운동이 지향하는 바를 기존제도에 흡수시킴으로써 지역사회(복지)운동의 원천을 제거해 버릴 수도 있다.

2. 지역사회운동

1) 지역사회운동의 개념

사회운동이 기존 사회구조와 제도를 변화 · 개선시키기 위하여 시민들이 자발적으로 참여하는 연속적이고 집합적이며 조직적인 행동이라는 점에서 볼 때 지역사회운동은 지역성을 근거로 일어나는 사회운동의 부분운동 성격이 있다. 여기에서 지역성의 의미는 '지리적 지역사회'와 '기능적 지역사회'를 포괄한 개념으로 공동지역(위치), 관심, 권력층위, 정체성에 따른 사회적 단위로 볼 수 있다. 우리나라에서 사회운동이 정치적 자유화의 영향을 많이 받는 특성이 있다면, 지역사회운동은 지방화 · 분권화의 정치적 변화로 확산되는 특성이 있다. 따라서 지역사회를 근거로 하는 지역사회운동은 시민사회운동에 비교하면 지역이기주의나 지역중심주의라는 비판의 대상이 되기도 한다. 예컨대, 해당 지역사회에 방사선폐기장이나 화장장 등의 비선호시설이 입지하거나 심지어 장애인복지시설 등이 들어서는 것조차도 집단적으로 반대하는 경우가 있는데, 이는 올바른 지역사회운동의 개념이 왜곡된 집단이기주의 현상으로 볼 수 있다.

지역사회운동은 사회운동의 맥락에서 지역사회체계의 구조적 모순에 대항한 위기극복 차원에 근거하며 집단적이고 의식적인 지역사회의 정체성 실현과 나아가 그 지역사회뿐만 아니라 전체 지역사회의 구조적 모순해결에도 목적이 있어야 한다. 지역사회운동은 사회적 상황에 따라 다양하게 나타나며 삶의 문제에 중심을 둔 지역사회주민운동으로서 교육, 환경, 노동문제 등에 걸쳐 여러 가지 유형으로 전개될 수 있다. 이러한 점에서 지역사회의 변화를 통해 사회적 소외계층의 권익을 옹호하고 지역사회 의사결정 과정이나 자원배분 과정을 개선하려는 노력은 로스먼의 사회행동모델과 일맥상통하는 것으로 이해할 수 있다.

2) 지역사회운동의 유형

(1) 지역사회주민운동

지역사회주민운동은 사회운동과 지역사회운동의 하위 개념이면서 협의의 지역사회운동 개념이다. 지역사회주민운동은 집단적 주민참여 형태에 의한 목적 지향적이고 한시적인 의미를 가진 인위적인 지역사회운동을 의미한다. 따라서 지역사회주민운동의 개념 속에는 도시빈민운동, 개발사업 반대운동, 환경 및 공해반대운동, 소비자보호운동, 시·군·구의 조례제정운동, 청소년보호운동 등의 지역사회운동의 구조적 특성과 밀접한 관계성이 포함되어 있다.

지역사회주민운동의 특징은 전체적인 복지보다 참가자들의 개별성이나 일상생활성, 지역성에 근거한다. 따라서 이 운동은 주민들의 직접적 생활 이익과 연관되고 권리침해에 대항하는 활동이 중심이 된다는 점에서 지역사회운동의 맥락에서 이해할 수 있다. 그러나 사회복지 개념의 포괄성 때문에 학자에 따라 주민운동을 지역사회복지운동의 개념으로 보는 견해도 있다.

(2) 지역사회교육운동

지역사회교육운동은 지역사회복지론의 영역에서 볼 때 지역사회주민의 변화를 위한 교육적 방법론을 사용한 실천의 의미가 있다. 즉, 지역사회개발, 사회계획/정책, 사회행동의 모델과 함께 지역사회교육은 하나의 접근방법론이 될 수 있다. 그러나 그동안의 사회인식은 교육을 복지와 구별된 영역으로 보는 관점이 강했고 지역사회 내에 있는 학교들이 중심이 되어 지역사회주민들의 복지증진에 관심을 가지는 지역사회학교운동(community school movement)에 한정되었던 경향이 많았다(고수현, 2014).

우리나라에서는 1969년 '한국지역사회학교후원회' 라는 민간단체가 발족되었고 1989년에 '한국지역사회교육협의회' 로 개칭하여 지역사회교육운동을 전개하고 있다. 그 외에도 각급 학교의 평생교육원과 종교단체 및 복지 관련 단체에서도 사회교육 프로그램을 운영하고 있다. 뿐만 아니라 인터넷을 이용한 사이버대학이 2001년부터 「평생교육법」에 의한 교육시설로 확산된 것도 예가 된다.

지역사회교육운동의 목적은 결국 지역사회주민의 교육욕구를 해결하고, 지역사회주민, 가정, 학교, 지역사회의 성장과 발전을 도모하는 데 있으며, 지역사회를 기반으로 하고 있음을 알 수 있다. 이렇게 볼 때 지역사회교육은 교육법이나 고등교육법에 의한 교육의 관점보다는 복지적인 관점에서 접근되는 운동으로 재정립되어야 한다. 특히 최근에 제기되고 있는 교육과 복지의 합성개념인 '교육복지' 의 운동으로 변화해야 하는 과제가 있다.

(3) 지역사회환경운동과 노동운동

지역사회환경운동은 자연환경의 보호, 유해물질 사용의 금지, 생태계의 보전 및 생태주의 정책실현을 목표로 지역자원의 고갈, 생활환경 파괴, 오염에 의한 피해 등에 대응하여 지역주민들이 주체가 되어 기업, 국가, 시민을 대상으로 벌이는 환경개선과 생존권보장운동이다. 우리나라에서 환경운동(environmental movement)은 자본주의적 산업화와 도시화에서 비롯된 자연환경의 파괴와 오염으로 인한 대책과 환경보호를 목적으로 지역적 · 국지적으로 운동이 전개되었다. 그 대표적인 예로 지역주민운동에서 기원을 찾을 수 있는 환경운동이 있다. 1993년에 지역사회환경운동단체들이 '환경운동연합'을 결성하였다. 현재 52개 지역조직과 4개 전문기관, 5개 협력기관이 있으며, 핵, 에너지, 기후변화, 물, 해양, 국제연대 등의 분야에서 활동하고 있다.

　노동운동(labour movement)은 노동자의 권리, 즉 노동자의 정치 · 사회 · 경제적 지위와 권익 등을 향상 및 확보하기 위한 목적으로 하는 운동이다. 이러한 맥락에서 지역사회노동운동은 저임금, 열악한 작업여건, 노동소외 등을 이슈로 자본가를 대상으로 경제적 권리를 쟁취하는 운동이다. 이는 사회적으로 불평등한 자원배분과 상관이 있으며, 자본에 의한 지역생활수단의 독점, 지역 노동력의 착취에 대항하여 정형화되고 지속적인 노동조합체계를 갖추고 벌이는 계급운동의 성격이 함축된 사회변혁성을 내포하고 있다. 이 운동들은 주민운동의 대상이 국가나 정부이고 노동운동의 대상이 기업(자본가)이 된다는 측면에서 본다면 운동의 대상이 광범위한 특징이 있다.

3. 지역사회복지운동

1) 지역사회복지운동의 개념과 의의

　우리나라는 민주화와 지방자치체가 실시되면서 지역사회복지에 많은 관심을 가지게 되었다. 특히 기존의 사회복지사업이 정부 주도형이었기 때문에 지역주민의 자발적 참여를 통해 지역사회의 강점을 발전시키고 지역사회자원을 조직적으로 동원하여 지역사회의 다양하고 복잡한 문제를 해결해 나가는 것이 당면 문제다. 이런 점에서 사회복지운동의 핵심은 국가개입의 최소화와 더불어 민간자원의 동원과 시민참여를 극대화하여 지역사회주민의 복지욕구를 해결하는 지역사회복지운동인 것이다. 1990년대 이후 시민사회의 확장으로 지역사회복지운동은 새롭게 조명받고 있으며, 다양한 활동을 전개하고 있다. 최근 들어 정부와 민간단체들은 지역사회복지에 많은 관심을 가지면서 지역사회복지운동이 크게 성장하고 있다. 즉, 지방자치제의 정착으로 지역사회의 중요성이 대두되고, 지역사회의 생활영역 문제가 중심 이슈로 부각되었다. 특히 지역사회에서 사회적 약자에 대한 관심과 권리보장문제가 지역현안으로 대두되면서 이에 대한 조직적이고 목적 지향적인 대응으로서 지역사회복지운동이 활성화되고 있다.

(1) 지역사회복지운동의 개념

지역사회복지운동은 사회운동의 맥락에서 '지역사회와 복지운동' 또는 '지역사회복지와 운동'의 조합이다. 여기에서 지역사회는 '지리적 지역사회'와 '기능적 지역사회' 개념을 포괄하는 사회적 단위이며, 지역사회복지는 지역사회에 살고 있는 사람들의 욕구와 생활문제를 해결함으로써 지역주민의 삶의 질을 증진시키고자 하는 일체의 사회적 노력이라 할 수 있다.

사회복지운동이 지역성과 별로 상관없는 전국규모의 복지향상 운동이라는 특징이 있다면, 지역사회복지운동은 지역사회주민의 복지와 관련된 주민참여형 복지운동이라는 특징을 갖는 사회적 노력이다. 다시 말하면, 지역사회복지운동은 지역사회복지 발전을 목표로 하는 사회 운동적 노력이라고 말할 수 있다. 즉, 목표로서의 지역사회복지 발전과 이를 달성하기 위한 수단적 노력으로서 사회운동의 조합을 의미한다. 지역사회복지운동은 지역사회문제 해결과 지역사회주민의 욕구 충족을 위한 지역사회의 변화를 향한 조직적이고 집합적인 활동이다. 여기서 사회변화는 불평등한 사회구조의 구체적인 변화를 의미한다.

따라서 지역사회복지운동은 사회구성원의 삶의 질을 높이기 위한 목적의식적이고 조직적인 집합적 활동이며, 사회복지수요자뿐만 아니라 사회복지실무자나 전문가, 넓게는 지역사회주민들이 주체적인 참여와 행동을 통하여 사회복지의 목표 달성을 위해 의도적으로 추진해 가는 지역사회복지실천이라 할 수 있다. 지역사회복지운동으로서의 주민참여는 사회운동과 시민운동 방식으로 이루어지는 비제도적 성격을 띠게 되며, 지역사회의 사회복지이슈를 중심으로 단기간에 추진된다.

우리나라의 경우에는 1970년대부터 일어난 도시빈민지역 철거반대운동을 시작으로 1997년 IMF의 경제적·사회적 위기 상황으로 인한 대량실업, 빈곤범람, 노숙인 폭증, 결식, 가족 및 지역사회해체 등 사회복지문제가 심각해지고 사회안전망의 중요성이 복지문제 이슈로 떠올랐다. 이러한 시대 상황으로 인해 주민의 문제해결 역량을 강화하여 그들의 당면문제를 자주적인 힘을 통해 해결해야 하는 상황에 직면하게 되었고, 시민운동세력 및 주민조직들의 실업극복운동 및 사회복지활동에 적극적으로 개입하였다. 최근에는 광역행정구역이나 기초행정구역을 기반으로 한 다양한 지역사회복지 이슈에 개입하는 실정이다. 뿐만 아니라 지역사회복지 관련 운동에는 지역개발 반대운동, 공해피해 보상운동, 소비자 보호운동, 환경 보전운동 등의 개별성과 일상 생활성을 가진 형태가 포함될 수 있다.

(2) 지역사회복지운동의 의의

지역사회복지운동의 의의는 기본적으로 주민참여의 필요성을 바탕으로 하며 주민참여의 일환으로 지역사회복지운동이 제기된다는 것이다. 즉, 지역사회복지운동은 지역사회복지 문제해결 및 주민의 복지욕구 충족을 바탕으로 지역주민의 삶의 질을 향상시키기 위해 필요한 것이라 하겠으며 이러한 의의는 주민의 주체적이고 능동적인 참여에 의한 운동의 전개 또는 전문가 및 운동가에 의한 운동의 전개를 가져오게 된 것이다. 지역사회복지실천으로서 지역사회복지운동이 가지고 있는 의의는 다음과 같다(오정수·류진석, 2012).

첫째, 지역사회복지운동은 지역사회주민의 주체성과 역량을 강화하고, 지역사회의 변화를 주도하는 조직운동이다. 지역사회복지운동은 지역사회의 문제해결 주체로서 지역사회의 역할을 강조하고 지역공동체성을 함양시킴으로써 지역사회의 역량을 강화시키는 데 있으며, 지역사회주민의 의식화와 주체적인 참여 확대 그리고 지역사회주민 간 연대의식을 높이는 지역사회의 민주적 실천과정을 의미한다.

둘째, 지역사회복지운동은 주민참여의 활성화를 통해 복지권리의식과 시민의식을 배양하는 사회권 확립운동이다. 지역사회복지운동이 추구하는 목표는 지역사회주민의 복지권리를 확보하고 시민의식을 고취시킴으로써 지역사회의 통합을 추진하는 데 있으며, 특히 사회적 약자의 생존권의 보장에 초점을 두고 있어 사회권의 확립과 밀접히 관련되어 있다.

셋째, 지역사회복지운동의 주된 관심사는 지역사회주민의 삶의 질과 관련된 운동으로서 의미를 가지고 있다. 지역사회복지운동은 지역공동체운동으로서의 속성을 지닌 것이기 때문에 단순히 복지적 욕구뿐만 아니라 지역사회 전반의 삶의 질을 높이는 생활운동이며, 주민운동이라 할 수 있다.

넷째, 지역사회복지운동은 지역사회의 다양한 자원 활용 및 관련조직 간의 유기적인 협력이 이루어지는 동원운동이다. 지역사회복지운동의 조직화 방식 및 활동내용은 주민참여 외에 지역사회의 다양한 자원 활용을 통해 문제해결을 도모하고 있다. 또한 지역사회복지운동은 지역사회 관련조직 간의 연대와 협력이 이루어지며, 지방자치단체에 대항적인 활동으로 구체화되거나 협력관계를 구축하면서 활동이 전개되기도 한다.

(3) 지역사회복지운동의 원칙

지역사회복지운동은 지역사회 구성원의 삶의 질을 높이기 위한 목적 의식적이고 조직적인 집합적 활동으로 공공과 민간 기관이 협동하고 조직화하여 생존환경을 개선하는 사회적 방법을 의미한다. 다시 말해, 지역사회복지운동은 지역사회주민의 문제와 복지욕구를 해결하기 위해 지역사회 내의 공공기관과 민간조직이 협동하고 지역사회자원을 조직화함으로써 지역사회의 생존환경을 개선하는 운동을 말한다. 여기서 지역사회 차원에서 이루어지는 지역사회복지운동이 사회변혁을 위한 시민운동으로서 지켜야 할 원칙을 정리해 보면 다음과 같다(고수현, 2014).

첫째, 지역사회복지제도의 운영과 관리 등의 사회복지행정에 지역사회주민의 참여가 제도적으로 가능하도록 해야 한다. 사회복지가 지역사회주민의 생명과 생활의 향상을 목적으로 한다는 점에서 지역사회주민이 사회복지제도의 틀 속에 위치하는 것은 당위성이 있다.

둘째, 지역사회복지가 지역사회와 민간의 역량을 중시하는 이념이 있더라도 지역사회복지 예산은 원칙적으로 국가책임으로 조달되어야 한다. 사회복지는 원래 국가책임이며 이를 보장하는 예산이 지원되지 않을 경우는 지역 간의 사회복지부담의 차이가 발생하며 결과적으로 사회복지의 통일성이 훼손될 수 있다.

셋째, 국가복지가 공공부조 대상자를 중심으로 최저생활을 보장하는 선택적인 복지에 치중하는 데 비하여 지역사회복지는 사회복지서비스 대상자를 비롯한 지역사회주민 다수를 위한 보편적인 복지시책에 관심을 가진 운동이어야 한다.

넷째, 지역사회 내의 민간 사회복지시설과 의료시설의 사회화를 지향하고 지역사회주민들이 저렴한 비용부담으로 이용할 수 있도록 접근성을 높여야 한다.

2) 지역사회복지운동의 특성과 유형

(1) 지역사회복지운동의 특성

지역사회복지운동은 타 부문 운동에 비해 비교적 역사가 짧고, 운동의 내용과 조직에 있어서도 미약하지만 시민사회의 성장과 지방자치제도 도입으로 사회적 관심의 초점으로 부각되고 있는 운동이다.

지역사회복지운동의 특징을 기술하자면 다음과 같이 세 가지로 요약할 수 있다. 첫째, 의도적인 조직적 활동이다. 지역사회 구성원의 삶의 질을 높이기 위한 목적 의식적이고 조직적인 활동이며, 사회복지대상자, 사회복지종사자나 전문가, 넓게는 지역사회주민 전체의 주체적인 참여와 행동을 통하여 지역사회복지 목표달성을 위해 의도적으로 추진해 가는 사회운동의 성격을 지니고 있다. 둘째, 시민운동과 맥을 같이한다. 사회복지운동의 초점은 정치권력의 장악보다는 사회복지 증진이라는 시민사회의 동원에 두고 있어 시민운동의 성격이 짙다고 할 수 있다. 따라서 지역사회복지운동 역시 사회복지운동과 같은 맥락에서 시민사회의 성장 및 사회변화와 함께 사회적 관심의 초점으로 부각되고 있다. 셋째, 지역사회주민 전체를 기반으로 한다. 비록 지역사회에서 사회적 약자의 복지욕구에 초점을 맞추고 우선순위를 둔다고 할지라도, 지

〈표 10-1〉 지역사회복지운동의 분석시각과 특성

구분		지역사회복지운동 특성
분석시각	방법론	실용주의적, 이념지향적 혼재
	분석의 초점	자원동원과 가치지향
	분석의 단위	지역사회주민, 조직
특성	주체	시민사회의 영역확장지역사회주민, 클라이언트, 전문가
	계층적 기반의 범위	포괄적
	이슈의 특성	이슈의 다양성(사회복지문제)
	가치지향성	시민사회의 영역확장
	행위의 특성	표출적 행위, 가치지향적 행위
	정부와의 관계	작위요구적, 작위저지적
	내적 구조	조직 네트워크 중시

출처: 오정수 · 류진석, 2012.

역사회복지운동은 그 계층적 기반이 노동운동, 민중운동 등과 같이 제한적인 계층에 있는 것이 아니며 지역사회주민 전체를 기반으로 하므로 대상자가 포괄적이다.

(2) 지역사회복지운동의 주체

지역사회복지운동의 주체는 당연히 지역사회주민이어야 하지만, 실제 운동을 주도하는 관점에서 보면 지역사회활동가, 사회복지전문가, 사회복지실무자, 지역사회복지이용자와 지역사회주민을 기반으로 한다(이인제, 2002).

① 지역사회활동가

현실적으로 대부분의 지역사회복지운동단체의 실천활동은 지역사회활동가들의 지도력에 의존하고 있다. 지역사회활동가들은 사회복지의 전문성이 상대적으로 떨어질지 모르지만, 실천현장의 경험에 기초하여 실제적으로 지역사회복지운동을 주도하는 경우가 많다. 그렇지만 지역사회복지 실천활동을 주도하는 지역사회활동가의 수가 얼마 되지 않아 그들의 전문성을 보완 강화할 필요가 있다.

② 사회복지전문가

사회복지를 이론적으로 연구하는 사회복지전문가들이 지역복지실천에 앞장서는 것은 어떻게 보면 당연한 일이다. 현재 우리나라의 경우 상당수의 사회복지전문가들이 직간접적으로 지역사회복지 실천활동을 수행하고 있다. 그러나 문제는 사회복지전문가들이 운동의 주된 동력이 될 수 있는가 하는 점이다. 아직은 미약한 우리의 실천현장 속에서 그들의 역할이 상당한 부분을 차지하고 있지만, 사회복지전문가들이 지역사회복지실천의 일차적 주체가 될 수는 없을 것이다. 다만 사회복지전문가는 사회활동의 전문성 측면에서 보완하거나 촉진하는 역할을 수행하거나 지역사회활동가와 함께 지역사회복지운동을 주도할 수 있을 것이다.

③ 사회복지실무자

사회복지를 이해하고 실천하는 것을 과업으로 삼고 있는 사회복지실무자는 지역사회복지운동의 중요한 주체가 될 수 있다. 그러나 개인에 따라 차이가 있지만 사회복지실무자들이 지역사회복지운동에 적극적으로 동참하지 못하고 있다. 가장 큰 이유는 조직환경의 요인 때문이다. 그렇기 때문에 사회복지실무자의 지역사회복지운동에 대한 개인적인 인식의 전환과 함께 지역사회복지운동에 적극적으로 참여하도록 돕는 조직환경의 마련이 시급하다.

④ 지역사회주민과 지역사회복지이용자

지역주민들이 지역사회복지운동의 주체가 되어야 한다는 것은 당연하다. 그러나 일반 지역주민들은 복지에 대한 관심이 부족하므로 지역사회복지운동조직이 주민들의 주체적 참여를 이끌어 내야 한다. 지역사회복지 실천활동의 궁극적 지향은 지역주민들의 주체적 참여에 달려 있다고 해도 과언이 아니므로, 지역주민들을 실천활동에 참여시킴으로써 지역문제 해결의 주체로 전환시켜야 할 것이다. 또한 사회복지이용자들이 단순한 대상이 아닌 주체가 됨으로써 그들의 역량을 강화시킬 수 있으며, 지역사회복지실천에 중요한 역할을 수행할 수 있다.

(3) 지역사회복지운동의 유형

지역사회복지운동은 운동의 쟁점, 즉 지역사회복지문제 또는 주민의 욕구충족이라는 기준에 근거해 크게 두 가지로 분류할 수 있다. 하나는 지역사회를 중심으로 하는 사회복지운동, 즉 지역사회주민의 복지와 관련된 주민운동이고, 다른 하나는 직접적인 지역성과 관련성이 약하더라도 사회적 이슈차원에서 사회복지문제를 운동의 쟁점으로 설정하고 있는 이슈 중심의 지역사회복지운동이다. 그러나 이러한 구분은 규범적이며, 운동이라는 것은 지속적으로 변모해 나가는 것이기 때문에 실제로는 상호 결합된 형태로 나타날 수도 있다.

① 지역사회 중심의 사회복지운동: 주민운동

일반적으로 주민운동은 지역사회 내에 생활근거지가 있는 지역주민들이 주체가 되어 일상생활상의 요구와 문제의 궁극적 해결을 위하여 전개하는 대중운동으로 정의되고 있다. 이러한 정의에서 몇 가지 중요한 요소를 발견할 수 있다. 첫째, 주민운동은 주민의 생활근거지로서 지역사회를 기반으로 하고 있다는 것이다. 둘째, 운동주체로서 지역주민을 설정하고 있다. 셋째, 지역사회문제의 해결을 위한 목적 지향적이다. 넷째, 주민운동은 지역사회운동의 일환이라는 것이다.

이를 통한 지역사회복지운동의 형태를 주민조직화라는 관점에서 크게 네 가지로 분류하면 외부자극을 통한 조직화, 프로그램 중심의 일상활동, 공동체 형성과 마을 만들기, 제도 변화를 위한 노력이다. 주민조직화에 따른 지역사회복지실천의 형태에 대한 내용은 다음 절에서 설명할 것이다 .

② 문제 또는 이슈 중심의 지역사회복지운동

문제 또는 이슈 중심(issue-based)의 사회복지운동은 지역사회를 근거로 하기보다는 특정 사회복지문제나 사회복지와 관련된 이슈를 중심으로 시민운동차원에서 접근하는 사회복지운동이라 할 수 있다. 이러한 유형의 사회복지운동은 1990년대에 들어와서 운동의 주체와 활동범위가 확대·발전되기 시작하였다. 예를 들면, '경제정의실천시민연합'이나 '참여민주사회와 인권을 위한 시민연대'와 같은 시민운동단체들이 사회복지운동에 조직적으로 참여하기 시작하였으며, 장애인, 노인, 산재 노동자 등 대상자 중심의 운동, 부문별 복지 대상자들의 주체적인 투쟁 또한 활성화되었다.

또 다른 특징은 운동의 내용이 사회복지부문별 요구운동에서 복지예산확대 등 정책지향의 근본적 개혁을 요구함과 동시에 사회복지 정책과 복지권, 건강권에 대한 대응들과 관련된 복지입법들을 개정하거나 복지 입법들의 실현을 구체적으로 요구하고 있다는 점이다. 다양한 분야에서 시민운동과 사회복지계의 협력형태를 통해 복지이슈의 제기와 대안 마련을 위한 다양한 연계활동도 구체화되고 있고 지역단위를 중심으로 직접적으로 복지문제의 제기와 대안 마련 조례제정운동 등 지역사회복지운동단체들의 활동영역 또한 확장되고 있다.

3) 지역사회복지운동과 주민참여

(1) 주민참여의 개념과 필요성

주민참여는 지역사회복지운동의 활성화와 지역사회주민의 복지실현을 위한 핵심요소로, 주민참여에 대한 개념정의는 학자에 따라 다양하다. 커닝햄(Cunningham)은 주민참여를 "지역사회의 일반주민이 그 지역사회의 일반적 사항과 관련된 결정에 대하여 권력을 행사하는 과정"이라고 정의하였고, 헌팅턴(Huntington)은 "정부의 정책결정에 영향을 미치려고 의도하는 일반주민의 행위"라고 정의하였다. 또한 스텐버그(Stenberg)는 "주민참여란 단순히 정보를 획득하는 것에서부터 정보와 권고를 제시하고 정책결정에 참여하며 또한 통제를 가하는 데까지 포함된다."라고 주장하였다. 이상의 고찰을 통해서 볼 때 주민참여란 '참여의 주체는 주민이고, 공식적인 정부의 정책 또는 계획의 작성, 결정, 집행에 관여하는 행위이며, 주민의 욕구나 열망이 정책이나 계획에 반영되도록 하기 위한 적극적 노력이다.'라고 정의할 수 있다.

지역사회복지운동을 효과적으로 추진하기 위해서는 주민의 적극적인 참여와 유도가 중요하다. 주민들의 이해와 참여 없이는 바람직한 성과를 거둘 수 없다. 그 이유는 복지의 대상자와 수혜자 모두가 주민이며, 어떠한 지역사회 프로그램이라도 주민들의 정서적 공감이 필요하고, 지역주민의 경제적 활동과 직접 관련 있는 지역사회문제를 다루기 때문이다. 따라서 주민참여는 지역사회주민의 의사에 따라 정책과 계획을 결정·집행함으로써 민주성을 확보할 수 있는 수단이며 주민들이 스스로의 복지에 영향을 미치는 사항에 대해 적극적인 참여를 통해 보다 높은 수준의 사회복지서비스를 정부로부터 제공받고자 하는 적극적 노력이다. 또한 주민의 선호나 열망에 바탕을 두고 정책을 입안·결정함으로써 주민의 지지기반을 공고히 하며, 행정의 능률성을 확보할 수 있다는 측면에서 그 필요성을 이해할 수 있다.

(2) 주민참여의 단계 및 방법

① 주민참여의 단계

주민참여는 계획 또는 정책결정 과정에 미치는 영향과 효과의 정도에 따라 실질적인 효과가 있는 강력한 형태의 참여로부터 형식적이고 명목적인 효과만이 있는 참여에 이르기까지 다양한 모습의 참여단계를 상정할 수 있다. 〈표 10-2〉에서 보는 바와 같이 아른슈타인(Arnstein)은 참여의 구조를 그 특성과 내용에 따라 8단계로 제시하고 참여의 효과, 즉 권력분배의 정도라는 측면에서 8단계를 3개의 범주로 나누어 제시하였다.

첫 번째 범주는 효과가 최저인 비참여(non-participation) 상태로 권력분배는 이루어지지 않으며, 주민을 의사결정에 참여시키지도 않고 참여의 형식을 흉내 내는 조작과 형식적인 참여를 인정하지만 실질적인 효과가 없는 치료(therapy)의 2단계가 여기에 속한다.

두 번째 범주인 제3단계의 정보제공, 제4단계의 상담, 제5단계의 회유는 가장 많이 사용되고 있는 참여의 형태다. 주민은 정보를 제공받고 상담을 받으며 회유를 통해 참여가 이루어지고 있으나, 주민의 영향력은 매우 미약한 형식적 참여(degree of tokenism)에 해당하며 이 범주에서는 권력의 분배가 아주 미약한 정도로 이루어진다.

세 번째 범주인 협동관계(partnership), 권한위임(delegated power), 주민통제(citizen control)는 기존의 권력관계의 변화와 권력의 재분배가 가능한 단계로, 의사결정에 있어 주민이 주도권을 획득하는 주민권력(degree of citizen power)의 범주다. 그러므로 실질적인 권력배분이 이루어지기 위해서는 협동관계 이상의 참여단계가 되어야 가능하다.

〈표 10-2〉 주민참여도 단계와 권력분배정도(Eight rungs on the ladder of citizen participation)

	단계	내용	
8	주민통제 (citizen control)	주민 스스로 입안하고, 결정에서 집행 그리고 평가 단계까지 주민이 통제하는 단계	주민권력 (degree of citizen power)
7	권한위임 (delegated power)	주민들이 특정한 계획에 관해서 우월한 결정권을 행사하고 집행단계에 있어서도 강력한 권한을 행사함	
6	협동관계 (partnership)	행정기관이 최종결정권을 가지고 있지만 주민들이 필요한 경우 그들의 주장을 협상으로 유도할 수 있음	
5	회유 (placation)	위원회 등을 통해 주민의 참여범위가 확대되지만 최종적인 판단은 행정기관이 한다는 점에서 제한적임	형식적 참여 (degree of tokenism)
4	상담 (consultation)	공청회나 집회 등의 방법으로 행정에 참여하기를 유도하고 있으나 형식적인 단계에 그침	
3	정보제공 (informing)	행정이 주민에게 일방적으로 정보를 제공하며 환류는 잘 일어나지 않음	
2	치료 (therapy)	주민의 욕구불만을 일정한 사업에 분출시켜서 치료하는 단계로서 행정의 일방적인 지도에 그침	비참여 (non- participation)
1	조작 (manipulation)	행정과 주민이 서로 간의 관계를 확인한다는 것에서 의의를 찾을 수 있으며, 공무원이 일방적으로 교육, 설득시키고 주민은 단순히 참석하는 수준	

출처: Arnstein, 1969 재구성.

② 주민참여의 방법

● 일반적인 주민참여 방법

주민참여의 일반적인 방법으로는 전시회, 공청회, 팸플릿 등에 대한 정보 제공, 설문조사 등에 따른 정보수집 등이 있다. 이러한 방법은 비교적 저렴하고, 정책입안자나 의사결정자에게 많은 시간과 책임요구를 하지 않아 전통적으로 많이 사용된다. 이를 살펴보면 다음과 같다.

- 전시회: 전시물의 내용이 간단하고 이해하기 쉬워야 하며 주민과 접촉이 쉬운 곳에 열려, 홍보·선전의 목적과 주민 의견 파악에 용이하게 운영되어야 한다.
- 공청회: 공청회는 모든 주민을 공개 초청하여 진행하는 방법과 주민의 자격을 제한하여 운영하는 방법 등이 있다. 공청회는 단계화하여 실시해야 주민의 참여기회를 확대할 뿐 아니라 그들의 의사를 보다 많이 반영할 수 있다. 이러한 의미에서 삼단계의 공청회, 즉 예비공청회(preliminary hearings), 최종결정전공청회(pre-final decision hearings) 그리고 최종공청회(final hearing)로 나누어 개최하는 것이 바람직하다.
- 설문조사: 현상의 기술과 예측, 변수 간의 관계분석과 의사결정에 도움을 주는 계획된 자료수집 방법이다. 과학적인 분석도구로, 조사해야 할 정보의 내용, 주민이 느끼는 문제점, 선호, 중요성에 대한 태도를 파악하는 데 용이하다.
- 대중매체: 매스미디어를 통해 정부의 정책과 계획안의 내용을 홍보하는 것은 물론 주민의 의견과 욕구를 보도해 주어 정책에 반영하는 계기를 마련한다.

● 주민의견 수렴 방법

정부 당국에서 지역사회의 계획 또는 정책을 결정하는 데 있어 그 결정에 영향을 받게 될 주민들과 대화를 유도하여 지역사회의 다양한 주민의 욕구를 밀도 있게 파악하고 수용하기 위한 효과적인 방법으로 델파이기법, 명목집단방법, 샤레트 방법, 브레인스토밍 등이 있다.

- 델파이기법(Delphi method): 델파이기법은 어떠한 문제에 관하여 전문가들의 견해를 유도하고 종합하여 집단적 판단으로 정리하는 일련의 절차라고 정의할 수 있다. 다양한 전문가집단의 경험적 지식과 능력을 결합하여 반영하기 위해 익명성을 보장하며 우편을 통해 설문조사를 실시한다. 문제 확인, 목표와 우선순위 결정, 대안의 확인평가에 유용한 방법이다.
- 명목집단기법(Nominal Group Technique: NGT): 명목집단기법은 구조가 상당히 잘 잡혀 있

고 참여에 대한 촉진이 잘 되어 있는 그룹회의에서 아이디어를 창출하고 우선순위를 부여하며 아이디어에 대한 그룹의 합의를 도출하도록 하는 데 주로 사용된다. 아이디어 서면 작성, 아이디어 제출 및 전체 아이디어 기록, 구성원 토의, 투표 후 결정 순으로 진행한다. 이기법의 목적은 집단으로부터 아이디어를 얻고 그 아이디어들이 그룹 내에서 어느 정도나 지지를 받는지를 확인하는 데 있다.

- 샤레트 방법(the Charrette process): 지역주민, 관료, 정치가들이 함께 모여 서로 배우는 비공식적 분위기를 조성하여 지역사회에서 느끼는 문제점들과 관료 또는 정치가들이 인지하고 있는 문제의 시각을 개진하여 상호 이해를 통해 일정 시간 내 합의된 제안을 작성하는 방법이다. 이 방법의 장점은 이해관계자와 전문가들이 직접 참여하여 상호 의견교환 및 종합적인 검토를 통해 시행착오를 감소시킬 수 있다는 것이다.

- 브레인스토밍(Brainstorming): 브레인스토밍은 창의적인 아이디어를 생산하기 위한 학습 도구이자 회의 기법이다. 이 기법은 여러 명이 한 가지 문제를 놓고 아이디어를 무작위로 개진하여 그중에서 최선의 방법을 찾아내는 것이다. 타인의 아이디어에 대해 비판하지 않고 자유로이 아이디어를 발표하되, 가능한 많은 아이디어를 개진하는 것이 좋다. 그리고 다양한 아이디어를 통합하고 발전시켜 나간다.

③ 주민조직화

현재 우리 사회에서 이루어지는 주민참여를 통한 지역사회복지운동의 형태를 주민조직화라는 관점에서 보면 외부자극을 통한 조직화, 프로그램 중심의 일상활동, 공동체 형성과 마을 만들기, 제도변화를 위한 노력 등으로 분류할 수 있다(이호, 2001).

●외부자극을 통한 조직화

지역사회주민들의 이익을 현저히 침해하는 정부정책 등에 대해 주민들이 자신들의 권리를 주장하는 조직운동이다. 핵 폐기장 설치 반대운동이나 쓰레기 소각장 등 혐오시설의 입지를 반대하는 주민들의 조직화 등이 대표적이다. 그러나 이러한 유형의 활동에서는 지역주민들의 대중적 참여가 이루어지고 정치적 영향력이 강하게 발휘되기는 하나, 지역주민들의 요구가 과연 공공성을 확보하고 있고, 지속적으로 지역사회의 발전에 기여할 수 있는가라는 점을 명확히 해야 한다.

●프로그램 중심의 일상활동

이 유형의 활동으로는 지역아동센터, 주부들을 대상으로 하는 시민대학, 복지학교 등 다양하다. 이러한 활동은 주민들의 문화적·사회복지적 욕구를 충족시켜 주는 것을 주요한 내용으로 하고 있어 주민들이 큰 부담 없이 조직의 활동에 참여할 수 있으며, 지속 가능한 프로그램의 운영과 발전을 도모할 수 있다는 장점을 갖는다. 그러나 이런 방식의 활동은 지역의 각종 이슈들에 대해 지역주민들이 주체적으로 대응하기 어렵다는 단점이 있다.

●(일상적인 주민모임) 공동체 형성과 마을 만들기

작은 근린지역의 주민들이 모여 상호 간의 친목을 도모하고 이를 통해 복지실천을 수행하는 사례들이 이에 해당된다. 살기 좋은 아파트 만들기 모임, 마을문고 만들기 모임 등과 같이 일상적인 주민모임을 통해 지역공동체를 형성해 나가거나, 나눔과 보살핌운동 등 지역복지실천활동을 전개하고 있다. 이런 소집단활동을 통해 자신들만의 이해를 추구하기보다는 지역사회 전체에 영향을 미칠 수 있는 프로그램들을 의도적으로 계획하고 추구하고 있다.

●제도변화를 위한 노력

주민들이 직접 참여하여 지역사회복지 정책이나 제도를 변화시키기 위한 조직화 활동이다. 이러한 유형은 참여형 대안제시운동이라 할 수 있으며, 지역사회주민들이 조례제정운동 등과 같은 제도변화 과정에 참여함으로써 지역사회의 정치행위에 영향력을 미칠 수 있는 제도적 기반을 확립할 수 있다.

④ 주민참여의 효과

●긍정적 측면

- 지방정부의 의사결정의 효율성을 제고시켜 준다. 지역주민이 선호하고 요구하는 사항을 정책결정자에게 효과적으로 알려 주어 지방정부의 한정된 자원을 효과적으로 할당, 투입하는 데 기여할 수 있다.
- 지방행정에 있어서의 불평등을 완화시켜 준다. 지방정부는 유지와 존속을 위해 '분배' 보다는 '성장'에 중점을 두므로 서비스 또는 재원배분의 재정력이 취약한 지방의 경우 한정된 재원을 개발 사업에 치중하여 투입하게 되는데, 이때 주민참여는 지방정부로 하여금 형평을 추구하도록 압박을 가하여 불평등을 완화시킬 수 있다.
- 지방정부와 공공기관 간의 갈등을 중재 또는 해결하여 준다. 주민투표, 주민발의, 주민소

환과 같은 주민참여의 제도적 방안을 통하여 주민이 중립적인 입장에서 지방정부기관 간 갈등의 직접 해결을 도모할 수 있다.

● 부정적 측면

- 행정비용이 증가된다. 정보제공, 공청회 개최, 주민투표의 실시 등에 따른 추가적인 비용이 소요된다.
- 계획입안이나 집행에 있어 시간상의 지연 가능성이 높다. 계획사업의 전문적 측면을 적절히 판단할 수 있는 능력이 결여되어 있는 일반 주민을 이해시키기 어렵고, 주민들의 추가요구에 따라 계획이 지연될 수 있다.
- 주민들 간에 갈등을 유발시킬 수 있다. 주민들은 시각이 편협하고 국지적인 경우가 많아 자신이 살고 있는 지역과 지역사회 전체에 대한 이해에 있어 충돌이 일어난다.
- 참여자들의 대표성 여부에 문제가 될 수 있다. 주민참여에 능동적인 사람들의 숫자나 각각 선호하는 바가 해당 지역주민 전체의 의사를 반영하는지에 대한 문제가 제기될 수 있다.

4. 시민운동과 비영리 민간단체

우리가 살고 있는 사회는 크게 국가, 시장, 시민사회로 나눌 수 있다. 시민사회는 국가와 시장 사이에서 다양한 결사체가 여론을 형성하고 문화생활을 하며, 사회의식이 형성되는 곳이다. 각종 결사체는 서로 갈등하고 대결하기도 하며, 협력하고 연대하기도 한다. 때로는 국가와 시장을 견제하기도 하고, 때로는 국가 및 시장과 협력해 각종 서비스를 생산하기도 한다. 시민사회는 인권, 환경, 평화, 문화 등과 같은 탈물질적인 가치를 옹호하거나 사회적 약자의 이익을 대변하기도 한다. 이러한 시민사회에서 시민운동이 일어나는데 시민운동은 개인으로서의 시민에 의해 이루어지거나 조직으로서의 시민단체에 의해 이루어진다. 시민운동을 하는 조직은 시민단체, 시민사회단체, 민간단체, NGO(비정부기구), NPO(비영리기구), CSO(시민사회단체), VO(자원활동조직) 등의 다양한 이름으로 불리고 있다.

1) 시민운동

(1) 시민운동 개념과 성격

시민사회와 시민운동에 관한 개념은 다양하게 정의되어 여전히 통일된 개념이 사용되지 못하고 있다. 때로는 시민운동이 사회운동과 다른 차원에서 논의되기도 하나 오늘날 이를 다 포괄하여 사회운동이라 한다. 시민운동을 정의하면 기존의 사회구조와 제도를 변화·개선시키기 위하여 대중과 시민이 자발적으로 참여하는, 조직적이고 집합적이며 연속적인 다양한 행동을 의미한다. 즉, 시민운동은 사회 일부 기득권층을 제외한 모든 시민이 주체가 되어 참여하는 운동을 말하는데, 여기서 시민은 도시에 사는 사람들이 아니라 한 사회의 구성원으로서 동일한 권리와 의무를 갖고 있는 사람을 의미한다.

시민운동의 기본 성격은 크게 네 가지 정도로 이야기할 수 있다. 첫째, 초계급적·개량적이다. 시민운동은 특정 계급의 이익을 중시하는 것이 아니라, 시민적인 문제를 이슈로 삼고 초계급적·시민적 주체성을 가진 '시민'들이 주체로 나서며, 목표나 방법 면에서는 개량적·합법적 성격을 지니는 운동이다. 둘째, 합법적인 방법을 지향한다. 시민운동은 주로 합법적인 방법을 통해 국가 권력을 비판, 감시하고 문제해결과 권익을 요구하는 활동을 벌이며, 국가권력 자체나 사회체제 자체를 부인하지 않는 개량적인 성격을 지닌다. 셋째, 시민권의 요구 및 확대를 추구한다. 시민운동은 초계급적·시민적 주체성을 가진 시민들이 국가 권력을 상대로 시민권, 즉 시민적 권리를 요구·확대하는 운동이다. 넷째, 공공선을 지향한다. 시민운동은 정부나 기업의 지원이나 간섭에 구속되지 않고 철저하게 참가자들의 자율에 의해 움직이는 운동이다. 또한 이 운동은 특정 집단이나 계급의 이해관계를 떠나 사회적 공공선을 실현하기 위한 운동이라는 점에서 자신들의 이해관계에 의해 조직되고 행동하는 이익집단과는 엄격하게 구분된다.

(2) 시민운동의 양면성

한국의 시민운동은 1990년대 민주화 과정을 통해 폭발적인 성장세를 기록하였다. 시민운동단체는 우리 사회를 움직이는 주요 집단의 하나로 지목되었다. 시민운동은 금융실명제 실시, 낙동강 오염 사건에서 볼 수 있듯이 사회의 공공성을 추구하는 점진주의적인 비폭력적·평화적·합법적 운동이 어느 정도 성공을 거둔 것으로 판단된다. 이러한 면에서 시민운동은 국가정책에 대한 여론형성 및 감시비판, 소외된 계층을 도와주고 그들의 목소리 대변, 사회문제에 대한 정화적 작용과 같은 긍정적 측면을 가지고 있다.

그러나 시민운동은 아직도 시민사회에 확고하게 뿌리내리지 못하고 있다. 이처럼 시민운동이 제대로 자리 잡지 못하는 것은 역사가 일천하다는 이유도 있지만 또 다른 원인도 생각해 볼 수 있다. 시민운동의 부각된 부정적 측면은 권력과 결탁 시 정부비호세력으로 사용되고, 전문성의 부족으로 잘못된 비판이나 여론형성과 과열 운동의 가능성과 폭력적인 경우도 있었다는 점이다. 이러한 문제들은 시민운동 전체의 신뢰와 시민사회의 지지확보에 악영향을 미쳤다.

2) 비영리 민간단체

(1) 비영리 민간단체의 의미

비영리 민간단체는 비당파적 · 비종교적 · 공익적 · 자발적 · 자율적 성격을 가진다. 비영리 민간단체는 정부조직은 아니지만 정부로부터 자금 지원을 받을 수 있다. 따라서 운영자에게 이윤을 배분해서는 안 되고, 조직 및 운영에 있어 되도록 자발적이어야 한다. 우리나라에서 비영리 민간단체는 비영리단체(Non-Profit Organization: NPO)와 비정부단체(Non-Governmental Organization: NGO)로 분류할 수 있다. 시민단체는 시민사회에서 자발적으로 형성된 다양한 조직을 의미하는데, NGO나 NPO가 시민사회의 조직의 성격을 소극적으로 규정한 것이라면, 시민단체는 적극적으로 규정한 것이라고 볼 수 있다.

① 비영리단체(NPO)

영리 추구성이 배제된 민간조직을 일컫는다고 보는 것이 일반적인 시각이다. NGO가 정부에 대응하는 성격을 강조하는 것이라면, NPO는 시장이나 기업에 대응하는 성격을 강조한 것이라 할 수 있다.

② 비정부단체(NGO)

정부 이외의 민간단체와의 협력관계를 규정한 UN 헌장에서 이 용어를 사용하게 되면서 부각되었으며, 당초에는 국제정치적 맥락에서 정부의 대표가 아니면서도 UN과 협의적 지위를 인정받은 공식적인 조직을 의미했다. 오늘날에는 개별 나라의 정부에 대응하는 시민사회의 다양한 조직들도 NGO라고 부른다. NGO는 비정부기구이며 비영리단체로서 권력이나 이윤을 추구하지 않는 비정부단체, 즉 정부기관이 아니라는 점을 강조한 표현이다. 인간의 가치를 옹호하며 시민사회의 공공선을 지향하면서 시민의 자발적인 참여와 연대를 통해 시민사회에서 활동하고 있는 시민사회단체를 의미한다.

영어의 NGO는 보통 비정부단체 또는 시민단체로 번역하고, NPO는 비영리단체 또는 비영
리기구로 번역한다. NGO와 NPO는 미국을 비롯한 많은 나라에서 사용하고 있는데, 우리 사
회에서 시민사회와 관련된 NGO(비정부단체), NPO(비영리단체) 등의 말이 일상적으로 사용
되기 시작한 것은 1987년 민주화운동 이후부터다. 여기에서 NPO는 넓은 개념이고, NGO는
좁은 개념이다. 시민사회 또는 비영리섹터에 있는 모든 단체를 NPO라고 하고, NPO 중에서
시민들이 자발적으로 만들어서 공익을 추구하는 회원단체를 NGO라고 한다.

(2) 비영리 민간단체가 갖추어야 할 조건

비영리 민간단체는 일반적으로 비당파적·비종교적·공익적·자발적·자율적 성격을 지니
는 것으로 규정되지만, 비당파성이 현실적으로 어떻게 가능하며, 공익성이 무엇을 말하는지에
대해서도 논란이 있다. 비영리 민간단체가 갖추어야 할 조건은 다음과 같다.

- 조직의 소유자 혹은 운영자에게 이윤을 배분하지 않아야 한다. 조직활동의 결과로서 이윤
  이 발생되어도, 그것을 조직 본래의 목적을 위해서 재투자하여야 한다.
- 정부조직이 아니어야 한다. 이것은 정부에 의해 설립되거나 정부기구의 일부분이 아니어
  야 함을 가리키며, 정부로부터 자금 지원을 받아서는 안 된다는 의미는 아니다.
- 공익성을 띠어야 한다. 조직으로서의 체제를 갖추고 있어야 하며, 일시적 행사를 목적으로
  사사로이 결성된 것이 아니어야 한다. 그러나 반드시 법인격을 갖추어야 하는 것은 아니다.
- 자주성을 갖추어야 한다. 다른 조직에 지배되지 않고, 독립해서 독자적으로 조직을 운영하
  는 것이어야 한다.
- 자발적인 것이어야 한다. 자발적으로 조직된 것으로서, 자발적인 기부와 자원봉사에 주로
  (비록 전부는 아니라도) 의존하는 것이어야 한다.
- 특정 정치집단이나 종교집단을 위한 것이 아니어야 한다. 공익성 추구를 주된 성격으로 하
  기 때문에, 특정한 정치적 혹은 종교적 이해관계나 목적을 위한 것이어서는 안 된다.

(3) 비영리 민간단체의 기능

비영리 민간단체는 사회복지영역만이 아닌 다양한 분야에서 비영리적 목적을 위해 다양한
활동을 한다. 이러한 비영리 민간단체의 구체적인 기능을 살펴보면 다음과 같다(박상필, 2001).

① 견제기능: 비영리 민간단체의 중요한 기능 중 하나는 국가와 시장이 지닌 권력을 비판하고 감시하는 것이다.

② 복지기능: 오늘날 복지국가가 발달하게 됨에 따라 정부는 국민의 행복한 삶을 위하여 각종 서비스를 제공한다. 그러나 정부는 복지서비스를 제공할 때 다수결원리를 따라야 하고 관료제를 통하여 획일적인 서비스를 제공해야 한다는 단점을 지니고 있다. 따라서 각종 비영리 민간단체는 정부와의 직간접적인 계약을 맺거나, 독자적인 인력과 재정을 가지고 정부가 제공할 수 없거나 등한시하는 사회서비스를 제공한다.

③ 대변기능: 비영리 민간단체의 활동은 사회적 약자의 권익을 대변하는 기능과 밀접하게 관련되어 있다. 오늘날 인권과 복지가 강조됨에 따라 사회적 약자가 단체를 결성하여 자신의 권익을 추구할 뿐만 아니라, 선도적인 지식인들도 사회적 약자의 권익을 옹호하기 위하여 활발하게 활동하고 있다.

④ 조정기능: 현대사회는 분화되고 전문화되면서 개인의 욕구도 다양하고 집단 간의 갈등도 빈번하다. 비영리 민간단체는 정부와 정부, 정부와 이익집단, 이익집단과 이익집단 간의 분쟁 발생 시에 조정자로 나서서 일반 시민의 피해를 줄이는 역할을 한다.

⑤ 교육기능: 비영리 민간단체는 시민의 자발적 참여와 연대를 통해 각종 사회문제를 해결한다. 이 과정에서 공공정책 과정에 참여하게 되고, 개인과 집단 사이에 활발한 의사소통이 일어나게 된다. 개인은 각종 사회문제에 대한 인식능력과 비판적인 시각을 가지게 된다. 뿐만 아니라 자율정신과 개인권리를 인식하게 되고, 공공의 이익에 대한 봉사활동의 중요성을 체득한다. 이러한 비영리 민간단체의 활동은 바로 시민들이 리더십을 학습하고 공동체의식을 배양하며, 참여민주주의를 배우는 실천현장이다.

(4) 비영리 민간단체의 역할

비영리 민간단체는 다양한 분야에서 다양한 활동을 한다. 이러한 비영리 민간단체의 구체적인 역할을 살펴보면 다음과 같다(남진열 외, 2014).

① 정책과정에서의 파트너 역할

비영리 민간단체는 정부의 역할을 대체할 대안으로서 '작은 정부'를 보완하는 파트너로서의 기능을 한다. 즉, 정부가 충족시키지 못하는 요구를 정부를 대신하여 스스로 해결함으로써 정책과정에서 파트너로서의 역할을 수행한다.

② 정책제언자 역할

사회문제의 소재 및 원인을 파악하여 시정을 호소하는 역할을 말하는 것이다. 지역사회나 관심분야 등의 문제점을 발견하고 그 문제의 해결을 행정이나 기업에 맡기는 것이 아니라 해결주체자로서의 역할을 수행한다.

③ 국제적인 협조자 역할

어떤 문제가 국제적으로 중요한 경우 국가를 초월한 직접적인 연대를 통해 각국 국민 간의 문제해결 방법을 명확히 하는 역할을 수행한다. 오늘날 강조되고 있는 환경보전 등 기술 분야에 관한 상호 정보의 교환을 통한 전문적인 지식의 집약과 개발도상국가에 대한 문화, 국정에 상응한 직접적인 협력, 국제회의에 있어서 논의된 문제의 초점을 자국의 국민에게 쉽게 전달하는 등의 기능을 수행한다.

참고문헌

고수현(2014). 지역사회복지론. 경기: 양서원.
권희완 · 강득희 · 김모란 · 김미숙 · 김종숙 · 김혜장 · 박옥희 · 원영희 · 김현주 · 이경아 · 함인희(1993). 현대 사회학의 이해. 서울: 이화여자대학교출판부.
남진열 · 강세현 · 전영록 · 유용식(2014). 지역사회복지론. 경기: 공동체.
박상필(2001). NGO와 현대사회. 서울: 아르케.
양성관 · 주익수 · 박상진 · 김동환 · 김주성(2013). 지역사회복지론. 경기: 정민사.
오정수 · 류진석(2012). 지역사회복지론(4판). 서울: 학지사.
이인제(2002). 지역복지실천의 의미와 주체. 상황과 복지, 11. 비판사회복지학회.
이호(2001). 지역사회복지론. 경기: 현학사.

Arnstein, S. R. (1969). A Ladder of Citizen Participation. *Journal of the American Planning Association*, Vol. 35, No. 4.
Craig, J. J. & William, F. (2005). Social Movements and Social Change. In T. Janoski., R. R. Alford., A. M. Hicks., & M. A. Schwartz. (Eds.), *The Handbook of Political Sociology: States, Civil Societies, and Globalization* (pp. 331-349). Cambridge: Cambridge University Press.
Garvin, C. D., & Tropman, J. E. (1992). *Social work in contemporary society*. Englewood Cliffs, NJ: Prentice Hall.
Tarrow, S. (1994). Power in Movement: Collective Action. *Social, Movements and Politics*. Cambridge: Cambridge University Press.

제11장
사례관리

1. 사례관리의 등장배경

사례관리는 주로 미국의 사회복지 또는 간호 영역 중 지역사회 사회복지사나 방문간호사 역할에서 그 기원을 찾을 수 있다. 사례관리가 대인서비스 영역에서 급속하게 성장한 것은 1980년대 초반이며, 우리나라의 경우는 1990년대에 와서 관심을 받기 시작하였다. 1990년대는 우리나라 사회복지의 방향이 지역사회복지 중심으로 전환되고, 재가복지서비스에 대한 확장이 이루어졌기 때문에 사례관리는 재가복지서비스 제공을 위한 핵심방법으로 자리 잡게 되었다.

미국에서는 1800년대 후반에 빈민을 구호하기 위해 세워졌던 많은 민간단체 사이에서 자선의 중복을 막고자 하는 욕구가 증가되었다. 효율적인 자선 배분을 위하여 사례 조정이 중요한 실천활동이 되었는데, 사례관리의 초기 뿌리는 여기에서 찾을 수 있다. 기관 사이의 서비스를 조정하는 동시에 클라이언트와 가족 상황을 효율적으로 관리함으로써 자원의 오·남용을 막고자 사례관리가 요구된 것이다. 최근 사례관리가 사회복지실천의 주요 전략으로 급부상하고 있는 이유를 목슬리(Moxley, 1989)는 다음과 같이 제시하고 있다.

1) 대인서비스 공급에 있어서 탈시설화의 영향

탈시설화는 클라이언트가 시설생활에서 탈피해 다시 가정과 지역사회로 돌아오는 것을 의미한다. 시설은 클라이언트가 현실적으로 겪고 있는 생활상의 어려움을 클라이언트가 지금까지 살아오던 가정과 지역사회와 분리되어 문제해결을 할 수 있는 곳이었다. 그러나 시설수용은 사회복지비용을 증가시키는 중요한 원인이 되었고, 선진국에서는 탈시설화 정책을 통하여 클라이언트에게 지역사회에 기반을 둔 서비스를 제공하게 되었다. 그러나 당시 지역사회서비스 기관들은 서로 조정되지 않고 분절된 채 개별적으로 서비스를 제공하고 있었기 때문에 지역사회 내에 널리 분산되어 있는 서비스를 조정하고 통합시키려는 전략이 모색되었는데, 이때 사례관리가 중요한 실천방법으로 제시되었다.

2) 지역사회서비스의 지방분권화 영향

지방분권화는 사례관리의 필요성을 확산하는 계기가 되었다. 지방자치제의 실시로 중앙정부에서 지방정부 차원으로 서비스가 많이 전환됨에 따라 서비스를 제공하는 다양한 기관이 증가하게 되었다. 그러나 지방을 중심으로 제공된 서비스는 기관 간의 서비스를 공유하고 조정하는 것이 어렵기 때문에 클라이언트 입장에서는 서비스의 분산과 단편화로 인해 욕구에 적합한 통합적 서비스가 되지 못하였다. 따라서 지방자치제로 인한 부정적 영향을 줄이고 클라이언트 중심의 욕구를 보다 통합적으로 파악하고 개입하도록 지원하는 사례관리방법이 등장하였다.

3) 복합적 욕구를 가진 클라이언트의 증가

각종 사고와 재해로 정신 · 신체장애를 가지는 사람, 노인인구의 증가, 실업률의 증가, 사회계층 간 빈부 차이의 심화로 인한 빈곤층의 증가, 가족해체 등 현대사회의 특성으로 인해 사회적 기능상의 심각한 문제를 지닌 취약계층이 증가하고 있는데, 이들의 욕구는 복잡하고 다양하며 장기적인 특성을 가지고 있다. 이러한 욕구는 한 조직이 제공하는 서비스만으로 충족할 수 있는 욕구가 아니라 여러 서비스의 상호 관련성을 기반으로 제공된 서비스를 통해 충족할 수 있다. 따라서 클라이언트에게 통합적 서비스를 제공하기 위해 사례관리가 필요하게 되었다.

4) 사회적 네트워크의 역할 중요성에 대한 인식 증가

가족이나 친척과 같은 클라이언트의 주변 환경은 클라이언트가 지역사회 내에서 기능하는데 긍정적 영향을 미칠 수도 있고 부정적 영향을 미칠 수도 있다. 사례관리자는 클라이언트의 다양한 욕구를 명확히 하고, 적절한 자원을 선택하며, 클라이언트 및 자원과 적합한 연계를 하여야 한다. 사례관리는 비공식적 지원을 공급하는 개인 및 사회조직과 공식적 대인서비스를 공급하는 전문직을 조정하는 중요한 역할을 담당한다.

5) 대인서비스의 단편성

대부분의 대인서비스는 특정한 표적인구집단을 대상으로 단편적으로 조직되어 있다. 즉, 연령집단별로는 아동, 청소년, 노인 등으로 구분되어 있으며, 욕구영역별로는 소득, 보건, 의료, 주택, 교육, 취업, 교통, 정신보건, 사회활동, 여가 등으로 나뉘어 있고, 문제영역별로는 정신지체, 발달장애, 교정 등으로 조직되어 있다. 또한 한 분야의 서비스를 제공받는 사람들을 대상으로 살펴보더라도 서비스를 제공하는 장소, 연령집단, 전문가, 시간 등이 상당히 분산되어 있다. 서비스의 단편성으로 인하여 다양한 서비스 공급주체가 분산되어 통합되지 못하였고, 서비스를 받는 클라이언트의 욕구는 해결되지 못하였다. 따라서 지역사회 내에서 클라이언트의 다양하고 복합적인 욕구를 충족시키기 위해 제공되는 서비스들이 조정되고 통합됨으로써 포괄적이고 지속적인 서비스가 가능해져야 했는데, 이에 사례관리가 필요하게 되었다.

6) 대인서비스의 효율성에 대한 관심 증가

사회적 서비스 제공에 있어서 효율성의 추구는 어느 시대를 막론하고 언제나 중요한 쟁점이었다. 이러한 서비스 제공의 효율성에 대한 관심은 제한된 자원 내에서 서비스 전달의 효과를 최대화하려는 목적에서 비롯되었다. 한정된 자원을 필요로 하는 클라이언트가 증가하면서 서비스의 중복과 누락을 점검하는 전문 기술이 필요해졌는데, 그러한 전문 기술로서 사례관리가 새롭게 등장했다. 특히 현대에는 증가하는 의료비에 대한 대응책으로서 사례관리를 통한 점검이 중요해졌는데 이것은 사례관리가 사회복지실천 영역에서 더욱 관심을 받게 되는 데 힘을 더했다.

2. 사례관리의 개념과 기능

사례관리는 전통적 사회복지 실천방법의 모든 측면을 통합한 것으로서, 다양하고 복합적인 욕구를 가진 클라이언트를 대상으로 그들의 욕구를 충족시키고 사회적 기능을 향상시키기 위하여 고안된 사회복지실천의 새로운 접근방법이다.

아직까지 사례관리의 개념에 대한 정확한 정의나 합의가 없는 상태다. 용어상으로도 학자에 따라 다양하게 사용되고 있는데, 케이스매니지먼트와 케어매니지먼트가 혼용되고 있다. 그러나 케이스워크에서 사용되는 의미인 개인에 대한 치료가 아니라 보호체계를 강조하고 있다는 점에서 본다면 케어매니지와 케어매니지먼트가 다소 정확한 용어가 될 것이다. 그러나 현 상황에서는 구분 없이 사용되는 것이 일반적이다.

목슬리(Moxley, 1989)는 사례관리가 복합적인 욕구를 지닌 사람들의 기능을 향상시키고 복지를 위해 공식적 · 비공식적 자원과 활동의 관계망을 조직 · 조정 · 유지하는 것이라고 한다.

한국사례관리학회(2012)는 사례관리를 복합적이고 장기적인 욕구를 지닌 클라이언트와 그 가족의 사회적 기능을 회복시키기 위하여 다양한 자원을 활용하여 지속적이고 효과적인 사회복지서비스를 제공하는 통합적 실천방법으로 규정하고 있다.

사례관리란 지역사회복지실천에서 지역사회보호나 재가복지모형과 연관되며, 복합적이고 다양한 욕구와 문제를 지닌 클라이언트를 중심으로 그들의 욕구와 문제를 해결하고 사회적 기능을 증진시키기 위해서 그들이 필요로 하는 보호와 서비스를 효과적으로 제공받을 수 있도록 공식적 보호체계와 비공식적 보호체계를 통합 · 조정 · 관리하는 과정으로 개념화할 수 있다는 측면에서 지역사회복지 실천방법으로 볼 수 있다.

결론적으로 사례관리는 한 사람의 사례관리자가 복합적 욕구를 가진 클라이언트에게 다양한 서비스 자원을 연결시켜 클라이언트가 사회생활상의 어려움을 극복할 수 있도록 돕는 사회복지실천의 한 방법이다. 이를 위해 사례관리자는 일련의 과정을 통해 직접적 서비스 제공 기능과 서비스 제공자 간의 연계활동 기능을 수행하게 된다. 즉, 사례관리는 임상적 기능의 직접적 개입과 행정적 기능의 간접적 개입으로 수행된다. 사례관리의 임상적 기능과 행정적 기능에 대해 정리하면 다음과 같다.

첫째, 사례관리의 임상적 기능은 개별 클라이언트의 신체적 · 정신적 · 심리적 · 사회적 측면에 관심을 갖고, 개별화된 상담 및 치료를 통하여 직접적으로 개입하는 것을 의미한다. 상담 및 치료를 통하여 개별 클라이언트에게 개입하기 위해서는 사례관리자와 클라이언트와의 우호적인 신뢰관계를 구축하는 것이 무엇보다도 중요하다.

둘째, 사례관리의 행정적 기능이란 개별 클라이언트가 접촉하고 있는 사회적 체계, 예를 들면 가족, 학교, 직장, 지역사회 등의 체계에 관심을 갖고, 이들 체계가 클라이언트의 삶에 미치는 영향을 살피면서 클라이언트의 삶에 긍정적 변화를 가져올 수 있도록 이들 체계와 클라이언트 사이의 비공식적이고 공식적인 원조망을 개발하고 유지하는 기능을 수행하는 것이다. 또한 사회적 체계에 존재하는 다양한 자원과 서비스로의 의뢰나 연계 그리고 조정 활동을 펼친다.

이처럼 사례관리는 개별 클라이언트에 대하여 직접적 개입 및 간접적 연계와 조정 기능을 통하여 클라이언트의 욕구 충족을 강화시킨다. 이때는 개별 클라이언트와의 신뢰관계 구축, 지역사회자원과 서비스와의 네트워크 구축이 전제되어야 한다.

3. 사례관리의 목적과 목표

1) 사례관리의 목적

사례관리가 추구하는 궁극적 목적은 서비스의 누락 및 중복을 방지하며, 클라이언트에 대한 보호의 지속성을 실현시키는 것이다. 나아가 클라이언트의 삶의 질 향상과 지역사회통합을 달성하는 데 그 목적이 있다. 즉, 가족과 이웃이 있는 지역사회 내에서 클라이언트가 지역사회의 한 구성원으로서 지역사회와 밀접한 상호작용을 맺으며 일반인들과 함께 독립적으로 살아갈 수 있도록 돕는 것이 사례관리의 지향점인 것이다.

2) 사례관리의 목표

사례관리가 추구하는 구체적 목표는 크게 다섯 가지 측면으로 정리할 수 있다. 서비스의 지속성, 접근성, 책임성, 효율성 그리고 클라이언트의 삶의 질 향상이다(홍현미라 외, 2010; Intagliata, 1982).

첫째, 서비스의 지속성이다. 서비스의 지속성은 다시 횡단적 측면의 지속성과 종단적 측면의 지속성으로 구분된다. 횡단적 측면의 지속성이란 다양한 서비스 영역 속에서 클라이언트에게 필요한 서비스를 어느 시기라도 제공받을 수 있도록 하는 것, 즉 서비스가 포괄적으로 조정되어 제공될 수 있도록 하는 것을 의미한다. 이를 위해서는 클라이언트에게 제공된 서비스 종류

등을 파악하여 서비스 포괄성과 중복성을 검토하는 사례관리 활동이 필요하다. 다음으로 종단적 측면의 지속성이란 변화하는 클라이언트 욕구에 끊임없이 부응하면서 서비스가 통합적으로 제공될 수 있도록 하는 것이다. 즉, 서비스 체계 속에서 클라이언트가 탈락되지 않고 지속적으로 연계될 수 있도록 하는 것이 목표다. 예를 들어, 병원에서 퇴원한 정신장애인이 지역사회정신보건센터에 단절 없이 연계되어 필요한 서비스를 받을 수 있도록 하는 것이다.

둘째, 서비스의 접근성이다. 지역사회 내에 흩어져 있는 서비스들은 대상 기준, 규제 범위, 정책 그리고 운영과정이 저마다 다양하다. 클라이언트는 신체적·정신적 장애, 지리적 한계, 서비스 구매력의 제한, 서비스에 대한 무지 및 정보의 한계 등으로 서비스 접근에 어려움이 있다. 사례관리는 클라이언트가 필요로 하는 서비스에 접근할 수 있도록, 이를 방해하는 장애물이 있는지를 확인하여 제기함으로써 서비스 이용을 돕는다.

셋째, 서비스의 책임성이다. 지역사회 내에서는 다양한 기관이 저마다 개별적 서비스를 제공하면서 복잡한 서비스 전달체계가 작동된다. 이때 클라이언트에게 필요한 서비스가 반드시 제공될 수 있도록 책임성을 다할 수 있는 사례관리활동이 요구된다. 예를 들어, 한 명의 서비스 제공자나 하나의 서비스 제공 팀 혹은 하나의 서비스 기관이 클라이언트에게 필요한 서비스가 전달되었는가를 점검하는 책임이 필요한데, 이를 위하여 특정 클라이언트를 위한 기관 차원에서는 담당 사례관리자를 지정하거나, 지역사회 차원에서는 담당 사례관리기관을 선정하는 것이 필요하다. 사례관리자는 서비스 제공기관 혹은 서비스 제공자(혹은 팀)가 지속적으로 클라이언트와 연계되는가 혹은 변동되었는가, 변동되는 과정에서 단절 없는 연계가 이루어졌는가를 점검할 필요가 있다.

넷째, 서비스의 효율성이다. 복잡한 서비스 체계 내에서 다양한 기관의 개별적 서비스가 제공되면서 클라이언트에게 서비스가 중복되거나 누락될 수 있다. 이때 사례관리는 서비스 제공과정을 조정함으로써 필요한 서비스가 중복 또는 누락되지 않도록 하여 서비스 전달의 비용효과를 높일 수 있다.

마지막으로, 클라이언트 측면의 효과성이다. 즉, 사례관리자 측면에서 바라보는 것이 아니라, 클라이언트 측면에서 사례관리는 건강 및 생활기능, 경제상황, 주거 및 고용, 교육, 비공식적 지지망, 지역사회 통합 등을 통해 클라이언트의 신체적·정신적 건강 증진, 주거안정, 직업재활, 지지망 확대, 사회적 기능향상 등의 클라이언트의 삶의 질 향상에 도움을 준다.

이러한 사례관리의 다섯 가지 목표는 개개인의 잠재력을 극대화시키는 데 도움을 준다. 또한 가족 및 일차집단의 보호능력을 극대화시키는 데 큰 역할을 하며 공식적인 보호체계와 일차적인 보호자원을 통합하고 공식적 보호체계 내 클라이언트의 자원활용 능력을 극대화시킨다.

4. 사례관리를 위한 사회자원

사회자원은 복지욕구의 충족을 위해 이용·동원되는 시설·설비, 자원·물품, 다양한 제도, 기능, 지식, 개인·집단 등의 유형이나 무형의 하드웨어, 소프트웨어의 총체라고 할 수 있다. 사회자원은 클라이언트의 복잡하고 다양한 욕구충족과 사회적 기능을 향상시키기 위해서 필요한 사례관리의 중요한 구성요소 중의 하나다.

최근에 사회복지비용의 억제에 관한 관심이 높아지면서 클라이언트의 사회적 관계망의 역할 중 비공식적 지원체계의 중요성에 관한 논의가 활발하게 전개되고 있다. 그러나 사회자원은 비조직적이고 자발적이며 상호 부조적인 특성을 지니고 있는 비공식적 지원체계와 공식적 기구를 통하여 자원에 제고되는 공식적 지원체계로 나눌 수 있으므로 비공식적 지원체계와 공식적 지원체계를 통합하는 총체적 사회자원에 대해 생각해 보아야 한다.

1) 공식적 자원

공식적 자원이란 제도화된 자원으로, 대표적인 것으로서는 행정에 의한 공적 서비스를 들 수 있다. 또한 인가를 받은 민간조직·단체(사회복지법인, 의료법인, NPO 등)에 의한 서비스를 일컫는다. 공식적 서비스는 서비스 적용에 관한 일정의 평가기준 및 이용수속이 정해져 있고, 계획적 사업방침에 의해 안정되고 계속적인 서비스가 공급되며, 전문적인 서비스 제공이 기대되는 특징을 가지고 있다.

2) 비공식적 자원

비공식적 자원 또는 비공식적 서비스란 제도화되어 있지 않은 서비스를 말한다. 주로 친척, 친구, 동료, 자원봉사자 등 명확히 제도화되어 있지 않은 당사자 조직, 상호부조단체 등에 의한 서비스를 들 수 있다. 또한 가족에 의한 일차적 원조와 케어도 포함된다. 이 자원은 클라이언트에게 정서적 욕구를 충족시키기 위해서 없어서는 안 되는 자원이라 할 수 있으나, 한편으로는 서비스의 지속성, 안정성 등의 신뢰성이나 전문성이 공식적 서비스에 비해서 떨어진다.

3) 내적 자원

이것은 본래 클라이언트 자신이 가지고 있는 적응능력, 해결능력이다. 사례관리의 실천은 단순히 외적 자원을 동원하는 것뿐만 아니라, 내적 자원에도 주목하여 내적 자원을 활용·개발하여 클라이언트의 잠재능력을 개발시켜 성장이 촉진되도록 하는 것이다.

5. 사례관리 과정

1) 사례관리 과정

사례관리의 과정은 기본적으로 문제해결 과정으로서 단선적 과정이기보다 순환적인 연속과정이다. 로스먼(Rothman, 1990)은 사례관리의 과정을 클라이언트 확보, 인테이크 및 사정, 개입계획, 클라이언트와의 연결, 탐색, 결과, 평가 등으로 설명하였다. 한국사례관리학회(2012)는 사례관리의 과정을 초기단계, 사정단계, 계획단계, 실행단계, 평가 및 종결단계의 5단계로 제시하고 있다. 사례가 종결된 이후에도 클라이언트의 향상된 문제해결 능력과 변화가 최대한 지속될 수 있도록 사후관리를 하는 것이 필요하다고 본다. 이러한 관점을 반영해 이 절에서 사례관리의 과정을 초기과정, 사정과정, 계획과정, 개입 및 점검과정, 평가 및 종결과정의 5단계로 제시하여 설명하면 다음과 같다.

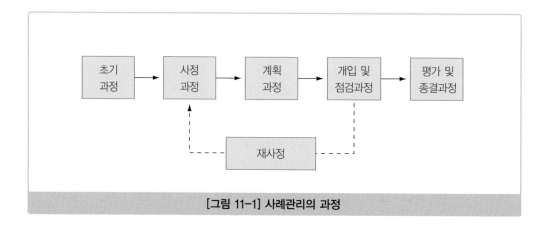

[그림 11-1] 사례관리의 과정

(1) 초기과정

초기과정은 아웃리치를 통한 사례 발견이나 긴급한 욕구를 가진 자를 스크리닝하여 사례관리 과정에 참가시키는 것이다. 즉, 지역사회복지관을 중심으로 각종 상담이나 지역주민의 정보를 통해서 서비스를 받도록 권장하거나 홍보하는 단계다.

이 단계에서 사례관리자는 클라이언트에게 자신과 자신이 속한 기관을 소개함으로써 클라이언트가 자신의 문제를 함께 해결해 나갈 전문가와 기관을 충분히 이해하고 신뢰하도록 도와야 한다. 또한 클라이언트가 자신을 잘 소개하고 의뢰하고자 하는 문제가 무엇인지 정확하게 이야기할 수 있도록 격려하고 독려하는 것이 목표다. 초기단계에서 필요한 사례관리자의 주요 기술은 신뢰구축 기술, 부정적 감정을 다루는 기술, 기대를 명료화하는 기술 등이다.

(2) 사정과정

사정과정에서는 클라이언트를 사회생활의 전체적인 시점에서 파악하여 각종 욕구를 평가한다. 사정의 내용은 원조대상자들의 특성에 따라 달라지지만 현재의 문제상황, 신체적 · 정신적 건강생활, 일상생활의 동작능력, 경제상황, 세대구성, 가족구성, 이웃 · 친구에 관한 정보, 현재의 공적 서비스 등이 포함된다.

(3) 계획과정

계획과정은 사례관리 목표의 설정과 서비스 제공계획 수립의 단계로 클라이언트 측의 욕구와 해당 지역의 잠재적인 서비스의 제공능력에 맞추어 클라이언트의 욕구에 맞는 원조목표를 설정하고, 개별화된 서비스와 원조를 통합해서 서비스의 계획을 작성하는 과정이다. 사례관리자는 계획수립 후 작성된 계획서를 기초로 클라이언트와 계약을 한다.

(4) 개입 및 점검과정

개입과정은 클라이언트의 변화 도모를 위한 서비스 계획을 실행하는 단계로 사례관리자는 다양한 원조관련 공급주체와 클라이언트와 함께 이 과정에 참여토록 원조한다. 사례관리자는 직접실천과 간접실천의 방법으로 클라이언트의 변화를 돕는다. 또한 설정된 목표에 대한 개입 실행 정도를 점검하고, 클라이언트나 사회상황의 변동에 따라 욕구가 충족하지 못한 경우에 재사정을 하며 서비스의 계획을 변경한다. 뿐만 아니라 개입과정의 점검을 통해 클라이언트에게 새로운 욕구가 발생되었을 경우도 재사정을 통해 서비스 개입계획을 변경하고, 변경된 계획에 의해 개입과 점검을 다시 실시하게 되는 순환적 과정을 거친다.

(5) 평가 및 종결과정

종결과정은 계획단계에 설정된 목표가 달성된 정도를 평가하고, 목표가 달성되면 종결을 한다. 종결에서는 목표달성 정도뿐만 아니라 클라이언트의 감정정리도 원조한다. 또한 사례 종결 후 사례관리자는 클라이언트의 향상된 문제해결 능력과 변화가 최대한 지속되도록 사후관리를 한다.

2) 사례관리 실제

다음의 사례를 읽고 사례관리의 대상자로 적합한지 판단하고 사례관리 과정별로 사례관리자가 해야 하는 역할에 대해 집단별로 토의해 보라.

사례   학교와 아동보호전문기관을 통해 의뢰된 아동

A는 부자가정의 아동으로, 아동의 아버지는 알코올중독으로 인해 적절한 아동양육을 할 수 없어 A는 학교에 상습적으로 지각을 하거나 결석을 하고 제대로 된 식사도 제공받지 못하고 결식을 하는 등 방임이 심각하였다. 이 아동을 학교사회복지사가 아동보호전문기관에 아동방임 사례로 의뢰하였고, 아동보호전문기관에서는 인근의 지역아동센터에 아동보호를 의뢰하였다.

지역아동센터에서 관찰한 바에 의하면, 또래에 비해 마른 편이나 건강상태는 양호한 편이며, 언어전달 능력이 부족하고 선택적으로 단답형 대답 "네."를 반복하거나 혼자서 중얼거림을 하는 등 의사소통에 다소 문제가 있는 것으로 조사되었다. 학교에서 잦은 결석이나 지각 등으로 인해 학업수행이 원활히 이루어지지 않고 있어 학업성취도는 평균 50점 이하였다. 아동은 이야기할 때 눈 마주침이 안 되고 위를 보면서 상대방의 눈을 회피하는 경향이 많았다. 연령에 비해 문장력이나 어휘력이 현저히 낮으며 발음이 분명치 않았다. 유아기 때 눈을 깜빡거리는 틱장애를 보여 치료하여 틱 증상이 호전되었고 초등학교 입학 후 틱 증상은 사라졌다고 하나 때때로 긴장하면 눈을 깜박이는 증상을 보이기도 하였다.

아동의 부는 평상시 인품은 온화하고 아동에 대해서도 헌신적이나, 음주를 시작하면 한 달가량 장기적으로 술을 마시고 술을 마신 후에는 보건복지부, 주민자치센터 등 유관기관에 상습적으로 전화를 하여 자신의 처지를 한탄하는 특성이 있다.

6. 사례관리의 전망과 과제

　모리스(Morris)는 1979년 미국 시카고에서 "앞으로의 사회사업방법론은 치료(cure)에서 케어 (care)의 시대로 변화하고 있으며, 이러한 변화를 지원할 수 있는 방법론이 사례관리방법이다." 라고 말하였다. 이와 같이 지역사회복지뿐만 아니라 전 복지 영역에서 사례관리는 점차 중심적 인 실천방법으로 확산될 전망이다. 또한 최근 탈시설화, 효율성의 증가, 효과성의 증가 그리고 복지비용 감축에 대한 관심이 높아짐에 따라 사례관리에 대한 기대는 더 높아져 가는 추세다. 복합적 욕구를 가진 클라이언트의 증가에 따라 기존 서비스의 단편성과 사회적 지원체계에 대 한 인식이 증가하여 사례관리기법은 더욱 확산되고 발전될 가능성이 높다.

　그러나 이러한 사례관리기법 또한 과제를 가지고 있다. 첫째로는 사례관리를 실시하는 기관 을 어떻게 조직하느냐 하는 문제다. 이러한 공급조직의 구성은 현재 우리나라 복지수준, 정치 적 여건 등을 감안하여 조직하여야 한다. 둘째, 지역사회의 상황 등에 따라 사례관리의 체계를 어떻게 구성하는가의 문제다. 셋째, 사례관리에 필요한 전문적 인력의 양성과 교육문제다. 넷 째, 현재 시행되는 사회복지의 구성체계에 어떻게 효과적으로 통합시키는가 하는 문제다. 이 경우, 기존의 구성체계에 대한 충분한 이해가 선행되어야 효과적으로 통합을 할 수 있을 것이 다. 다섯째, 사례관리기법을 해당 지역사회와 클라이언트의 특성에 맞추어 어떻게 특성화시키 는가의 문제다. 이 경우 해당 지역사회에 어떠한 문화적·사회적·경제적 특성이 있는지를 파 악하여야 하며 어떠한 자원이 존재하는가에 대한 이해도 필요할 것이다. 즉, 지역사회에 대한 충분한 이해를 하여야만 사례관리기법을 지역사회의 특성에 맞게 맞추어 나갈 수 있을 것이다. 따라서 사례관리자는 지역사회의 특징에 대해 충분히 조사하고 이해해야 한다.

참고문헌

한국사례관리학회(2012). 사례관리론. 서울: 학지사.

김만두 편역(2004). 케이스매니지먼트 실천론[*The Practice of Case Management*]. Moxley, D. P. 저. 서울: 홍익재. (원저는 1989년에 출판).

홍현미라 · 김가율 · 민소영 · 이은정 · 심선경 · 윤민화(2010). 지역사회복지론. 서울: 학지사.

Intagliata, J. (1982). Improving the quality of community care for the chronically mentally disabled: The role of case management. *Schizophrenia Bulletin*, *8*(4), 655-674.

Moxley, D. P. (1989). *The Practice of Case Management*. Newbury Park, CA: Sage Publications.

Rothman, J. (1990). A model of case management: Toward emprical based practice. *Social Work*, *36*(6), 520-529.

제4부
지역사회복지 실천영역

제**12**장
실천영역 1: 지역사회보장협의체, 사회복지협의회, 사회복지사협회

1. 지역사회보장협의체

1) 지역사회보장협의체 개요

(1) 지역사회보장협의체 구성, 운영의 추진배경

우리나라는 지방자치제도 도입 이후 중앙부처의 권한을 축소하고 지방의 자율성과 책임성을 강화하기 위하여 지속적으로 지방분권을 추진하여 왔다. 지방분권은 단순히 정부기능을 중앙에서 지방정부로 이관한 것에 그치는 것이 아니다. 지방자치단체가 과거 중앙부처의 기획을 집행하던 차원에서 벗어나, 지역사회 중심의 사회복지계획 수립·운영과 이에 필요한 지역 내 네트워크 구축 및 자원연계, 발굴 기능이 중요한 지자체의 과제로 부각되었다.

기존 「사회복지사업법」은 사회복지사업 중심의 서비스 이용 절차와 운영에 한정되어 있어 중앙행정기관과 지방자치단체의 유기적인 연계를 통한 지역단위 사회보장을 제대로 이루어 내지 못하는 한계를 갖고 있었다. 이러한 한계를 극복하기 위하여 「사회보장급여의 이용, 제공 및 수급권자 발굴에 관한 법률」 제정으로 중앙부처와 유기적 연계를 통한 지역단위의 종합적 사회보장, 지역 간 사회보장의 균형발전을 위한 지원체계가 정비되었다.

민간부문과 공공부문으로 이루어진 지역사회의 사회보장급여(서비스) 제공 인프라(infrastructure)는 각기 다른 운영방식과 조직체계하에서 운영되고 있어 조직체계를 물리적으로 통합하는 것에 어려움이 있었다. 이러한 문제점이 복지 사각지대의 원인 중 하나일 수도 있어 민·관 파트너십을 지역단위에서 어떻게 구축해 나갈 것인지를 모색하게 되었다. 따라서 개별 사회보장급여(서비스) 제공기관의 자율성과 탄력성을 보장하면서 복지 사각지대를 해결하기 위한 방법으로서 지역사회 단위의 통합적 사회보장급여(서비스)를 제공할 수 있는 방안 마련이 필요하였다.

이는 지역문제를 지역주민 스스로 해결해 가면서 주민 간 신뢰와 협동심 배양, 건전한 지역 풍토 조성, 주민의 자긍심 고취, 지역의 자생력 촉진 등 지역사회 공동체기능을 회복하여 주민의 삶의 질을 개선할 뿐만 아니라 사회적 소외와 배제를 방지하고 사회적 비용을 절감하기 위한 것이다. 사회자본은 지역주민들 간 상호신뢰의 정도를 나타내는 것으로, 사회적 자본이 많이 축적된 사회는 저비용 고효율을 성취할 수 있는 사회가 된다. 따라서 지역공동체 회복을 통한 복지문제 해결은 지역의 복지자원을 활용하여 복지문제를 현장에서 신속하게 해결함으로써 복지행정의 효율성과 주민 만족도의 효과성을 동시에 추구할 수 있는 최적의 접근방법이라는 인식에서 출발하였다.

정보통신기술의 발전에 따라 효율적인 정보교환과 의사소통이 가능하여 기존의 관료제적 조직 구조에 대한 대안으로서 사회보장분야에서도 저비용·고효율의 네트워크형 조직 운영의 방법을 도입하여 당면한 지역사회보장의 현안을 해결하자는 것이 근본적인 취지다. 이는 지역사회보장의 기획과 실행 기능을 위한 협의적 의사결정, 상생적 조직관계, 지역사회 공동체, 사회적 자본 등을 주요 개념으로 두고, 네트워크 방법론을 토대로 지역사회보장협의체를 구성하고자 한다.

이상의 지역사회보장협의체 구성, 운영의 추진배경을 요약하면 다음과 같다. 첫째, 지방분권과 사회복지 전달체계의 근원적 변화, 둘째, 지역사회보장 환경의 특성을 반영한 연계 및 조직화 필요성, 셋째, 지역사회 공동체기능 회복과 사회적 자본 증대의 절실성, 넷째, 정보통신기술의 발전에 따른 새로운 사회 조직화의 가능성이다. 이러한 맥락에서 「사회보장급여의 이용·제공 및 수급권자 발굴에 관한 법률」 제정으로 지역사회보장협의체 도입을 위한 기본토대가 정비되었다.

「사회보장급여의 이용·제공 및 수급권자 발굴에 관한 법률」의 목적

(약칭: 「사회보장급여법」)

이 법은 「사회보장기본법」에 따른 사회보장급여의 이용 및 제공에 관한 기준과 절차 등 기본적 사항을 규정하고 지원을 받지 못하는 지원대상자를 발굴하여 지원함으로써 사회보장급여를 필요로 하는 사람이 인간다운 생활을 할 권리를 최대한 보장하고, 사회보장급여가 공정하고 효과적으로 제공되도록 하며, 사회보장제도가 지역사회에서 통합적으로 시행될 수 있도록 그 기반을 구축하는 것을 목적으로 한다.

이 법의 입법 동기는 복지사각지대의 문제를 해결하기 위해 제도 개선을 통하여 복지에 필요한 재원부담을 줄이고 정책의 효율성을 높이고자 하는 것이다.

(2) 지역사회보장협의체 구성, 운영의 법적 근거

지역사회의 민간과 공공의 보건·복지 분야에 대한 연계와 협력체계를 강화하기 위해 기존에 시·군·구 자치단위로 구성되어 있던 지역사회복지협의체 대신 지역사회보장협의체를 구성하도록 「사회보장급여의 이용·제공 및 수급권자 발굴에 관한 법률」이 제정[법률 제12935호, 2014. 12. 30.]되어 2015년 7월 1일 시행되었다. 이 법률 제41조(지역사회보장협의체)에 근거하여 시·군·구 자치단위로 지역사회보장협의체가 설치·운영된다.

이 법률 제41조(지역사회보장협의체)는 제1항부터 제6항으로 구성되어 있다. 제1항은 시·군·구에 지역사회보장협의체를 '둔다'는 설치의무 조항이며, 제2항은 지역사회보장협의체의 업무 규정으로 1호부터 6호로 구성된다. 제3항은 지역사회보장협의체 위원의 자격규정으로 1호부터 5호로 구성되며, 제4항은 실무협의체 설치의무 조항이고, 제5항은 지역사회보장협의체에 필요한 인력 및 운영비 등 재정 지원에 관한 규정이다. 그리고 제6항은 지역사회보장협의체, 실무협의체 및 읍·면·동 단위 지역사회보장협의체의 조직·운영에 필요한 사항의 시·군·구의 조례재정 근거를 제공하는 조항이다.

「사회보장급여의 이용·제공 및 수급권자 발굴에 관한 법률」

(약칭: 「사회보장급여법」)

제41조(지역사회보장협의체) ① 시장·군수·구청장은 지역의 사회보장을 증진하고, 사회보장과 관련된 서비스를 제공하는 관계 기관·법인·단체·시설과 연계·협력을 강화하기 위하여 해당 시·군·구에 지역사회보장협의체를 둔다.

② 지역사회보장협의체는 다음 각 호의 업무를 심의·자문한다.

1. 시·군·구의 지역사회보장계획 수립·시행 및 평가에 관한 사항

2. 시·군·구의 지역사회보장조사 및 지역사회보장지표에 관한 사항

3. 시·군·구의 사회보장급여 제공에 관한 사항

4. 시·군·구의 사회보장 추진에 관한 사항

5. 읍·면·동 단위 지역사회보장협의체의 구성 및 운영에 관한 사항

6. 그 밖에 위원장이 필요하다고 인정하는 사항

③ 지역사회보장협의체의 위원은 다음 각 호의 사람 중 시장·군수·구청장이 임명 또는 위촉한다. 다만, 제40조 제4항에 해당되는 사람은 위원이 될 수 없다.

1. 사회보장에 관한 학식과 경험이 풍부한 사람

2. 지역의 사회보장 활동을 수행하거나 서비스를 제공하는 기관·법인·단체·시설의 대표자

3. 「비영리민간단체지원법」 제2조의 비영리민간단체에서 추천한 사람

4. 제44조에 따른 복지위원의 대표자

5. 사회보장에 관한 업무를 담당하는 공무원

④ 지역사회보장협의체의 업무를 효율적으로 수행하기 위하여 지역사회보장협의체에 실무협의체를 둔다.

⑤ 보장기관의 장은 지역사회보장협의체의 효율적 운영을 위하여 필요한 인력 및 운영비 등 재정을 지원할 수 있다.

⑥ 제1항부터 제5항까지에 규정된 사항 외에 지역사회보장협의체, 실무협의체 및 읍·면·동 단위 지역사회보장협의체의 조직·운영에 필요한 사항은 보건복지부령으로 정하는 바에 따라 해당 시·군·구의 조례로 정한다.

출처: 국가법령정보센터(http://www.law.go.kr).

또한 이 법률 시행으로 지역사회복지협의체는 '지역사회보장협의체'로 명칭이 변경되었고, 지역사회복지는 '지역사회보장'으로, 지역사회복지서비스는 '지역사회보장서비스'로 각각 명칭이 변경되었다.[1]

---

1) 2015년 7월 1일부터 지역사회복지협의체를 지역사회보장협의체로 간주하는 경과조치(보건복지부, 2015. 3. 15.), 지역사회보장협의체 운영안내 개정(안)

〈표 12-1〉 지역사회보장협의체 명칭 및 기능변화 비교

구분	지역사회복지협의체(~2015. 6. 30.)	지역사회보장협의체(2015. 7. 1.부터 시행)
법적 근거	「사회복지사업법」 제7조의2	「사회보장급여의 이용·제공 및 수급권자 발굴에 관한 법률」 제41조
범주	보건의료 및 사회복지서비스 중심	보건의료 및 사회복지뿐만 아니라 고용·주거·교육·문화·환경 등의 영역 확대
연계 체계	(시·도) 사회복지위원회 (시·군·구) 지역사회복지협의체 (읍·면·동) 복지위원	(시·도) 사회보장위원회 (시·군·구) 지역사회보장협의체 (읍·면·동) 읍·면·동단위 지역사회보장협의체, 복지위원
협의체 구성	10명 이상 30명 이하 위원으로 구성 • 보건의료 또는 사회복지 전문가, 서비스 제공기관 대표, 공익단체 추천자 등으로 구성	위원 수 확대(10명 이상 40명 이하) • 사회보장분야 전문가, 사회보장서비스 제공기관 등의 대표자, 비영리민간단체 추천자 등으로 구성
협의체 운영	협의체 업무의 효율적 수행을 위하여 실무협의체 구성·운영	• 실무협의체 구성·운영 • 보장기관의 인력 및 운영비 등 재정 지원
협의체 기능	• 관할지역의 사회복지사업에 관한 중요사항과 지역사회복지계획 심의 또는 건의 • 사회복지 및 보건의료서비스 연계 협력 강화	심의·자문기구 성격 • 지역사회보장계획의 수립·시행·평가 • 지역사회보장조사 및 지역사회보장지표 • 시·군·구 사회보장급여 제공 • 시·군·구의 사회보장 추진 • 읍·면·동 단위 지역사회보장협의체 구성·운영 등
경과 조치		2015. 7. 1.부터 지역사회복지협의체는 지역사회보장협의체로 간주

출처: 보건복지부, 2015.

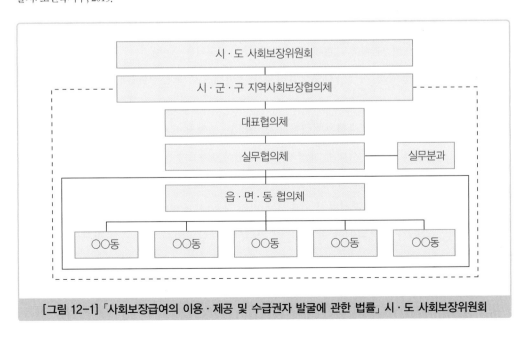

[그림 12-1] 「사회보장급여의 이용·제공 및 수급권자 발굴에 관한 법률」 시·도 사회보장위원회

(3) 지역사회보장협의체 구성, 운영의 목적

지역사회보장협의체 구성, 운영의 목적은 민주적 의사소통 구조 확립, 사회복지서비스의 연계체계 구축, 지역사회 내 복지자원 발굴 및 서비스 제공기관 간 연계, 협력으로 지역복지자원의 효율적 활용체계 조성에서 찾을 수 있다. 구체적 내용은 다음과 같다(보건복지부, 2015).

첫째, 지역사회 내 복지문제를 해결하기 위한 민주적 의사소통 구조를 확립하는 것이다. 지역사회보장 계획, 수립, 집행, 평가 등 지역사회보장 증진을 위한 과정에 민간의 참여 및 협력 기반을 마련함으로써 국민 중심의 맞춤형 복지구현에 기여하는 것이다. 특히 수급권자에게 필요한 급여(서비스)를 제공하는 기관의 대표 또는 실무자들의 복지문제 해결 의지가 지역사회에서 활발하게 논의될 수 있는 상향식 의사소통 구조를 확립하는 데 그 목적이 있다.

둘째, 수요자 중심의 통합적 사회보장급여 제공의 기반을 마련하는 것이다. 이는 종전의 보건의료와 사회복지 위주의 서비스 제공에서 벗어나 고용·주거·교육·문화·환경관련 서비스 제공자 간의 연계망(network)을 구성하여 수요자의 다양하고 복합적인 욕구에 따라 필요한 서비스를 any-stop, one-stop으로 제공하는 것이다.

셋째, 지역사회 내 복지자원 발굴 및 서비스 제공기관 간 연계, 협력으로 지역복지자원의 효율적 활용체계를 조성하는 것이다. 지역사회의 다양하고 잠재적인 복지자원을 발굴하고 필요한 복지자원의 확충을 위해 노력하며, 서비스 제공기관 간 연계, 협력을 통해 지역사회 복지자원 및 수급권자에 대한 정보 등을 공유함으로써 자원 제공의 중복과 누락을 방지하는 데 그 목적이 있다.

(4) 지역사회보장협의체 구성, 운영원칙

지역사회보장협의체 구성, 운영원칙은 지역성, 참여성, 협력성, 통합성, 연대성, 예방성의 여섯 가지로 볼 수 있으며, 구체적 내용은 다음과 같다(보건복지부, 2015).

첫째, 지역성이다. 이는 지역사회보장협의체가 일반적으로 모든 지역에서 수행하는 보편적인 업무와 지역의 특성, 문화 등을 반영한 지역 핵심(고유) 사업을 수행해야 하는 것을 말한다. 다시 말하면, 관할지역 내의 사회복지현안에 집중하고 지역적 토양인 지역주민, 지역욕구, 지역자원을 고려한 현장밀착형 서비스 제공체계를 마련하고자 하는 것이다.

둘째, 참여성이다. 네트워크 조직을 표방하는 지역사회보장협의체가 관변단체로의 외형을 가지지 않고, 본연의 비전을 달성하기 위해서는 법적 장치나 규제보다는 민간과 공공의 적극적이고 자발적인 참여가 선행되어야 한다. 특히 지역사회보장협의체의 참여성 확보는 지역사회 내 다양한 분야의 대표성을 가진 사회보장과 관련된 서비스를 제공하는 관계기관, 법인, 단체, 시설 등의 참여가 전제되어야 한다.

셋째, 협력성이다. 지역사회보장협의체는 민관협력 기구로서 네트워크형 조직 구조를 통해 당면한 지역사회 복지문제 등의 현안을 해결하자는 것이다. 지역사회보장계획의 수립, 집행, 평가를 위한 협의적 의사결정, 상생적 조직관계, 지역사회 공동체, 사회적 자본 등을 주요 개념으로 두고, 네트워크를 바탕으로 민주적이고 합리적인 방법으로 운영함을 의미한다.

넷째, 통합성이다. 지역사회 내 복지자원 발굴 및 유기적인 연계와 협력을 통하여 지역주민의 다양하고 복잡한 욕구에 부응하는 서비스를 통합적으로 제공한다는 의미다. 다시 말하면, 이는 종전의 보건의료와 사회복지 위주의 서비스 제공에서 벗어나 고용, 주거, 교육, 문화, 환경관련 서비스 제공자 간의 연계망(network)을 통하여 지역주민의 다양하고 복합적 욕구에 필요한 서비스를 통합적으로 제공하는 것이다.

다섯째, 연대성이다. 자체적으로 해결이 곤란한 복지문제는 지역주민 간 연대를 형성하거나 인근 지역과 협조를 통하여 복지자원을 공유함으로써 자원을 효율적으로 활용하고 복지문제를 해결하고자 한다.

여섯째, 예방성이다. 지역사회보장조사와 지역사회보장계획을 수립하여 지역주민의 복합적인 복지문제를 조기에 발견하여 예방할 수 있도록 노력하고자 한다.

2) 지역사회보장협의체의 구성

지역사회보장협의체는 「사회보장급여의 이용·제공 및 수급권자 발굴에 관한 법률」 제41조(지역사회보장협의체)에 근거하여 대표협의체, 실무협의체, 실무분과, 읍·면·동 지역사회보장협의체로 구성되어 있다. 각각의 구성을 살펴보면 다음과 같다.

(1) 대표협의체 구성
● 대표협의체 구성의 원칙
① 대표성의 원칙: 대표협의체의 위원 구성은 해당 시·군·구 지역사회의 사회보장 이해관계자를 대표[예: 서비스 제공기관 대표, 수급권자(이용자) 대표, 공익 대표 등]할 수 있도록 구성해야 한다.
② 포괄성의 원칙: 대표협의체 위원 구성은 해당 시·군·구 지역사회보장분야 및 관련분야의 구성 주체를 최대한 포함할 수 있도록 구성해야 한다.
③ 민주성의 원칙: 대표협의체의 위원 구성은 민주적인 절차와 방법에 따라 임명 또는 위촉해야 한다.

● 대표협의체 위원의 구성

대표협의체는 대표성, 포괄성, 민주성의 원칙에 따라 위원을 구성해야 하며, 인원은 위원장을 포함하여 10인 이상 40인 이내로 구성된다. 해당 지역사회의 사회보장 관련 공공부문 대표, 민간부문 대표, 수급권자(이용자) 대표, 기타 연계 영역과 실무협의체 위원장 등으로 구성되어야 한다. 특히 시장·군수·구청장은 「사회보장급여의 이용·제공 및 수급권자 발굴에 관한 법률」 제40조 제4항에 따라 위원 임명 또는 위촉 전에 반드시 결격사유 해당 유무를 조회, 확인하여야 한다. 대표협의체 위원장은 해당 지방자치단체장이 당연직 공동위원장이 되고, 민간부문의 공동위원장을 선출하여 민·관이 공동위원장 체제로 운영된다. 대표협의체 위원의 임기는 2년으로 하며 연임할 수 있고, 공무원인 위원의 임기는 그 재직 기간으로 한다.

● 회의 운영

위원회 회의는 재적위원 3분의 1 이상이 요구할 때 또는 위원장이 필요하다고 인정할 때에 소집하며, 위원장은 회의를 소집하려면 회의의 일시·장소 및 심의 안건을 위원에게 회의 개최 5일 전까지 서면으로 알려야 한다. 다만 긴급히 개최하여야 하는 경우와 그 밖의 부득이한 사정이 있는 경우에는 그러하지 아니하다. 협의체 회의는 재적위원 과반수의 출석으로 개의하고 출석위원 과반수의 찬성으로 의결한다.

(2) 실무협의체 구성

● 실무협의체 구성의 원칙

① 포괄성의 원칙: 실무협의체 위원 구성은 해당 시·군·구의 지역사회보장 구성 주체들을 모두 포함할 수 있도록 구성해야 한다.

② 전문성의 원칙: 실무협의체 위원은 해당 시·군·구의 지역사회보장과 관련된 분야에 종사하고 있는 전문가들로 구성하여야 한다.

● 실무협의체 구성

지역사회보장협의체의 업무를 효율적으로 수행하기 위한 목적으로 협의체에 실무협의체를 구성한다. 실무협의체의 위원은 포괄, 전문성의 원칙에 근거하여 지역사회기반으로 활동하면서, 지역사회보장 증진에 관심이 많은 각 영역의 종사자 중에서 민주적 절차·방법으로 선출하며, 위원장 1명을 포함하여 10명 이상 40명 이하의 위원으로 구성한다. 실무협의체 위원장은 위원 중에서 선출하며, 위원장의 임기는 2년으로 연임할 수 있다. 특히 위원장은 대표협의체의 위원을 겸임하여 대표협의체와 실무협의체 사이의 원활한 의사소통체계 확립의 중추적인 역할을 수행한다. 실무협의체 위원의 임기는 대표협의체와 동일하게 2년으로 연임할 수 있으며, 공무원인 위원의 임기는 그 재직 기간으로 한다.

(3) 실무협의체의 실무분과 구성

● 실무분과 구성

실무분과는 별도의 원칙 없이 공공기관, 민간서비스기관, 기타 관련분야 영역의 위원으로 이루어진다. 공공기관 실무분과 위원은 사회복지 및 보건·고용·교육·주거·문화 등 관련 분야의 업무를 담당하는 실무담당 공무원이고, 민간서비스기관 실무분과 위원은 사회복지사업을 행하는 기관 단체 중 지역의 욕구를 대변하는 서비스 공급자와 지역의 복지에 관심이 있는 사람의 경우, 기존 실무분과 위원의 추천과 합의에 의해 해당 실무분과 위원이 될 수 있다. 기타 통합서비스 제공을 위해 연계가 필요한 경우 보건·고용·교육·주거·문화·관광·체육 등에 관련된 기관의 실무자 및 전문가 등으로 구성한다.

● 실무분과 구성의 형태

실무분과의 구성은 지역사회보장협의체 활성화의 원동력이 되는 기초를 제공하며, 구성형태는 지역특성 및 여건 등에 따라 대상별, 지역별, 기능별 등 다양한 형태로 구성 가능하다. 대상별 구성의 예로는 노인, 아동, 장애인, 여성 다문화가족 분과 등을 들 수 있다. 각 실무분과의 위원 수는 지역사정에 따라 협의체 내의 논의를 거쳐 유동적으로 운영한다.

(4) 읍·면·동 지역사회보장협의체 구성

위원은 지역사회의 읍·면·동 단위를 기반으로 활동하면서, 지역사회보장 증진에 관련된 분야의 종사자 중에서 민주적 절차·방법으로 선출하며, 위원장 1명을 포함하여 10명 이상으로, 대도시·중소도시·농어촌 등 지역사회 여건 및 사회보장 환경을 고려하여 지자체별로 위원 수를 탄력적으로 구성한다. 공공부문 위원은 당연직 위원으로 읍·면·동장과 사회복지와 보건의료 등 사회보장분야 담당 공무원을 위원으로 임명하고, 민간부문 위원은 지역의 사회보장 활동을 수행하거나 서비스를 제공하는 기관·법인·단체·시설의 실무자 중에서 읍·면·동장의 추천으로 전체 위원의 2/3 범위 내에서 시장·군수·구청장이 위촉한다. 특히 민간부분 위원은 실무협의체 또는 실무분과 위원으로도 활동할 수 있다.

위원장은 읍·면·동장과 민간위원 중 호선한 공동위원장 형태이며, 위원장은 회의를 주재하고 대표협의체 또는 실무협의체 간 원활한 의사소통체계 확립의 중추적인 역할을 수행한다. 협의체 위원의 임기는 2년으로 연임할 수 있으며, 공무원인 위원의 임기는 그 재직 기간으로 한다.

3) 지역사회보장협의체 기능

지역사회보장협의체의 기능에 관하여 보건복지부 지역사회보장협의체 운영 지침에서는 지역 주체 간 협의적 의사결정 기능, 네트워크 연계 및 조직화 기능, 통합서비스 기능의 세 가지를 제시하였다.

첫째, 협치(governance) 기능이다. 지역복지의 주요 사항을 민간과 공공이 협의하여 의사결정·심의하고 개선이 필요한 사항을 시장·군수에게 건의하는 것을 의미한다.[2]

둘째, 연계(network) 기능이다. 사회보장과 관련된 서비스를 제공하는 관계 기관·법인·단체·시설과 연계·협력을 강화한다. 즉, 지역사회의 인적·물적 자원을 연계하고 조직화하는 것을 말한다.

셋째, 통합서비스 기능이다. 지역사회보장협의체 내에서 각 분과 간 통합 및 조정 역할을 수행하고 지역주민의 욕구를 반영한 통합적 서비스 제공체계의 지원을 의미한다. 또한 통합서비

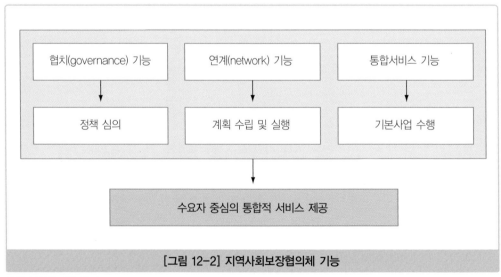

[그림 12-2] 지역사회보장협의체 기능

출처: 보건복지부, 2015.

---

2) 협치는 주로 대표협의체의 역할이지만, 실제 의제를 개발하고 사업 수행 시에는 실무협의체와 연계하여 네트워크 형성 및 협력을 추진한다.

스 제공을 위해 기존의 보건복지뿐만 아니라 고용·주거·교육·문화·환경 등 다양한 영역과 연계하여 통합서비스를 제공한다.

4) 지역사회보장협의체의 역할

(1) 대표협의체의 역할

지역의 사회보장을 증진하고 사회보장과 관련된 서비스를 제공하는 관계 기관·법인·단체·시설과 연계·협력을 강화하기 위하여 시·군·구별로 설치된 대표협의체는 지역사회보장계획에 관한 전반적인 사항에 대해 심의·협의·건의하며 지역사회복지 부문에서 시·군·구 자치단체장에게 자문 기능을 수행한다. 대표협의체의 주요 기능과 역할은 다음과 같다.

① 시·군·구의 지역사회보장계획 수립·시행 및 평가에 관한 사항
② 시·군·구의 지역사회보장조사 및 지역사회보장지표에 관한 사항
③ 시·군·구의 사회보장급여 제공에 관한 사항
④ 시·군·구의 사회보장 추진에 관한 사항
⑤ 읍·면·동 단위 지역사회보장협의체의 구성 및 운영에 관한 사항
⑥ 그 밖에 위원장이 필요하다고 인정하는 사항

(2) 실무협의체 역할

협의체 업무를 효율적으로 수행하기 위하여 설치된 실무협의체의 주요 기능과 역할은 다음과 같다.

① 지역 내 공동사업개발 및 건의
② 지역사회서비스 제공 및 연계 협력에 관한 협의
③ 대표협의체 심의(건의)안건 사전 검토
④ 실무분과에서 발의된 이슈에 대한 논의
⑤ 실무분과 간 역할조정 및 협력도모
⑥ 그 밖에 위원장이 필요하다고 인정하는 사항

(3) 실무분과의 역할

지역특성 및 여건 등에 따라 대상별, 지역별, 기능별 등 다양한 형태로 구성 가능한 실무분과의 구체적인 기능과 역할은 다음과 같다.

① 공동사업의 수행
② 대상자별 사례회의
③ 서비스 제공 및 연계
④ 서비스 제공을 위하여 필요한 사항

(4) 읍 · 면 · 동 지역사회보장협의체 역할

읍 · 면 · 동 지역사회보장협의체의 주요 기능과 역할은 관할 지역 내 사회보장대상자 발굴, 민간 사회보장자원 발굴 · 연계, 지역보호체계 운영, 지역특화 사회보장사업이다. 그러나 시 · 군 · 구 지역사회보장협의체 기능 중 대표 및 실무협의체, 읍 · 면 · 동 단위 협의체 간 적절한 역할분담을 고려하여, 시 · 군 · 구 조례 등을 통하여 그 기능과 역할을 구분할 필요성이 있다.

〈표 12-2〉 지역사회보장협의체 역할

기능	주요 내용	대표협의체	실무협의체	실무분과	읍 · 면 · 동 협의체
정책 검토 및 심의	상위계획 (의무 계획) 검토심의	• 심의권			
	지역계획 심의/ 자문	• 관할지역 안의 지역 사회보장 또는 지역사회 보장시책으로 추진하고 있는 사항으로 실무협의체로부터 안건으로 상정된 제반사항 • 실무협의체를 통해 만들어진 수렴의견 개진 및 정보제공	• 실무분과를 통해 상정된 안건들의 초안을 검토 • 대상인구집단별, 사업별로 사례 회의를 통해 조사 · 연구 또는 연계 · 제공으로 실무협의체 업무수행을 지원(실무분과)	• 대상인구집단별, 사업별로 사례 회의를 통해 조사 · 연구 또는 연계 · 제공으로 실무협의체 업무수행을 지원 • 각 특정 분야별 사례 등을 통한 세부 현안사업의 발굴 및 자원의 정보제공	• 관할지역 안의 사회복지사업의 중요 사항에 관한 사항 • 각 특정 분야별 사례 등을 통한 세부 현안사업의 발굴 및 자원 연계 · 협력 제공

기능	주요 내용	대표협의체	실무협의체	실무분과	읍·면·동 협의체
지역 복지 계획 수립 및 모니터링	기획	• 지역사회보장 수요의 측정, 목표 및 추진전략 • 지역사회보장의 목표를 점검할 수 있는 지표(이하 '지역사회보장지표'라 한다)의 설정 및 목표 • 지역사회보장의 분야별 추진전략, 중점 추진사업 및 연계협력 방안 • 지역사회보장 전달체계의 조직과 운영 • 사회보장급여의 사각지대 발굴 및 지원 방안 • 지역사회보장에 필요한 재원의 규모와 조달 방안 • 지역사회보장에 관련한 통계 수집 및 관리 방안	좌동	• 지역사회보장계획 수립·시행·평가에 관한 사항 건의 • 사회보장 대상자에 대한 서비스 연계·협력 제공에 관한 사항	• 지역사회보장계획 수립·시행·평가에 관한 사항 건의 • 사회보장 대상자에 대한 서비스 연계·협력 제공에 관한 사항
	욕구 및 자원조사	• 지역 내 사회보장 관련 실태, 지역주민의 사회보장에 관한 인식 등에 관한 지역사회보장 조사에 관한 사항 • 지역주민, 사회복지 및 보건의료기관·단체, 전문가의 의견 수렴 사항 • 시·군·구청장 또는 실무협의체 위원장이 지역사회 특성상 계획수립의 필요성이 인정되는 사항	좌동		

기능	주요 내용	대표협의체	실무협의체	실무분과	읍·면·동 협의체
지역복지계획 수립 및 모니터링	사업결정 협의	서비스 간 연계 조정 및 개선	건의	논의	건의
	자체 평가	• 추진사업총괄점검	• 실행과정 및 결과 점검	• 실행결과 반영	• 실행과정 및 결과 점검
통합 서비스 사업	주기능	• 의사소통 채널의 다양화 • 협의된 사업의 시행에 대한 모니터링			
	사례관리 지원사업		• 사회보장 대상자별 보호계획 수립에 관한 사항 총괄 • 사회보장 대상자별 보호계획 검토·보호결과 평가에 관한 사항	• 사회보장 대상자별 보호계획 수립에 관한 세부지침 개발 및 검토	• 보호대상자별 보호계획 수립 및 서비스 제공
	지역자원 연계사업	• 사회보장 분야 서비스 연계·협력 강화에 관한 사항 • 사회보장 분야의 연계 협력 세부지침에 관한 사항 • 그 밖의 지역사회 복지증진을 위해 필요하다고 시·군·구청장 또는 협의체 위원장이 부의한 사항	• 사회복지, 보건 및 관련영역 서비스 연계·협력 강화에 관한 사항 • 사회보장 분야별 정보 공유 및 안건 검토 • 사회보장 분야별 욕구 파악 및 서비스 연계 • 사회보장 분야별 관련 기관·단체 간 공동 사업의 추진 및 운영	• 사회복지, 보건 및 관련영역 서비스 연계·협력의 세부지침에 관한 사항 • 사회보장 분야별 정보 공유 및 안건 검토	• 지역사회보장 분야의 연계·협력 및 지원대상자별 보호계획 수립에 관한 사항
	연계 및 조직화 사업	• 관련영역 자원 확보 방안 논의	• 관련영역 기관 간 역할 분담 조정	• 관련영역 기관 간 연계를 통한 지원 사업 진행	• 관련영역 기관 간 연계를 통한 지원 사업 진행
	교육사업	• 관련 교육사업 영역 등 결정	• 교육 방법 및 지원 자원 논의	• 교육 사업 실시	• 교육 사업 실시
기타		그 밖의 지역사회 보장증진을 위해 필요하다고 시·군·구청장 또는 협의체 위원장이 부의한 사항	그 밖에 지역사회 보장증진을 위해 필요하다고 실무협의체장이 부의한 사항	그 밖의 지역사회 복지증진을 위해 필요하다고 실무분과에 부의한 사항	그 밖의 지역사회 보장증진을 위해 필요하다고 실무분과장이 부의한 사항

출처: 보건복지부, 2015 재구성.

/tip/ **특별시 · 광역시 · 도-사회보장위원회, 시 · 군 · 구-지역사회보장협의체**

「사회보장급여의 이용 · 제공 및 수급권자 발굴에 관한 법률」에 근거하여 존재하며, 지역
사회보장계획을 심의 또는 건의하는 기능적인 공통점을 갖고 있다.

- 제40조(시 · 도사회보장위원회)에 근거하여 특별시 · 광역시 · 도의 지역사회보장계획 수
  립 · 시행 및 평가, 지역사회보장조사 및 지역사회보장지표, 사회보장급여 제공 및 사회보
  장 추진 등에 관한 사항을 심의 · 자문
- 제41조(지역사회보장협의체)에 근거하여 시 · 군 · 구의 지역사회보장계획의 수립 · 시
  행 · 평가, 지역사회보장조사 및 지역사회보장지표 시 · 군 · 구 사회보장급여 제공, 시 ·
  군 · 구의 사회보장 추진, 읍 · 면 · 동 단위 지역사회보장협의체 구성 · 운영

2. 사회복지협의회

1) 사회복지협의회 개요

사회복지협의회는 주민의 복지를 증진시키는 것을 목적으로 하는 민간의 자주적 조직이다.
지역사회의 사회복지서비스 기관들이 효과적인 서비스를 제공하기 위하여 상호 연락, 협의, 조
정하고 지역사회에 관한 계획을 수립하여 주민의 참여를 유도하고 자원을 동원하는 중간조직
의 성격을 갖는다.

사회복지협의회는 「사회복지사업법」 제33조와 「사회복지사업법」 시행령 제12조의 규정에
따라 비영리공익 법인으로 한국사회복지협의회와 광역자치단체단위에 16개소의 지방사회복
지협의회가 한국사회복지협의회의 지부가 아닌 독립된 법인의 성격으로 설치되어 있다. 그리
고 2003년부터는 시 · 군 · 구의 지역사회복지협의회도 「사회복지사업법」의 적용을 받는 법정
단체가 되었으며, 현재는 대다수의 시 · 군 · 구에 설치되었다.

민간의 자주적 조직의 성격과 관련하여 사회복지협의회는 주민욕구기본의 원칙, 주민활동주
체의 원칙, 민간성의 원칙, 공사협동의 원칙, 전문성의 원칙을 갖는다. 주민욕구기본의 원칙은
광범위한 주민의 생활실태, 복지과제 등을 파악하도록 노력하고 그 욕구에 입각한 활동을 수행
해야 한다는 것이다. 주민활동주체의 원칙은 주민의 지역복지에 대한 관심을 높이고 그 자주적
인 대응을 기초로 한 활동을 수행해야 한다는 원칙이다. 민간성의 원칙은 민간 조직으로서의

특성을 살려서 주민 욕구, 지역의 복지에 대응하는 개척성, 적응성, 유연성을 발휘한 활동을 수행해야 한다는 것이다. 공사협동의 원칙은 공사의 사회복지 및 보건, 의료, 교육, 노동 등의 관계기관, 단체, 주민 등의 협력과 역할 분담에 따른 계획적이고 종합적인 활동을 수행해야 한다는 원칙이다. 전문성의 원칙은 지역복지의 추진 조직으로서 조직화, 조사, 계획 등에 관련하여 전문성을 취하는 활동을 수행해야 한다는 것이다.

/tip/ 사회복지협의회 설립근거

「사회복지사업법」 제33조 제1항에 의거하여 "사회복지에 관한 조사·연구와 각종 복지사업을 조성하기 위하여 전국 단위의 한국사회복지협의회(중앙협의회)와 시·도 단위의 시·도 사회복지협의회를 두며, 필요한 경우에는 시·군·구 단위의 시·군·구 사회복지협의회를 둘 수 있다."고 규정하고 있다(2003. 7. 30. 개정). 제3항에서는 "협의회의 조직과 운영 등에 관하여 필요한 사항을 대통령령으로 정한다."라고 사회복지협의회의 설립근거가 규정되어 있다. 이에 따라 협의회의 정관은 그 목적을 "사회복지에 관한 조사연구와 각종 복지사업을 조성하고, 사회복지사업과 활동을 조직적으로 협의, 조정하며 사회복지에 대한 국민의 참여를 촉진시킴으로써 우리나라의 사회복지증진과 발전에 기여한다."고 밝히고 있다.

2) 사회복지협의회의 변천과정

우리나라 사회복지협의회 시초는 1952년 2월 당시 구호활동을 전개하고 있던 민간사회사업기관들의 단체인 '한국사회사업연합회'다. 이후 1954년 12월에 '사단법인 한국사회사업연합회'로 개명되었고 1959년 7월 31일에 국제사회복지협의회(ICSW)에 가입하였으며, 1961년 6월에 16개의 사회복지단체를 병합하여 '사단법인 한국사회복지사업연합회'로 명칭을 변경하였다. 그 후 1970년 5월 22일에는 「사회복지사업법」 제33조 시행령 제12조에 의거하여 현재의 명칭인 사회복지법인 '한국사회복지협의회'가 되었다. 1983년 5월에 「사회복지사업법」 전문이 개정되었으나 '한국사회복지협의회' 명칭은 유지되고, 12월에는 12개소의 지방사회복지협의회가 조직되었다. 그 후 1998년 12월에는 '시·도 사회복지협의회'가 독립법인으로 설립되었으며, 2003년 7월 30일에는 「사회복지사업법」 개정으로 시·군·구 사회복지협의회가 법정 단체화되었다. 그러나 이러한 역사적 변천에도 불구하고 사회복지협의회의 사업 내용과 역할은 지역사회복지에 뚜렷한 영향을 미치지 못하고 있는 것이 오늘날의 현실이다.

3) 사회복지협의회의 역할

　사회복지협의회는 민간사회복지기관 중 유일한 기타공공기관으로서, 보건복지부의 주요 복지정책에 대한 시행위탁기관으로 정부의 사회복지사업을 뒷받침하는 조사연구, 교육훈련, 사회복지 조성 등의 고유목적사업 등 공공사회복지 증진 업무를 효과적으로 수행하는 역할을 한다.

　또한 민간사회복지기관으로서의 특성을 살려, 사회복지시설·기관·단체 상호 간의 이슈 및 여론, 사회복지 동향 및 흐름에 대한 사회복지계의 입장을 대변하고 여론을 일원화하여 협의 및 조정 창구로서의 역할을 수행하며 사회복지 조성을 위한 각종 민간자원 활용 및 연계, 사회 서비스사업을 효과적으로 수행한다.

　이러한 사회복지협의회가 갖는 기능은 정부와의 관계, 회원 및 관련 단체와의 관계, 지역사회와의 관계, 국제기구와의 관계의 네 가지 영역으로 나뉜다.

① 정부와의 관계

　정부가 사회보장제도를 확립하고 추진할 수 있도록 전문적인 도움을 제공하고, 정부가 사회복지시책을 펴 나가는 데 있어서 개선을 요구하는 것에 대한 건의를 하는 등의 역할을 한다.

② 회원 및 관련 단체와의 관계

　사회복지사업기관들이 효과적으로 서비스를 제공할 수 있도록 그들의 업무 간에 연락, 협력, 조정의 역할과 필요한 사회복지서비스를 개발, 육성하고 이에 따른 지도를 행하는 등의 역할을 수행한다.

③ 지역사회와의 관계

　지역사회복지를 증진시키기 위해서 국민들의 적극적인 관심과 참여를 촉진하고, 지역사회주민들의 협동정신을 배양한다. 또한 지역사회의 복지활동에 참여할 지도자를 발굴하고 훈련하며, 지역사회개발에 관한 계획을 수립하고 이를 실천하는 데 따른 지식과 기술을 제공하고 지도를 행하는 등의 역할을 한다.

④ 국제기구와의 관계

　국제사회복지협의회(International Council of Social Welfare: ICSW)의 회원기관으로서 사회복

지 분야에 관한 국가 간의 지식과 기술을 교류하는 기능을 수행한다.

4) 사회복지협의회의 주요 사업

한국사회복지협의회는 「사회복지사업법」 제33조 제1항 4호에서 '대통령령으로 정하는 사회복지사업'과 동법 시행령 제12조에 의거하여, 비영리 공익법인으로서 민간사회복지증진을 위한 협의조정, 정책개발, 조사연구, 교육훈련, 자원봉사활동의 진흥, 정보화사업, 사회적 취약계층을 위한 사업을 수행하고 있다. 한국사회복지협의회가 실시하고 있는 구체적 사업은 다음과 같다.

① 사회복지에 관한 조사, 연구: 사회복지문제에 대한 이해와 현상 파악을 위하여 전문적인 조사·연구를 실시하고 사회복지 현안문제에 대한 정책대안을 개발하기 위해 2005년부터는 '사회복지연구원'을 운영하고 있다.

② 사회복지에 관한 교육훈련: 민간 사회복지교육센터로서의 기능 및 역할 확대, 능동적인 선진 사회복지전문가 육성, 수요자 중심의 교육서비스를 실현한다.

③ 사회복지에 관한 학술 도입과 국제사회복지단체와의 교류: 국제사회복지협의회(ICSW) 회원국으로 1954년부터 매년 세계사회복지대회 참가 및 각종 세미나, 국제회의 등을 통해 세계 선진복지국가들과 국제교류를 추진하고 있다.

④ 푸드뱅크사업: 푸드뱅크 운영에 관한 전국 공통적인 기본 사업 안내를 마련하여 푸드뱅크의 효율적인 운영을 도모하고, 세부 업무처리사항을 정함으로써 식품기부 나눔 문화 정착을 통한 우리 사회 결식문제 완화에 조직 및 체계적 추진체계를 구축하였다.

⑤ 사회복지시설평가사업: 「사회복지사업법」 개정으로 사회복지시설은 3년마다 1회 이상 사회복지시설 평가를 받도록 규정하였다. 한국사회복지협의회는 2005년 3월 공모를 통하여 사회복지시설평가위탁기관으로 선정되었다. 평가방법은 보건복지부·지방자치단체·시설의 공동평가로서 '시설의 자체평가'를 바탕으로 시·도가 '현장평가'를 하면 중앙의 사회복지시설평가단에서 '확인평가'를 하게 되며, 상대평가와 절대평가를 병행한다.

⑥ 사회복지에 관한 계몽 및 출판홍보사업: 사회복지 관련소식과 정보를 전달하고, 시민들의 사회복지에 대한 이해를 넓히기 위해 복지타임즈, 복지저널, 계간 사회복지, 사회복지법전, 단행본, 사회복지 윤리강령 등의 출판홍보 업무를 수행한다.

⑦ 복지넷: 사회복지 및 자원봉사 관련 각종 복지정보를 종합적·체계적으로 정보화하고 이를 국민에게 신속하게 무료로 서비스하는 사회복지포털서비스를 운영한다.

⑧ 국가복지정보센터: 사회복지시설을 위한 통합관리시스템 구축 및 확대, 관련 시스템과의 연계체계 구축, 운영의 안정성 및 전문성 제고를 통해 시설운영의 투명성, 효율성 향상, 각종 보고절차 간소화 등 행정비용 절감, 복지부–지방자치단체–시설 간 정책 네트워크 구성 등의 효과를 가져온다.

⑨ 자원봉사인증사업: 「사회복지사업법」 제9조, 동법 시행령 제25조 제2항과 사회복지봉사활동 인증관리규정(2001. 11. 보건복지부 승인)에 의한 자원봉사인증제도는 한국사회복지협의회와 시·도 사회복지협의회가 주관하고 보건복지부와 지방자치단체가 주체가 된다. 사업의 운영체계를 보면 한국사회복지협의회의 '사회복지정보센터'가 총괄 운영하고 시·도 사회복지협의회의 사회복지정보센터가 시·도 지역 인증관리 사업을 총괄한다.

⑩ 새생명지원센터: 소아암, 백혈병으로 투병 중인 저소득가정 어린이의 진료비를 지원하여 경제적인 이유로 인한 생명포기나 치료중단을 예방하기 위해 새생명지원센터를 운영한다.

⑪ 사회공헌정보센터: 사회공헌과 관련된 다양한 자료 수집 및 개발, 정보 관리 시스템 구축을 통해 종합적인 정보를 제공하고, 사회공헌의 자발적 참여 여건을 조성하며 대국민 홍보활동을 통해 올바른 사회공헌 문화를 주도한다.

5) 사회복지협의회의 구성현황

사회복지협의회는 한국사회복지협의회와 16개의 시·도 협의회로 구성되어 있다. 지방사회복지협의회는 처음에는 한국사회복지협의회의 지방조직으로 출발하였으나, 1998년 「사회복지사업법」상 개별 법인으로 제도화되어 중앙, 16개 시·도별, 기초 자치단체 시·군·구별 조직을 구성하여 운영하고 있다. 시·군·구 협의회의 설립목적은 지역사회 내의 복지사업을 조성하고 실시하기 위해 지역주민을 참여하도록 지원함으로써 지역복지 활성화를 도모하는 것이다. 이러한 목적을 달성하기 위해 시·군·구 협의회는 1997년 8월 22일 「사회복지사업법」 개정으로 1998년부터 시·도 협의회가 법인으로 설치·운영할 수 있도록 법적으로 규정되었다.

2003년 7월 30일 「사회복지사업법」 개정으로 "필요한 경우 시·군·구 협의회를 둘 수 있다.”고 명시되었다. 이러한 법적 근거에 따라 2013년 기준으로 전국 총 228개의 시·군·구 중 127개의 시·군·구에 협의회가 설립되어 설치율은 54%이며, 120개의 시·군·구 중 80개소가 법인화되어 법인화율은 67%다.

이에 따른 시·군·구 협의회의 사업현황을 살펴보면 2011년 11월 기준으로 조사·연구 사업이 29.8%(34개소), 민간자원 연계협력사업과 출판홍보사업이 각각 48.2%(55개소), 사회복지증진사업은 52.6%(60개소), 사회복지에 관한 교육훈련사업은 42.9%(49개소)가 각각 실시되고 있는 것으로 나타났다(장영신, 2012: 최균·장영신, 2013 재인용).

6) 지역사회복지협의회의 발전과제

지역사회복지협의회는 지역사회복지에 관한 조사·연구 및 정책 건의, 사회복지 관련 기관·단체 간의 연계·협력·조정, 사회소외계층 발굴 및 민간사회복지 자원과의 연계·협력을 통해 지역주민의 문제와 욕구를 효과적으로 대처하기 위한 활동을 전개하고 있다. 앞으로 지역사회복지협의회가 지역사회의 중추적인 역할을 수행하기 위한 발전방향을 살펴보면 다음과 같다(오정수·류진석, 2014).

첫째, 지역사회복지협의회는 주민의 참여를 활성화하여야 한다. 주민의 복지에 대한 권리의식을 향상하고 지역사회 문제해결에 적극적으로 참여할 수 있도록 조직화에 관심을 가져야 한다. 그리고 지역사회복지협의회의 기능을 강화하기 위해 지역주민이 참여할 수 있는 민주적인 참여절차가 필요하며, 이에 대한 홍보방안도 마련해야 할 것이다.

둘째, 지역사회복지협의회는 지역사회의 문제파악, 주민욕구 분석, 복지자원의 현황 파악 및 지역사회복지 관련 조직 간의 연계활동을 강화하여 지역사회복지의 위상을 확립해야 한다. 이를 위해서는 주민욕구에 기초한 프로그램의 개발과 보급, 사회복지서비스 수요자의 권익옹호 활동을 적극적으로 수행해야 한다.

셋째, 지역사회복지협의회의 안정과 사업활동의 내실을 기하기 위해서는 재정 확보가 필수적이다. 조직운영과 관련된 재정은 회비와 자체 재정조달방안을 통해 해결해야 할 것이다. 반면에, 사업의 성격이 지역사회의 공공성을 증진하고 주민밀착형 복지사업인 경우에는 지방자치단체의 지원을 받는 것이 바람직하다.

Q. 협의회에서 많은 사업을 수행하는데 그중 가장 주력하는 사업은 무엇이며, 많은 사업을 수행할 때 인력부족의 어려움은 없습니까?

A. 특별히 더 중요하게 여기는 사업분야는 없습니다. 단지 협의조정 부분이 고유 목적 사업이다 보니 조금 더 신경을 쓰는 부분은 있습니다. 전체적으로 동일한 중요성을 가지고 있다고 보면 됩니다. 그리고 사업을 진행하는 데 있어서 인원이 넉넉하다고 생각하지는 않지만 각자의 맡은 사업을 수행할 때, 지속적인 조사 및 업무를 하지는 않기 때문에 할 수는 있습니다. 인원이 좀 더 많으면 업무진행이 더 수월할 것으로 생각되기는 합니다.

Q. 지역사회복지협의체와 사회복지협의회의 기능이나 역할이 많이 중복되는 부분이 있는데요. 혹시 현직에 종사하시는 분의 입장으로서 이들의 역할을 잘 조정하고 함께 어울려 나갈수 있는 방안들이 있을까요?

A. 너무 어려운 질문이네요……. 협의체는 관 중심의 역할이다 보니 그들이 할 수 있는 부분과 우리가 할 수 있는 부분이 나뉠 수 있다고 생각합니다. 아무래도 관이 갑을관계나 수직관계에서 힘을 좀 더 가진다면 문제가 발생할 수 있겠지만……. 좀 이상적인 대답일 수도 있는데, 서로가 잘 협의·조정해서 각자의 역할을 해 나가다 보면 또 다른 대안이 나올 수 있을 것이라고 생각합니다.

3. 사회복지사협회

1) 사회복지사협회 설립근거와 목적

한국사회복지사협회는 사회복지사 전문가단체로, 「사회복지사업법」 제46조에 의한 법정단체이며, 정식 명칭은 '사단법인 한국사회복지사협회(Korea Association of Social Workers: KASW)'다. 한국사회복지사협회는 사회복지에 관한 전문지식과 기술을 개발·보급하고 사회복지사의 자질향상을 위한 교육훈련 및 사회복지사의 복지증진을 도모하며 전체 국민의 복지증진과 사회복지계의 발전에 기여함을 목적으로 설립되었다.

/tip/ 「사회복지사업법」[전문개정 2011. 8. 4.]

> 제46조(한국사회복지사협회) ① 사회복지사는 사회복지에 관한 전문지식과 기술을 개발·
> 보급하고, 사회복지사의 자질 향상을 위한 교육훈련을 실시하며, 사회복지사의 복지증진을
> 도모하기 위하여 한국사회복지사협회(이하 '협회'라 한다)를 설립한다.
> ② 제1항에 따른 협회는 법인으로 하되, 협회의 조직과 운영 등에 필요한 사항은 대통령령
>   으로 정한다.
> ③ 협회에 관하여 이 법에서 규정한 사항을 제외하고는 「민법」 중 사단법인에 관한 규정을
>   준용한다.

2) 사회복지사협회의 설립과 변천

사회복지사협회는 제3공화국 시기인 1965년 7월에 '개별사회사업가협회'로 출발하였다. 그 뒤 1967년 3월에 '한국사회사업가협회'로 명칭을 변경하였으며, 그해 4월에 공식적으로 설립하여, 1969년 6월에 사회단체 한국사회사업가협회로 정식 인가를 받았다. 1972년 9월에 국제사회복지사연맹(IFSW) 회원국으로 가입하였고 1977년 사단법인 '한국사회사업가협회'로 명칭을 변경한 후 현 보건복지부 소관의 법인으로 허가(민법 제32조)를 받게 되었다. 그 후 1985년 7월에 현재의 '한국사회복지사협회'로 개칭하게 된다. 그리고 1983년 5월 개정된 「사회복지사업법」은 사회복지협의회와 함께 사회복지사협회도 「사회복지사업법」상의 법정단체로 인정됨에 따라 괄목할 만한 변화를 가져왔다. 즉, 1982년 1월 15일에 제정한 사회복지사윤리강령을 1988년 3월 26일에 제1차 개정을 한 것을 시작으로 2001년 12월 15일에는 제3차 개정을 하는 등 사회복지사의 전문성과 윤리성에 대한 인식을 강화해 왔다(고수현, 2015).

3) 사회복지사협회의 기능과 역할

전문직과 전문가 단체로서의 기능을 토대로 한국사회복지사협회의 기능과 역할을 살펴보면 다음과 같다. 첫째, 국민 전체의 복지(well-being)를 향상시키는 공익을 목표로 하고 있으므로 비영리적 특성을 갖는다. 둘째, 국민복지 향상을 위한 전반적 복지제도 개선 및 법 제정을 요구하는 사회개혁적 성격을 지니고 있다. 셋째, 윤리강령을 제정하여 행동의 지침으로 삼고 있다. 넷째, 합리적인 제도권에 대한 행동을 취함으로써 일반 대중들의 긍정적 반응을 얻도록 하고 있다. 또한 전문가 단체의 기능인 사회적 이익을 고취하고, 정부기관과의 긴밀한 협조로 전문

성을 바탕으로 한 정책대안을 제시한다. 즉, 전문가 단체로서의 기능과 역할을 수행하는 기틀을 확고히 하고 있다고 볼 수 있다(김광희, 2015).

특히 1983년에 개정된 「사회복지사업법」에서 사회복지사협회를 법정단체로 규정하고 국가 공인자격증 제도를 갖추어 사회복지사가 일반 국민들 사이에서 전문가로 인정받을 수 있는 계기가 마련되었다. 이로써 사회복지사는 타 전문가들에 대한 일반 국민들의 책임추구와 유사한 방식으로 사회복지사 전문가로서의 책임문제가 대두되고 있다.

4) 사회복지사협회의 구성

한국사회복지사협회의 조직구성은 대의원회, 이사회, 회장, 고문, 사무국(사무총장)으로 구성되어 있다. 대의원은 당연직인 한국사회복지사협회의 임원과 각 지방협회장 및 회원 수에 비례하여 지방협회에서 선출된 대의원으로 구성되어 있다. 임원은 회장 1인, 부회장 7인, 이사 22인, 감사 2인으로 구성되어 있다. 이사회 이사의 임기는 3년이며 감사는 2년이고 연임할 수 있다.

단체회원으로서는 서울특별시사회복지사협회를 비롯한 16개 지방사회복지사협회와 3개 산하단체(대한의료사회복지사협회, 한국학교사회복지사협회, 한국정신보건사회복지사협회)가 있다. 각 지방사회복지사협회와 산하단체는 회장, 부회장, 운영위원 및 감사를 두며 지방대의원총회 및 운영위원회를 운영한다. 또한 중앙과 지방협회의 업무의 효율적 연계를 위한 지방협회장 회의와 지방 사무국장 회의를 정례화하여 개최하고 있다. 지방협회는 공통의 사업인 자격증 신청 및 접수회원의 회비 수납, 회원의 교육훈련, 사회복지사 보수교육 등을 진행하고 있으며 각 지방의 특성에 맞는 회원복지서비스, 정책 토론회, 회보발행, 회원조직사업 등을 진행하고 있다.

회원(개인)의 자격은 「사회복지사업법」 시행령 제23조의 규정에 의해 사회복지사 자격증을 교부받는 자가 협회의 회원이 된다. 회원가입은 소속 지방협회를 경유하여 사회복지사 자격증 교부신청과 동시에 회원가입이 등록되며, 가입이 되는 동시에 지방협회의 회원이 된다. 일반회원은 최초회원증 교부비와 연회비가 있다.

5) 사회복지사협회의 사업

한국사회복지사협회는 「사회복지사업법」 시행령 제22조(한국사회복지사협회의 업무)에 의하여 다음과 같은 업무를 한다고 되어 있다.

1. 사회복지사에 대한 전문지식과 기술의 개발·보급
2. 사회복지사의 전문성 향상을 위한 교육훈련
3. 사회복지사와 관련된 조사연구 및 홍보·출판사업
4. 국내·외 사회복지 관련 전문가단체와의 교류·협력 등
5. 보건복지부장관이 위탁하는 사회복지사업에 관한 업무
6. 기타 협회의 목적달성에 필요한 사항

한국사회복지사협회의 구체적 사업은 사회복지사 자격증 교부, 사회복지사 보수교육 위탁업무([보수교육센터(http://edu.welfare.net/) 운영], 사회복지윤리상담소와 사회복지인권상담소 운영, 사회복시자에 관한 조사·연구 및 홍보·출판, 국내외 사회복지관련 전문가 단체와의 교류·협력, 사회복지사의 취업정보 제공, 사회복지사대회 등 행사 운영, 사회복지사 권익과 처우개선, 사회복지사 공제회 운영 등이 있다.

6) 발전방향

한국사회복지사협회는 지속적인 발전 속에서 공익을 추구하는 전문가 단체로서의 기틀을 마련하기 위해 노력해 왔다. 시대적 상황에 근거하여 전문가 단체로서의 기능과 역할에 충실하려면 전문성, 안정성, 활동성, 지속성을 확보해야 한다. 이를 위해 다음과 같은 지속적인 노력이 필요하다.

첫째, 조직의 역량강화가 필요하다. 중앙협회의 운영 효율화, 제도적 체제정비와 보다 적극적인 지방협회조직의 활성화가 필요하다. 협회의 발전은 전체회원의 적극적인 참여로 가능하기에 회원을 조직·관리하는 지방협회의 활성화는 최우선 과제라 할 수 있다.

둘째, 사회복지사의 전문직으로서의 정체성 확립이다. 사회복지사는 자원과 복지수요자 간의 중개자 또는 정책집행의 전달자라는 전달 중심적 역할에서 벗어나 지역복지정책의 의제형성자라는 주체적인 역할로의 전환을 통해 전문가로서의 사회적 인증(certification)을 획득하여 나아가야 한다. 이를 위해 사회복지사 전문성 강화 측면에서 자격제도의 개선이 필요하다. 우리나라의 사회복지사 제도는 질적 향상 이전에 지나친 양적 양산을 해 온 것과 전문가집단에 맞지 않는 처우를 받고 있는 것 또한 숨길 수 없는 우리의 현실이다.

셋째, 지역복지의 발전 및 강화, 사회복지의 공공성 확대, 사회적 약자의 권리강화를 위한 활동의 일환으로, 다른 한편으로는 사회복지사의 권익보호를 위한 대안으로 각종 주민단체들과

연대활동을 일상적으로 맺어 나간다든지, 중앙차원과 지역차원의 정치세력화를 모색하는 것도 생각해 볼 과제다.

마지막으로 사회복지사 윤리강령에 걸맞은 전문가로서의 긍지와 자부심으로 사회적 책임과 의무를 다하겠다는 자세가 무엇보다 중요하다고 할 수 있다.

참고문헌

고수현(2015). 지역사회복지론. 경기: 양서원.
김광희(2015). 지역사회복지론. 경기: 공동체.
보건복지부(2015). 지역사회보장협의체 운영 매뉴얼.
오정수 · 류진석(2014). 지역사회복지론(제4판). 서울: 학지사.
최균 · 장영신(2013). 지역복지 네트워크 모델 비교. 한국지역사회복지학, 45.

참고 사이트

국가법령정보센터 http://www.law.go.kr
보건복지부 http://www.mw.go.kr
한국사회복지사협회 http://www.welfare.net
한국사회복지협의회 http://kncsw.bokji.net

제13장
실천영역 2: 지역사회복지관, 지역자활센터

1. 지역사회복지관

1) 사회복지관의 정의

사회복지관의 기원은 1880년대 영국과 미국에서 산업화와 도시화에 따른 도시지역의 각종 복지와 관련된 문제를 해결하기 위하여 빈민지역에 기반을 두고 빈민들과 함께 생활하면서 빈민에 대한 실태조사, 직업훈련, 빈민구제 활동 및 열악한 환경 개선 운동 등을 실시한 인보관운동(settlement movement)이다.

사회복지관(community welfare center)은 「사회복지사업법」 제34조에 근거를 둔 이용시설로서, 지역사회의 충족되지 않은 욕구와 문제를 발견해서 주민들에게 필요한 서비스를 제공하는 가장 대표적인 직접서비스 기관이며, 지역사회 내에서 일정한 시설과 전문 인력을 갖추고 지역사회의 인적 · 물적 자원을 동원하여 종합적인 사회복지사업을 수행하는 사회복지시설이다.

즉, 사회복지관이란 지역사회를 기반으로 일정한 시설과 전문 인력을 갖추고 지역사회복지 문제를 예방하고 해결하기 위하여 지역주민의 참여와 협력을 통한 종합적인 복지서비스를 제공하는 시설을 말한다. 이때 지역사회복지란 주민의 복지증진과 삶의 질 향상을 위하여 지역사회 차원에서 사업을 전개하는 사회복지를 말한다.

/tip/ **사회복지관의 법적 근거**

- 「사회복지사업법」 제2조
- 「사회복지사업법」 시행규칙 제21조(사회복지관의 설치기준) 및 제22조(사회복지관의 운영기준)
- 임대단지 사회복지관의 법적 근거
  - 「주택법」 제2조 제7호
  - 주택건설기준 등에 관한 규정 제5조 제6호

2) 사회복지관의 목표

사회복지관은 사회복지서비스 욕구를 가지고 있는 모든 지역사회주민을 대상으로 보호서비스 · 재가복지서비스 · 자립능력 배양을 위한 교육훈련 등 그들이 필요로 하는 복지서비스를 제공하고, 가족기능 강화 및 주민상호 간 연대감 조성을 통한 각종 지역사회문제를 예방 · 치료하는 종합적인 복지서비스 전달기구로서 지역사회주민의 복지증진을 위한 중심적 역할을 수행하여야 한다.

3) 사회복지관의 기능

딜릭(Dillick, 1959)이 제시한 지역사회복지관의 주요 기능은 다음과 같다(최일섭 · 류진석, 2002).

① 근린지역의 다양한 욕구를 충족시키기 위해 통합된 서비스를 제공한다.
② 서비스의 중복과 누락을 방지하기 위해 서비스 간의 조정을 꾀한다.
③ 지역주민들이 문제해결을 위해 공동의 노력을 할 수 있도록 집단을 구성하게 한다.
④ 주민집단으로 하여금 사회적 목표를 수정하고 새로운 목표를 만들어 낼 수 있도록 한다.

딜릭은 이러한 기능을 수행하는 데 있어서 가장 중요한 것은 지역활동에 주민을 참여시키는 것이라고 하였다. 주민을 참여시켜 그들이 처해 있는 환경이 변화할 수 있도록 돕는 보다 근본적인 기능을 수행하고, 특히 지역주민들을 조직화하고 지역 내의 서비스를 조정하는 지역사회조직의 과정을 적극 활용하여야 한다는 것이다.

미국 인보관협회가 제시하고 있는 지역사회복지관의 기능은 다음과 같다.

① 관료화와 형식에 구애받지 않고 지역주민과 인간적인 측면에서 개별적인 접촉을 유지하고 발전시킨다.
② 새로운 이주민을 포함하여 지역주민의 근린의식을 함양시키고 민주적인 시민의식을 고취시킨다.
③ 지역사회의 원조를 필요로 하는 지역주민에게 서비스를 제공한다.
④ 생활문제를 해결하기 위하여 새로운 지식과 기술을 응용하고 실험한다.
⑤ 지역주민을 위한 직접적인 문화활동을 전개하거나 간접적인 문화활동을 촉진한다.
⑥ 도시계획과 관련하여 지역사회개발사업을 기획하고 실천한다.

오정수와 류진석(2012)은 사회복지관의 주요 기능을 다음과 같이 설명하고 있다.

① 종합적인 서비스 제공(직접서비스 제공) 기능: 일반적(발달적) 욕구충족을 위한 서비스 제공, 문제가 있는 개인과 가족에 서비스 제공, 기타 의뢰 및 정보 제공 등이 포함된다.
② 지역사회문제 해결 및 지역사회조직 기능: 지역사회주민의 연대감 조성, 지역사회자원 동원, 타 기관과의 연대, 협력, 특정 집단의 이익대변, 사회행동 등이 포함된다.

이러한 사회복지관의 역할과 기능에 대해서는 사회복지관이 위치하고 있는 지역적 특성에 따라 상대적인 우선순위를 두어 사업이 진행되기도 한다.

4) 사회복지관의 특성

지역사회복지관의 특성은 다음과 같다(황철수 · 류기덕 · 류성봉, 2013).

① 사회복지관은 그 지역사회의 발전과 개선에 관심을 가지고 있는 집단의 계속적 노력이다.
② 사회복지 활동을 좀 더 체계적이고 계획적으로 추진해 나가고자 하는 종합적인 사회복지 센터로서의 역할과 기능을 설치한 시설을 의미한다.
③ 지역사회의 충족되지 않는 욕구와 문제를 발견하여 주민들에게 필요한 서비스를 제공하

는 대표적인 직접 서비스 기관이다.

④ 사회복지관은 일정한 지역에 자리 잡고 있으며, 전문 인력을 통해 지역의 자원봉사자와 함께 주민들의 복지수요에 부응하여 종합적인 사회복지사업을 수행하는 사회복지시설이다.

⑤ 사회복지관은 지역의 가족 및 가족구성원에게 관심을 가지며, 지역의 어떤 특정한 연령층이나 계층과는 상관없는 서비스 전달체계의 하나이며, 지역주민들의 통합, 연대, 공동적인 관심사에 개입하며, 연구적이고 시범적인 사업을 수행한다는 공통적인 특성을 갖고 있다.

지역사회 내의 다양한 시설 유형 중에서 사회복지관만이 확보하고 있는 차별화된 독특한 특징도 생각할 수 있다(최주환, 2014).

① 특정한 계층의 사람만이 이용하는 시설이 아니라 다양한 계층이 한 공간에서 어우러짐으로써 서비스의 중복을 예방하면서도 세대 간, 계층 간 연계 사업이 용이하다.

② 복지사각지대 대상자를 발굴하여 그들을 위한 서비스를 기획하여 제공해 왔으며 그러한 과정에서 지역사회의 다양한 단위와 협의하고 조정하여 서비스의 질적 수준을 강화하고 있다.

③ 사회복지관은 지역주민이면 누구나 프로그램을 이용하고 사업의 주체가 될 수 있으며, 지역주민들에게 친화적이어서 사회적 낙인이 상대적으로 낮은 사회적 통합공간이 되고 있다.

5) 사회복지관의 운영원칙

사회복지관이 행하는 사회복지사업은 인도주의와 서비스를 필요로 하는 자의 존엄유지를 전제로 지역성, 전문성, 책임성, 자율성, 통합성, 자원 활용, 중립성, 투명성의 원칙에 따라 수행되어야 한다.

① 지역성의 원칙: 사회복지관은 지역사회의 특성과 지역주민의 문제나 욕구를 신속하게 파악하여 사업계획 수립 시 반영하여 지역사회의 문제를 해결하고, 이에 따른 서비스를 제공하여야 하며, 지역주민의 적극적 참여를 유도하여 주민의 능동적 역할과 책임의식을 조장하여야 한다.

② 전문성의 원칙: 사회복지관은 다양한 지역사회문제에 대처하기 위해 일반적 프로그램과 특정한 문제를 해결할 수 있는 전문적 프로그램이 병행될 수 있도록 지식과 기술을 보유한 전

문 인력이 사업을 수행하도록 하고, 이들 인력에 대한 지속적인 재교육 등을 통해 전문성을 증진하도록 하여야 한다.

③ 책임성의 원칙: 사회복지관은 서비스 이용자의 욕구를 충족하고 지역사회문제를 해결함에 있어 효과성을 극대화하기 위한 최선의 노력을 기울여야 한다.

④ 자율성의 원칙: 사회복지관은 다양한 복지서비스를 효율적으로 제공하기 위하여 사회복지관의 능력과 전문성이 최대한 발휘될 수 있도록 자율적으로 운영하여야 한다.

⑤ 통합성의 원칙: 사회복지관은 사업을 수행함에 있어 지역 내 공공 및 민간 복지기관 간에 연계성과 통합성을 강화시켜 지역사회복지 체계가 효율적이고 효과적으로 운영되도록 하여야 한다.

⑥ 자원 활용의 원칙: 사회복지관은 주민욕구의 다양성에 따라 다양한 인력과 재원을 필요로 하므로 지역사회 내의 복지자원을 최대한 동원 및 활용하여야 한다.

⑦ 중립성의 원칙: 사회복지관이 정치활동, 영리활동, 특정종교활동 등으로 이용되지 않게 중립성이 유지되어야 한다.

⑧ 투명성의 원칙: 사회복지관은 자원을 효율적으로 이용하고 운영과정의 투명성을 유지하여야 한다.

6) 사회복지관의 역사

(1) 태동기(1906~1944년)

1906년 미국의 감리교 선교사인 메리 놀즈(Mary Knowles)는 원산에 반열방을 설치하여 여성을 위한 계몽사업 등 인보관운동을 시작하였으며 이는 우리나라 사회복지관 사업의 태동이 되었다. 1921년에는 서울에 태화여자관을 설립하였는데 이것이 최초의 인보관이다. 이후 개성 · 춘천 · 공주 등지에 여자관을 설립하여 여성계몽 및 교육 · 육아법 · 어린이 건강 등의 프로그램을 실시하였고, 1926년 원산에 보혜여자관을 설립하고 여성을 위한 야학을 운영하며 영어 · 재봉 · 요리 등을 가르쳤다.

1930년대에는 조선총독부에서 서울의 종로 · 왕십리 · 영등포 등지에 인보관을 설치하여 직업보도, 구호사업 등을 실시하였다.

(2) 형성기(1945~1982년)

1956년 이화여자대학교가 대학 부설 이화사회복지관을 설립하여 지역주민들을 위한 복지서비스 제공과 학생실습의 장으로 활용하였다. 한국전쟁 이후 캐나다유니태리안봉사회(The Unitarian Service Committee of Canada: 이하 USC한국지회)가 활동하였는데 우리나라가 1952년 한국전쟁으로 인하여 UN에 원조물자를 요청한 것이 계기가 되어 사업을 시작하게 되었다. 그들은 육아시설 지원사업(7개소) · 극빈세대구호사업 · 수복지구 중고등학교 장학금 지급 · 의료사업 등을 전개하였다.

사회사업학을 전공한 사회사업가들이 USC한국지회에 근무하는 숫자가 점차적으로 증가하기 시작했다. 따라서 이들은 구호사업을 보다 효과적으로 지원하기를 바라면서 여러 가지 방안을 검토하게 된다. 그동안 USC한국지회의 직원들은 케이스워크의 방법이론이나 그룹워크의 방법론을 활용하여 구호사업을 지원해 왔지만, 보다 효과적으로 지역사회조직의 방법을 활용할 수 있는 커뮤니티센터의 필요성을 갖게 되었다(김범수, 2012).

1962년에는 한국노르웨이협회가 건축비를 지원하고, USC한국지회에서는 사무용품과 시설비를 그리고 목포시에서도 일부 재정적인 지원을 하여 목포아동결핵병원을 건립했다. 이어 병원에 의료사회사업가를 채용한 것이 사회복지관 사업이 독립하게 된 계기가 되어, 1964년 우리나라 최초의 사회복지관인 목포사회복지관이 설립되었다. 이 복지관은 USC한국지회에서 후원금을 내고 목포시에서 대지를 제공하여 증축되었다.

USC한국지회에서는 목포사회복지관을 시작으로 인천(1965) · 경기도 이천(1966) · 서울 영등포(1968)에 사회복지관을 설립하였다. 이처럼 당시 우리나라에 들어와 있는 외국 원조단체들이 많은 구호활동을 전개하였지만 그중에서도 USC한국지회가 우리나라에 지역사회복지관을 토착화하는 데 기여한 공로는 매우 높이 평가할 만하다(김범수, 2012).

성심여자대학교(1971)와 중앙대학교(1975)가 사회복지관을 설립하였고, 선명회(1974), 기독교아동복지회(1975)도 사회복지관을 설립하였다. 이에 우리나라는 1975년에 국제사회복지관연합회의 회원국으로 가입하였으며, 1976년에는 22개 사회복지관을 회원으로 하여 한국사회복지관연합회가 설립되었다.

1970년대의 사회복지관은 지역특성에 맞는 사업을 채택하여 운영되었다. 사회복지관의 설치형태에 따라 대도시형, 중소도시형, 농어촌형으로 구분해서 시범사업도 전개되었다.

그러나 1970년대 중반부터 외국원조기관이 철수하면서 사회복지관이 자립을 모색할 때 사회복지관 사업이 「사회복지사업법」에 규정되지 않아 정부로부터의 사업비 보조에 어려움이 있어 복지관 발전이 지체되었다.

(3) 확대기(1983~1999년)

1983년 「사회복지사업법」 개정으로 사회복지사업을 이 법의 항목으로 두어 사회복지관 운영에 대하여 공식적으로 국고보조를 받게 되었다. 1986년 사회복지관 운영 국고보조사업지침이 수립되었고, 1989년부터 「주택건설촉진법」 등에 의해 저소득층을 위한 영구임대아파트를 건립하면서 영구임대아파트 단지 내에 일정 규모의 사회복지관 건립을 의무화하는 등의 정책으로 1980년에 24개였던 사회복지관은 획기적으로 증가하였다. 1989년에는 사회복지관 설치운영규정이 제정되어 구체적인 사회복지관 운영에 기여하였고, 사회복지법인 한국사회복지관협회도 설립되었다.

1990년대에 들어와서 종합사회복지관의 설립이 증가하고 민간사회복지 분야의 중심 전달체계로 발전되어 갔으며 재가복지봉사센터의 설치가 이루어짐으로써 사회복지관의 기능이 강화되었다. 1992년은 우리나라 재가복지사업의 원년으로 지역재가복지서비스 대상자들에게 가사, 간병, 의료, 결연 등 서비스를 제공하였다. IMF 이후에는 노숙인 자립지원을 위한 노숙인 쉼터를 설치·운영해 1999년 166개소가 운영되었다.

(4) 정착기(2000년~현재)

2000년대는 지역사회복지시설 평가가 이루어지기 시작하고, 사회복지관이 이를 발전의 계기로 삼아 조직과 인력을 정비하고 프로그램의 수행과정을 체계화·전문화시키고 지역특성에 맞는 새로운 사업을 추구하게 된 성숙과 발전의 단계라고 볼 수 있다. 사회복지사들의 영역은 아동, 노인, 장애인, 여성 등의 다양한 분야로 다각적인 확대가 이루어졌으며, 사회복지사의 역할의 중요성이 점차 대두되기 시작했다. 1990년대의 6개 분야 31개 단위사업에서 2000년대에는 재가복지사업과 IMF 실직가정 및 노숙자 자립지원사업이 중추적인 사업으로 자리매김하게 되어 지역주민은 물론 지역복지사업 실천에 크게 기여하게 되었다(양성관·주익수·박상진·김동환·김주성, 2013).

2004년에는 기존의 사회복지관 설치운영규정을 폐지하고 「사회복지사업법」 시행규칙 내에 사회복지관의 설치기준 조항을 신설하여 법적 지위를 강화하였고, 2012년에는 「사회복지사업법」을 개정하여(2012. 8. 5. 시행) 사회복지관의 설치 등 규정을 신설하였다.

정부의 재정분권화로 인해 사회복지관 사업도 2005년부터 지방이양사업으로 선정되어 국고보조사업에서 분권교부세로 재정지원 방법이 변경되었다. 이로 인해 사회복지관 운영을 위한 보조금을 확보하기 위해 지역 내 사회복지시설들과 경쟁해야 하는 부담을 갖게 되었다. 이에 정부 보조금뿐만 아니라 다양한 후원자 확보, 지역 특성과 주민욕구에 맞는 사회복지서비스 개발, 각종 사회복지프로그램 지원을 위한 프로포절 공모 참가를 통해 사회복지관 운영수입의 다원화를 꾀하고 있다(김범수, 2012).

7) 사회복지관의 현황

사회복지관의 규모별, 지역별, 법인 유형별 현황은 다음과 같다.

(1) 규모별 사회복지관 현황

구분	개소 수
가형(건평 2,000㎡ 이상)	200
나형(건평 1,000~2,000㎡)	207
다형(건평 1,000㎡ 미만)	37
총계	444

출처: 2015년 한국사회복지관협회 현황(www.kaswc.or.kr)

(2) 지역별 사회복지관 현황

시·도	기관 수	임대지역	일반지역	시·도	기관 수	임대지역	일반지역
서울	98	30	68	강원	18	7	11
부산	53	18	35	충북	13	4	9
대구	26	13	13	충남 세종	18	6	12
인천	19	6	13	전북	17	9	8
광주	19	10	9	전남	16	6	10
대전	21	8	13	경북	16	11	5
울산	8	2	6	경남	31	7	24
경기	62	19	43	제주	9	2	7
				총계	444	158	286

출처: 2015년 한국사회복지관협회 현황(www.kaswc.or.kr)

(3) 법인유형별 사회복지관 현황

구분	개소 수
사회복지법인	318
재단법인	55
사단법인	11
학교법인	25
지방자치단체 직영	29
시설관리공단	5
의료법인	1
총 계	444

출처: 2015년 한국사회복지관협회 현황(www.kaswc.or.kr)

8) 사회복지관의 사업대상과 사업내용

(1) 사회복지관의 사업대상

사회복지관의 제반 사업은 저소득 취약계층과 지역주민에 대한 실질적인 사회복지서비스가 이루어질 수 있도록 각 사업을 유기적으로 연계하여 실시하여야 하며, 사회복지관 사업은 사회복지서비스 욕구를 가지고 있는 모든 지역주민을 대상으로 사회복지서비스를 실시하되 다음의 지역주민에게 우선 제공하도록 하고 있다(제34조의 5 사회복지관의 설치 등).

① 「국민기초생활 보장법」에 따른 수급자 및 차상위계층
② 장애인, 노인, 한부모가정 및 다문화가정
③ 직업 및 취업알선이 필요한 자
④ 보호와 교육이 필요한 유아 · 아동 및 청소년
⑤ 그 밖에 사회복지관의 사회복지서비스를 우선 제공할 필요가 있다고 인정되는 자

(2) 사업내용

사회복지관에서는 저소득 취약계층과 지역주민에 대한 실질적인 사회복지서비스가 이루어질 수 있도록 각 사업을 유기적으로 연계하여 실시하여야 하며, 지역사회의 특성과 지역주민의 복지욕구에 대한 조사결과를 바탕으로 사업내용을 자율적으로 결정하되 각 사업내용 중에서

해당 사회복지관의 실정에 적합한 프로그램을 선정하여 수행한다(보건복지부, 2015a).

① 사례관리 기능

사례관리의 기능은 현재의 파편화되고 분절화된 지역사회복지서비스의 제한점을 극복하고 보다 통합적인 서비스 전달체계로 나아가기 위해 지역사회 내 민·관을 아우르는 서비스네트워크 구축 및 다양한 지역주민의 복지욕구를 연결시켜 맞춤형 서비스를 제공하는 것이다.

- 사례발굴: 지역 내 보호가 필요한 대상자 및 위기 개입대상자를 발굴하여 개입계획 수립
- 사례개입: 지역 내 보호가 필요한 대상자 및 위기 개입대상자의 문제와 욕구에 대한 맞춤형 서비스가 제공될 수 있도록 사례개입
- 서비스연계: 사례개입에 필요한 지역 내 민간 및 공공의 가용자원과 서비스에 대한 정보 제공 및 연계, 의뢰

② 서비스 제공 기능

서비스 제공 기능은 클라이언트에게 직접적인 전문서비스가 제공되는 기능이다.

가. 가족기능강화

- 가족관계증진사업: 가족원 간의 의사소통을 원활히 하고 각자의 역할을 수행함으로써 이상적인 가족관계를 유지함과 동시에 가족의 능력을 개발·강화하는 사업
- 가족기능보완사업: 사회구조 변화로 부족한 가족기능, 특히 부모의 역할을 보완하기 위하여 주로 아동·청소년을 대상으로 실시되는 사업
- 가정문제해결·치료사업: 문제가 발생한 가족에 대한 진단·치료·사회복귀 지원사업
- 부양가족지원사업: 보호대상 가족을 돌보는 가족원의 부양부담을 줄여 주고 관련 정보를 공

/tip/ **지역사회복지에서의 사례관리**

지역사회복지에서 사례관리는 복합적 욕구를 지닌 대상에게 포괄적이고 지속적인 서비스를 제공하기 위한 목적을 가지고 있다. 지역사회복지를 잘 실천하기 위해서는 지역의 클라이언트의 다양하고 복잡한 욕구 및 문제를 해결할 수 있는 지역사회의 역량이 중요하며 이에 지역사회 내 개별 기관의 역량과 자원의 한계를 극복하기 위하여 기관 간 네트워킹이 이루어져야 한다.

유하는 등 부양가족 대상 지원사업
- 다문화가정, 북한이탈주민 등 지역 내 이용자 특성을 반영한 사업

나. 지역사회보호

- 급식서비스: 지역사회에 거주하는 요보호 노인이나 결식아동 등을 위한 식사제공 서비스
- 보건의료서비스: 노인, 장애인, 저소득층 등 재가복지사업대상자들을 위한 보건·의료관련 서비스
- 경제적 지원: 경제적으로 어려운 지역사회주민들을 대상으로 생활에 필요한 현금 및 물품 등을 지원하는 사업
- 일상생활 지원: 독립적인 생활능력이 떨어지는 요보호 대상자들이 시설이 아닌 지역사회에 거주하기 위해서 필요한 기초적인 일상생활 지원서비스
- 정서서비스: 지역사회에 거주하는 독거노인이나 소년소녀가장 등 부양가족이 없는 요보호 대상자들을 위한 비물질적인 지원서비스
- 일시보호서비스: 독립적인 생활이 불가능한 노인이나 장애인 또는 일시적인 보호가 필요한 실직자·노숙자 등을 위한 보호서비스
- 재가복지봉사서비스: 가정에서 보호를 요하는 장애인, 노인, 소년·소녀가정, 한부모가족 등 가족기능이 취약한 저소득 소외계층과 국가유공자, 지역사회 내에서 재가복지봉사서비스를 원하는 사람에게 다양한 서비스 제공

다. 교육문화

- 아동·청소년 사회교육: 주거환경이 열악하여 가정에서 학습하기 곤란하거나 경제적 이유 등으로 학원 등 다른 기관의 활용이 어려운 아동·청소년에게 필요한 경우 학습내용 등에 대하여 지도하거나 각종 기능을 교육

/tip/ **지역사회보호**

> 지역사회보호(community care)는 가능한 한 사회적 보호를 필요로 하는 사람의 가정 또는 그와 유사한 지역사회 내의 환경에서 서비스를 제공하는 사회적 보호의 형태다. 지역사회보호는 사회적 연결망과 자원봉사자를 활용하여 자신들이 살고 있는 지역사회 안에서 복지서비스를 제공받을 수 있게 하는 사회복지실천이다.

- 성인기능교실: 기능습득을 목적으로 하는 성인사회교육사업
- 노인 여가 · 문화: 노인을 대상으로 제공되는 각종 사회교육 및 취미교실운영사업
- 문화복지사업: 일반주민을 위한 여가 · 오락프로그램, 문화 소외집단을 위한 문화프로그램, 그 밖에 각종 지역문화행사사업

라. 자활지원 등 기타
- 직업기능훈련: 저소득층의 자립능력배양과 가계소득에 기여할 수 있는 기능훈련을 실시하여 창업 또는 취업을 지원하는 사업
- 취업알선: 직업훈련 이수자, 기타 취업희망자들을 대상으로 취업에 관한 정보제공 및 알선 사업
- 직업능력개발: 근로의욕 및 동기가 낮은 주민의 취업욕구 증대와 재취업을 위한 심리 · 사회 적인 지원프로그램 실시사업
- 그 밖의 특화사업

③ 지역조직화 기능
가. 복지네트워크 구축
지역 내 복지기관 · 시설들과 네트워크를 구축함으로써 복지서비스 공급의 효율성을 제고하고, 사회복지관이 지역복지의 중심으로서의 역할을 강화하는 사업으로 지역사회연계사업, 지역욕구조사, 실습지도 등의 사업이다.

나. 주민조직화
주민이 지역사회문제에 스스로 참여하고 공동체의식을 갖도록 주민조직의 육성을 지원하고, 이러한 주민협력 강화에 필요한 주민의식을 높이기 위한 교육을 실시하는 사업으로서 주민복지증진사업, 주민조직화 사업, 주민교육 등의 사업이다.

다. 자원 개발 및 관리
지역주민의 다양한 욕구 충족 및 문제해결을 위해 필요한 인력, 재원 등을 발굴하여 연계 및 지원하는 사업으로서 자원봉사자 개발 · 관리, 후원자 개발 · 관리 등의 사업이다.

/tip/ **지역사회복지관 사업 사례**

〈표 13-1〉 지역사회복지관 사업 사례

기능	사업분야	사업 및 내용 (「사회복지사업법」 시행규칙 제23조의2)	프로그램명
사례 관리	사례관리	사례발굴, 사례개입, 서비스연계	• 사례관리센터 • 위기가정지원센터
서 비 스 제 공	가족기능 강화	가족관계증진사업	• 가족교육, 가족캠프 • 1 · 3세대 통합 프로그램
		가족기능보완사업	• 청소년지원센터 • 장애아동 사회통합지원 〈함께 배우미〉
		가정문제해결 · 치료사업	• 아동가족상담센터
		부양가족지원사업	• 장난감도서관
		다문화가정, 북한이탈주민 등 지역 내 이용자 특성 반영사업	• 다문화학교 • 북한이탈주민 적응 · 자립지원
	지역사회 보호	급식서비스	• 급식센터 (경로식당, 도시락배달, 밑반찬배달) • 푸드뱅크/푸드마켓
		위생 보건서비스	• 방문위생(이미용, 목욕, 방역) • 방문보건(틀니, 보장구, 의료연계)
		경제적 지원	• 결연금/생필품지원
		일상생활 지원	• 주거환경개선 서비스 • 이동세탁 서비스
		정서서비스	• 안부전화/봉사원파견/생신/나들이지원 • 독거 노인우울집단프로그램 • 독거 남성노인 자기돌봄교실
	교육문화	아동 · 청소년 사회교육	• 아동 과학교실, 청소년 나눔학교
		성인기능교실	• 주민건강교실
		노인 여가 · 문화	• 어르신 문화대학
		문화복지사업	• 마을음악회
	자활지원 등 기타	직업기능훈련	• 여성가장자립지원 〈초코맘〉
		취업알선	• 사회적 기업 〈마을카페〉
		직업능력개발	• 노인일자리지원 〈실버프랜즈〉

기능	사업분야	사업 및 내용 (「사회복지사업법」 시행규칙 제23조의2)	프로그램명
지역 조직화	복지네트워크 구축		• 지역사회연계 공동사업 • 욕구조사 • 예비사회복지사 실습지도
	주민조직화		• 주민편의시설제공 • 주민대표자간담회 • 주민동호회 • 주민복지아카데미 • 밤실 행복마을만들기
	자원 개발 및 관리		• 자원봉사자개발관리 • 후원자개발관리

출처: 금오종합사회복지관, 2014 재구성.

2. 지역자활센터

1) 자활사업의 의의와 목적

(1) 자활사업의 의의

2000년 「국민기초생활 보장법」의 시행을 통해 근로 빈곤층에 대한 자활사업을 제도화하였다. 자활사업은 탈빈곤을 위한 사회복지정책으로 과거의 일방적인 급여제공방식 중심의 빈곤프로그램과는 달리, 지역사회 차원에서 공동으로 문제해결을 모색하고, 자활의지를 고취시킴으로써 지역사회로의 통합과 사회적 연대를 강화하는 사업이다.

자활사업이 지역사회복지에서 강조되는 이유는 자활사업의 성공을 위해서는 지역사회에 기반을 두어야 하기 때문이다. 저소득층의 자활을 위해서 지역사회가 강조되는 이유는 지역사회가 바로 빈곤과 실업이 존재하면서도 사회적 연대가 실현되는 구체적 공간이고, 자활을 통하여 지역사회에 유용한 서비스 제공 및 공공재가 공급되기 때문이다.

이러한 자활사업이 지역사회복지실천으로서 갖고 있는 의의는 다음과 같다.

첫째, 자활사업은 지역사회복지실천을 제도화하는 데 기여하고 있다. 현 자활사업의 뿌리는 빈민지역에서 시작된 협동조합 형태의 생산공동체 운동에서 찾을 수 있는데, 이러한 안정적 소득확보 및 빈곤탈출을 위한 노력의 일환으로 시작된 생산자협동조합은 빈곤지역의 주민들을 조직하고 스스로의 노력과 참여, 협동을 촉진하는 매개체 역할을 하였다.

둘째, 자활사업은 지역사회의 자원을 동원하는 것에 역점을 두고 있다. 즉, 자활사업은 저소득층의 빈곤문제를 해결하기 위해 지역자활센터를 통해 지역사회에 있는 물적·인적 자원을 활용한다.

셋째, 자활사업은 지역사회조직화를 통하여 지역사회의 역량강화와 변화를 가져올 수 있다. 자활사업은 개인과 지역사회의 역량을 강화하고 소득 양극화를 해결함으로써 지역공동체 형성과 삶의 질을 향상시킬 수 있는 지역사회조직사업이라 할 수 있다.

(2) 자활사업의 목적

자활사업의 목적은 첫째, 근로능력자의 기초생활을 보장하는 국민기초생활보장제도를 도입하면서 근로역량 배양 및 일자리 제공을 통해 탈빈곤 지원을 하는 것이다. 둘째, 자활사업을 통해 근로능력이 있는 저소득층이 자활할 수 있도록 자활능력을 배양하고 기능습득을 지원하며 근로기회를 제공하는 것이다.

이때 조건부 생계급여제도는 자활사업 참여를 조건으로 생계비를 지급받도록 하여 국가의 보호에 안주하는 도덕적 해이를 방지하는 제도적 장치인 것이다(보건복지부·중앙자활센터, 2014).

2) 자활사업의 역사

한국에서 '자활'이라는 말이 처음으로 정책영역에 등장한 것은 1990년대부터다. 1980년대까지의 고도성장이 마무리되면서 빈곤층 밀집지역에서는 불안정 근로로 인해 빈곤에서 벗어나기 어려운 문제가 현실의 과제로 다가오게 되었다. 이에 1990년대에 들어서면서 삶의 현장에서 겪는 모순들을 해결하는 차원에서 생산공동체 운동이 시작되었고, 이후 이들 빈민지역 생산공동체 운동은 정부 정책으로 수용되었다.

자활사업은 1996년 정부에 의해 제도화되어 5개의 자활지원센터로 시작되었다. 그러나 시범사업에 착수한 지 얼마 되지 않아 IMF 외환위기를 맞아 근로능력이 있는데도 빈곤이 만연하는 문제가 시급한 사회적 이슈로 부각되면서, 자활지원사업은 새로운 국면을 맞게 되었다. 즉, 특별취로사업, 공공근로사업 등 사회적 근로가 확대되는 한편, 자활지원과 관련된 다양한 개념이 검토되기 시작하였다. 보호된 고용, 보호된 시장, 사회적 기업, 자활지원은행(마이크로 크레딧) 등이 논의되었고, 자활지원센터도 단계적으로 늘어나게 되었다(보건사회연구원, 2010).

「생활보호법」의 한계(빈곤의 책임을 개인과 가족에게 돌리는 잔여적·시혜적 차원에 머물고 있어 대상의 포괄성, 급여의 적절성, 대상자 간의 형평성, 제도의 효율성과 생산성이라는 측면에서 문제를 가지는 점)와 IMF 외환위기라는 시대적 상황 속에서 1998년에 45개 시민단체가 모여 '국민기초생활보장법 제정 추진연대회의'를 구성하였으며, 법 제정 청원을 계기로 1999년 9월 「국민기초생활 보장법」이 제정되어, 2000년 10월부터 시행하게 되었다.

「국민기초생활 보장법」에서 정한 '자활사업'은 단순보호가 아닌 국가책임을 강화하는 종합적 빈곤대책으로서, 수급권자의 권리성을 부각하고 빈곤에 대한 사회적 책임을 강조했다는 점에서 도입에 큰 의미가 있다(중앙자활센터 홈페이지, 2015).

한편, 다른 각도에서 이를 평가하기도 한다. 즉, 2000년에 기초생활보장제도가 도입되면서 자활지원사업이 자발성 측면에서 변화되었다고 보는 것이다. 종전까지 자활지원사업은 기존 공공부조제도(생활보호제도)에 대한 보완적 성격으로, 참여자들의 자발성에 기초하고 있었다면, 기초생활보장제도에 포함된 자활지원사업은 기본적으로 '근로능력이 있으나 충분한 근로활동에 참여하고 있지 않은 경우'에 대한 조건이행의 방법으로 성격이 변하게 된 것이다.

자활지원사업은 이제 '참여하지 않으면 안 되는 사업'이 되었고, 자활지원센터 역시 전국적인 기초생활보장제도의 조건부과 이행 기관으로서, 명칭도 자활후견기관으로 변경하여 전국의 지방자치단체를 대상으로 지정되었다. 그러나 이러한 자활지원사업의 성격변화 과정에서 근로능력 판정과 조건부과 방식, 자활지원사업 전달체계 등이 논란이 되었고, 곧이어 최저생계비를 지급하는 기초생활보장제도에 조건부과를 하는 것이 타당한가 하는 문제로 쟁점이 확장되었다.

이후 자활사업은 그 활로를 모색하는 과정에서 논의되었던 사회적 일자리, 사회적 기업, 마이크로 크레딧 등이 별도의 프로그램으로 더욱 확대되었다. 또한 마이크로 크레딧 사업은 '미소금융' 등으로 확대되면서 우리 사회의 중요한 저소득층 자활지원 인프라로 자리매김하게 되었다.

이에 자활지원 사업의 역사는 크게 ① 주민운동시기(~1995년), ② 시범사업과 외환위기 시기(1996~2000년), ③ 기초생활보장제도 도입 이후의 자활지원사업(2000년 이후)으로 나누어 볼 수 있다.

주민운동시기는 우리나라 자활지원사업의 원형이 갖춰진 때로, 외환위기와 함께 자활지원사업의 개념, 사업방식 등이 다양한 방식으로 정착되어 갔다. 2000년대의 자활지원사업은 기초생활보장제도가 도입되고 안착하는 데 있어 안전장치 역할을 했다는 점, 빈곤층의 심리적·사회적 안정에 기여했다는 점, 우리 사회에 '사회적 경제'의 개념과 정책을 확산시키는 데 중요한 촉발제 역할을 했다는 점에서 큰 의미를 가질 수 있다(보건사회연구원, 2010).

현재의 지역자활센터의 모체라고 할 수 있는 자활지원센터의 자활사업 추진경과를 보면 다음과 같다.

〈표 13-2〉 자활사업의 추진경과

연도	내용
1961	「생활보호법」 제정
1996	자활지원센터 시범사업 실시(전국 5개소)
1998	경제위기로 인한 저소득층의 근로연계 생계비 지원을 위해 취로사업 재추진
2000. 10.	「국민기초생활 보장법」 시행(제정 1999. 9. 7.) : 근로능력자의 근로유인을 위한 소득공제 실시, 조건부수급자 제도를 통한 자활사업 참여 　의무 부과, 가구별 종합자활지원계획을 수립하여 체계적인 자활지원
2004	자활근로사업 다양화 추진 : 취로 · 업그레이드형 → 시장진입 · 인턴 · 사회적 일자리 · 근로유지형
2005	자활기업 창업자금 지원사업 실시
2006	지역자활센터로 명칭 변경
2009	자활인큐베이팅 사업 실시
2010	희망키움통장(IDA, 저소득층개인자산형성계좌)사업 실시 지역자활센터 전국 247개소 운영
2012	지역자활센터 사례관리사업 실시(60개소) 근로능력판정업무의 전문기관(국민연금공단) 위탁

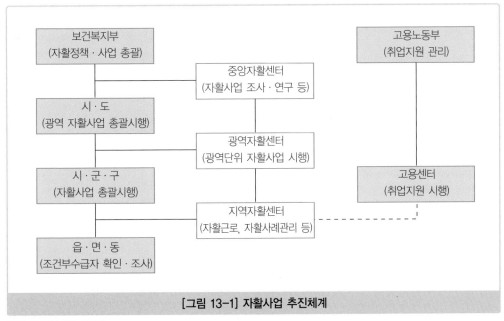

[그림 13-1] 자활사업 추진체계

출처: 보건복지부, 2015b.

3) 자활사업 대상자의 선정과 관리

(1) 자활사업 대상자 선정

「국민기초생활 보장법」 제9조 제5항 및 「국민기초생활 보장법」 시행령 제3조의2, 제7조, 제8조에 의거하여 자활사업 대상자를 선정한다. 주요 대상자는 조건부수급자, 자활급여특례자, 차상위계층이며, 이 중 조건부수급자는 의무참여 대상자이고, 조건부수급자와 자활급여특례자는 우선순위 대상자다.

이에 수급권자가 자활사업에 참여하기 위한 사전조치로서 근로능력의 유무를 판정하고, 근로능력이 있는 수급자에 대하여 조건부과 및 유예를 결정하며, 확인조사 등 필요한 조치가 이루어진다.

① 조건부수급자: 자활사업 참여를 조건으로 생계급여를 지급받는 수급자
② 자활급여특례자: 수급자가 자활근로, 자활공동체, 성과관리형 자활시범사업 등에 참가하여 발생한 소득으로 인하여 소득인정액이 선정기준을 초과한 자
③ 일반수급자: 참여 희망자(근로무능력자도 희망 시 참여 가능)
④ 특례수급가구의 가구원: 의료급여특례, 교육급여특례 가구의 근로능력이 있는 가구원 중 자활사업 참여를 희망하는 자
⑤ 차상위자: 근로능력이 있고, 소득인정액이 최저생계비의 120% 이하인 자
  - 소득인정액이 최저생계비의 120% 이하인 자로서 한국 국적의 미성년 자녀를 양육하고 있는 국적 미취득의 결혼이민자 포함
⑥ 근로능력이 있는 시설수급자

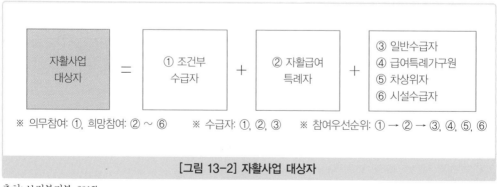

[그림 13-2] 자활사업 대상자

출처: 보건복지부, 2015b.

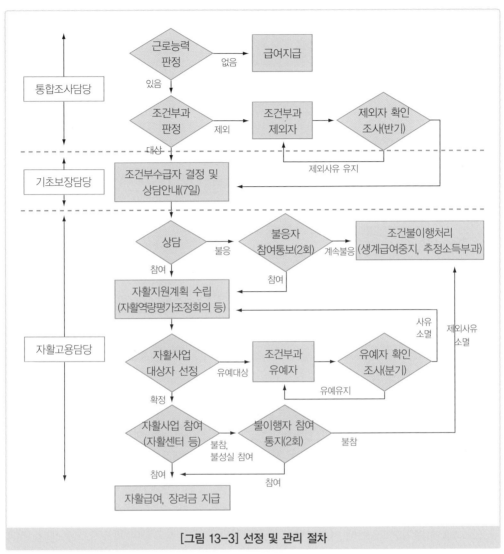

[그림 13-3] 선정 및 관리 절차

출처: 보건복지부, 2015b.

– 기초생활보장 시설수급자 및 일반시설생활자(기초생활보장 비수급)

한편, 자활사업 대상자들은 상담을 통하여 근로능력 정도, 자활욕구, 자활의지, 지역여건 등을 고려하여 대상자 특성에 맞는 조건을 부과하여 자활사업에 참여하도록 하고 있다.

(2) 자활사업 대상자 관리

「국민기초생활 보장법」 제19조 제4항 및 제28조, 「국민기초생활 보장법」 시행령 제11조 및

자활사업 종류	실시기관 구분	기준	판정 대상자
고용노동부 자활사업	고용센터	• 근로능력과 욕구가 높아 노동시장에서의 취업이 가능한 자	집중취업지원 대상자 (70점 이상)
보건복지부 자활사업 — 자활근로 — 시장진입형 / 인턴·도우미형 / 사회서비스형	지역자활센터, 민간위탁기관	• 자활근로프로그램 참여욕구가 높은 자 • 일용·임시직으로 직업경험이 있는 자	근로능력강화 대상자 (45~69점)
보건복지부 자활사업 — 자활근로 — 근로유지형	시·군·구, 지역자활센터	• 노동강도가 낮은 사업에 참여 가능한 자 • 간병·양육 등 가구여건상 관내 사업만 참여 가능한 자	근로의욕증진 대상자 (45점 미만)

[그림 13-4] 자활역량평가 결과에 따른 참여사업 예시

출처: 보건복지부, 2015b.

제12조에 의거하여 자활사업 대상자의 자립과 자활을 체계적으로 지원하기 위하여 취업능력평가, 욕구 및 참여여건 사정 등을 통하여 적합한 자활프로그램을 제공하고 평가한다.

　조건부수급자로 결정된 날로부터 1월 이내에 개인별 자활지원계획이 수립되어야 하는데, 자활역량 평가결과에 따라 적합한 자활프로그램을 지정하고, 참여자 특성에 맞는 사업유형 및 자활프로그램에 배치한다. 이때 자활담당공무원은 상담결과를 참고하여 필요시 고용센터, 지역자활센터, 기타 지원기관 등과의 협의를 통해 자활지원계획을 수립하며, 자활대상자의 취업능력 및 욕구 등을 감안하여 적합한 프로그램을 실시하는 기관에 참여 의뢰하고, 배치 후에도 급여의 적정성 및 효과에 대한 정기 확인조사를 실시한다.

4) 자활사업의 내용

자활사업은 보건복지부 지원사업과 고용노동부 지원사업으로 구분되어 있다.

　보건복지부 지원사업의 경우 지역자활센터를 비롯하여, 지방자치단체, 사회복지관, 민간단체, 시설, 업체 등이 참여하며 자활공동체, 자활근로사업, 사회적응 프로그램, 창업지원 등을

실시한다.

고용노동부 지원사업의 경우 고용지원센터를 비롯하여 직업훈련기관과 민간위탁기관에서 자활사업 대상자에게 직업적응훈련, 자활직업훈련, 자활취업촉진사업, 창업지원 등을 실시한다.

(1) 자활공동체 사업

2인 이상의 수급자 또는 저소득층이 상호 협력하여, 조합 또는 공동사업자의 형태로 탈빈곤을 위한 자활사업을 운영하는 업체를 말하며, 자활공동체 사업은 수급자 등 저소득계층의 자활공동체사업 참여를 통한 탈빈곤을 목적으로 하고 있다.

자활공동체에 대한 지원기간을 살펴보면 보장기관은 지원 대상 자활공동체로 결정한 날로부터 2년 동안 직접 또는 지역자활센터를 통해 지원을 할 수 있다(단, 보장기관이 필요하다고 인정하는 경우 3년까지 지원가능).

자활공동체의 성립(인정)요건을 살펴보면 구성원 중 기초생활보장 수급자가 1/3 이상이어야 하며, 조합 또는 부가가치세법상의 2인 이상의 사업자로 설립되어야 한다. 또한 모든 구성원에 대해 자활근로임금 이상의 수익금 배분이 가능하여야 한다.

(2) 자활근로사업

자활근로사업은 「국민기초생활 보장법」에 의한 저소득층에게 자활을 위한 근로의 기회를 제공하여 자활기반을 조성하는 사업이다. 저소득층의 자활촉진을 위하여 공동체 창업 등을 위한 기초능력 배양에 중점을 두고 있다. 특히 간병, 집수리, 청소, 폐자원재활용, 음식물재활용사업의 5대 전국표준화 사업을 중점사업으로 추진하되, 영농, 도시락, 세차, 환경정비 등 지역실정에 맞는 특화된 사업을 적극 개발하여 추진한다.

자활근로사업은 참여자의 자활능력과 사업유형에 따라 시장진입형, 인턴형, 사회적 일자리형, 근로유지형 자활근로사업, 사회적응프로그램으로 구분한다.

- 시장진입형 자활근로사업: 투입예산의 20% 이상 수익금이 발생하고, 일정기간 내에 자활공동체 창업을 통한 시장진입을 지향하는 사업을 말한다. 간병, 집수리, 청소, 폐자원재활용, 음식물재활용사업의 전국표준화사업을 중점으로 추진하되, 지역실정에 맞는 특화된 사업(자활기업, 자활공동체 등)을 적극 개발하여 추진한다.
- 인턴형 자활근로사업: 일반 기업체에서 자활사업 대상자가 자활인턴사원으로 근로하면서

기술·경력을 쌓은 후 취업을 통한 자활을 도모하는 취업 유도형 자활근로사업이다.

- 사회적 일자리형 자활근로사업: 사회적 일자리 창출사업은 지역을 기반으로 한 고용정책 수단으로 정부의 재정과 민간의 자원을 결합하여 취업취약계층 등에게 사회적 일자리를 제공하는 사업을 말한다. 사업의 수익성은 떨어지나 사회적으로 유용한 일자리 제공으로 참여자의 자활능력 개발과 의지를 고취하여 향후 시장진입을 준비하는 사업으로 사업단형과 도우미형이 있다.
- 근로유지형 자활근로사업: 현재 근로능력 및 자활의지를 유지하면서 향후 상위 자활사업 참여를 준비하는 형태를 말한다.
- 사회적응프로그램: 근로능력은 있으나 근로의욕이 낮은 수급자에게 사회적응프로그램 운영기관을 통하여 전문적인 상담 및 치료 등 사회적응에 필요한 서비스를 제공하여 자활의욕을 회복시키려는 목적으로 실시하는 프로그램을 말한다. 사례관리, 집단프로그램, 근로

/tip/ 자활사업 관련 용어 이해하기

- 자활사업

  장기실직이나 질병 등으로 일정기준(최저생계비) 이하의 소득, 재산을 가진 저소득층 중에 근로능력이 있는 분들이 일을 통해 자활, 자립할 수 있도록 개인의 특성과 능력에 맞게 일할 수 있는 기회를 제공해 주는 사업을 말한다. 즉, 가난한 사람들을 시혜의 대상으로 보는 것이 아니라 일을 통해 자기 삶의 주체로 살아갈 수 있도록 국가와 사회가 지원하는 사업이다.

- 자활근로사업

  자활근로사업은 기존 취로사업이나 공공근로사업처럼 한시적인 일자리 제공이 아닌 저소득층의 자활촉진을 위한 취업, 공동체 창업 등 기초능력을 높이는 것에 중점을 두고 있는 사업이다.

- 자활기업(자활공동체)

  자활기업은 지역사회에서 신뢰할 수 있는 물품과 서비스를 제공하고 수익을 창출하여, 지역 주민의 경제적 자립을 촉진하는 기업이다. 자활근로사업을 통한 기술습득 및 공동체 정신을 함께하는 1인 이상의 수급자 또는 저소득층 주민들이 생산자협동조합 또는 공동사업자의 형태로 경제적 자립과 사람이 주인되는 일터를 만들어 가는 곳이다. 「국민기초생활 보장법」에 의한 일정한 요건을 갖추고 보장기관으로부터 인정을 받아야 자활기업으로 선정될 수 있다(「국민기초생활 보장법」 개정에 따라 2012년 8월 1일부터 '자활기업'으로 명칭이 변경).

- 자활생산품

자활생산품은 자활사업을 통해 배운 기술로 만들어 낸 쿠키, 비누, 봉제 등의 상품으로, 판매수익은 저소득 주민의 자활자립을 지원하는 데 사용된다. 전국에 1,900여 종의 자활생산품이 있으며 온/오프라인을 통해 구입이 가능하다.

- 굿'스굿스(good's goods)

자활생산품 중 우수한 품질의 상품을 엄선하여 '좋은 사람들이 만든 좋은 상품'이라는 굿' 스굿스 브랜드를 사용하고 있다. 전국 자활생산품 중 엄선된 90여 종이 굿' 스굿스 상품으로 인증되었다.

- 희망리본사업

희망리본사업은 복지-고용 연계사업으로 리본은 '다시 태어나다(re-born)'는 의미를 담고 있다. 저소득 취약계층이 다시 취업할 수 있는 환경적 요인을 제공하고, 일대일 취업교육, 동행면접 등 개인별 맞춤형 사례관리를 제공하고 있으며 전국 18개 희망리본본부를 통해 진행하고 있다.

- 희망키움통장

희망키움통장은 목돈의 자립자금을 마련할 수 있도록 돕는 사업이다. 일을 통해 받은 급여 중 일부를 매월 저축하면 정부와 지자체에서 근로소득장려금, 민간자금을 일대일로 매칭하여 지급하고 있으며 저축을 통해 얻은 자산은 자녀교육비, 주택마련 등에 사용할 수 있다.

- 내일키움통장

내일키움통장은 최근 자활근로사업단에 3개월 이상 성실하게 참여하고 있는 기초생활수급자 또는 차상위 계층의 자산형성을 지원하는 사업이다. 5만 원 혹은 10만 원 중 본인이 금액을 선택하여 저축하면 내일키움장려금, 내일키움수익금 등을 1:1(0.5) 매칭하여 지급하고 있다.

- 희망키움뱅크(Micro Credit)

일반 은행에서 신용대출이 어려운 저소득 취약계층 대상으로 소자본으로 창업할 수 있는 사업자금(임대보증금, 운영자금)을 무담보, 저이율로 대출해 주는 사업이다. 창업에 필요한 경영지원 및 컨설팅, 사후관리 등 안정적인 토털 서비스를 제공한다.

출처: 중앙자활센터 홈페이지(www.cssf.or.kr)

의욕 고취 및 사회적응교육, 지역연계활동 등을 주요 내용으로 한다.

5) 지역자활센터의 현황

지역자활센터는 근로능력이 있는 저소득층에게 집중적 · 체계적인 자활지원 서비스를 제공함으로써 자활의욕 고취 및 자립능력 향상을 지원하고 기초수급자 및 차상위 계층의 자활촉진에 필요한 사업을 수행하는 핵심 인프라로서의 역할을 수행하는 자활사업 실시기관을 말한다.

지역자활센터는 1996년 정부 시범사업 당시에는 '자활지원센터'로, 2000년 국민기초생활보장제도 시행 이후 2006년까지는 '자활후견기관'으로 불렸으며, 2006년 12월「국민기초생활보장법」개정으로 '지역자활센터'로 명칭이 변경되었다.

지역자활센터의 주요 사업은 자활의욕 고취를 위한 교육, 자활을 위한 정보 제공 · 상담 · 직업교육 및 취업알선, 생업을 위한 자금융자 알선, 자영업 창업 지원 및 기술 · 경영지도, 자활공동체의 설립 · 운영지원, 사회서비스 지원사업(장애인, 산모, 신생아, 노인돌보미 바우처사업 등 사

사례 　　최저생계비를 지급하는 기초생활보장제도에 근로 조건부과를 하는 것에 대한 논쟁 사례

「국민기초생활 보장법」이 개정되었다. '세 모녀 법'이라는 이름을 붙였는데 '세 모녀'는 신청하면 지원받을 수 있을까?

근로 능력이 있는 수급자는 '조건부 수급'을 받는데, 자활사업에 참여하는 것이 조건이다. 이에 참여하지 못할 시 조건 불이행으로 수급 자격을 제한받거나 '추정 소득'이 부과되기도 한다. 실제로 추정 소득 부과에 대해 법원은 '법적 근거가 없다'며 반려하기도 했다. 가구원인 조건부 수급자 아들이 자활사업 참여 조건을 이행하지 않자, 아들에게 추정소득을 부과하고, 생계, 주거급여를 감액한 급여변경을 통지한 사건이 있었다. 이에 대해 지난해 서울행정법원은 "이 사건 안내서의 추정소득 부과에 관한 부분은 헌법 제37조 제2항의 법률 유보 원칙에 반하는 것으로서 아무런 법규적 효력을 갖지 못한다고 할 것이어서 이를 근거로 국민의 권리를 제한하는 추정소득 부과 처분을 할 수 없다."고 판시한 바 있다(서울행정법원 2014. 2. 20. 선고 2013구합51800 판결). 그러나 시행령 제3조의3 제13호에 '확인 소득'이라는 이름으로 추정 소득에 대한 내용이 포함되어 있다. 이에 해당 조항이 있어도 세 모녀는 수급자가 될 수 있을까?

출처: 프레시안(http://pressian.com/news/article.html?no=124053)

회서비스사업 위탁수행), 기타 자활을 위한 각종 사업을 포함하고 있다.

참고문헌

금오종합사회복지관(2014). 금오종합사회복지관 사업보고서.
김범수(2012). 지역사회복지론. 경기: 학현사.
보건복지부(2015a). 2015년도 사회복지관 사업안내.
보건복지부(2015b). 2015년도 자활사업 안내.
보건복지부 · 중앙자활센터(2014). 희망꽃 피는 자활사업.
보건사회연구원(2010). 자활정책에 대한 평가 및 발전방향. 보건사회연구원 연구보고서(2010-15).
양성관 · 주익수 · 박상진 · 김동환 · 김주성(2013). 지역사회복지론. 경기: 정민사.
오정수 · 류진석(2012). 지역사회복지론. 서울: 학지사.
최주환(2014). 복지세상2014-1호. 한국사회복지관협회.
황철수 · 류기덕 · 류성봉(2013). 지역사회복지론. 경기: 정민사.

참고 사이트

중앙자활센터 홈페이지 http://www.cssf.or.kr/new_home/main.asp
프레시안 http://pressian.com/news/article.html?no=124053
한국사회복지관협회 www.kaswc.or.kr

제**14**장
실천영역 3: 사회복지공동모금회, 자원봉사센터, 새로운 지역사회복지실천

1. 사회복지공동모금회

1) 개요

공동모금은 미국, 영국, 일본 등 전 세계 47개국에서 시행 중인 선진적 민간모금 및 사회복지 지원체계로, 모두를 위한 한 번의 모금(one campaign for all)을 통해 모금기관 간의 지나친 경쟁을 막고 법이 보장하는 제도적인 틀 안에서 민간재원을 효율적으로 활용하는 제도다. 개별모금에 비해 효율적인 모금과 합리적이고 형평성 있는 배분이 가능하며, 모금과 배분결과를 공개하기 때문에 운영상의 투명성이 보장되는 제도로 평가받고 있다.

우리나라의 모금 및 배분전문기관은 사회복지공동모금회로 나눔문화 확산(공동모금)을 통해 아동청소년 · 장애인 · 노인 · 여성가족 · 지역사회 등 도움이 필요한 곳에 따뜻한 나눔의 마음을 전해 행복공동체를 만들어 가고 있다. 우리나라에서는 산발적 공동모금의 투명성 확보를 위해 1951년 「기부금품모집금지법」이 제정되어 사회복지기관에서 후원금을 모금하는 것이나 기관에서 모금캠페인을 벌이는 일이 규제되었다. 그러다가 1970년에 「사회복지사업법」에 사회복지공동모금회를 설립할 수 있도록 규정됨으로써 이듬해 한국사회복지공동모금회를 설립하게 되었다. 1972년 1차 캠페인을 시도하여 모금활동을 시작하였으나 목적 달성에 실패하였다. 이후 꾸준한 관심으로 1997년에 「사회복지공동모금회법」이 제정되었고, 1999년에 와서야 「사회복지공동모금회법」으로 산발적인 자선모금이 줄어들고 법이 보장하는 제도적인 틀 안에서 민간자원을 동원할 수 있는 방법으로 자리매김되었다.

2) 기능

사회복지공동모금회의 주요 기능은 세 가지로 구분해 볼 수 있다.

첫째, 조직적이고 체계적이며 일원화된 모금활동을 통해 모금의 효율성을 확보하고 증대된 모금액을 확보할 수 있다. 이로써 기관들은 복지 재원 분배의 기회를 제공받아 전반적인 서비스 수준을 향상시킬 수 있다.

둘째, 지역사회 내에 공동체의식 확산과 함께 나눔에 대한 공감대 향상으로 지역사회 내 문제를 주민 스스로 해결하는 데 크게 기여할 수 있다.

셋째, 사회복지사업에 대한 국민의 인식을 개선시킬 수 있다. 이를 통해 사회복지 발전을 위한 정부와 민간의 동반자 관계를 형성하고 궁극적으로 사회복지의 지평을 확대하여 정부부문과 민간부문이 상호보완적인 역할을 수행할 수 있다.

3) 현황

사회복지공동모금회의 현황을 조직, 모금과 배분사업, 예산과 투명성으로 나누어 살펴보면 다음과 같다.

(1) 조직
① 중앙사회복지공동모금회 조직 구성

사회복지공동모금회는 중앙본부산하의 광역시·도별 지회로 구성되어 있다. 중앙사회복지공동모금회는 [그림 14-1]과 같이 회장을 대표로 사무총장 산하 6개 부서(기획조정실, 기업사회공헌사업본부, 일반모금사업본부, 배분사업본부, 대외협력본부, 관리본부)로 구성되어 있다. 그리고 회장직속의 이사회, 감사, 시민감시위원회, 분과실행위원회 등과 준법감시실, 나눔연구소 등이 설치되어 있다.

중앙사회복지공동모금회의 조직구조에 제시되어 있는 이사회, 분과실행위원회, 사무국 등

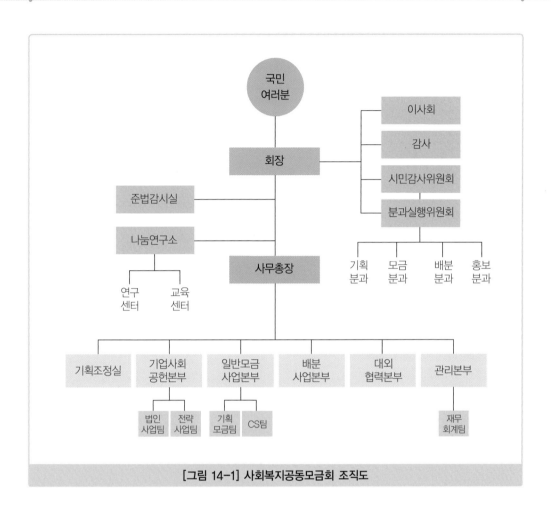

[그림 14-1] 사회복지공동모금회 조직도

의 역할을 제시하면 다음과 같다(사회복지공동모금회, 2000: 30-32: 박용순 · 송진영, 2012: 345-346 재
인용).

- 이사회: 사회복지공동모금회의 최고 의사결정기구로서 존재한다. 특히 이사회의 회장은 대
  외적으로 사회복지공동모금회의 대표자로 활동하며, 사회복지공동모금회의 최고 책임자
  로서 정책을 수립하고 긴급 사안에 대하여 사무총장과 협의하여 신속한 결정을 내린다. 따
  라서 회장은 대내외적으로 활동능력이 요구되며 지도력과 포용력을 겸비하고, 사회복지공
  동모금회의 주요 의사결정과 현안문제의 해결에 헌신적으로 노력해야 한다.
- 분과실행위원회: 기획분과실행위원회, 홍보분과실행위원회, 모금분과실행위원회, 배분분
  과실행위원회 등으로 구성되어 있다. 각 분과실행위원회는 대부분 중요한 안건의 심의와
  결의를 하되 중간 정도의 권한을 행사한다.

● 사무국: 사무총장을 중심으로 실제적인 운영을 한다. 사무국의 전문인력으로는 이사와 위원 등이 있으며 이들은 사회복지공동모금회 활동에 핵심적인 역할을 담당한다. 사무국은 기획관리본부와 사업본부의 두 부서를 두고 있다. 기획관리본부는 기획팀과 총무회계팀 등으로 구성되어 있고, 사업본부는 자원개발팀, 자원관리팀, 배분팀, 홍보팀 등으로 구성되어 있다.

② 지역사회복지공동모금회 조직 구성

지회는 17개 시 · 도지회로 구성되어 있다. 즉, 서울사회복지공동모금회, 부산사회복지공동모금회, 대구사회복지공동모금회, 인천사회복지공동모금회, 광주사회복지공동모금회, 대전사회복지공동모금회, 울산사회복지공동모금회, 경기사회복지공동모금회, 강원사회복지공동모금회, 충북사회복지공동모금회, 충남사회복지공동모금회, 전북사회복지공동모금회, 전남사회복지공동모금회, 경북사회복지공동모금회, 경남사회복지공동모금회, 제주사회복지공동모금회, 세종사회복지공동모금회로 이루어져 있다.

지역사회복지공동모금회는 지역사회의 특성에 따라 사업이 추진되고 있다. 지역사회복지공동모금회의 조직구조는 회장, 사무국장, 실무담당자 등으로 구성되어 있고, 사무국에 협조하는 운영위원회는 기획홍보분과실행위원회, 모금분과실행위원회, 배분분과실행위원회 등으로 이루어져 있다. 각 분과위원회는 학계, 종교계, 언론계, 경제계 등 지역사회를 대표하는 각계 각층의 전문가들로 구성되어 있으며, 지역사회복지공동모금회의 주요 사업을 계획, 심의, 평가하는 역할을 담당하고 있다(박용순 · 송진영, 2012: 346-347).

「사회복지공동모금회법」의 정관 및 지회규정에 따르면 공동모금회는 행정적 · 재정적으로 통일된 구조를 가지고 있다. 1997년 「사회복지공동모금법」이 제정될 때에는 중앙회와 시 · 도 공동모금회가 각각 별도의 독립법인으로 규정되어 있었으나, 1999년 「사회복지공동모금회법」으로 대체 입법되면서 단일법인하의 집중형 구조로 변경되었다.

(2) 모금사업

① 모금전략

모금대상에 따라 개별형, 기업중심형, 단체형, 특별사업형으로 나누어서 사업을 진행한다. 또한 모금시기에 따라 연말연시 집중형과 연중 모금형으로 사업이 나뉘는데, 연중모금형에는 월급 자동공제 모금, 사업장 중심의 모금, 행사장 중심의 모금, 가두모금, 가정방문모금 등이 있다.

② 아너소사이어티

지난 2007년 12월에 사회복지공동모금회에서 설립한 사회지도층의 특별한 나눔실천이라고 할 수 있는 아너소사이어티는 한국형 노블레스 오블리주의 실천방법으로 지역사회의 발전과 나눔문화의 확산에 앞장서는 개인고액기부자클럽이다. 즉, 사회문제에 대한 관심과 이해를 바탕으로 참여와 지원을 통해 사회공동체가 당면한 사회문제를 해결하고자 하는 목적을 갖고 더 밝은 내일을 여는 사회지도자들의 모임이 아너소사이어티이며 사회지도층의 고액기부는 사회의 모범이 되어 개인들의 기부를 이끌어 내는 견인차 역할을 한다고 볼 수 있다. 개인(익명가능)이 1억 이상 기부하거나 또는 기부를 정하여(최장 약정기간 5년) 기부금 상담에서 기부금쓰임새 협의, 사용결과 보고, 사후관리까지 참여할 수 있다. 기부(giving)뿐만 아니라 봉사와 만남 및 교류와 같은 활동이 전개되어 나눔문화의 활성화를 꾀하고, 모금관리 설명회에 아너소사이어티 회원을 직접 참가시킴으로써 배분사업의 결과와 과정에 투명성을 보장한다.

③ 계획기부

기부자에 의해 형태, 규모, 목적 등이 신중하게 고려된 계획기부는 기부자와 수혜자의 지속적인 관리와 관계형성을 통한 가장 발달된 형태의 기부라고 할 수 있다. 한국형 계획기부의 등장배경으로는 부유층의 증대, 안정적인 신노년층 등장, 부의 이전(상속)에 대한 인식변화, 기부문화의 확산이 있다. 계획기부는 모범적 기부로서의 기부문화를 선도하고 민간재원 총량의 증가, 시민의 자발적 사회문제 해결과 같은 사회적 효용성을 가지고 있다. 계획기부의 종류로는 유산기부, 기부자조언기금, 기부연금, 기부신탁 등이 있다.

④ 착한가게

중소규모의 자영업에 종사하며 매출액의 일부를 나눔을 통해 실천하는 세상의 모든 가게를 말한다. 매장을 경영하는 자영업자 또는 중소기업, 프랜차이즈, 학원, 병원 등 어떠한 가게도 참여가 가능하며 정기 계좌이체를 통해 나눔에 손쉽게 참여할 수 있고 정기적인 관리 또한 받을 수 있다.

⑤ 행복주식거래소

도움을 필요로 하는 개인과 사회복지 기관 및 단체의 사업을 기부자가 선택하여 기부할 수 있는 나눔전문 사이트다. 절차는 행복투자의 장에서 '신청-사회복지전문가들의 공정한 심사-도와주세요 사연보기 및 온라인 기부 참여-행복 투자-행복공동체 실현을 통해 나눔투자의 가치 확인'과 같은 과정을 통해 이루어진다.

⑥ 나눔문화를 위한 프로그램과 모금사업

직장인 나눔캠페인, 행복한연금나눔캠페인, 포인트나눔, 이벤트나눔, 모바일나눔, 방송나눔, 물품나눔 등이 있다.

⑦ 기업사회공헌(Corporate Social Responsibility: CSR)

기업의 사회책임 활동 및 사회공헌 활동은 공공정책의 사각지대를 메우기도 하며 사회복지공동모금회는 이러한 기업활동과 파트너 관계로 활동한다. 기부방법은 직접기부, 임직원 참여를 통한 직장기부캠페인, 기업물품기부, 기업의 상품판매를 통한 기부(공익연계 마케팅: CRM) 등으로 구분된다.

⑧ 나눔봉사단

사회의 양극화 심화에 따른 계층 간 갈등 해결을 통해 사회공동체 발전을 이루기 위한 목적으로 사회복지공동모금회에서 발족한 새로운 개념의 봉사조직이다. 나눔봉사단은 모금전문봉사단으로서 단순 복지수요 대상자에 대한 노력봉사에서 시작하여 모금활동, 배분활동, 문화활동 지원 등 포괄적인 나눔봉사활동을 전개하고 있다.

⑨ 모금문화 조성과 모금 유지 및 관리

나눔캠페인에 참여한 직장인 또는 개인에게는 소득공제혜택이 주어진다. 기부금은 「소득세법」 제34조 제2항 7호에 의한 소득공제와 「조세특례제한법」 제73조 제1항 9호에 의한 100% 손금산입이 이루어진다. 현재 타 사회복지관련 기부금은 소득의 5% 범위 이내에서 손금처리를 인정한다는 점에서 공동모금회와의 차이를 발견할 수 있다.

또한 기업의 경우 직장인나눔캠페인 활동에 참여함으로써 사회복지공동모금회 회보 '사랑의 열매' 및 홍보물에 기업 홍보가 가능하며 '이웃을 생각하는 기업' 현판을 부착함으로써 기업의 사회적 이미지를 개선, 부각시킬 수 있다. 그리고 사랑의 열매 홈페이지와 정기간행물을 통해 착한가게 홍보가 이뤄지며 개인이나 기업 참여정도에 따라 이웃돕기 유공자 포상대상자로 선정되기도 한다. 더불어 요일간지 행사를 개최하며, 참여기업 소개에 대한 보도자료를 의뢰하고, 연말 TV 이웃돕기 특별 생방송 시 모범기업 사례로 홍보하여 기부기업에 대한 예우를 한다.

(3) 배분사업

① 지원사업 진행절차

지원사업은 사업공고(홈페이지, 일간지 등에 공지), 기관별 사업계획서 접수(온라인 및 오프라인 접수), 심사(서류, 면접, 현장심사 실행), 지원결정(지원분과위원회, 이사회 결정), 지원기관 선정 및 결과공지, 조정사업 계획서 및 교부신청서 제출, 1차 지원(사업수행, 중간 보고서 제출), 중간평가, 현장방문, 2차 지원, 사업종결(결과 보고서 제출, 잔액 반납), 평가 및 조치의 절차로 이루어진다.

② 지원사업 기준

지원대상은 사회복지사업 또는 기타 사회복지활동을 행하는 법인·기관·단체 및 시설(개인신고시설 포함)이나 사회복지서비스를 필요로 하는 개인이다.

심사기준은 크게 기관평가, 사업평가, 기타평가의 세 가지로 나뉜다. 기관평가는 신뢰성, 사업수행 능력이, 사업평가는 적합성, 실현가능성, 투입요소 적절성, 투입비용이, 그리고 기타평가는 홍보노력 및 지역자원 활용, 자구계획이 심사기준이 된다. 심사과정은 예비심사, 서류심사, 면접심사, 현장심사가 있다.

사업종류는 크게 신청사업, 기획사업, 긴급지원사업, 지정기탁사업의 네 가지로 나뉜다. 신청사업은 사회복지 증진을 위하여 자유주제 공모형태로 복지사업을 신청받아 지원하는 사업이다. 기획사업은 모금회가 그 주제를 정하여 지원하는 사업 또는 지원대상자로부터 제안받은 내용 중에서 선정하여 지원하는 시범적이고 전문적인 사업을 말한다. 긴급지원사업은 재난구호 및 긴급구호, 저소득층 응급지원 등 긴급히 지원해야 할 필요가 있는 경우에 지원하는 사업이다. 지정기탁사업은 사회복지 증진을 위하여 기부자가 기부금품의 지원지역·지원대상자 또는 사용용도를 지정한 경우 그 지정취지에 따라 지원하는 사업을 일컫는다.

③ 지원내용

공동모금회의 지원사업 대상은 크게 아동·청소년, 장애인, 노인, 여성·다문화, 지역사회, 해외 기타로 나뉜다.

아동·청소년 분야에서는 교육·상담, 여가·문화, 아동보호·양육, 청소년 성장·인식개선, 생계·영양·주거, 의료·건강사업으로 구분하여 지원이 이루어진다.

장애인 분야에서는 사회적응·자활, 교육·상담, 여가·문화, 의료·건강, 생계·영양·주거, 정보(이동)편의로 나누어 배분사업이 이루어진다.

노인 분야에서는 심리 · 정서, 생계 · 영양 · 주거, 보호 · 상담, 여가 · 문화, 치료 · 건강관리, 취업 · 교육 등으로 배분사업이 이루어진다.

여성 · 다문화 분야에서는 상담 · 교육, 육아 · 취업, 여가 · 문화, 생계 · 영양 · 주거, 폭력 · 학대예방, 의료지원, 생계 · 영양 · 주거로 나누어 배분사업이 이루어진다.

지역사회 분야에서는 생계 · 영양 · 주거, 복지센터지원, 지역사회 변화, 교육 · 상담 · 보호, 문화 · 예술, 의료서비스로 나누어 배분사업이 이루어진다.

해외 기타 분야의 배분사업은 기초생활 · 교육, 의료 · 보건지원 등으로 구분되어 지원이 이루어진다.

(4) 예산과 투명성

공동모금회의 예산은 지역공동모금회의 성금전액과 중앙모금회의 성금 일부 그리고 지역 보조금 1억으로 구성되고, 성금의 10%는 운영비로 쓰인다.

공동모금회는 모금된 자원을 올바르게 배분할 책임을 담보하여 운영되기에 여러 가지 제도적 장치를 통해 투명성을 확보한다.

첫째, 시민감시로 신뢰도를 증진시킨다. 시민감시위원회 도입, 사이버신문고 운영, 온라인 경영공시 확대, 기부정보 확인시스템, 청렴도 평가기준 및 청렴 컨설팅 실시, 윤리헌장 · 윤리강령 제정과 같은 시민들의 참여로 신뢰도를 높이고 있다.

둘째, 조직체계를 쇄신하고 자정능력을 강화한다. 즉시 퇴출제(원스트라이크 아웃) 도입, 징계부가금제 도입, 상시감사체계 구축, 내부공익 신고제도 활성화, 클린카드 전면 확대, 권역별 통합방안 마련, 통합정보관리시스템 운영으로 조직 내부에서 투명성을 확보하고자 노력한다.

셋째, 전면적 인적 쇄신을 꾀한다. 공동모금회는 지회장 재신임, 복지부 감사결과에 따른 징계조치, 채용 관련 인사관리규정 개정을 통해 전반적인 인적 쇄신을 단행한다.

4) 발전방향

사회복지공동모금회가 앞으로 나아가야 할 발전방향을 제안하면 다음과 같다(강철희 외, 2010).

(1) 협력모금 및 협력배분 기능의 강화

지난 10여 년 동안 공동모금회는 사회적으로 공인된 모금시스템으로서 '사랑의 열매'라는 나눔의 상징을 브랜드화하는 성과를 거두었으나 그 위상에 맞는 실질적 기능인 모금연합체로 서의 기능을 수행하는 데 있어서는 미흡했던 것으로 평가된다. 공동모금제도가 추구하는 목표 를 지향해 가면서 나눔문화를 확산시키고 모금의 효율성을 증진시키는 일은 공동모금회의 모 금을 필요로 하는 다양한 사회의 구성체와 공동 노력을 통해서만 제대로 달성될 수 있다. 따라 서 공동모금회는 이를 둘러싼 다양한 구성체와의 이해관계를 조율하고 수렴하면서 보다 강력 한 연합체적 협력 노력을 통해 실제적인 '공동'의 모금을 실현시킬 필요성이 있다. 이를 위해 서 공동모금회는 정부 및 자선모금기관 등을 포괄하는 다양한 구성체와의 의사소통 채널을 새 롭게 구축하면서 연합모금 기능을 새롭게 제도화시킬 필요가 있다. 이 과정에서 각기 다른 이 해관계를 가지고 있는 연합체 구성원들의 이해관계를 조율하고 통합하며 공동의 목표를 향해 이들 모두를 이끌 수 있는 역량을 강화시켜야 한다.

이에 맞춰 배분 기능에 있어서도 협력기관을 활용한 협력배분 방식으로의 방향 전환이 보다 적극적으로 마련될 필요가 있다. 모금회의 배분사업은 신청방식 혹은 공모방식으로 개별 기관 들이 사업계획을 모금회에 제출하고 이를 심사를 통해 선정하는 방식으로 운영되고 있다. 그러 나 모든 배분사업을 개별기관의 신청에 의한 공모방식으로 운영한다는 것은 행정상의 커다란 부담으로 작용한다. 따라서 공동모금회의 내부적인 부담 요소를 감소시키고 민간 전달체계를 강화시키기 위한 방안으로 대외적인 신뢰성과 전문성이 검증된 파트너 기관을 통해 배분사업 을 진행하는 방안을 검토할 필요가 있다. 즉, 관련 협회나 연합회 등과의 파트너십을 통해 파트 너 기관이 주도적으로 배분사업의 신청, 심사, 사업관리 등을 담당하도록 함으로써 배분의 효 율성을 제고하면서 배분의 책임을 사회복지기관들과 연대하는 방식으로 접근해 나가는 것이 필요하다고 판단된다.

이 과정에서 협력모금과 협력배분을 통합하는 전략 또한 병행해 나가야 할 것으로 판단된다. 현재 모금과 배분은 분리된 시스템 안에서 각기 독자적으로 운영되어 온 경향이 있다. 향후에 는 다양한 사회 구성체와의 긴밀한 협력하에 공동의 이슈를 개발하고, 이를 토대로 공동의 모 금활동을 수행하면서 배분의 기능까지도 연대적인 협력을 통해서 이루어지게 하는 모금과 배 분의 긴밀한 연계 시스템이 모색되어야 할 것으로 본다. 이러한 유기적 시스템의 마련은 효율 성 제고라는 성과 창출뿐 아니라 책임성의 연대를 새로운 성과로 가져올 수 있을 것으로 판단 된다.

(2) 주요 이해관계자와의 긴밀한 파트너십 형성

공동모금회는 설립 이후 전국 규모의 운영시스템 구축과 함께 모금과 배분의 성공적 수행을 이루어 왔다. 이러한 구축과 성공적 수행의 이면에는 복잡한 이해관계자들이 존재한다. 즉, 공동모금회는 독자적인 노력만이 아닌 다양한 이해관계자와의 관계 속에서 현재까지 발전해 온 것으로 평가할 수 있다. 가장 중요한 영향력을 행사할 수 있는 기부자로서의 시민만이 이해관계자로 존재하는 것이 아니라, 제도적인 영향력을 갖는 정부와 정치기관, 정부와 정치기관의 영향력을 받는 가장 큰 모금원인 기업, 경쟁하는 모금기관, 신문과 방송, 배분을 기반으로 해서 사회문제를 해소하는 기관 등 다양한 이해관계자를 갖는다. 특히 공동모금회는 설립과 운영에 직간접적으로 관여해 온 정부와 정치기관이라는 매우 특별한 이해관계자를 갖는다. 공동모금회가 자리 잡고 있는 실제의 위치를 고려할 때 이러한 이해관계자들을 적극적으로 관리하고 협력적 관계를 보다 긴밀하게 형성하면서 건강한 파트너십을 구축할 수 있을 때 공동모금회의 사회적 성과는 더욱 배가될 수 있다.

그러나 공동모금회는 이해관계자의 중요성에 민감하지 못했고, 이러한 민감성을 기반으로 해서 이 시스템을 제대로 적응시키지 못했다. 예를 들어, 사회적 성과에 대한 외부 이해관계자들의 평가가 객관적이지 못할 수 있으나, 이러한 평가는 실제와 상관없이 중요한 의미를 갖고 영향력을 가질 수 있다. 최근의 공동모금회에 대한 사회적 비판은 바로 핵심 이해관계자들의 잠재적 평가가 반영된 것으로 이해해 볼 수 있다. 현재 공동모금회의 위상과 존립에 큰 위기를 가져왔던 가장 중요한 원인은 바로 정부 및 정치기관과의 협력적 관계 구축 실패라고 해석할 수 있다. 이들과의 협력관계 구축 실패는 언론과의 파트너십 약화를 가져오고 동시에 기업과의 파트너십 약화를 가져올 수 있으며, 궁극적으로는 시민으로부터의 외면이라는 결과를 파생시킬 수 있다. 공동모금회는 파트너십 구축이 핵심적인 과제임을 인식하고 이를 위해 절대적인 노력을 행하여야 할 것으로 본다.

(3) 고객 중심의 관리운영시스템 구축

공동모금회의 다양한 이해관계자 중에서 사실 모금과 배분의 가장 직접적인 이해관계자인 기부자와 사회복지 현장의 종사자 및 배분 대상자만큼 중요한 이해관계자는 없다. 이들이 공동모금회 존재의 이유이고 기능유지의 버팀목이다. 그러나 모금에서 지적되는 기부자 데이터베이스 부재 및 기업 기부금의 정체현상의 문제 그리고 배분에서 지적되는 사회복지 현장과의 원활한 의사소통 부족 및 이로 인한 배분사업에 대한 신뢰성 문제는 고객 중심적이지 못한 공동모금회 관리운영시스템 문제와 직간접적인 연관성을 지닌다. 이러한 문제는 공동모금회의 책임성을 약화시키고 사회적 파급력을 약화시킬 수 있다. 따라서 이러한 문제를 완화하기 위해서는 기부자 관리 프로그램 구축과 함께 배분현장 지향적 관리운영시스템의 구축이 필요할 것으로 판단된다. 이와 관련된 구체적인 방안을 정리해 보면 다음과 같다.

첫째, 기부자 관리 프로그램 구축을 통해서 공동모금회를 통한 일상적 나눔 활성화의 토대가 보다 체계적으로 마련되어야 한다. 공동모금회가 기부자 관련 데이터 및 분석 자료를 제대로 축적하지 못하고 있는 현실이 지적되었다. 또한 새롭게 기부를 시작하는 기부자들을 관리하고 이들을 정기적 기부자로 양성시키는 시스템이 부재한 것으로 나타났다. 이러한 현상은 이전의 공동모금회 모금활동이 기부자를 관리하고 양성해 나가는 노력을 수행하지 못하고 조직에 전달되는 기부금을 행정적으로 처리하는 데 급급해 왔던 결과인 것으로 여겨진다. 이제는 이러한 모금상의 수동적 행정처리 활동에서 벗어나 보다 적극적으로 기부자들을 관리·예우하며 기부를 성장시키기 위한 접근들을 모색해 나갈 필요성이 있다. 이러한 새로운 접근의 토대는 바로 체계적인 데이터 시스템의 구축과 운영이다. 아울러 새로운 관리운영시스템의 마련을 토대로 공동모금회를 통해 지속적으로 나눔을 실천해 온 정기 기부자들을 대상으로 기부자 예우 프로그램 및 양성 프로그램을 실시함으로써 이들의 공동모금회를 통한 나눔 몰입도 및 충성도를 향상시킬 수 있는 전략이 마련되어야 할 것이다. 이러한 시스템 및 노력을 통한 나눔의 일상화 확보 전략은 내부적으로는 연말캠페인 의존도를 미약하게 함과 동시에 공동모금회의 안정적인 자원 확보 및 모금액 성장에 크게 기여할 수 있을 것으로 사료된다.

둘째, 공동모금회의 배분 기능에서 모금회는 배분의 대상이 되는 현장을 강화시킬 수 있는 배분관리시스템 그리고 더 나아가 배분의 결과와 관련된 책임성을 제고시킬 수 있는 배분관리시스템을 구축할 필요가 있다. 먼저 배분의 대상이 되는 기관들로부터의 신뢰와 지지를 획득하기 위해서 공동모금회는 보다 현장 친화적인 배분시스템을 개발하여 이들이 보다 손쉽게 배분시스템에 접근할 수 있는 방안을 마련해야 할 것이다. 아울러서 현장의 신청기관들이 선정결과에 대해 예측할 수 있도록 선정기준과 심사과정을 보다 명확하게 제시할 수 있어야 하고, 탈락기관에게는 결과에 대한 이유를 정확하게 보고하고 탈락한 이유에 대해서도 지지적인 컨설팅을 제공해 줄 수 있어야 한다. 이렇듯 현장 친화적인 사업운영을 가능케 하는 배분 관리운영시스템은 공동모금회의 배분을 새롭게 특화시켜 현장으로부터의 신뢰를 보다 제고시키는 파급효과를 갖게 할 것으로 본다. 또한 배분의 결과에 대한 평가와 관련해서도 보다 체계적인 평가양식을 개발하는 노력이 필요할 것이다. 사회는 항상 나눔의 효과를 파악하기 위해 배분의 결과로 그 관심을 집중할 수밖에 없다는 현실을 고려해서, 공동모금회가 배분에 대한 다각적 방향에서의 평가양식을 개발해서 공동모금회의 배분이 사회적으로 갖는 파급력을 지속적이고 체계적으로 파악해 낼 수 있게 하는 새로운 접근을 구축해 낼 수 있어야 할 것으로 본다. 이러한 현장 중심의 고객관리시스템은 공동모금회 배분사업의 질적 제고를 가져와 궁극에는 공동모금회

배분사업의 책임성 제고에도 이바지할 수 있을 것으로 기대된다.

(4) 공동모금회 역량에 걸맞은 보완재로서의 선도적 지위 확보

공동모금회는 한국 사회 나눔의 대표적 시스템으로 모금에서만 그 비중을 지니는 것이 아니라, 배분과 관련해서도 중요한 의미를 지닌다. 즉, 사회적으로 대응해야만 하는 사회문제상 의제를 발굴하면서 이에 대해 선도적으로 대응해야만 하는 역할을 사회로부터 지속적으로 요구받는다. 이러한 요구에 따라서 공동모금회는 정부의 역할을 보충하는 역할 이외에도 정부가 수행하지 못하는 역할인 사각지대 발굴 및 실험적 사회문제 해결 등을 수행함으로써 정부 역할을 보완해야 하는 기능을 수행해야만 한다. 그러나 지난 10여 년간 공동모금회는 급격히 증가하는 기부금을 짧은 기간 내에 지역사회에 전달해야 하는 제약조건 속에서 바람직하게 요구되는 역할을 제대로 수행해 내지 못했다. 즉, 장기적인 기획을 기반으로 한 배분사업을 제대로 수행해 내기보다는 단발적인 사업을 수행하면서 이와 관련한 배분사업을 전개하는 모습을 강하게 지녀 왔다.

이러한 제한점을 극복하면서 선도적인 지위를 구축해 내기 위해서는 기획기능을 강화하면서 관련 영역에 대한 적극적인 연구 사업을 수행해 나가고 새로운 접근을 위한 토대를 마련할 수 있어야 한다. 구체적으로는 첫째, 모금과 배분을 연계하면서 새로운 문제와 관련한 선도적인 모금 상품을 제시하여 모금하고, 모금된 자원을 토대로 문제를 해결하는 방안까지도 구체적으로 제시할 수 있어야 한다. 이러한 기능이 공동모금회의 위상에 보다 걸맞은 것이기 때문에, 향후 이러한 기능을 수행해 내면서 정부를 보완할 수 있는 확고한 지위를 확보할 수 있어야 할 것으로 보인다. 둘째, 이러한 실험적이고 선도적인 역할 수행을 위한 토대적 시스템, 즉 연구 역량을 강화시켜야 한다. 모금시장에 대한 분석, 모금 상품에 대한 해외 사례 분석, 복지욕구 측정, 문제해결 방안에 대한 효용성 분석 등과 함께 보다 전략적으로 모금하고 배분할 수 있는 기반을 구축하여야 한다. 현상에 대한 지식을 기반으로 새로운 방향을 이끌어 내는 역량을 키워 내지 못하는 한, 공동모금회는 항상 대응적 노력만을 전개하는 조직에 머물 수밖에 없다. 즉, 선응적으로 문제를 파악해 내면서 정부에 대한 보완재로서의 기능을 수행하는 데 역부족일 수밖에 없다. 따라서 연구 역량을 강화하면서 기회기능을 보다 혁신적으로 제고시켜 새로운 문제 영역에 대한 정부의 새로운 개입까지도 이끌어 내는 선도적인 역할을 모색해야만 할 것이다. 이러한 역할을 통해 새로운 지위를 확보할 수 있을 때, 공동모금회의 성장과 안정적 발전이 더욱 용이하게 될 수 있을 것이다.

(5) 실제로 기능하는 거버넌스 구성 및 기능의 실질화

공동모금회의 사회적 성과를 증진시키기 위해서는 이 시스템의 최고 의사결정 구조인 이사회가 실제 일할 수 있는 구성을 가져야 하고 보다 명확하게 기능을 설정해서 실질적 기구로 기능할 수 있어야 한다. 지금까지 공동모금회 거버넌스가 우리 사회의 사회지도층들로 구성되어 오긴 했으나, 이들이 실제로 공동모금회의 기능에 실제적인 기여를 행할 수 있는 형태로 발전되지는 못했다고 평가된다. 어찌 보면, 이사회에 참여해서 이미 제시된 방향으로 의사결정을 수행하는 형태의 역할만을 취해 왔다고 평가할 수 있다. 따라서 향후 공동모금회 이사회가 보다 적극적으로 공동모금회 시스템의 성과 제고를 이끄는 역할을 할 수 있도록 거버넌스의 기능을 발전시켜야 할 것이다. 아울러 전문가의 전문적 지식 활용 및 시민의 직접적인 참여라는 두 마리 토끼 모두를 가능케 하는 기구라 할 수 있는 공동모금회의 분과위원회와 관련해서도 그 구성을 항상 새롭게 하고 새로운 전문가들의 참여를 가능케 하는 활용방안을 수립해야 할 것으로 본다.

구체적으로 이러한 방안들을 정리해 보면, 우선 이사회의 구성과 관련해서 실제로 공동모금회의 성과에 기여할 수 있는 역량을 지닌 인사들을 선택해서 이러한 인사들을 중심으로 공동모금회 이사회가 구성되게 할 필요성이 있다. 특히 다양한 이해관계로 인해 긴장과 갈등의 관계가 발생될 환경 속에 존재하는 공동모금회가 모금, 배분, 그 밖의 조직운영 등의 다양한 차원에서 보다 더 안정되게 일할 수 있도록 이사회가 구성되어야 한다. 예를 들어, 자원개발을 보다 원활하게 하는 역할, 배분을 통해 사회적 파급력을 배가시키게 이끄는 역할, 공동모금회에 대한 다양한 목소리를 담아 의사결정 과정에서 반영되게 하는 역할, 정부 및 정치권과의 이해관계를 조정하는 역할 등을 이사회를 통해 구축해 나가야 한다. 이러한 역할들이 이사회에서 수행해 주어야 하는 역할인데, 지금까지는 요구되는 많은 역할이 등한시되거나 이러한 역할들을 사무총장에게 일임하는 형태로 주어진 역할을 축소시켜 왔다 할 수 있다. 따라서 향후에는 일하는 이사회를 향해서 이사회 구성에서 보다 전략적인 접근과 함께 신중함을 모색할 필요가 있다. 특히 공동모금회에 대한 사회적 실망으로 인해 위기가 도래할 때, 이러한 위기에 다각적으로 대처하는 데 실제로 기여할 수 있는 역량을 지니는 이사회의 구성을 구축해 낼 수 있어야 할 것이다.

한편, 전문가의 전문적 지식 활용 및 시민의 직접적인 참여를 목적으로 운영되고 있는 분과위원 제도의 경우, 일부의 영역에서는 전문가들이 공동모금회 사업에 참여하여 직원의 기능을 보완하고 보강할 수 있게 하는 효과를 거두었으나, 다른 일부의 영역에서는 형식적인 운영의 모습만을 가져왔다. 또한 새로운 참여구조를 마련하지 못하고 기존의 위원들을 되풀이해서 공동모금회 위원회에 소속되게 하여 전문적 역량을 지닌 새로운 시민 에너지가 공동모금회 위원회에 유입되지 못하게 하는 제한성도 가져왔다. 이러한 문제와 관련해서, 이사회의 하위기능 중 하나로 새로운 위원 선발 및 개발 기능을 설정해서 위원회 운영 전반을 관리 감독할 수 있게 하는 새로운 노력이 필요할 것으로 본다. 이러한 방향에서의 노력은 새로운 에너지의 지속적인 수혈을 가능케 하고, 각 분야 전문가들의 조언 및 적극적인 참여를 통해 공동모금회 각 부문별 전문성을 증진시킴과 동시에 성과의 질적 향상까지도 도모하게 할 수 있게 하는 효과를 파생시킬 것이다.

이사회와 위원회로 구분되는 공동모금회의 시민참여 체계가 활성화되기 위해서는 이들의 활동을 독려하고 뒷받침해 줄 수 있는 사무국의 역량과 노력이 필요하다. 이들이 적극적으로 공동모금회의 성과에 몰입하면서 자신의 책무를 제대로 수행케 하기 위해 사무국은 이들과 끊임없이 의사소통하며 구체적인 활동들을 요청해 나갈 수 있어야 할 것이다. 이러한 기능이 마련되는 것이 전제될 때, 공동모금회를 위해 일하는 이사회가 실제로 자리매김을 할 수 있으며 공동모금회의 더 높은 성과 달성이 가능하게 될 것이다. 예를 들어, 이사회에 대한 오리엔테이션을 정례화한다든지 혹은 교육과 훈련 프로그램을 마련한다든지 하는 것은 보다 정확한 의사결정을 유도하며 이사회의 역량을 강화시키는 데 큰 기여를 할 수 있을 것이다. 즉, 이러한 노력은 힘 있는 이사회 및 역량 있는 위원회의 잠재력을 극대화시켜 공동모금회의 파급효과를 극대화하는 데 크게 기여할 것이다.

(6) 조직 역량 및 전문성 강화

공동모금회의 사회적 성과를 제고하면서 운영의 효율성을 향상시키기 위해서 무엇보다도 중요한 것은 실제 업무를 수행하는 사무국의 역량을 강화시키는 노력 그리고 직원들의 전문성을 향상시키는 노력이다. 비록 공동모금회가 규모의 성장을 이루어 내긴 했으나 조직 내부의 역량 및 전문성에 있어서는 미흡함이 많은 것으로 평가되었다. 구체적으로 보면, 모금 전문성 구축 부재, 기존의 운영지식 및 기술 미축적, 배분담당 직원의 전문성 부재, 교육훈련 시스템 부재 등이 대표적 문제다. 이러한 취약성은 공동모금회의 사회적 성과를 창출하는 데 큰 장애요인이 되는 것으로 인식되고 있다.

공동모금회 조직의 역량 및 전문성을 강화하기 위한 방안을 정리해 보면 다음과 같다. 첫째, 지금까지의 조직운영의 모습이라 할 수 있는 관성적인 행정 업무방식을 극복하기 위해서는 무엇보다도 기존 모금·배분 등의 활동에 대한 지식화 및 기술 축적이 이루어져야 할 것이다. 즉, 지난 10년간 암묵지의 형태로 개별화되어 축적되어 있는 관련 지식, 기술 및 노하우들을 가시적인 지식인 형식지의 형태로 변환시키는 노력을 통해 각종 형태의 업무를 매뉴얼화하는 작업이 필요할 것이다. 이러한 노력이 가능할 때, 공동모금회의 기능과 관련된 새로운 지식과 새로운 경향들이 시스템이라는 토대 위에 새롭게 축적되고 반영될 수 있을 것으로 본다. 예를 들어, 한국 사회에서 요즘 새롭게 논의되고 있는 계획기부와 관련해서도 업무의 시스템이 마련되어 있을 때 어떻게 계획기부라는 새로운 가능성이 공동모금회의 모금 구조 안에 편입될 수 있을지가 보다 구체적으로 파악될 수 있을 것이다. 공동모금회가 이렇게 업무시스템을 구축하면서 새로운 지식과 전문성을 편입시켜 나갈 때, 공동모금회는 한국 사회의 모금·배분을 이끄는 선도적인 역할을 실제적으로 수행해 낼 수 있게 될 것이다. 동시에 공동모금회 직원의 전문적 역량 제고를 통해서 공동모금회의 성과를 배가시키는 효과까지도 만들어 낼 수 있을 것으로 예상된다.

둘째, 업무시스템의 구축과 함께 공동모금회는 직원의 전문성을 향상시키기 위해서 직원의 성장과 개발을 위한 개입노력을 보다 강화시킬 필요성이 있다. 모금과 배분은 고도의 전문성을 요구하는 영역이다. 이러한 기능을 원활하게 수행하기 위해서는 관련 지식과 더불어 기획역량을 지니고 있어야 하고 효과적인 의사소통 역량을 지녀야 한다. 영리영역의 전문가처럼 보상의 체계가 실제적으로 마련되어 있지 않은 상황에서 전문성을 지닌 이들의 투입이 실제적으로 불가하기 때문에, 현재 참여하고 있는 직원의 성장과 개발을 위한 투자가 무엇보다도 절실한 대안이 될 수밖에 없다. 공동모금회는 업무 시스템의 구축 및 교육훈련 프로그램의 체계화를 통해서 조직 및 업무에 대한 높은 몰입도를 지닌 인력을 양성해 내고 더 나아가서는 보다 효율적으로 업무수행을 완수할 수 있는 전문적 인력을 개발해 내는 과제에 보다 집중적인 노력을 해야 할 것으로 판단된다.

2. 자원봉사센터

1) 자원봉사

(1) 자원봉사의 정의

자원봉사라는 말은 요즘 흔히 사용되고 있지만 그 의미를 내포한 행위와 활동은 이미 오랜 역사를 가지고 있다. 자원봉사는 볼런티어(volunteer)의 라틴어인 voluntas(자유의지)라는 단어에서 유래되었다. 우리말로는 '자원봉사자(自願奉仕者)', 영어발음인 volunteer를 그대로 한글

표기할 때는 '볼런티어'로 표현되고 있다.

우리나라 「자원봉사활동 기본법」 제3조에서는 자원봉사활동을 "개인 또는 단체가 지역사회 · 국가 및 인류를 위해 대가 없이 자발적으로 시간과 노력을 제공하는 행위"로 정의하고 있다. 한국사회복지협의회에서는 1978년 "자원봉사활동이란 사회문제의 예방 및 해결 또는 국가의 공익사업을 수행하고 있는 공 · 사 조직에 자발적으로 참여하는 반대급부를 받지 않고 인간 존중의 정신과 민주주의 원칙에 입각해 필요한 서비스를 제공하여 이타심의 실현과 자기실현을 성취하고자 하는 활동"이라고 정의하였다.

(2) 우리나라 자원봉사의 발전과정

우리나라 자원봉사활동의 발전과정을 연대순으로 나누어 살펴보면 다음과 같다(구재관 외, 2012).

① 1960년대까지의 자원봉사활동

우리나라의 전통적인 봉사활동은 자발적으로 상부상조하는 두레와 농촌에서 노동력을 교환하는 품앗이 활동이 시작이라고 할 수 있다. 또한 신라시대부터 성행된 계(契)조직, 지역주민들의 덕화(德化) · 교화(敎化)를 목적으로 하는 자치적 협동조직인 향약(鄕約) 등도 전통적인 자선봉사활동이라고 볼 수 있다.

우리나라에서 사회봉사활동이 시작된 시기는 근대화가 시작될 무렵이었다. 기독교적인 사상과 개화사상을 받아 YMCA, YWCA, 적십자활동이 시작되었고, 일부 지식층과 학생을 중심으로 브나로드 운동을 전개하여 농촌계몽을 펼쳤다. 광복 후 미군정기시대를 지나 6 · 25전쟁 후 외원기관이 들어오면서 외국에 나가 모금활동을 전개하고 자원봉사를 실시하는 자원봉사활동이 서서히 나타나기 시작했으며, 1960년대에 들어오면서 대학생을 중심으로 농촌봉사활동이 전개되었다.

② 1970~1990년대까지의 자원봉사활동

1978년 한국사회복지협의회에서 사회봉사센터를 부설로 설립하고 자원봉사자를 모집하여 교육 · 훈련하여 자원봉사자가 필요한 기관에 배치하는 사업을 통해 자원봉사자 프로그램이 좀 더 다양화되기 시작했다.

자원봉사활동에 대한 일반인들의 관심이 본격적으로 증가하기 시작한 것은 1980년대에 들어와서다. 1984년 한국여성개발원의 자원봉사인력은행이 설치됐고, 1988년 서울올림픽 때 '88 서울올림픽 자원봉사자'를 모집하여 활용한 것이 계기가 되어 국민들에게 자원봉사라는 용어를 널리 홍보할 수 있게 되었다.

자원봉사활동이 양적으로 현저하게 늘어나기 시작한 것은 1990년대 중반부터로, 1994년에는 한국자원봉사단체협의회가 설립되어 사회복지계 자원봉사관련 단체와 일반 자원봉사단체들이 연계하여 자원봉사활동에 관한 정보를 협의·조정하는 활동을 하게 되었다. 1994년 12월 30일 확대경제장관 회의에서 사회봉사활동은 복지 차원에서뿐만 아니라 사회 전반의 분위기를 개선하려는 효과가 있으므로 이를 확대하도록 하는 대통령의 지시가 있었고, 1996년 7월 9일 내무부(현 행정안전부)에서 지역종합자원봉사센터 설치 운영 지침의 시달로 자치구는 자원봉사 관련 조례안을 만들어 운영하게 되었다.

이 시기 우리 사회에 자원봉사활동에 대한 일반 국민들의 인식을 높이는 데 크게 기여한 사업은 1994년 중앙일보에서 시작한 자원봉사캠페인이다. 이 캠페인은 1995년에 교육부(현 교육과학기술부)에서 실시한 5·31 교육개혁 조치와 함께 중·고교생들을 자원봉사활동에 의무적으로 참여시킴으로써 자원봉사라는 씨앗을 심는 계기가 되었다. 그 후 각 시·도에 청소년자원봉사센터와 시·군·구의 종합자원봉사센터가 설립되면서 자원봉사활동을 통하여 민·관이 상호 파트너십을 유지하는 관계를 갖게 되었다.

1996년부터는 행정안전부 산하의 자원봉사센터가 전국의 기초자치단체에 설립되기 시작하면서 자원봉사활동이 점차 체계화되기 시작하였다.

③ 2000년대 이후의 자원봉사활동

2003년 6월 서울 명동 은행회관에서 99개의 NGO 및 자원봉사단체들이 모여 한국자원봉사협의회를 창립하였다. 한국자원봉사협의회에서는 자원봉사 관련단체들이 이념과 특징을 살리면서 동시에 단체 간에 유기적인 관계를 갖고 자원봉사 정신을 전 국민에게 파급시켜 지역사회 발전에 이바지하는 것을 목적으로 설립되었다. 이와 같이 자원봉사활동에 관한 구심적인 역할을 할 수 있는 한국자원봉사단체협의회가 설립되고 2005년 「자원봉사활동 기본법」이 제정되었으며, 지방자치단체별로 자원봉사활동 지원조례가 제정됨으로써 자원봉사활동이 더욱 체계적으로 발전하게 되었다.

또한 2000년대에 들어서면서 전국 230개소 시·군·구의 기초자치단체에 자원봉사센터가 설립·운영되었고, 이제 한국 사회에서 자원봉사활동은 국민들의 일반적인 삶의 한 부분으로 자리 잡게 되었다. 현재 우리나라의 자원봉사활동은 크게 두 개의 축을 중심으로 발전하고 있다. 하나는 행정안전부 산하의 조직인 한국자원봉사센터협회 활동이다. 1년 365일 동안 자원봉사활동을 하자는 취지에서 1365 번호로 전화하면 누구나 자원봉사활동에 참여할 수 있다. 이 밖에도 「사회복지사업법」 제9조에 의거하여 사회복지봉사활동 인증관리사업을 중심으로 자원봉사활동을 전개하고 있다. 전국 어디에서나 1688-1090 번호로 전화하면 자원봉사활동에 참여하고 자원봉사인증을 받을 수 있다. 현재는 전국 5,700여 개소에서 자원봉사인증사업을 전개하고 있다.

(3) 자원봉사활동의 특성

개인 및 사회적으로 활성화되고 있는 자원봉사활동의 특성을 살펴보면 다음과 같다(구재관 외, 2012).

① 자발성

자발성이란 자신의 판단 아래 스스로 보고 듣고 생각하고 판단해서 실천에 옮기는 활동을 말한다. 또한 자발성은 다른 집단, 개인, 조직에 의하여 강요받지 않고 스스로 자발적으로 봉사활동에 참여하는 것을 말한다. 자원봉사활동의 특성 중 자발성은 가장 중요한 요소 중 하나라고 전해지고 있다.

② 복지성(공익성)

자원봉사자는 개인이나 집단의 이익이 아닌 공익을 제일 목적으로 추구해야 하고, 영리를 목적으로 하여서는 안 된다. 또한 자원봉사활동은 정상적인 사회생활에 적응하지 못하는 사람들을 도와줌으로써 사회문제의 발생을 예방하여 사회적 비용을 줄이는 데 협력하는 활동을 말한다.

③ 무급성

자원봉사활동은 금전적인 보수를 목적으로 하는 활동이 아닌 것을 말한다. 무급성이란 자원봉사활동을 하면서 일어나는 여러 가지 소요경비를 자원봉사활동에 참여하는 자원봉사자가 스스로 책임지는 것을 말한다. 그러나 급여나 보수 이하의 최소한도의 활동경비를 지원받는 실비 자원봉사자(paid volunteer)의 참여도 활발하다.

④ 지속성

한국사회복지협의회에서는 한번 자원봉사활동에 참여하면 1주 1회, 1회 3~4시간을 기준으로 6개월간은 지속되어야 한다는 기준을 제시한 바 있다. 사회복지 분야의 일회성 자원봉사는 대상자의 인간관계를 악화시킬 수 있고, 시설 및 기관의 운영 측면에서도 어려움을 야기할 수 있다.

⑤ 이타성

인간에게는 누구나 남을 돕고 싶어 하는 정신이 있는데 이를 가리켜 이타성 또는 이타주의라고 한다. 자원봉사의 동기나 과정, 결과에 있어 자원봉사자 자신의 이익이나 명예를 먼저 생각하지 아니하고 도움의 대상자를 먼저 생각하는 행동을 말한다.

⑥ 자아실현성

자원봉사활동에 참여하면서 자원봉사자들이 얻을 수 있는 가장 큰 만족감은 자아실현성, 자기만족감이라고 할 수 있다. 어려운 이웃을 도우려고 하는 동기에서 자원봉사활동에 참여하면서 새로운 경험, 성취감, 만족감, 폭넓은 인간관계 등의 심리적 보상을 얻게 된다.

⑦ 학습성

자원봉사에 관한 일정한 교육을 이수하지 않은 사람들은 예비 자원봉사자 또한 자원봉사 신청자라고 부르는 것이 정확할 것이다. 자원봉사자란 이렇게 일정한 기간을 공식적인 교육에 참여함으로써 학습되기도 하고 또 비공식적인 방법을 통하여 경험, 지식, 기술, 태도, 신념 등을 학습할 수도 있다. 그것은 자원봉사활동에 참여하는 모든 과정과 경험이 봉사학습(service learning)될 수 있기 때문이다.

⑧ 헌신성

헌신이란 자원봉사활동에 있어서 매우 중요한 요소가 된다. 헌신(commitment)이라고 하는 자원봉사의 철학과 신념이 있었기 때문에 많은 자원봉사자가 어려운 환경을 변화시키고 극복할 수 있는 계기가 될 수 있었을 것이다. 자원봉사활동에 참여하기 위해서는 자신의 시간과 비용 등을 투입하게 되는데 이와 같은 희생(sacrifice)정신도 필요하다.

⑨ 협동성

자원봉사활동은 혼자서 할 수 있는 개인 활동이 아니다. 자원봉사자와 봉사대상자 그리고 조정자 등 여러 사람이 함께 수행하는 체계적인 활동이 수반된다. 물론 봉사활동을 혼자서 하는 것도 가능하지만 모임이나 단체 등 다양한 조직에서 함께 프로그램을 계획하고 목적을 설정하여 봉사하는 경우가 많다.

⑩ 전문성

자원봉사활동을 할 때 대상과 영역에 따라 자원봉사자 자신의 전문성을 활용하여 활동에 참여하는 것을 의미한다. 이렇게 전문성을 고려하여 활동하면 자원봉사자의 역량도 확대될 것이고 효과성도 증대될 것이다.

2) 자원봉사센터

(1) 개요

「자원봉사활동 기본법」 제3조 용어정의에 따르면, '자원봉사센터' 라 함은 자원봉사활동의 개발·장려·연계·협력 등의 사업을 수행하기 위하여 법령과 조례 등에 의하여 설치된 기관·법인·단체 등을 말한다.

자원봉사를 활성화시키기 위해서는 자원봉사자를 발굴, 훈련, 배치·관리 감독하는 조직이 필요하다. 자원봉사자를 관리하는 과정에서 이를 적절히 통합하고 적용하고 효과적으로 활용하기 위한 조직으로 자원봉사의 전문화 및 체계화, 활성화에 기여할 수 있다. 자원봉사 전문 인력의 모집·교육·배치 및 관리를 담당하므로 수요처와 봉사자 간의 관계를 능동적으로 유지시키는 매개체 역할을 할 뿐 아니라 자원봉사의 전문화와 체계화를 꾀함으로써 지역사회의 자원봉사를 활성화시킬 수 있다는 점에서 그 필요성이 대두된다.

자원봉사 활성화를 위해서는 국민들이 쉽게 자원봉사활동을 할 수 있도록 관리, 지원해 주는 기관이 있어야 하며 이러한 기관의 역할은 매우 중요하다. 이러한 측면에서 정부에서는 전국적으로 여러 형태의 자원봉사센터를 설치하여 직접 운영하거나 민간에 위탁하여 운영하고 있다.

(2) 기능

자원봉사센터의 기능은 크게 일곱 가지(구재관 외, 2012)로 볼 수 있다. ① 자원봉사자 수급조정(모집과 배치), ② 기록·등록, ③ 자원봉사 활동의 지원, ④ 자원봉사자 양성·연수, ⑤ 홍보 및 홍보자료 개발, ⑥ 자원봉사기관 네트워크화(연계망구축), ⑦ 자원봉사 관련 조사·연구(프로그램개발)의 기능이 있다.

① 중앙자원봉사센터의 기능

중앙자원봉사센터의 기능은 다음과 같다. 특별시 · 광역시 · 도 및 시 · 군 · 자치구 자원봉사센터에 대한 지원, 특별시 · 광역시 · 도 및 시 · 군 · 자치구의 자원봉사센터 관리자에 대한 교육훈련, 지역 자원봉사와 관련한 프로그램의 개발 · 보급 및 조사 · 연구, 지역 자원봉사센터 및 자원봉사단체 등과의 협력 및 정보교류, 자원봉사정책 지원 및 협조, 자원봉사통합포털시스템 홈페이지(www.1365.go.kr) 운영, 그 밖에 국가의 자원봉사 진흥에 기여할 수 있는 사업을 담당하고 있다.

② 광역자원봉사센터의 기능

광역자원봉사센터의 기능은 다음과 같다. 특별시 · 광역시 · 도 지역의 기관 · 단체들과의 상시협력체계 구축, 자원봉사 관리자 및 지도자의 교육훈련, 자원봉사 프로그램의 개발 및 보급, 자원봉사 조사 및 연구, 자원봉사 정보자료실 운영, 시 · 군 · 자치구 자원봉사센터 간의 정보 및 사업의 협력 · 조정 · 지원, 그 밖에 특별시 · 광역시 · 도 지역의 자원봉사 진흥에 기여할 수 있는 사업을 담당하고 있다.

③ 기초자원봉사센터의 기능

기초자원봉사센터의 기능은 다음과 같다. 시 · 군 · 자치구 지역의 기관 · 단체들과의 상시협력체계 구축, 자원봉사자의 모집 및 교육 · 홍보, 자원봉사 수요기관 및 단체에 자원봉사자 배치, 자원봉사 프로그램의 개발 · 보급 및 시범운영, 자원봉사 관련 정보의 수집 및 제공, 그 밖에 시 · 군 · 자치구 지역의 자원봉사 진흥에 기여할 수 있는 사업을 담당하고 있다.

(3) 현황

우리나라의 자원봉사센터는 대도시를 중심으로 설치되었고 1994년 말 행정자치부(현 행정안전부)가 주무부처가 되었지만 업무성격에 따라 행정안전부, 보건복지부, 여성가족부, 문화관광부 등이 직간접적으로 밀접한 관련을 맺고 있다(구재관 외, 2012).

① 자원봉사기구

● 행정안전부의 자원봉사센터

행정안전부는 1996년부터 '자원봉사센터'란 명칭으로 자원봉사센터를 설치 · 운영해 왔다. 이러한 센터는 「자원봉사활동 기본법」 및 지방자치단체 조례에 따라 각 지역 자원봉사자의 수

요와 공급을 조정하기 위한 목적으로 현재 전국에 약 248개의 센터가 설치되어 있다.

그동안 자원봉사센터가 시·도, 시·군·구에만 설치·운영되고 국가 차원의 중심센터가 없는 것이 문제점으로 지적되어 왔다. 그리하여 행정안전부의 지역 자원봉사센터 지원 및 네트워크 구축 등 자원봉사센터의 허브기능을 수행할 중앙자원봉사센터가 2010년 6월 22일 출범했다. 지역 자원봉사센터의 컨트롤타워 기능을 수행할 중앙자원봉사센터는 「자원봉사활동 기본법」에 따라 설치되는 것으로 민간에 위탁하여 운영된다. 이에 따라 지역 자원봉사센터와의 네트워킹 구축 등의 허브기능을 수행하며 시·도 및 시·군·구 자원봉사센터의 전문성 보완 및 운영 지원을 뒷받침하는 등 자원봉사활동 활성화를 도모하는 역할을 수행하고 있다.

● 보건복지부의 사회복지정보센터

보건복지부는 '사회복지정보센터'라는 명칭으로 자원봉사센터를 설치·운영하고 있는데, 우선 한국사회복지협의회 부설로 1978년 5개 지역에 사회봉사안내소를 설치했고 1991년 가정봉사원사업 정착을 위한 기초사업을 '지역복지봉사센터'로 명칭을 변경해 지역사회복지 관내 재가복지봉사센터 설립의 기초를 이루었으며 1994년 '자원봉사정보안내센터'로 명칭을 변경해 전국 시·도에 16개의 센터를 두었다. 그리고 2001년 '사회복지정보센터'로 명칭과 기능이 변경·전환되어 자원봉사분야 이외에 사회복지분야의 통합된 정보제공기능을 담당하게 되었고 같은 해 11월부터 시행된 '자원봉사인증관리사업'을 시작했다.

● 여성가족부의 여성자원활동센터

여성가족부는 1991년 여성 자원활동을 지역단위로 통합·운영해 자원봉사를 희망하는 여성들이 개인·단체별로 편리하게 이용하는 것을 목적으로 '여성자원활동센터'를 설치했다. 그러나 지역자원봉사센터의 많은 수가 자원봉사센터와 통합되어 2005년 서울의 경우 7개소만이 남았으며 이·미용 등 기능 봉사활동을 실시하고 있다.

● 문화체육관광부의 청소년활동진흥센터

문화관광부는 1995년 5월 31일 교육개혁안에 의해 초·중·고등학교 학생들의 자원봉사활동이 의무화됨에 따라 청소년의 인성과 덕성 및 공동체의식의 함양을 목적으로 '청소년 자원봉사센터'를 설립했다. 현재까지 1개의 중앙센터와 16개의 센터가 설립되었고 주로 청소년자원봉사활동을 장려·감독해 왔으나, 2006년 「청소년활동 진흥법」 제7조에 의거 '청소년활동진흥센터'로 명칭이 변경되었으며 기능 또한 개편되었다.

● 시민사회단체

시민사회단체는 정부운영기관이나 영리단체를 제외한 모든 기구나 단체, 집단, 조직 등을 지칭하는 포괄적인 개념으로서 국제조직, 국가조직, 풀뿌리조직, 이익단체, 네트워크, 기부단체, 권익옹호단체, 전문직단체, 지역단체, 빈민단체 등 다양한 부문이 포함되어 있으며 활동현장은 다양한 조직체인 만큼 환경, 개발, 풀뿌리조직의 발전, 인권보호, 여성문제, 공적 부조, 안민구호 등으로 다양하다. 또한 지역주민들의 자발적인 참여, 지역적 연대와 국제적 연대를 통한 사회문제의 해결에 적극적으로 개입하고 있으며 소수계층, 빈민, 장애인, 아동, 노인 등에 대한 보호와 대변·옹호를 위한 시민단체의 활동은 이들의 복지욕구를 충족시켜 계층 간의 불평등을 해소하고 사회통합을 위한 중요한 역할을 담당하고 있다.

우리나라의 시민단체는 다양한 주제를 가지고 활동과 역량을 키워 가며 성장하고 있다. 시민운동, 주민운동의 성격을 띠고 있으며 최근에는 경제정의실천연합, 참여연대 및 환경 운동연합 등의 시민단체와 같이 개방적이고 대중이 참여할 수 있는 시민운동을 전개하고 있어 지역주민들이 자발적이고 자주적으로 참여하여 지역사회를 변화시키는 힘으로 활동하고 있다.

● 기업의 사회공헌

1970년대 이후 미국 기업들이 직원들의 자원봉사활동을 제도적으로 뒷받침해 주면서 등장하기 시작하였다. 최근에 미국의 일부 지역에서는 시민들의 자원봉사 참여의 권리를 주법으로 정해서 모든 사회기관으로 하여금 시민들의 자원봉사참여를 무조건 허락하도록 규정하고 있다.

기업에서도 기업 이미지의 홍보 및 사회적 책임을 수행한다는 측면에서 자원봉사활동을 권유·유도하고 있다.

② 자원봉사센터의 행정 전달체계

우리나라 자원봉사센터는 행정안전부를 중심으로 「자원봉사활동 기본법」 및 동법 시행령을 제정하고, 자원봉사와 관련된 기본계획 수립 및 자원봉사센터에 관한 운영지침을 수립하고자 중앙자원봉사센터를 두고, 시·도 자치단체 및 시·군·구 지역 단체의 자원봉사센터를 지원하고 있다.

중앙자원봉사센터는 특별시·광역시·도 및 시·군·자치구 등 248개소 지역자원봉사센터의 조직적인 활동을 통해 범사회적인 자원봉사활동을 확산시키고, 보다 효율적으로 지역 자원봉사센터의 업무지원 및 관련 사업을 육성하여 민주시민의 공동체의식 배양과 공익증진에 기여함을 목적으로 한다. 이를 위해 센터 관리자에 대한 교육훈련, 지역 자원봉사와 관련한 프로

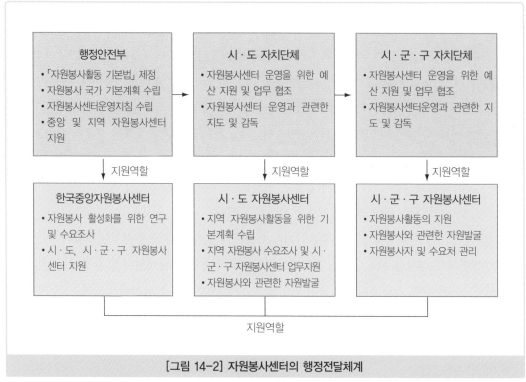

행정안전부	시·도 자치단체	시·군·구 자치단체
•「자원봉사활동 기본법」 제정 • 자원봉사 국가 기본계획 수립 • 자원봉사센터운영지침 수립 • 중앙 및 지역 자원봉사센터 지원	• 자원봉사센터 운영을 위한 예산 지원 및 업무 협조 • 자원봉사센터 운영과 관련한 지도 및 감독	• 자원봉사센터 운영을 위한 예산 지원 및 업무 협조 • 자원봉사센터운영과 관련한 지도 및 감독

지원역할 → 지원역할 → 지원역할

한국중앙자원봉사센터	시·도 자원봉사센터	시·군·구 자원봉사센터
• 자원봉사 활성화를 위한 연구 및 수요조사 • 시·도, 시·군·구 자원봉사센터 지원	• 지역 자원봉사활동을 위한 기본계획 수립 • 지역 자원봉사 수요조사 및 시·군·구 자원봉사센터 업무지원 • 자원봉사와 관련한 자원발굴	• 자원봉사활동의 지원 • 자원봉사와 관련한 자원발굴 • 자원봉사자 및 수요처 관리

지원역할

[그림 14-2] 자원봉사센터의 행정전달체계

출처: 1365자원봉사포털(http://www.1365.go.kr)

그램의 개발·보급 등을 시행하고 있으며, 지역 자원봉사센터 및 자원봉사단체 등과 협력하여 정보교류 및 관련 정책을 지원하고 있다. 또한 자원봉사통합포털시스템 홈페이지(www.1365.go.kr)를 운영하여 자원봉사에 관한 정보 검색과 자원봉사 신청 및 신청 확인을 할 수 있는 시스템을 구축하고 있다.

광역자원봉사센터는 중앙자원봉사센터를 중심으로 특별시·광역시·도 지역의 기관·단체들과 상시 협력체계를 구축하여 자원봉사 관리자 및 지도자의 교육과 훈련을 실시하고 있으며, 시·군·자치구의 기초자원봉사센터는 시·군·자치구 지역의 기관·단체들과의 상시 협력체계를 구축하여 자원봉사자의 모집 및 교육·홍보, 자원봉사 수요기관 및 단체에 자원봉사자 배치, 자원봉사 프로그램의 개발·보급 및 시범운영 그리고 시·군·자치구 지역의 자원봉사 진흥에 기여할 수 있는 사업 등을 진행하고 있다.

③ 주요 업무

자원봉사센터의 주요 업무는 정보제공 및 연계, 역량강화, 프로그램 개발 운영, 인정과 보상,

[그림 14-3] 자원봉사센터의 업무

출처: 찾기 쉬운 생활법령 정보(http://oneclick.law.go.kr)

홍보 및 진흥, 네트워크로 구분된다.

④ 자원봉사정보 시스템

「자원봉사활동 기본법」 시행령 제15조에 의하면 국민 누구나 쉽게 자원봉사에 참여할 수 있도록 자원봉사자 중심의 원스톱서비스를 제공하고, 자원봉사자와 봉사활동 정보의 범정부적 통합관리 체계를 구축하고자 자원봉사정보 시스템을 구축하고 있다. 우리나라에서는 자원봉사 통합 포털사이트(http://www.1365.go.kr)에서 자원봉사센터의 관련 자료와 정보, 자원봉사자 등록, 자원봉사자 모집, 자원봉사 신청, 봉사활동처 조회 등 전반적인 자원봉사활동에 대한 정보를 얻을 수 있다. 자원봉사통합포털시스템에서 제공하는 자원봉사센터, 자원봉사자, 수요처 등의 자원봉사정보 시스템 내용을 살펴보면 다음과 같다(구재관 외, 2012).

● 자원봉사센터

자원봉사센터는 시 · 도/시 · 군 · 구 자원봉사시스템을 통해 자원봉사센터에서 직접 운영하는 자원봉사활동 프로그램을 등록하고 자원봉사활동 프로그램 및 교육자료 등을 등록 · 열람한다. 또한 자원봉사통합포털시스템을 통해 타 센터와 자료 공유 및 업무 협력이 가능하다.

● 자원봉사자

자원봉사 참여를 원하는 국민은 자원봉사통합포털시스템을 통해 전국단위의 자원봉사 일감 조회 및 신청이 가능하고 자원봉사활동 종료 후 자원봉사통합포털시스템을 통해 봉사 실적을 조회할 수 있으며, '자원봉사활동 실적확인서'를 출력할 수 있다.

● 수요처

자원봉사자 수요처는 자원봉사통합포털시스템을 통해 자원봉사활동을 필요로 하는 일감을 직접 등록하고자 할 경우에는 사전에 수요처 등록대상에 근거하여 신청한 후 자원봉사센터의 승인을 받아야 한다. 자원봉사활동 종료 후에는 시 · 도/시 · 군 · 구 자원봉사시스템을 통해 봉사활동 실적시간을 등록하여야 한다.

〈표 14-1〉 수요처 등록대상

공공 부문	행정기관	중앙정부 및 시 · 도/시 · 군 · 구 지방자치단체
	공공기관	중앙정부, 지방자치단체 예산이 투입 또는 공공의 목적을 위해 운영되고 있는 공공기관 및 기업
	공공시설	중앙정부, 지방자치단체가 국민복지 · 후생을 위해 설치한 시설(공립학교, 공립병원, 국 · 공립도서관, 사회복지시설, 시민회관 등)
민간 부문	민간기관	공익 목적으로 활동하고 있는 비영리 기관 및 단체
	기업체	공익 목적의 사회공헌사업을 추진하는 경우
	시설	민간이 운영하고 있는 공익 목적의 비영리 복지, 보건, 문화, 체육 등의 시설

(4) 자원봉사센터의 활성화 방안

자원봉사센터가 지역사회 안에서 지역사회의 변화와 발전을 위한 비전을 제시할 수 있는 기관이 되기 위해서는 자원봉사관리자의 전문성을 높이고, 중앙부처별로 운영되는 자원봉사센터 간에 네트워크 강화가 필요하며, 지역사회의 욕구를 조사하여 주민의 복지욕구와 지역사회가 처한 나름대로의 문제에 대한 해결방안을 제시하는 등 다각적인 노력을 기울여야 한다.

① 민간중심 운영체계로의 개선

자원봉사가 민간 중심의 운동임에도 불구하고 지방자치단체에 의한 직영이 계속 증가하고 있는 현상은 시민 영역에 대한 정부의 과도한 개입을 유발하여 자발성에 근거한 시민의 참여를 저해할 수 있다. 자원봉사에 대한 정부의 개입으로 자원봉사가 정치적 목적으로 악용될 소지가 있고 센터가 행정기관으로 보일 가능성도 있다. 자원봉사활동에 대한 본질을 지속적으로 유지하기 위해서는 정부에 의한 직영체제를 탈피하고 전문성을 가진 민간의 참여를 확대해야 한다.

② 자원봉사센터 내 기존 인력의 재교육과 전문인력의 배치

자원봉사센터의 활성화를 위해서는 자원봉사활동을 조정하고 관리할 수 있는 전문인력의 배치가 무엇보다 중요하다. 지방자치단체가 직영하고 있는 자원봉사센터의 경우, 공무원을 배치하여 자원봉사활동을 전문적으로 운영하지 못하고 일반행정 수준에서 다루고 있다. 센터 내 전문 인력의 부재는 자원봉사활동에 참여하는 봉사자에 대한 심리사회적 지지체계의 부재로 이어질 수 있다. 따라서 센터 내에 기존 인력을 대상으로 자원봉사 관련 전문교육과 훈련을 실시하고, 잘 훈련된 전문 인력을 채용하도록 제도화하는 일도 병행해야 한다.

③ 지역사회의 특성을 반영한 프로그램의 개발

자원봉사센터에서 실시되고 있는 프로그램이 지역사회의 특성과 욕구를 반영하지 못하고 일반적인 프로그램 위주로 진행되는 한계를 극복하지 못하고 있다. 따라서 지역사회 특성을 파악하고 분석하여 이를 자원봉사활동에 반영하고, 지역사회 문화로 계승 · 발전하기 위해 노력하여야 한다.

④ 지역사회 욕구를 반영한 수요처 확보 강화

자원봉사센터가 지역사회 내에서 발생하는 사회문제를 효과적으로 해결하고 지역주민들의 적극적인 참여를 유도하기 위해서는 지역사회와 관련 있는 자원봉사활동 프로그램 및 목적에 맞는 분야별 자원봉사단을 자체적으로 개발하는 능력을 신장시켜야 할 것이다. 또한 센터는 다양한 계층의 자원봉사자가 활동하기를 원하는 수요처를 확보하고 있어야 한다. 이러한 욕구를 센터가 충족시킬 수 있을 때 지역사회에서 자원봉사활동의 중심기관으로 자리 잡을 수 있을 것이다.

⑤ 자원봉사센터 간의 유기적인 협력관계 구축

자원봉사센터 간 유기적인 협력관계는 각 영역이 다른 영역의 기대와 요구에 적절하게 부응할 수 있는 체계의 구축을 통하여 이루어질 수 있다. 유기적인 협력관계가 적절히 기능하기 위해서는 네트워크의 구축을 통한 자원봉사센터와의 역할 교류가 필수적이며, 자원봉사센터와의 교류는 각각의 센터별 고유한 역할을 설정하고 그 설정된 역할을 적절히 수행하고 협력관계를 유지할 때 센터 간 네트워크가 적절하게 기능할 수 있을 것이다.

⑥ 적절한 인정과 보상을 통한 자원봉사자 관리

자원봉사센터의 가장 큰 과제 중의 하나는 중도탈락자의 방지를 통해 지속적인 자원봉사활동이 유지되게 하는 것이다. 이를 위해 주로 활용되는 것이 인정과 보상이며, 이는 자원봉사자로 하여금 자신의 경험을 통해 만족하도록 하고 격려해서 자원봉사활동이 지속되도록 하게 하는 중요한 수단이 된다. 자원봉사자 개개인의 기대 및 욕구에는 매우 큰 차이가 있기 때문에 인정과 보상의 전달에는 각 개인의 자원봉사활동에 대한 동기와 욕구가 가장 우선적으로 고려되어야 한다. 따라서 이 단계에 있어 자원봉사자관리자는 자원봉사자를 개별화하여 의미 있는 보상으로 실시하는 것이 중요한 업무가 된다. 종래의 획일적인 사고와 가치체계로부터 탈피하여 개별적이며 융통성 있는 보상 개념을 적용해 나갈 필요가 있다.

3. 새로운 지역사회복지실천

"시대를 만난 아이디어만큼 강력한 것은 없다." 『레미제라블』을 쓴 프랑스 작가 빅토르 위고(Victor Hugo)가 한 말이다. 시대적 상황과 요구에 따라 불가피하게 떠오른 아이디어는 계속 퍼져 나갈 수밖에 없다. 프랑스대혁명, 산업혁명, 미국 독립혁명이 모두 시대를 만난 아이디어의 산물이다.

그렇다면 지금 우리 앞에 놓인 시대적 요구는 무엇일까? 정글자본주의는 한계에 다다랐고, 그 핵심 부작용인 불평등을 완화해야 하는 책임을 안고 있는 정부는 재정적 여력이 부족하다. 증세 없는 복지확대는 결국 막대한 재정수지 적자와 국가채무로 이어질 수밖에 없다. 결국 경제성장에 따른 세수증가에 발맞춰 적당한 속도를 유지하면서 복지혜택을 늘려 갈 수밖에 없다. 직접적인 복지 외에 장기적으로 성장 기반을 강화하는 교육과 연구개발 분야 예산은 복지 예산 등에 밀려 지출을 더욱 늘리기 힘들 전망이다. 정부 외에 사회의 지속 가능성을 높이는 정부의 역할을 분담해 줄 새로운 대안이 필요한 상황이다.

대안은 있다. 정부 등 공공분야나 기존의 전통적인 민간 분야도 아닌 제3의 분야가 장기적인 성장을 뒷받침하고 양극화를 해소하는 데 앞장설 수 있다. 바로 착한 자본이 이끄는 경제에 주목하여야 한다. 지역사회복지에서도 사회적 기업, 협동조합, 마을공동체 등의 새로운 움직임에서 그 대안을 찾아볼 수 있다.

1) 사회적 기업

(1) 사회적 기업의 특성과 유형

한국은 1997년 외환위기 이후 급속히 증가하는 실업문제와 심화된 양극화 문제로 지속 가능한 양질의 일자리를 창출하기 위한 노력을 하게 되었으며, 고령화와 저출산 문제, 전통 가족구조의 해체 등으로 사회서비스에 대한 수요가 증가하여 사회서비스 부문에 대한 고용확대 필요성이 나타나게 되었다. 그리고 기업의 사회적 책임, 사회공헌활동에 대해 기존처럼 단순 이벤트성의 기부나 후원이 아니라 이익의 사회환원, 나눔경영 등에 대한 사회적 관심이 증가하게 되었다. 특히 2003년 참여정부의 일자리 창출사업에 대한 논의가 양극화 해소의 주요 수단으로서 인식되어 범정부 차원으로 확대되었다. 이에 따라 정부는 사회적 일자리사업을 점진적으로 사회적 기업 형태로 전환시키기로 하고 2007년 1월 「사회적기업 육성법」을 제정하고 같은 해 7월부터 시행하게 되었다.

사회적 기업이 전체 경제에서 차지하는 비율이나 그 숫자는 극히 미약하지만 사회 저변으로 확산되고 있는 사회적 기업의 영향력은 점점 커지고 있다. 국가 차원에서의 깊은 관심과 지원의 이유도 있지만, 사회적 기업은 다양한 국가·시장·시민사회 등의 이해관계자들이 함께 사회문제를 해결함으로써 사회의 변화를 일으키는 특성이 있기 때문이다.

사회적 기업과 관련된 연구들이 최근에 이르기까지 활발하게 진행되고 있지만 사회적 기업에 대한 명확하고 통일된 개념 정의가 이루어지지 않고 있다(OECD, 1999). 이는 사회적 기업이 도입되어 진행되는 과정에서 국가마다 처한 사회적·문화적 차이와 다양한 경험을 토대로 사회적 기업을 지원하는 정책들이 형성되고 논의되어 왔기 때문이다.

사회적 기업이라는 용어는 1994년 킹 보두인 재단(King Baudouin Foundation)의 보고서에서 "실업상태에 있는 소외집단을 노동시장에 복귀시키기 위해 시장과 비시장 자원을 모두 활용하는 모든 시도"라는 뜻으로 처음 사용되었다. 이후 사회적 기업이 무엇인가에 대한 다양한 논의가 진행되었다.

영국 정부는 사회적 기업을 "사회적 목표를 우선적으로 추구하는 기업으로서, 주주나 소유주를 위한 이윤극대화를 추구하기보다는 창출된 수익을 주로 기업 자체 또는 지역사회에 재투자하는 기업"으로 정의하였으며, OECD는 사회적 기업을 "기업의 전략에 따라 조직을 운영하면서 공익을 추구하고, 이윤극대화가 아닌 특정한 경제적·사회적 목적을 추구하며 사회적 소외 및 실업문제와 관련한 혁신적 해결방안"이라고 하였다(OECD, 1999).

우리나라에서는 「사회적기업 육성법」에 따라 취약계층에게 사회서비스 또는 일자리를 제공하여 지역주민의 삶의 질을 높이는 등의 사회적 목적을 추구하면서 재화 및 서비스의 생산 및 판매 등 영업활동을 하는 기업으로서 고용노동부 장관의 인증을 받은 기관으로 정의하고 있다.

사회적 기업에 대한 다양한 정의를 보면, 대체로 사회적 기업의 목적, 고용대상, 이윤처리 방식, 운영기관의 법률적 형태, 서비스 내용 등 다양한 측면을 대상으로 이 중에서 취사선택하여 개념을 정의하고 있음을 알 수 있다. 따라서 사회적 기업을 보다 구체적으로 이해하기 위해서는 사회적 기업의 구체적 특성을 탐색하는 것이 필요하다. 사회적 기업의 특성은 다음과 같다.

첫째, 기업지향성을 가지는데, 이는 제품의 생산 및 서비스의 시장판매, 시장에서의 경쟁을 지향한다.

둘째, 사회적 목적을 추구하는데, 이는 일자리 창출, 훈련, 지역서비스 제공 등과 같은 명백한 사회적 목적을 가진다는 것을 의미한다.

셋째, 사회적 소유의 성격을 가지는데, 이는 소유구조가 이해당사자들의 참여에 기반을 두는 자율적 조직으로서, 이익은 이해당사자 집단에 분배되거나 또는 지역사회를 위해서 사용된다는 것을 의미한다.

사회적 기업은 하나의 개념으로 정의 내리기가 어렵고, 사회적 기업을 어떻게 분류하느냐에 따라 그 유형은 다양하게 나타난다. 통상적으로 사회적 기업의 유형은 사회적 기업의 성향에 따라, 사회적 기업의 목표에 따라, 그리고 사회적 활동과 경제적 활동의 정도에 따라 분류할 수 있다.

첫째, 우리 사회에 존재하는 다양한 사회적 기업의 성격 · 형태 · 포괄 대상에 따라 사회적 기업 형태를 공공부조형(Public assistance type), 지역사회친화형(Local friendly type), 시장친화형(Market friendly type)으로 분류할 수 있다.

공공부조형은 사회적 기업 참여자를 위한 '보호된 시장'을 만들어 이들에게 수혜성 복지급여를 제공하는 또 다른 공공부조 형태다. 한국의 자활공동체가 이 유형에 해당한다. 시장친화형은 미국식 사회적 기업들의 형태로 비교적 창조적인 무엇인가를 찾아 개인의 부의 증가나 사회적 가치 실천 목적을 달성하기 위한 혁신적인 형태다. 지역사회친화형은 유럽식 사회적 기업으로 사회적 목적을 가지고 개인 및 지역사회 발전의 역할을 담당하는 형태다.

둘째, 사회적 기업은 목표에 따라 크게 세 가지 유형으로 분류할 수 있다. 흔히 노동시장통합형과 사회통합형 그리고 이 두 가지 요소를 함께 지니는 혼합형으로 나눈다.

셋째, OECD(1999)의 보고서에 따르면 사회적 기업은 사회적 활동과 경제적 활동의 두 가지 요인이 어떻게 혼합되거나 분리되는가에 따라서 세 가지 형태로 분류할 수 있다. 일체형은 비영리조직 자체가 기업단위로 활동하는 경우다. 이는 기업활동 자체가 비영리조직의 생존수단

〈표 14-2〉 사회적 기업의 성향에 따른 유형

구분	공공부조형 사회적 기업(PAT)	지역사회친화형 사회적 기업(LFT)	시장친화형 사회적 기업(MFT)
목적	빈곤 탈피	세계화, 자본주의로부터의 독립적인 삶 유지	노동시장 진입
성격	시혜적 · 의존적	자활 · 자립적	독립적
주체	국가	민간＋국가(제한적)	민간
주요 영역	공적 영역	지역사회 기반 사적 영역	포괄적 사적 영역
주요 대상	빈곤자	욕구가 있는 빈곤층 및 저소득층	빈곤선 이상의 소득이 있는 사람
재원	공적 이전	제한된 공적 이전＋지역사회 자원	제한된 공적 이전＋노동시장 자원
주요 전달체계	공적 전달체계	지역사회 네트워크	노동시장 내 모든 조직
이익재분배	매우 제한된 재분배	제한된 재분배	무한한 재분배
의사결정구조	경직됨	자율적	자율적
소유권	일정기간 후 소유권 전환 (국가 → 구성원)	구성원의 공동 소유	창업주 개인 소유
지역사회관계	친밀하지 못함	매우 친밀함	친밀하지 못함
시장과의 관계	보호된 시장으로 일반 노동시장과 거리감이 있음	자본주의와 세계화에 대항하기 위한 수단으로서 적절한 거리감을 유지함	시장 내에서 경제활동을 함으로써 시장과 매우 친밀함
투자중심성	낮음	높음 (단, 지역사회 내)	매우 높음
충족조건	보호된 시장으로서 정부 및 지방정부로부터 확실한 제도적 지원이 수반되어야만 제대로 된 역할을 수행할 수 있음	필요한 자원을 지역사회에서 조달하고, 생산된 이윤을 다시 지역사회로 환원시켜 지역사회와 유기적인 네트워크가 형성되어야 하며, 이익 재분배, 의사결정구조가 매우 유연하면서도 투명해야 함	시장 내 경제활동을 하기 위해서는 아이템, 판로개척, 자금조달 등의 조건에 있어서 확실한 지원이 필요함

출처: 김경휘 · 반정호, 2006.

이 되는 경우로 사회적 목적 기업으로 표시하기도 한다. 이 형태의 기업은 사회적 프로그램, 직업훈련이 목적이라기보다 정상취업이 어려운 사람들을 정규직원으로 고용하여 자립을 돕기 위해 설립된다. 일부 중첩형은 일부 자산과 비용을 공유하고 비영리조직의 원활한 운영을 위해

〈표 14-3〉 사회적 기업의 목표에 따른 유형

구분	노동시장통합형	사회통합형	혼합형
목표	보호고용과 과도적 고용 제공	공공기관이 제공하지 못하는 사회서비스 제공	고용과 사회서비스를 동시에 제공
대상	사회적 취약계층 우선	전 계층을 대상으로 활동	사회적 취약계층이 주요 대상, 다른 대상도 서비스 공급 대상
재원	시장 메커니즘 수익활동 강조, 정부와 공적 기금의 지원이 적은 편	공익적 사업의 경우 전부 또는 일부 예산에 대한 정부 지원	시장 내부의 영리활동, 공익적 목표에 따라 정부 지원

출처: 임혁백 외, 2007.

경제활동을 수행하는 형태로 사회적 임무에 직접 영향이 없는 '수익창출 비즈니스'를 하는 기업이다. 이 경우 비영리기관의 프로그램 운영 자원을 조달하기 위한 '비영리기관 재정적 펀딩 메커니즘'의 일환으로 운영된다. 먼저, 비영리기관은 운영비와 프로그램비 조달을 위해 설립한 사업이다. 분리형은 비영리조직이 조직 외부에 사회적 기업을 운영하는 경우로 사회적 기업 자체는 사회적 목적을 수행하지 않으나 비영리 조직과 상호 협조적이며 경제적 지원기능도 행하는 형태다.

넷째, 한국의 사회적 기업의 유형을 살펴보면 〈표 14-4〉와 같다. 한국의 사회적 기업의 경우

〈표 14-4〉 한국 사회적 기업의 유형 분류

성격 1	성격 2	유형 분류	세부 설명
국가 ↓ 사회적 경제 ↓ 시장	정부의존 ↕ 자립지향	공공지원형 일자리 사업	장애인 보호작업장/노인생산공동체
			복지부 자활근로사업단
			노동부 사회적일자리 사업
		공공지원형 사회적 기업	자활공동체
			노동부 사회적 기업
		민간 지원기관	대안 금융기관
	비영리 ↕ 영리	사회적 경제조직	시민단체(서비스 공급형)
			노동자 협동조합
			생활협동조합
			농협/수협/산림조합
			신협/새마을금고

출처: 노대명, 2008.

예산은 주로 정부의 복지예산과 기업의 사회공헌활동 예산에 대한 의존도가 높은 실정이다. 성격 구분으로는 크게 국가지원중심 또는 시장중심 유형으로 구분되며, 국가지원중심 유형은 다시 정부의존형과 자립지향형으로 구분되고, 시장중심 유형은 다시 비영리기관과 영리기관으로 구분된다.

(2) 사례로 보는 사회적 기업

우리나라 사회적 기업의 대표적 사례는 삼성의 장애인 안내견 사업이나, SK의 소상공인 지원사업, 한화의 복지시설 태양광 설치 사업 등이다. 전경련에 따르면 2012년 회원사들의 사회공헌 지출규모는 3조 1,241억 원으로 10년 전인 2002년의 1조 866억 원에 비해 3배가량 늘어났다. 그러나 기업이 모든 분야의 복지 수요를 감당할 수는 없다. 기업은 그 속성상 자신들의 브랜드 이미지를 높일 수 있는 분야에 집중적으로 재원을 투입하는 경향이 있기 때문이다.

반면, 사회적 기업의 최고 목적은 사회적 파급효과(social impact)다. 즉, 세상을 보다 더 살기 좋은 곳으로 바꾸는 변화가 이들의 목적인 것이다. 물론 사회적 기업도 이윤을 추구하지만, 이는 장기적으로 사회적 파급효과를 극대화하기 위해 투자액을 더 늘리기 위해 일할 뿐이지 이윤 추구 자체가 목적은 아니다. 또 사회적 기업들은 시장 기능을 받아들이고 이를 적극 활용하지만, 자본주의의 부작용은 바로잡으려고 한다.

사회적 기업의 구체적 예를 보자. 전 세계 개발도상국을 중심으로 인도지역에서 조리용 스토브를 저가로 공급하는 '프락티 디자인(Prakti Designs)', 아프리카 지역에서 저비용으로 집을 지어 주는 '베티할리리(Beti Halili)', 아프리카 지역에서 식수 소독용 약을 저가로 공급하는 '파인드지 원드롭(Findg One Drop)', 재난 지역에서 임시전등으로 쓸 수 있는 빛나는 베개를 개발한 '솔라 라이트 필로우 프로젝트(Sola Light Pillow Project)' 등의 사회적 기업들이 활동을 하고 있다.

우리나라에서 가장 큰 사회적 기업은 단연 SK그룹의 사회적 소모성 자재대행업체인 '행복나래'로 2013년 7월 정부로부터 사회적 기업 인증을 받았다. 사회적 기업으로 전환하기 전인 2012년 기준 행복나래의 연간 매출은 1,542억 원에 달했다. 행복나래는 사회적 기업 우선 구매제를 실시해 현재까지 100개 이상의 사회적 기업에 새로운 판로를 제공했다. 사회적 기업이 사회에 기여하는 가장 큰 부분 가운데 하나는 바로 고용이다. 특히 사회적 기업은 여성, 장애인 등 취약계층의 경제활동 참여율을 높이는 데 큰 역할을 하고 있다.

사례	도시공동체 아브라마

아브라마는 도시 공동체 건설을 목적으로 하는 대표적인 사회적 기업이다. 현재 브라질 캄보리우, 블루메나우를 비롯해 전 세계 도시에서 침수와 산사태를 막고 공동체 생활이 가능한 시설을 짓는 것이 아브라마의 주된 사업이다.

브라질 등 전 세계 여러 도시에 총 6만 평에 이르는 공동체 시설을 건설한 세계 최대 사회적 도시 개발 기업 아브라마의 최고경영자인 야닉반데바르토도 처음부터 사회적 기업을 세우려 했던 것은 아니다.

어려서부터 유달리 얼굴이 잘생기고 운동신경도 좋았던 바르트는 한때 배우를 꿈꾸었고, 실제 운동선수로 활동을 하였다. 그러나 결국 대학을 갈 때에는 컴퓨터공학과 경영학을 전공으로 선택하였다. 대학 졸업 후 바르트는 다른 친구들과 마찬가지로 연봉을 많이 주는 직장을 선택했다. 직장생활 10년째 되는 해에 바르트는 자신이 다니던 회사가 매각될 상황에 놓여 있다는 것을 알게 되었다. 바르트는 당시를 이렇게 회상했다. "그때 나는 외부에서 10억 달러를 조달해 내가 다니던 회사를 인수한 뒤 되파는 사업을 벌이겠다는 정신 나간 결정을 하였다." 결국 그 사업은 실패로 돌아갔다.

하지만 바르트는 이러한 당시 사업을 시도하면서 자본시장의 속성을 이해하게 되었을 뿐 아니라 세상에 재무적인 가치만 있는 것은 아니라는 것을 깨닫게 되었다. 10억 달러짜리 프로젝트에 실패하고 잠시 쉬던 바르트의 눈을 사로잡은 고도로 발달된 대도시들은 오히려 황폐하고 추하며 유해한 곳으로 변하고 있다는 것이다.

"오늘날 세계 경제의 최대 위협은 도시가 황폐화되고 있다는 것이다. 현대의 발달된 도시들은 인간이 축적한 지적 자본의 혜택을 제대로 입지 못하고 있다. 우리 사회가 아름다움과 환경, 공동체적 가치의 중요성을 깨닫지 못한 것이 가장 큰 문제다."

아브라마의 문제의식은 바로 여기에서 출발했다. 바르트는 다시 외부에서 돈을 끌어모으기 시작했다. 하지만 이번에는 자금을 모으는 목적이 달랐다. 바르트는 "혁신적인 디자인과 기술, 지속 가능한 자본주의를 결합시킨 친환경 부동산 개발로 양질의 도시공동체를 만들고 싶다."며 "이를 통해 지역사회에서 잊힌 가치들을 환기시킬 생각이었다."라고 말했다.

바르트는 하루하루를 도전 속에 살고 있지만 기쁨도 함께 느낀다고 했다. "사회적 기업가로 산다는 것은 단순한 수익 이상의 무언가를 목표로 삼는다는 것을 뜻한다. 새로운 아이디어, 새로운 개념을 발견하고 혁신하는 것은 즐거운 일이지만 이것이 결실을 맺도록 하는 작업은 고되고 지루한 과정이다. 나의 매일매일은 기쁨과 절망 사이를 오가는 투쟁의 연속이다. 현재까진 50대 50 정도를 유지하는 것 같은데 좀 더 나아지려고 노력 중이다."라고 회고한다.

출처: 황종덕 외, 2013: 167-169.

| 사례 | 장애인보호작업장 벼리마을 |

벼리마을은 안산시 보호작업장의 새로운 이름으로, 일반회사에 취업이 어려운 지적장애(지적, 자폐성, 정신장애)를 가진 중증장애인에게 보호고용환경에서 적합한 직무를 개발하고 꼭 필요한 직업적응훈련과 다양한 생산활동의 기회를 제공하고 있다. 다양한 생산활동을 통해 만들어진 주요 장애인생산품들은 제과제빵, 한과, 떡 등의 식품제조 사업과 한지공예를 접목한 포장박스 생산, 임가공 하청 사업 등에서 다양하게 이루어지고 있다.

벼리마을은 2011년 11월에 사회적 기업으로 인증받아 전통식품 인증과 더불어 장애인생산품 인증 그리고 ISO 22000, 14001 등 체계화된 시스템 운영과 바른 먹거리 식품사업을 위해 많은 노력을 해 오고 있는 사회적 기업이다.

벼리마을은 중증장애인에게 직업재활의 기회를 제공하고 다양한 생산사업을 통해 얻은 수익금과 후원금은 전체 72명의 장애인근로자에게 인건비와 복지서비스 비용으로 사용한다.

'벼리마을'은 순수 우리말로 '벼리'는 세상의 중심이 된다는 뜻이다. 또한 시설운영 모토는 '아름다운 사람들의 행복한 일터'로 장애인이 중심이 되는 세상, 장애인이 행복하게 일하는 작업장을 만들려고 노력하는 아름다운 사회적 기업이다.

출처: 벼리마을 홈페이지, 2015.

2) 협동조합

(1) 협동조합의 특성과 유형

협동조합은 재화 또는 용역의 구매·생산·판매·제공 등을 협동으로 영위함으로써 조합원의 권익을 향상하고 지역사회에 공헌하고자 하는 사업조직이다. 사회적 협동조합은 협동조합 중 지역주민들의 권익, 복리증진과 관련된 사업을 수행하거나 취약계층에게 사회서비스 또는 일자리를 제공하는 등 영리를 목적으로 하지 않는 협동조합을 말한다(기획재정부·사회적기업진흥원, 2014).

① 협동조합 7대원칙
- 자발적이고 개방적인 조합원 제도
  - 협동조합은 자발적이며 모든 사람에게 성적·사회적·인종적·정치적·종교적 차별 없이 열려 있는 조직

- 조합원에 의한 민주적 관리
  - 조합원들은 정책수립과 의사결정에 활발하게 참여하고 선출된 임원들은 조합원에게 책임을 갖고 봉사
- 조합원마다 동등한 투표권을 가지며, 협동조합연합회도 민주적인 방식으로 조직하고 운영
- 조합원의 경제적 참여
  - 협동조합의 자본은 공정하게 조성되고 민주적으로 통제
  - 자본금의 일부는 조합의 공동재산이며, 출자배당이 있는 경우에 조합원은 출자액에 따라 제한된 배당금을 받음
  - 잉여금은 협동조합의 발전을 위해 일부분 배당하지 않고 보유금으로 정리, 사업이용 실적에 비례한 편익제공, 여타 협동조합 활동 지원 등에 배분
- 자율과 독립
  - 협동조합이 다른 조직과 약정을 맺거나 외부에서 자본을 조달할 때 조합원에 의한 민주적 관리가 보장되고, 협동조합의 자율성이 유지되어야 함
- 교육, 훈련 및 정보제공
  - 조합원, 선출된 임원, 경영자, 직원들에게 교육과 훈련 제공
  - 젊은 세대와 여론 지도층에게 협동의 본질과 장점에 대한 정보를 제공
- 협동조합 간의 협동
  - 국내 · 국외에서 공동으로 협력사업을 전개함으로써 협동조합 운동의 힘을 강화시키고, 조합원에게 효과적으로 봉사
- 지역사회에 대한 기여
  - 조합원의 동의를 토대로 조합이 속한 지역사회의 지속 가능한 발전을 위해 노력

② 협동조합의 효과
- 경제 주체별 효과
  - 소비자의 편익증가, 생산자의 안정적 수익보장, 근로자의 고용불안정 해결 등 각 경제 주체의 만족도 증가
- 경제적 효과
  - 소액, 소규모 창업 활성화를 통한 일자리 확대
  - 생산자, 소비자 직거래를 통한 유통구조 개선으로 물가안정
  - 협동조합 간 협력을 통한 경제 안정화

● 사회적 효과

 - 취약계층에게 사회서비스와 일자리를 제공하여 기존의 복지시스템 보완
 - 주민들이 모여 자신들의 근린서비스, 복지서비스를 마련하는 등 민간 차원의 맞춤형 복지서비스 제공 가능

(2) 사례로 보는 협동조합

사례   안산의료 사회적 협동조합

안산의료복지 사회적 협동조합은 2013년 한국의료서비스 관련 협동조합의 새 역사를 썼다. 13년간의 안산의료소비자생활협동조합 활동성과를 마무리하며 안산의료복지 사회적 협동조합으로 다시 태어났기 때문이다. 안산의료복지 사회적 협동조합은 의료서비스는 몇몇을 위한 배타적인 상품이 아닌 공공재가 되어야 한다는 믿음으로 안산 시민이 함께 만들어 가는 의료시장을 열고 있다. 협동조합의 전신은 안산의료소비자 생활협동조합이다. 2000년 4월, 생명, 환경, 의료서비스를 고민해 온 안산지역 두 개의 시민모임이 힘을 모아 의료생협으로 출발했다. 소외된 지역사회를 향한 활발한 의료서비스는 2008년 7월 조합이 사회적 기업 인증을 받는 것으로 그 성과가 나타났다. 이후 2013년 2월에는 「협동조합 기본법」상의 사회적 협동조합의 법인형태로 전환했다. 생협에서 사회적 협동조합으로의 전환은 실험적인 일이었지만 조합은 탄탄한 기반을 만들어 냈다. 대표이사의 장기간 활동으로 쌓아 온 조합원들 간의 믿음, 임원진이 보여 준 지역사회를 향한 책임감을 그 비결로 꼽을 수 있다. 탄탄한 기반으로 출발한 안산의료복지 사회적 협동조합의 조합원은 현재 5,800명이며, 그중 920명은 조합의 철학과 의지에 동의하는 평생출자 조합원이다.

의료생협은 조합의 가치를 추구하면서 사회서비스를 제공하는 동시에 시장에서 일반병원과도 경쟁해야 한다. 이에 대한 돌파구로 협동조합전환과 동시에 노인요양사업을 시작하였다. 인간의 존엄과 직결되는 노인요양사업은 사람을 돌보는 협동조합만이 할 수 있다고 판단했다. 가족과 조합원이 운영에 참여하는 돌봄공동체를 목표로 출발한 노인요양원은 조합의 매출신장을 책임지며 시설을 확장해 나갔다.

또 다른 저력은 조합원들의 소모임과 자원봉사활동이다. 항상 100명 안팎의 조합원이 연간 3천 건가량의 활발한 운동을 벌인다. 취약계층을 향한 돌봄서비스를 주로 제공하며 일주일에 두 번은 따뜻한 반찬을 전하기도 한다. 이 외에 자발적으로 만들어진 소모임도 옥상 텃밭, 요가교실, 건강식단 배우기, 웃음치료, 건강강좌 등 다양한 분야에 이른다. 이러한 일상적인 참여 덕분에 조합원에 대한 애착이나 원만한 의사결정은 자연스럽게 이루어졌다.

출처: 기획재정부 · 사회적기업진흥원, 2014.

3) 마을공동체

"미래세계의 희망은 모든 활동이 자발적인 협력으로 이루어지는 작고 평화롭고 협력적인 마을에 있다." 인도 독립의 아버지 마하트마 간디의 책 『마을이 세계를 구한다』에 나오는 구절이다. 2012년 '콘크리트 디스토피아' 서울 곳곳에서는 '마을공동체 만들기'가 한창이었다. 함께 '집밥'을 먹고 책을 읽고 텃밭을 가꾸는 것부터, 아이를 같이 키우고 일자리를 나누고 주거환경을 개선하는 것까지 반세기 전 간디의 정신은 아직도 유효하다. 성대골마을 공동체 사례(오마이뉴스, 2012)를 통해 지역사회복지운동의 미래를 보자.

사례 | **성대골 어린이 도서관**

15명의 엄마들이 모이게 된 것은 마을학교 1분 거리에 있는 '성대골 어린이 도서관'을 통해서다. 2010년 10월 개관한 성대골 어린이 도서관은 상도 3, 4동을 비롯해 인근 주민 250여 명이 월 5000원에서 2만 원을 내는 회원으로 등록되어 있다.

성대골 어린이 도서관이 생기기 전, 상도 3, 4동에는 주민센터 마을문고 이외에는 책을 빌려볼 곳이 없었다. 마을문고를 자주 찾던 주민 몇몇이 책 읽는 모임을 만들면서 시작되었다.

"그냥 책 읽고 토론하자고 모였는데, 음식물 쓰레기를 줄였으면 좋겠다 싶어서 지렁이를 분양하고, 골목길 버려진 화단에 국화를 심고, 그러다가 '작은 도서관을 만들어 보자'는 이야기가 나왔어요. 이 동네에서는 제일 가까운 도서관이 마을버스 두 번 타고 나가야 하거든요. 주민센터에 있는 마을문고는 너무 협소하고요."

2010년 7월, 마을도서관 만들기 추진위원회가 만들어졌다. 가장 필요한 것은 역시 돈. 평범한 동네아줌마였던 김소영 관장은 두 달간 동네 방방곡곡을 돌아다녔다.

"현황조사부터 했어요. 이 동네 교회가 몇 개인지, 어린이집이 몇 개인지, 부동산 다니면서 상가 주인이 누군지. 하루는 태권도 관장님이 오라고 해서 갔더니 차 한 잔 주면서 "왜 그러고 다니냐. 쓸데없이 욕먹지 말고 접어라."라고 설득하더라고요. 어떤 사람들은 '그럴 에너지 있으면 다른 걸 하라'고 충고도 하고. 그러다가 어느 날 전화가 왔어요. 마트 점장님인데, 사장님이 제가 놓고 간 리플릿을 보고 10만 원을 카운터에 맡겼다고. 그게 첫 모금이었어요. 그 뒤에는 어떤 할머니한테 전화가 와서, '자네가 도서관 만든다고 다니는 사람인가' 하면서 몇 시까지 3동 주민센터로 나오래요. 그러더니 근처에 있는 은행에서 100만 원을 현금으로 찾아서 주더라고요. 칠순잔치에 아들이 한복 해 입으라고 준 돈인데 아이들 책 사라고. 하루는 제가 약을 샀는데 흰 봉투가 있어서 보니까, 약사가 환자들한테 만 원, 5000원씩 돈을 모았더라고요."

11년째 상도동에 살고 있다는 김소영 관장은 "지금까지는 밤이면 잠만 자러 왔던 동네였는데, 두 달간 마을을 쭉 돌면서 '이 사람들은 내가 한 말 속에서 무엇을 느끼고 무슨 희망을 걸었기에 지갑을 열었을까' 생각하게 됐다."라고 말했다. 김 관장은 그때 이 일을 반드시 할 수밖에 없다는 사명감과 책임감이 생겼다고 한다.

그렇게 모금과 일일호프, 단체 지원 등을 통해 도서관 건립 자금 2000만 원 정도가 모였다. 10만 원에서 100만 원까지 기금을 낸 발기인은 50여 명. 모두 주민이다. 책은 출판사와 작가들에게 일일이 전화를 걸어 기증받았다.

도서관 운영에도 주민들이 직접 나섰다. 2011년 1월부터 자원활동가 8명이 돌아가면서 '도서관 지킴이'로 활동했다. 도서관 운영 전반에 대해서는 역시 주민들로 구성된 운영위원 10명이 회의를 통해 결정한다.

출처: 오마이뉴스, 2012.

사례 ▶ 성대골 마을학교

'성대골 마을학교'가 문을 연 것은 지난(2012) 4월. 창고로 쓰던 40평 남짓한 공간이 방과 후 학교로 변신했다. 학생 수는 30명. 선생님은 아이들의 엄마들이다. 15명의 엄마들은 4개 조로 나누어 한 달에 5번씩 '쌤'으로 나선다. 이들은 대부분 성대골 어린이 도서관에서 운영위원이나 자원봉사를 했던 이들이다. 마을학교는 매일 다른 프로그램으로 운영되는데, 모두 '재능기부'다. 월요일에는 마을학교 근처에 살고 있는 극단 연출가가 뮤지컬 교실을 열고, 화요일에는 사회적 기업인 '결혼이주여성평등찾기'와 연계해 이주여성들로부터 그 나라의 역사와 문화를 배우고 음식도 만들어 먹는다. 수요일에는 마을 뒤편에 있는 국사봉 숲에 올라가 숲 체험을 한다. 목요일에는 발도로프 미술을 배운 엄마가 수업을 하고, 금요일에는 국악 수업이 열린다.

엄마들이 마을학교를 만든 이유는 뭘까. 고등학교 1학년, 초등학교 1학년 두 딸을 둔 최경희 씨는 기존 교육 시스템 속에서 힘들어하는 첫째 딸을 보면서 어떻게 하면 아이를 행복하게 키울 수 있을지 고민이 컸다고 한다. 마을학교에서 또래 친구들과 웃고 떠드는 딸 지은이를 보면서 최씨는 말했다.

"아이들뿐만 아니라 엄마들도 모여서 이야기할 수 있는 공간이 없어요. 학교 가면 엄마들 반모임이 있는데 다들 학원 어디가 좋은지, 선생님은 뭘 좋아하더라, 누구는 어떻게 하더라, 어떻게 하면 내 아이 교육 잘 시킬까 이야기밖에 안 해요. 그런데 여기는 시나 구에서 만들어진 게 아니다 보니까 주민들이 스스로 의견을 낼 수 있고, '어떻게 하면 성적을 올릴까'가 아니라 '아이를 어떻게 잘 키울 것인가'를 고민할 수 있어서 좋아요. 엄마들이 직접 아이들을 돌볼 수 있고."

물론 전문교사가 아닌 전업주부들이다 보니 버거운 점도 많다. 아이들끼리의 싸움이 엄마들 사이의 감정싸움으로 번지기도 한다. 강수연 씨는 "처음에는 막무가내로 시작했는데 난해한 게 많다."면서 "시행착오를 겪어 가는 단계"라고 말했다. 그럴수록 엄마들은 대화를 많이 한다. 매주 월요일 오후 5시 30분에는 정기적으로 회의가 있다.

출처: 오마이뉴스, 2012.

사례   에너지자립마을 운동

마을도서관, 마을학교에 이어 '성대골 엄마들'은 '에너지 자립마을'로 가기 위한 발걸음을 내딛고 있다. 지난해 후쿠시마 원전사태를 보고 충격을 받은 엄마들은 환경단체에 의뢰해 원전 관련 특강을 듣는가 하면, 여성민우회 프로젝트의 일환으로 아이들과 부모가 함께 특강, 워크숍, 견학을 진행했다.

'배움'은 '실천'으로 이어졌다. '성대골 절전소'가 바로 그것이다. 마을도서관 벽면 한편에는 50여 가구의 월별 전기 사용량이 그래프로 붙어 있다. 빨간색은 지난해, 초록색은 올해 사용량이다. 절전 운동에 참여하는 가구에는 멀티탭을 나눠 준다. 대기전력을 차단하기 위해서다. 김소영 관장은 '금환이네' 그래프를 가리키며 "1월부터 5월까지 다섯 달 동안 전기사용량이 250kwh 정도가 줄었다."면서 "4인 가족이 이렇게 떨어뜨렸다는 건 각오를 단단히 한 것이다."라고 설명했다. 앞으로는 마을에 있는 음식점, 커피숍, 약국 등도 '착한 가게'로 등록하고, 절전 운동에 동참하도록 설득할 예정이다. 이미 일곱 곳이 참여 의사를 밝혔다.

서울시는 지난 5월 성대골 어린이 도서관을 '서울 환경상 대상'에 선정했다. 성대골의 '실험'은 여기에서 끝나지 않는다. 성대골 엄마들은 마을학교의 겨울을 '적정기술'로 나 보기로 했다. 적정기술은 저개발국이나 농촌 등 현지의 지역적 조건에 맞는 기술로, 태양열 온수기, 온풍기, 빗물 탱크 등이 그 예다.

출처: 오마이뉴스, 2012.

4) 지역화폐운동

20세기 후반에 들어서면서 서구에서 활발하게 확산되기 시작한 한 가지 움직임이 있다. '레츠(Local Exchange Trading System: LET)'는 지역사회단위의 대안 경제이자 호혜적 성격을 가진 교환체계 혹은 운동인 지역화폐운동이다. 'LET'는 주류경제에서 이탈되거나 소외된 사람들을 위한 일종의 경제수단으로서 또는 전통적 상부상조의 전통을 현대적 필요에 맞추어 적용한 시도로서 또는 생태주의적 관심을 실천하려는 녹색시민운동의 하나로서의 기능을 한다. 우리나라의 '품앗이'도 'LET'의 일종으로 볼 수 있다.

서구에서 'LET'는 대개 지역화폐운동으로, 일정 지역사회 내에서만 통용되는 화폐로서 회원들 사이에 각종 자원을 교환하는 방식을 말한다. 이때 회원들은 현금없이 자신들이 필요한 것을 타인으로부터 제공받을 수 있으며, 반대로 제공할 수도 있다. 이때 지역화폐는 명목상으로 화폐이지만, 단지 재화와 서비스의 교환을 위한 매개수단일 뿐이다. 따라서 이 통화는 단지 통상적 화폐와 달리 상품이 아니며, 가치보존의 수단이 되지는 않는다.

'LET'와 유사한 형태로서 아워즈(Hours)가 있다. 통상 'LET'가 회원들의 계정을 통해서 거래내역을 관리하는 것과는 달리, 아워즈는 한 시간의 노동력 제공을 1아워즈로 표시하면서 노동력이 제공된 시간의 길이와 같은 단위의 지역화폐를 유통시키는 방식을 취한다. 아워즈로 칭하는 것은 교환의 가치가 사람이 투여하는 시간, 기술, 에너지에 의해 창출됨을 나타내기 위한 것이다. 또 다른 형태로 타임달러(Time dollar)가 있다. 이것은 일종의 자원봉사은행으로서, 자원봉사활동의 가치를 시간으로 환산해 주어서, 당사자들이 필요시에 이를 사용하도록 하는 제도다. 이것은 사람이 제공하는 서비스의 가치를 형태와는 상관없이 모두 동등하게 받아들여서 봉사한 시간 수에 초점을 둠을 원칙으로 한다.

우리나라에서는 1996년 녹색평론이 지역화폐운동을 소개하면서, 이에 대한 관심이 고조되었다. 1998년 '미래를 내다 보는 사람들의 모임'이 미래화폐(future money)를 사용하며 지역화폐운동이 시작되었다. 이에 여러 유형의 지역사회화폐운동이 2000년대 초반까지 확산되는 추세를 보였으나, 지금은 크게 쇠퇴하며 몇 개만이 명맥을 이어 가고 있는 상황이다.

지역화폐운동에는 동원할 수 있는 한계가 있어 제공되는 서비스는 불충분할 수밖에 없고, 이 활동에는 체력이 많이 소모되는가 하면 인내력을 가지고 기다려야 되는 경우가 많다는 것이다. 즉, 노인이나 장애인처럼 교환할 자원, 곧 노동능력이 결여되어 있는 사람들은 'LET'를 어떻게 받아들일까 생각해 볼 문제다. 그러나 우리 사회에서 'LET'와 같은 지역화폐운동의 가능성과 실험은 또 하나의 지역사회복지운동의 향후 과제 중의 하나다.

5) 지역사회복지의 혁신: 새로운 움직임을 위하여

고령화 사회에 들어선 한국은 준비되지 않은 연금제도로 국가재정 안정성에 위험성이 초래된 것은 주지할 만한 사실이다. 따라서 고령화 사회에서 가장 신경을 써야 할 부분은 국가재정이며, 국가재정을 지키기 위한 가장 좋은 방법은 출산율 제고다. 인구구조가 불안정하면 연금제도가 유지될 수 없다. 즉, 세금 낼 사람이 줄어들고 받아야 할 사람이 늘어나는데 이럴 경우 국가재정의 많은 부분이 연금으로 소요될 수 있기 때문이다. 현재 보험료와 급여 비율이 불균형한 연금제도와 끝없이 떨어지는 저출산은 국가의 재정위기를 초래하는 고위험 요인이 된다.

반면, 복지에 대한 국민들의 욕구는 다양화되고 있고, 높은 수준의 서비스를 요구하면서 복지지출은 늘어 가고 있으며, 국가의 재정부담은 가중되고 있다. 따라서 복지재원 마련이 매우 중요한 요인으로 부각되나, 증세에 대해서는 비호의적이다. 이른바 '눔프(Not Out Of My Pocket: NOOMP)' 현상이다. 전반적으로 우리 국민의 대부분은 누진세를 찬성하지만, 누진세로 인해 자신이 더 많은 세금을 내는 것에 대해서는 반대한다는 것이다. 증세 없는 복지확대는 결국 막대한 재정수지 적자와 국가채무 증가로 이어질 수 있다. 즉, 기존의 방식이 아닌 혁신적 대안이 필요하다. 정부 등 공공분야나 기존의 전통적인 민간분야도 아닌 새로운 대안이 필요하다. 이러한 제3의 대안으로 우리는 착한자본에서 그 해답을 찾아보았다. 최근 지역사회복지운동의 새로운 대안으로 대두되고 있는 사회적 기업, 협동조합, 마을공동체, 지역화폐운동 등의 움직임을 살펴보았고, 마을 주민의 자발적 움직임이 좋은 성과를 내는 사례도 볼 수 있었다. 고령화와 저출산이라는 암초가 버티고 있는 다가올 미래에 활동하게 될 지역사회복지사로서 우리는 새로운 사회복지실천의 변화 흐름에 대처할 준비가 되어 있는지 생각해 보아야 하겠다.

참고문헌

강철희 · 최재성 · 한동우(2010). 한국 공동모금제도의 사회적 성과와 발전과제. 사회복지공동모금회 조사연구.
고용노동부(2012). 제2차 사회적 기업 육성 기본계획(2013~2017). 서울: 고용노동부.
구재관 · 권향임 · 박정임 · 박주현 · 심의보(2012). 자원봉사론. 경기: 양서원.
기획재정부 · 사회적기업진흥원(2014). 우리는 협동조합입니다.
김경휘 · 반정호(2006). 한국 상황에서의 사회적 기업의 개념과 유형에 관한 소고. 노동정책연구, 6(4), 31-54.

김기현(2013). 사회적기업의 성과에 영향을 미치는 요인에 관한 연구 -조직유형 및 형태를 중심으로-. 고려대학교 대학원 박사학위논문.

김범수 · 신원우(2012). 지역사회복지론. 경기: 공동체.

노대명(2008). 한국의 사회적 기업과 사회서비스. 보건복지포럼, 138, 62-85.

박용순 · 송진영(2012). 지역사회복지론(2판). 서울: 학지사.

이광우(2008). 지속가능한 사회적 기업의 성공요인에 관한 연구. 숭실대학교 대학원 박사학위논문.

이길형(2010). 국내 사회적기업의 창업성공요인에 대한 탐색적 연구. 교수논문집, 10, 259-275.

임혁백 · 김윤태 · 김철주 · 박찬웅 · 고형면(2007). 사회적 경제와 사회적기업. 서울: 송정문화사.

한국사회적기업진흥원(2013). 사회적기업개요집.

황종덕 · 이상배 · 조철희 · 신화은 · 박소연 · 하세린(2013). 앞으로의 5년 결정적 미래. 서울: 비즈니스 북스.

OECD(1999). Social Enterprises.

참고 사이트

국가법령정보센터 http://www.law.go.kr
벼리마을 http://ajbj.co.kr
사회복지공동모금회 http://www.chest.or.kr.
오마이뉴스(2012). 마을의 귀환 ③ 서울 동작구 성대골 마을(2012. 8. 23. 기사). http://www.ohmynews.com/NWS_web/view/at_pg.aspx?CNTN_CD=A0001767572
1365자원봉사포털 http://www.1365.go.kr

찾아보기

[내용]

저자 소개

이경은(Lee, Keungeun)
현 경북대학교 사회복지학부 교수
관심분야: 지역사회복지, 주민조직화

장덕희(Jang, Dukhee)
현 위덕대학교 사회복지학과 교수
관심분야: 사례관리

김휘연(Kim, Hwiyoun)
현 금오종합사회복지관 부관장
   경북사회복지협의회 정책위원장
   경북사회복지사협회 부회장
관심분야: 지역사회복지

문도원(Moon, Dowon)
현 포항 내일을 여는집 소장
   성덕대학교 사회복지상담과 겸임교수
관심분야: 사회복지정책

이마리아(Lee, Maria)
현 라인원격평생교육원 사회복지학과 운영교수
관심분야: 지역사회복지, 지역사회조직화

지역사회복지론
Community Welfare

2016년 1월 25일 1판 1쇄 발행
2018년 4월 20일 1판 2쇄 발행

지은이 • 이경은 · 장덕희 · 김휘연 · 문도원 · 이마리아
펴낸이 • 김진환
펴낸곳 • (주) **학지사**

　　　　04031 서울특별시 마포구 양화로 15길 20 마인드월드빌딩
대표전화 • 02)330-5114　　　팩스 • 02)324-2345
등록번호 • 제313-2006-000265호

홈페이지 • http://www.hakjisa.co.kr
페이스북 • https://www.facebook.com/hakjisa

ISBN 978-89-997-0844-2 93330

정가 19,000원

이 도서의 국립중앙도서관 출판시도서목록(CIP)은 서지정보유통지
원시스템 홈페이지(http://seoji.nl.go.kr)와 국가자료공동목록시스템
(http://www.nl.go.kr/kolisnet)에서 이용하실 수 있습니다.
(CIP 제어번호: CIP2015035280)

교육문화출판미디어그룹 학지사

심리검사연구소 **인싸이트** www.inpsyt.co.kr
원격교육연수원 **카운피아** www.counpia.com
학술논문서비스 **뉴논문** www.newnonmun.com
간호보건의학출판 **정담미디어** www.jdmpub.com